KB176221

임동석중국사상100

한비자

韓非子

韓非 撰 / 林東錫 譯註

〈韓非子〉

"상아, 물소 뿔, 진주, 옥. 진괴한 이런 물건들은 사람의 이목은 즐겁게 하지만 쓰임에는 적절하지 않다. 그런가 하면 금석이나 초목, 실, 삼베, 오곡, 육재는 쓰임에는 적절하나 이를 사용하면 닳아지고 취하면 고갈된다. 그렇다면 사람의 이목을 즐겁게 하면서 이를 사용하기에도 적절하며, 써도 닳지 아니하고 취하여도 고갈되지 않고, 똑똑한 자나 불초한 자라도 그를 통해 얻는 바가 각기 그 자신의 재능에 따라주고, 어진 사람이나 지혜로운 사람이나 그를 통해 보는 바가 각기 그 자신의 분수에 따라주되 무엇이든지 구하여 얻지 못할 것이 없는 것은 오직 책뿐이로다!"

《소동파전집》(34) 〈이씨산방장서기〉에서 구당(丘堂) 여원구(呂元九) 선생의 글씨

책머리에

　이 책의 역주를 마치고 나서 '한비는 천재'라는 느낌으로 표현하고 싶다. '인간을 부리는(驅使) 방법'에서 말이다. '그 당시 어쩌면 이런 생각을 했을까' 그 발상에 놀라움을 금치 못하고 있다. 더구나 잔인殘忍할 정도의 관점에서 통치를 보는 눈은, 오늘 같은 법치 시대가 결국 출발이 그런 것이었나 할 만큼 두려움까지 앞선다. 말더듬이 한비는 그러한 사상을 언변으로 내놓기 어려우니 글쓰기에 매달렸을 것이다. 그 글은 정말 대단하고 충격적이다.

　한비의 사상은 '성악설'에 기초를 두고 있다. 이익이 없이는 그 어떤 일도 시킬 수 없으며, 사람은 이익만을 위해 일을 한다는 대전제는 지금 이 시대의 현실을 보는 것만 같다. 부모자식 사이에도 강제와 이익이 없이는 움직이게 할 수 없다는 극단적 기준을 세우고 있는데 이해타산으로 맺어진 임금과 신하 사이에 무슨 인간적 호소가 필요하겠는가? 나아가 지배를 받는 백성이 어찌 지배자의 은덕이라는 기준에 의해서 움직이겠는가? 그러니 힘이 필요하고 칼이 필요하고 공포가 필요한 것이다. 그것을 직접 쓰면 폭군이요 악인이 되는 것이니 법이라는 거창한 그물을 만들어 명분으로 하되 위세와 권력, 나아가 생사여탈권을 그대로 집행할 수 있는 칼자루까지 쥐고 통치해야 한다는 주장이다. 따라서 자신의 말대로 움직였고 나아가 그로 인해 공적을 이루었다면 반드시 상을 내려야 하며, 이 두 가지가 병행될 때만이 군주는 그 자리를 잃지 않게 된다는 뜻이다.

　인간이 너무 영악해졌다는 전제가 깔려 있다. "나라에 정책이 있으면 개인에게는 대책이 있다"고 자신하는 피지배자들에게, 유가에서 말하는 인의도덕

따위는 허울 좋은 하소연일 뿐 아무런 효과를 발휘할 수 없다고 하였다.

유가나 법가가 언필칭 들먹이는 법고法古는 앞으로만 흐르도록 되어 있는 시간의 논리에 전혀 맞지 않으며 다가올 미래밖에 없는 시간에서 창신創新만이 그 줄에서 떨어지지 않을 수 있는 절대적 가치라고 보는 것이다. 그 창신이 바로 법치요, 술수요, 궤휼詭譎이며 권병權柄이라는 것이다.

도가는 그 밑바탕에 세상의 네거티브 요소, 즉 결여성缺如性을 깔고 고차원적인 논리로 우리를 수긍하게 하는 맛이 있다. 그러한 도가에 근원을 두고 있는 법가는 이를 직접 실행에 옮기도록 강요하면서 효율의 극대화를 꾀하는 행동대원인 셈이다.

그 때문에 뒷사람들은 "도가·황로술·법가 셋은 모두가 같은 뿌리로서 한결같이 '인忍'이라는 대원칙에서 출발하였으나 그 '인'의 갈래가 다를 뿐이다. 그리하여 '인내忍耐'의 길을 터득한 자들은 노장老莊의 학술로 발전하였고, '은인隱忍'의 방법을 터득한 자들은 황로술의 일파로 흘렀으며, '잔인殘忍'으로 변질된 원리를 터득한 자들은 한비와 같은 법술法術로 변화하였다"이르는 것이리라.

이 때문에 법가의 유가나 묵가는 마치 전쟁터에서 적군에게 인의를 부르짖는 것과 같으며 사람은 싸움을 싫어하지만 피할 수 없는 싸움이라면 어떤 술수를 써서라도 이기는 것이 옳다는 것이다. 이러한 논리를 한비는 아주 뚜렷하게 분석하고 있다. 그리고 이런 논리체계를 군주의 통치에 두어 그 때문에 그의 이론을 '군주론'이라 한다. 그러나 군주만을 위한 것이 아니다. 만물의 원리를 그에 맞추어보면 어디에나 잘 맞다. 다만 소은少恩이라는 것에 대한 당송 이래 많은 문인, 나아가 유가를 신봉하는 이들은 격렬하게 이를 비판하고 나섰지만 이는 단장취의斷章取義한 것일 뿐이다. 시대가 바뀌면 일을 처리하는 방법도 달라야 한다. 전국시대 그 난마 같은 정세, 참혹한 생존 속에 어찌 인의도덕만 외우며 참고 또 참고 꿇어앉아만 있을 수 있겠는가?

물론 파괴적인 삶만을 강요한 것은 아니다. 뒤집어보면 해결책이 있다는 주장이다. 뒤집어보려고도 하지 않는 세태를 안타까워한 것이리라.

자! 이제 한비의 논리가 어떤 것인지 차분히 일독해 보기를 권한다. 그리하여 도리어 사람에 따라서는 반면교사의 지혜도 얻을 수 있으며 처세의 바른 길을 터득할 수도 있으리라. 고전은 큰 저수지와 같다. 그 물을 쓰는 자, 그리고 그 물을 뜨러 나선 자의 그릇의 크기, 나아가 왜 그 물이 필요한지에 따라 얻는 소득과 효용, 떠가는 양이 저마다 다르리라.

莎浦 林東錫이 負郭齋에서 적다

일러두기

1. 이 책은 《韓非子集解》(王先愼, 新編諸子集成本, 中華書局 2010 北京)와 《韓非子
集釋》(陳奇猷. 河洛圖書出版社 1974 臺北)을 저본으로 하여 전체를 완역한
것이다.

2. 현대 백화어 역주본도 수집하여 참고하였으며 큰 도움을 받았다. 특히
《韓非子今註今譯》(邵增樺 臺灣商務印書館 1995 臺北)과 《韓非子全譯》(張覺 貴州
人民出版社 1992 貴陽) 등은 구체적인 주석이 세밀하여 번역에 많은 참고가
되었음을 밝힌다.

3. 총 762장으로 나누었으나 이는 절대적인 것이 아니며 필자가 임의로
나눈 것이다. 아울러 매 장마다 일련번호를 매기고 괄호 안에 해당 편별
번호도 제시하여 찾아보기 쉽도록 하였다.

4. 각 편별로 전면에 간단한 해제를 실어 이해에 도움이 되도록 하였다.

5. 각 장마다 제목을 달았으나 이는 그 장의 전체를 아우를 수 있는 것은
아니며 필자가 임의로 작성하여 읽기 편하도록 한 것일 뿐이다.

6. 해석은 되도록 직역을 위주로 하였으나 일부 의역한 곳도 있다.

7. 한글 번역을 먼저 싣고 원문을 제시하였으며 원문은 줄바꾸기 등을
통하여 시각적으로 잘 통하도록 구성하였고, 문장 부호는 중국 현대
표점법을 따랐다.

8. 주석은 인명, 지명, 사건명, 역사 내용 등을 위주로 하되 이미 거론한
표제어도 반복하여 실었으며 이는 읽는 이로 하여금 다시 찾는 번거
로움을 피하기 위한 것이다.

9. 매 장마다 여러 전적에 전재되거나 혹 이미 실려 있는 고사, 문장, 내용
등은 여러 사서史書 및 제자서諸子書, 유서類書 등에서 일일이 찾아내어
해당 부분 끄트머리 「참고 및 관련 자료」 난에 실어 대조와 연구에

도움이 되도록 하였다.

10. 부록으로 서발序跋 등《韓非子》관련 자료를 되도록 모두 찾아 실어 연구에 도움이 될 수 있게 하였다.

11. 해제에는 전국시대 법가의 개황과 한비자의 인물됨, 서적의 교주 상황 등을 실어 이해에 도움이 되도록 하였다.

12. 이 책의 역주에 참고한 문헌은 대략 다음과 같다.

◉ 참고문헌

1. 《韓非子集解》淸, 王先愼(撰) 鍾哲(點校) 新編諸子集成 中華書局(活字本) 2010 北京

2. 《韓非子集解》淸, 王先愼(撰) 新編諸子集成 世界書局(活字本) 1978 臺北

3. 《韓非子集釋》陳奇猷(校注) 河洛圖書出版社 1974 臺北 臺灣

4. 《韓非子》四庫全書(文淵閣本) 子部 法家類 臺灣商務印書館 印本 臺北 臺灣

5. 《韓非子》四部叢刊(本) 初編 子部

6. 《韓非子今註今譯》(上下) 邵增樺(註譯) 臺灣商務印書館 1995 臺北 臺灣

7. 《韓非子全譯》(上下) 張覺(譯注) 貴州人民出版社 1992 貴州 貴陽

8. 《韓非子》(上下)〈漢籍國字解全書(本)〉早稻田大學出版部 明治 44년(1911) 東京

9. 《韓非子》百子全書(本) 岳麓書社 1993 湖南 長沙

10. 《韓非子集釋》續修四庫全書本

11. 《春秋左傳注》楊伯峻(編) 中華書局 2009 北京

12. 《戰國策》林東錫(譯註) 東西文化社 2010 서울

13. 《老子》林東錫(譯註) 東西文化史 2010 서울

14. 《諸子平議》(俞樾) 新編諸子集成 世界書局(活字本) 1978 臺灣 臺北

15. 《群書治要》唐, 魏徵(等) 四部叢刊本

16. 《北堂書鈔》唐, 虞世南(等) 學苑出版社(印本) 1998 北京

17. 《意林》唐, 馬總(撰) 四部備要本

18. 《初學記》唐, 徐堅(等) 鼎文書局(活字本) 1976 臺北

19. 《藝文類聚》唐, 歐陽詢(等) 文光出版社(印本) 1977 臺北

20. 《白孔六帖》唐, 白居易(編) 四庫全書本

21. 《太平御覽》宋, 李昉(等) 中華書局(印本) 1995 北京

22. 《事類賦》宋, 吳淑 廣陵古籍刻印社(印本) 1989 揚州 江蘇

23. 《老子》林東錫(譯註) 東西文化史 2010 서울

24. 《商君書解詁》朱師轍 鼎文書局 1979 臺北

25. 《史記》,《漢書》등 二十五史 鼎文書局(活字本) 臺北

26. 《尚書》,《詩經》,《周易》,《禮記》,《公羊傳》,《穀梁傳》,《管子》,《墨子》,
《莊子》,《列子》,《愼子》,《公孫龍子》,《吳越春秋》,《越絶書》,《國語》,
《韓詩外傳》,《說苑》,《新序》,《晏子春秋》,《論衡》,《淮南子》,《呂氏春秋》,
《孫子》,《吳子》 등

27. 기타 工具書는 기재를 생략함.

해제

I. 先秦諸子學과 法家

1. 戰國시대 諸子學

서주西周 말 유왕幽王 때에 이르러 포사褒姒로 인해 신후申侯와 서융西戎의 난이 일어나고 이에 나라가 망하자 태자 宜臼(東周 平王)가 洛邑으로 도읍을 옮겨 다시 주나라를 일으켜 동주東周가 되면서 왕실의 위세는 급격히 저하되었고, 제후들 또한 패권 다툼에 여념이 없는 시대로 변질되고 말았다. 추상적이며 형식적이었던 예禮에 의해 소위 '봉건제封建制'라는 주나라 특유의 제도는 무너지고 오로지 힘에 의해 천하 질서가 겨우 유지되던 시기가 되었던 것이다. 그리하여 천하 권력은 제후 가운데 힘이 센 자에 의해 강압적으로 국제 질서를 이끌어가던 '패자霸者'에게 주어지게 되었고, 이 또한 불안전한 변화를 겪었지만 그나마 기치旗幟는 '존왕양이尊王攘夷'를 내걸었었으며, 중원中原의 제후국들은 명분도 지켜 '公'을 칭하기는 하였으나 이미 무너진 예교禮敎는 필연적 시대 변화에 따라 돌이킬 수 없게 되었다.

이를 한탄한 공자孔子가 '예교 회복'의 구호를 외치며 육경六經을 정리하고 주유천하의 길에 나섰으나 대세는 이미 기울고 만 상황이었다. 이에 난신적자亂臣賊子를 가려 포폄褒貶과 미언대의微言大義를 기준으로 《춘추春秋》를 저술하는 작업으로 생을 마치게 되었고, 이 기간, 즉 노魯 은공(隱公, B.C.722) 원년부터 애공哀公 17년(B.C.478)까지 242년간을 역사적으로는 속칭 '춘추시대'라 일컫게 되었다.

그러나 춘추 말에 이르러 각 제후국조차 경卿, 대부大夫들이 각기 자신들의 군주를 시해하고 왕권을 찬탈하며 이웃 약소국을 겸병하여 격심한 투쟁의 길로 들어서게 된다. 즉 중원의 진晉나라는 육경六卿의 발호 끝에 결국 삼진(三晉: 韓, 魏, 趙)으로 쪼개지고, 노魯나라는 삼환三桓, 송宋나라는 대씨戴氏의 난, 제齊나라는 진씨(陳氏, 田氏)의 찬탈 등을 거쳤으며, 그 밖에 소국들도 내부 혼란과 강대국의 공격을 견뎌내지 못하고 결국 역사 속으로 사라지면서, 남은 일곱 나라를 중심으로 국제 정세가 판도를 확정한 소위 전국칠웅戰國七雄의 시대가 진시황秦始皇의 천하통일 때까지 이어진다. 이 시기에 종주국 주나라는 아무런 실권은 물론 명분조차도 없는 존재로 전락하였고, 제후국들은 누구나 '王'을 참칭하며 심지어 한때 제帝를 칭하고자 국제 관계에서 명분 싸움의 알력까지 벌인 경우도 있었다.

이 시대의 기록은 유향劉向이 정리한 《전국책戰國策》에 자세히 나타나 있어 역사적으로 흔히 '전국시대'라 부른다. 따라서 동주의 전반기는 '춘추', 후반기는 '전국'시대인 셈이다.

특히 전국시대는 미증유의 치열한 전쟁과 복잡한 국제 관계, 온갖 사기와 궤휼詭譎이 난무하는 '상상할 수 있는 모든 일이 실제로 있었던' 시대였다.

이처럼 나라는 물론 개인들조차 온갖 참혹한 고통에 시달리자 선각자들은 저마다 자신들의 철학을 내세워 어떻게 하든 그러한 국면은 해결되어야 하고 인간을 그러한 질곡에서 구제해야 한다는 사명을 가지고 나서게 되었다. 이들은 집단을 이루어 자신들의 주의주장을 널리 알리기도 하고 제후 왕들을 찾아다니며 유세를 하기도 하였으며 도제徒弟들을 모아 교육과 실행에 온 힘을 기울이기도 하였다. 제자들은 그 스승을 '子'라 불렀으며 그들의 이론이나 언행을 기록하여 제목을 역시 '子'라 불렀다. 그 때문에 뒷날 이들의 학술을 흔히 '제자학諸子學', '선진제자학先秦諸子學'이라 한다. 이들 제자학은 중국 학술 분류의 '經史子集'에서 '子'에 해당하며 '文史哲'로 나눌 때는 철학에 속한다. 그러나 그 철학은 '순수철학'이라기보다 전국시대 특유의 국제 정세에 따른 천하관天下觀과 통치관統治觀을 나름대로 주창主唱한 '정치철학'이며 예교까지 무너진 상황을 수습하고자 나선 규범정립의 사회철학이다.

한대漢代에 들어서서 유씨부자(劉向, 劉歆)에 의해 이러한 제자학을 유가儒家, 도가道家, 묵가墨家, 명가名家, 음양가陰陽家, 종횡가縱橫家, 법가法家, 소설가小說家, 잡가雜家, 농가農家의 열 가지로 나누되 그중 농가는 정치적 주의주장이 약하다고 보아 열 번째의 '家'라 하여 흔히 '구류십가九流十家'로 불렀다.

즉 예교와 인의를 숭상하여 요堯, 순舜, 우禹, 탕湯, 문文, 무武, 주공周公을 종지로 삼고 공자를 지성선사至聖先師로 모시고 맹자孟子, 순자荀子로 이어져 오늘날까지 중국은 물론 동양 사상의 근간을 이룬 것이 유가이며, 자연과 무위를 종지宗旨로 황제黃帝와 노자老子를 모시고 열어구列禦寇와 장주莊周 등이 이어받아 뒤에 종교로까지 발전한 것이 도가이다.

그리고 겸애兼愛와 각고刻苦, 애타적 평화만이 전국시대 혼란을 해결할 수 있다고 믿었던 부류가 묵적墨翟을 시작으로 한 묵가이며, 사물의 이름과 명분이 정확하기만 하면 정치도, 국제정세도 해결될 수 있다고 주장한 공손

룡자公孫龍子, 혜시惠施 등의 주장이 명가이며 이는 인명학因名學이나 나집학 (邏輯學, Logic)으로 발전하기도 하였다.

음양오행을 기본으로 한 천지 자연의 순환을 바탕으로 길흉화복을 내세워 난국타파의 길을 찾고자 했던 부류가 추연鄒衍을 중심으로 한 음양가이며, 국제정세가 서쪽 진나라와 산동육국山東六國의 대립관계로 변질되자 합종(合縱: 六國聯合)과 연횡(連橫: 각국 개별적으로 秦과 우호관계 조성)을 주장하여 외교가를 풍미했던 소진蘇秦과 장의張儀의 주장이 종횡가이다.

무엇보다 본업(農事)을 권장하여 생산량을 늘리고 경제정책이 바로서면 나라 사이에 분쟁도 없어진다는 주장을 편 것이 허행許行 등의 농가이며, 일반 백성의 여론을 수렴하여 이를 정책 결정에 적극 반영하여야 한다는 주장이 소설가이고, 이상의 모든 제자들 주장을 발췌하여 종합적으로 재구성하여 통치의 자료로 삼고자 한 것이 여불위呂不韋를 중심으로 한 잡가이다.

2. 법가(法家)

그러나 이상 여러 학설이나 주장은 그 어느 것도 '오로지 힘만이 정의' 였던 전국시대를 해결할 열쇠는 되지 못하였다. 예컨대 이것들이 개인 생활이나 통치, 수양과 우주관, 사물에 대한 인식론 등에 많은 영향은 미쳤다 할지라도 전국시대 국제정세를 해결하기에는 너무나 무력한 논리들 이었다. 더구나 현실적으로 눈앞에 닥친 난제, 죽고 사는 절박한 상황이 간단間斷없이 압박하고, 국파신망國破身亡의 변화가 나날이 벌어지고 있던 그 무렵, 공리허담空理虛談의 이론은 아무런 도움도 되지 못하였다.

이에 오로지 강력한 법으로써 무자비할 만큼 실행함으로써만이 통치를 이룰 수 있고 나아가 전국시대 국제정세 속에서 패자의 면모를 실천하며 끝내 천하통일까지 이룰 수 있다는 생각을 가진 급진적 개혁 사상을 가진 이들이 등장하게 된다. 인의도덕과 예교가 무너진 상태에서 더 이상 강제적 수단을 쓰지 않고는 그 어떤 일도 해낼 수 없다는 절박함과 이익에 의해 움직이는 인간 군상群像을 부릴 수 있는 것은 그 어떤 다른 인간적 호소로도 통하지 않는다는 인식이 팽배한 것이다. 법이란 치사治事의 준칙으로 만인 에게 공리公理로 인정되기만 하면 통치, 법치의 정치도구로서 가장 강한 힘을 발휘한다고 믿은 것이다.

이러한 법을 빈틈없이 제정하고 사사로움 없이 적용, 평등을 추구하여 낭비요소를 없애며 효율성을 극대화하자는 중법(重法思想)이 바로 법가의 주장 이었던 것이다. 그 때문에 사마담司馬談은 〈논육가요지論六家要旨〉에서 "法家嚴 而少恩; 然其正君臣上下之分, 不可改矣"라 압축하여 정의를 내렸던 것이다.

이러한 법가 사상의 기원은 매우 일찍 시작되었다. 일반적으로 이 법가는 도가道家에서 비롯된 것으로 보고 있다. 즉 도가에서 '忍'이 분화되어 노장 老莊은 '인내忍耐'로, 한대漢代의 황로술黃老術은 '은인隱忍'으로, 법가는 '잔인 殘忍'으로 각기 갈 길을 달리했다는 것이다. 이에 대해 임윤林尹은 《中國學術 思想大綱》에서 "皆基于忍之一道, 忍之流別不同. 於是得其'忍耐'之途者, 遂成 爲'老莊'之學; 得其'隱忍'之方者, 乃流爲'黃老'一派; 得其'殘忍'之變者, 遂有韓非 之法術"이라 하였다.

이 때문에 사마천도 《사기史記》에서 도가와 법가를 하나로 묶어 '老莊申韓列傳'으로 처리하였으며 아울러 "韓非者, 喜刑名法術之學, 而其歸本於黃老"라 하였던 것이다.

물론 그러한 법가의 이론은 춘추시대 제齊 환공桓公을 보필하여 패자로 만들었던 관중管仲으로부터 시작되었다. 즉 동주시대가 시작되면서 이미 예교가 무너져 패자의 시대가 되었기 때문이다. 그 뒤를 이어 이회李悝는 《법경法經》을 지어 본격적인 체계를 세우기 시작하였고, 상앙商鞅에 이르러서는 드디어 진나라에서 직접 법치를 실행해 보였으며, 한비에 이르러 대성을 이룬 것이다.

한편 이러한 법가 사상이 유독 진秦나라에서 성공을 거두게 된 이유는, 사회 변화의 기본 원리대로 법가 역시 중원 각국 중에서도 가운데 있는 위衛나라나 한韓나라로부터 싹이 텄지만 이들 나라에는 이미 각기 자신들의 토종 사상이 뿌리를 내리고 있었고, 기득권 세력과 수구 권신들의 반발로 빛을 볼 수가 없었다. 이에 도리어 지나친 급진 사상이라 배척을 받게 되자 그러한 반발이 전혀 없었던 무주공산無主空山의 진나라에서 마음놓고 자신들의 이론을 펼쳐 실행에 옮겨 볼 수 있었으며, 진나라 역시 이러한 통치 방법을 필요로 하고 있었다. 이로써 마침내 진나라로 하여금 천하통일의 대권을 이룰 수 있도록 해 주었던 것이다.

이러한 법가 사상은 《한서漢書》 예문지藝文志에 "法家者流, 蓋出於理官. 信賞必罰, 以輔禮制. 《易》曰「先王以明罰飭法」, 此其所長也. 及刻者爲之,

則無教化, 去仁愛, 專任刑法而欲以致治, 至於殘害至親, 傷恩薄厚"라 하여 그 장점과 폐단을 함께 논하고 있다.

따라서 마땅히 신상필벌信賞必罰로써 친소親疎나 귀천貴賤에 관계없이 법 앞에 일률평등一律平等이었으며, 효율의 극대화, 군주의 통치력 제고, 나아가 성악설性惡說에 바탕을 둔 강제성, 이익을 미끼로 한 유도, 공구恐懼를 무기로 구사驅使하는 방법이었다. 따라서 유가의 관점에서 송대에 이르도록 비판이 심했으나 결국 시대에 부응하여 혼란을 마무리 한 공의 일면도 없지 않다.

《한서》 예문지에 의하면 아래 목록에서 보듯이 그 무렵까지 법가 관련 전적은 다음과 같이 무려 10가家 217편篇이나 실려 있으며, 특히 《관자管子》(管仲, 86편)는 도가의 유위파有爲派로 소속시켰으나 《수서隋書》 경적지經籍志에는 법가로 보았으며 이제는 대체적으로 누구나 법가로 보고 있어 실제로는 11가에 201편이나 되는 셈이다.

《李子》三十二篇(名悝, 相魏文侯, 富國强兵).

《商君》二十九篇(名鞅, 姬姓, 衛后也, 相秦孝公, 有《列傳》).

《申子》六篇(名不害, 京人, 相韓昭侯, 終其身諸侯不敢侵韓).

《處子》九篇.

《愼子》四十二篇(名到, 先申, 韓, 申, 韓稱之).

《韓子》五十五篇(名非, 韓諸公子, 使秦, 李斯害而殺之).

《遊棣子》一篇.

《鼂錯》三十一篇.

《燕十事》十篇(不知作者).

《法家言》二篇(不知作者).

이상의 여러 법가는 그 주장과 주의에 따라 다시 5파로 분류하기도 한다.

(1) 첫째, 부강富强을 도모하고 실업實業을 장려하며 무용武勇을 권장한 이회李悝와 관중을 대표로 하는 상실파尙實派이다. 대표 저술로는 《관자》가 전하고 있으며 《사기》 관안열전管晏列傳을 참고할 수 있다.

(2) 둘째, 신상필벌과 엄격한 법치, 연좌법連坐法 등을 만들어 실질적인 통치에 적용한 상앙商鞅을 대표로 하는 상법파尙法派이다. 《상군서商君書》가 전하고 있으며 《사기》 상군열전을 참고할 수 있다.

(3) 셋째, 군주가 실권을 잃지 않도록 술術을 사용해야 하며 법집행의 중심을 군주에게 실어준 신불해申不害를 대표로 하는 상술파尙術派이다. 저술은 전하지 않으며 《사기》 노장신한열전을 참고할 수 있으며 《한서》 예문지에 《신자申子》가 저록되어 있었으나 전하지 않는다.

(4) 넷째, 군주는 위세威勢로써 그 위치를 지키되 법을 최대한 활용해야 한다고 여겨 '군주론君主論' 쪽으로 기울기 시작한 신도愼到를 대표로 하는 상세파尙勢派이다. 《한서》 예문지에 《신자愼子》 42편이 저록되어 있으나 지금은 사라지고 청대 엄가균嚴可均이 《군서치요群書治要》을 근거로 집일輯佚한 《신자愼子》7편가 있으며 전희조錢熙祚의 교정본이 〈제자집성諸子集成〉에 실려 있다.

(5) 다섯째, 법法과 술術을 중시하고 세勢와 이利를 채찍과 당근처럼 사용하여 절대 권위를 이루어야 한다는, 종합적 대작을 이룬 한비를 대표로 하는 대성파大成派이다. 한대漢代에는 《한자韓子》, 송대 이후에는 《韓非子》라 일컬었으며 55편 그대로 전하고 있다.

II. 韓非(B.C.280~B.C.233)

1. 생애

유물주의唯物主義 철학자이며 법가法家 대성파의 완성자이다. 그는 전국 말한韓나라 서얼 공자이며 그의 아버지는 아마 한나라 이왕釐王이거나 환혜왕桓惠王이었을 가능성이 있으나 구체적으로는 알 수 없다. 그는 전국말 가장극심한 국제 정세와 특히 진秦나라의 세력이 곧 천하를 집어삼킬 시기에태어났다. 그는 그러한 상황에서 앞서 법치를 주장했던 관중管仲, 자산子産,오기吳起, 상앙商鞅 등의 주장이었던 형명법술刑名法術 이론에 심취하였고,특히 신불해申不害가 자신의 조국 한나라 소후昭侯를 도와 치국강병을 이루었던 시절을 역사적 교훈으로 삼고 싶어 하였다. 그리하여 뒤에 남쪽 초楚나라에 가서 그 무렵 큰 스승이었던 순자荀卿에게 공부하였으며 그 무렵초나라 출신 이사李斯와 함께 배웠던 것으로 알려져 있다. 이사는 한비에비하여 훨씬 낮은 재능을 가지고 있었지만 곧바로 진나라로 들어가 여러단계를 거쳐 높은 지위에 오르게 된다. 한비는 귀국하고 나서 여러 차례한왕韓王에게 법치를 실행하여 부국강병을 이룰 것을 주장하였으나 한왕은귀담아 듣지 않았다. 한비는 본래 말더듬이(口吃)로서 언담에는 자신이없었고 게다가 그 무렵 권신들조차 그의 주장을 배척하던 터라 아예 글로써 자신의 의견을 피력하고자 하였다. 그리하여 한비는 이미 〈고분孤憤〉,〈오두五蠹〉, 〈내저설內儲說〉, 〈외저설外儲說〉, 〈세림說林〉, 〈세난說難〉 등 10여만언萬言의 글을 저술하여 세상에 널리 퍼뜨렸다. 그 글이 마침 진왕秦王정(政, 뒤의 진시황)에게 들어가 이를 읽은 진왕은 "내 능히 이러한 글을 쓴사람을 만나 함께 교유할 수 있다면 죽어도 여한이 없으리라!"(嗟乎, 寡人得見此人與之游, 死不恨矣! - 《史記》)라며 자신의 뜻과 일치함을 감탄하였다. 이를 들은이사가 그 자가 한비라고 일러주었고, 뒤에 진왕이 한나라를 공격하자 한왕은 한비를 진나라에 사신으로 파견하여 진나라의 공격을 늦추고자 하였다. 진왕 13년(B.C.234) 진나라 함양咸陽에 도착한 한비는 진왕으로 하여금 한나라는 존속시키고 대신 조나라를 치는 것이 진나라에게 유리할 것임을 설득, 유도 하면서 진나라 대신들의 오류도 함께 지적하였다. 그 때에 요가姚賈라는 인물도 자연스럽게 거명하게 되었다. 진왕은 한비의 계책을 따를 참이었다. 마침 한비를 마음속으로 기피하고 있던 이사는 한비가 진나라에서 중용 重用되면 자신의 위치까지 악영향을 미칠 것임을 직감하고 요가와 결탁, 한비를 모함하기 시작하였다. 나아가 진왕에게 한비는 자신의 나라를 위해 온 것이지 결코 진나라를 돕기 위한 것이 아님을 강조하고 나섰다. 그리하여 진왕에게 한비를 법으로 처리할 것을 강력하게 건의하여 마침내 진왕도 그를 법관에게 넘기는 상황이 벌어지고 말았다. 이 틈을 이용한 이사는 몰래 한비에게 독약을 보내어 자살하도록 협박하였고, 한비는 견디다 못해 운양(雲陽, 지금의 陝西 淳化縣) 옥중에게 자살하고 말았다. 뒤에 진왕이 자신의 결정을 후회하고 한비를 다시 찾았을 때 한비는 이미 죽은 뒤였다. 이상의 내용은 《史記》 韓非子傳(老莊申韓列傳)에 자세히 실려 있다.

2. 학설

그때까지의 제자학은 그 나름대로 전국시대의 얽히고설킨 국제 관계와 국내 혼란을 해결하고자 하는 역사 인식에 대해 대체로 두 가지 방향의 기본 견해를 가지고 있었다.

하나는 하夏, 은殷, 주周 삼대 개국 군주들의 덕치와 왕도를 이상으로 여겨 그 시대로 돌아갈 것을 주장하는 법고파法古派이다. 유가와 묵가가 대표적이며 하나의 보수주의인 셈이다.

다른 하나는 아예 새롭게 틀을 짜야 한다는 창신파創新派이다. 법가를 대표로 하며 개혁, 진보주의인 셈이다.

한비는 바로 이러한 창신파의 이론을 총결하였으며 그는 인류 사회의 진화와 변화는 피할 수 없는 것으로 시대에 적응해야 하며 그에 따라 법치 사회로 옮아가는 것은 필연이니만큼 먼 옛날을 그리워하고 본받고자 한다는 것은 논리에 맞지 않을뿐더러 그렇게 할 수도 없다는 주장을 가졌던 것이다.

그에 따라 한비는 "하후 때인데도 그 전 수인씨 때처럼 나무를 비비거나 뚫어 불을 지피려 한다면 곤이나 우가 웃을 것이요, 은주 시대인데 치수를 덕치로 삼는다면 탕, 무가 웃을 것이다. 마찬가지로 전국시대 지금 요, 순, 우, 탕, 무의 통치방법을 훌륭하다고 떠들고 다닌다면 지금 사람들이 웃을 것이다. 세상이 바뀌면 일도 달라지게 마련이며 일이 달라지면 그 변화에 대비해야 한다"(今有構木鑽燧於夏后氏之世者, 必爲鯀·禹笑矣; 有決瀆於殷·周之世者, 必爲湯·武笑矣. 然則今有美堯·舜·湯·武·禹之道於當今之世者, 必爲新聖笑矣. …時異則事異; 事異則備變 - 〈五蠹篇〉)라고 주장하였다.

그리하여 순경의 영향으로 성악설에 근거, 오로지 법만이 사람을 움직일 수 있으며 그러한 법을 강력하게 실행할 수 있는 조직이 바로 국가요, 그 국가를 바르게 쥐고 있어야 할 자가 왕이라는 구도를 설정하고 극단에 가까운 〈군주독제론〉, 〈군주론〉의 공포, 궤휼, 술術, 수數, 세勢, 위威, 권權, 병柄 등의 개념을 정립하게 된다. 그리고 그 실행방법은 신상필벌, 이익권의 독점, 임면권의 독단, 효율극대를 위해서는 인간성 소멸 등까지 내세워 유가와 묵가의 덕치나 예교, 혹 인간 본성에 호소하는 따위의 통치 방법에는 강한 거부감을 표시하였다.

그리하여 한비는 심지어 "명석한 군주의 나라라면 문자가 필요치 않으니 법을 교육 목표로 하면 되고, 선왕의 말씀도 필요치 않으니 관리가 스승이면 된다(明主之國, 無書簡之文, 以法爲敎; 無先王之語, 以吏爲師 - 〈五蠹篇〉)"라고까지 하였다. 그 때문에 장태염章太炎 같은 이는 "한비의 눈에는 나라만 보이고 개인은 보이지 않았으며, 집단만 보이고 외로운 자는 보이지 않았다"(韓非有見於國, 無見於人; 有見於群, 無見於孑)라고 비판한 것이다.

한편 그는 군주의 통치로서 "법은 널리 알릴수록 효용성이 크고, 술은 감출수록 군주의 통치가 쉽다"(法莫如顯, 而術不欲見 - 〈難三〉)라는 논리를 내세워 금법禁法은 명시하여 많은 백성들로 하여금 지키기 쉽도록 하고, 자신의 통치술은 속으로 숨긴 채 드러내지 않고 이것으로써 신하를 부려야 권병을 지킬 수 있다고 하였다. 법法은 양陽이요 술術은 음陰으로서 음양陰陽이 조화를 이루어야 명군明君이 된다는 것이 '군주론'의 핵심 논리이다.

이러한 법가의 논리는 그대로 진나라에 적용되었고, 그로 인해 진시황은 난마亂麻 같던 전국시대를 마감할 수 있었던 것이다. 이처럼 법가는 시대 요청에 따라 필연적으로 대두된 학술이요, 그러한 국세를 최대한 활용한 것이 진나라였던 것이니, 지금의 입장에서 법가를 시비是非나 호오好惡, 장단長短, 우열優劣로 평가할 일은 아니다.

Ⅲ.《韓非子》

　《한비자》 책은 송대 이전까지는《한자韓子》라 일컬었으나 한유韓愈 역시
'韓子'로 일컫게 되면서 혼란을 피하기 위해《한비자》라 부르게 되었다.
《한서漢書》 예문지藝文志에《한자韓子》 55편이 저록되어 있고,《수서隋書》와
《구당서舊唐書》 경적지經籍志,《신당서新唐書》와《송사宋史》 예문지 등에는
모두 20권으로 되어 있어 지금 전하는 것과 일치한다.
　북위北魏 때 유병劉昞의《한자주韓子注》가 있었다는 기록이 있으나 자세히
알 수 없으며,《신당서》 예문지에 의하면 윤지장尹知章의 주注도 있었다
하나 이제는 모두 사라지고 없다. 이렇게 보면 당 이전에는 한비자에 대한
연구가 그리 활발하지 않았으나 당송唐宋 유서류類書類 편찬이 유행하면서
거기에 인용된 일부 문장들은 뒷날 한비자 연구에 많은 도움을 주고 있다.

　이를테면 당대《군서치요群書治要》(魏徵),《북당서초北堂書鈔》(虞世南),《意林》
(馬總),《初學記》(徐堅),《藝文類聚》(歐陽詢),《白孔六帖》(白居易)과 송대《太平
御覽》(李昉),《事類賦》(吳淑) 등이 그렇다.

　한편 지금 전하는 최고最古 역주본은 원元나라 때 하변何犿이 말한 이찬
李瓚의〈주본注本〉이 있었으며 이는《태평어람太平御覽》,《사류부事類賦》,
《초학기初學記》 등에 인용되어 있어 그 주문注文을 근거로 보면 이찬은 송대
이전 사람으로 보인다. 다만 주가 천루淺陋하고 오류도 많은 것으로 알려져
있다. 〈하변본〉은 원나라 지원至元 3년(1337)에 나온 것으로 되어 있으나
명대 조용현趙用賢의 교주본校注本은 그보다 앞선〈송본宋本〉을 근거로 한
것으로 이 역시 탈락과 오류가 심하다. 이 조용현의〈교주본〉과 명대 주공교
周孔敎의〈대자본大字本〉은 일치하며, 청대「사고전서四庫全書」의《韓非子》는

이 주공교의 본을 싣되 조용현 본을 바탕으로 교정한 것이다. 다만 조용현 본은 연구 결과 억측과 원문을 고친 부분이 있는 것으로 밝혀졌다.

명나라 정통正統, 만력萬曆 연간에 〈도장본道藏本〉이 이루어지면서 그러한 오류 또한 바로잡지 않았으나, 대신 명나라 때 교정을 거치지 않은 것으로서 〈금본今本〉의 교수校讎 작업에는 상당한 가치를 지니고 있다.

한편 《한자우평韓子迂評》은 명나라 때 오군吳郡 사람 유씨兪氏 성의 문무자門無子라는 호를 가진 사람이 지은 것으로서 원나라 시대 하변의 〈교정본〉을 저본으로 하여 "구두를 찍고 글자를 알아볼 수 있도록 하고 간혹 하변의 주를 절충하였다"(句爲之讀, 字爲之品, 間取何氏注而折衷之)라고 밝혔으며 아울러 자신의 평론을 덧붙인 것으로 지금도 참고하고 있다.

청대 오자吳鼐는 다시 남송 〈건도본乾道本〉을 얻어 고광기顧廣圻의 《한비자 지오韓非子識誤》에 부록으로 실어 출간, 지금 가장 뛰어난 작업으로 평가받고 있다.

그 뒤 《한비자》에 대한 연구는 점차 활발해져서 왕념손王念孫의 《독서 잡지讀書雜誌》, 노문초盧文弨의 《한비자습보韓非子拾補》, 유월兪樾의 《한비자 평의韓非子平議》, 손이양孫詒讓의 《찰이札迻》 등이 쏟아져 나왔으며, 왕선신王先愼이 마침내 이를 종합하여 《한비자집해韓非子集解》를 냄으로써 어느 정도 완성을 보게 된다. 그러나 왕선신의 이 작업 또한 대략적인 훈석訓釋에 그쳤으며 구주舊注의 오류를 바로잡지 못한 부분도 상당수에 이른다.

이에 다시 오여륜吳汝綸의 《한비자점감韓非子點勘》, 도홍경陶鴻慶의 《독한비자찰기讀韓非子札記》, 유사배劉師培의 《한비자각보韓非子斠補》, 윤동양尹桐陽의 《한자신석韓子新釋》, 고형高亨의 《한비자보전韓非子補箋》 등이 나오게 되었다. 그리고 진계천陳啓天은 이를 종합적으로 정리, 일본인들의 저작까지 참고하여 비교적 방대한 50만 자의 《한비자교석韓非子校釋》을 내어 문단을 나누고 표점을 가미하여 상세하게 작업하였다.

근대에 이르러 다시 진기유陳奇猷는 《한비자집석韓非子集釋》을 내어 널리 활용되기 시작하였고 양계웅梁啓雄의 《한비자천해韓非子淺解》 또한 널리 알려져 있다. 한편 대만臺灣 상무인서관商務印書館의 《한비자금주금역韓非子今註今譯》(邵增樺, 1995)은 진계천의 《한비자교석》을 바탕으로 하여 백화어로 작업하였으며 진계천의 교열을 거친 것으로 비교적 자세하나 목차의 순서가 아주 다르게 바뀌어 있다.

아울러 귀주인민출판사貴州人民出版社의 《한비자전역韓非子全譯》(張覺, 1992)은 세밀하게 주석을 달고 백화어로 번역하여 참고에 큰 도움을 주고 있다.

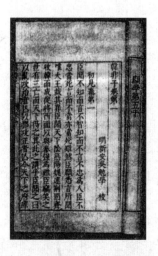

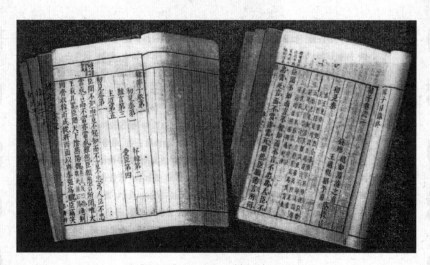

《韓非子》明 萬曆 6년(1578) 刊本

國無常彊
無常弱奉法
者強則國彊
奉法者弱助國弱

韓非

夢谷 姚谷良

〈韓非〉夢谷 姚谷良(畫)"國無常彊，無常弱. 奉法者强則國彊，奉法者弱則國弱."

韓非子二十卷

四部叢刊子部

韓非子卷第一

初見秦第一　存韓第二

難言第三　愛臣第四

主道第五

初見秦第一

臣聞不知而言不智知而不言不忠為人臣不忠當死言而不當亦當死雖然臣願悉言所聞唯大王裁其罪臣聞天下陰燕陽魏連荊固齊收韓而成從將西面以與秦強為難臣竊笑之世有三亡而天下得之其此之謂乎臣聞之曰以亂攻治者亡以邪攻正者亡以逆攻順者亡今天下之府庫不盈囷倉空虛悉其士民張軍數十萬其頓首戴羽為將軍斷死於前不至千人皆以言死白刃在前斧鑕在後而卻走不能死也其士民不能死也上不能故也言賞則不與言罰則不行賞罰不信故民不死也今秦出號令而行賞罰有功無功相事也出其父母懷衽之中生未嘗見寇耳聞戰頓足徒裼犯白刃蹈爐炭斷死於前者皆是也夫斷死與斷生者不同而民為之者是貴奮死也夫一人奮死可以對十十可以對百百可以對千千可以對萬萬可以剋天下矣今秦地形斷長補短方數千里名師數十百萬秦之號令賞罰地形利害天下莫若也以此與天下天下不足兼而有也是故秦戰未嘗不剋攻未嘗不取所當未嘗不破開地數千里此其大功也然而甲兵頓士民病蓄積索田疇荒囷倉虛四鄰諸侯不服霸王之名不成此無異故其謀臣皆不盡其忠也臣敢言之往者齊南破荊東破宋西服秦北破燕中使韓魏土地廣而兵強戰剋攻取詔令天下齊之清濟濁河足以為限長城巨防足以為塞齊五戰之國也一戰不剋而無齊故由此觀之夫戰者萬乘之存亡也

《韓非子》四部叢刊本

初見秦第一

臣聞不知而言不智知而不言不忠爲人臣不忠當死言而不
當亦當死雖然臣願悉言所聞唯大王裁其罪臣聞天下陰燕
陽魏燕者北故曰陰魏者南故曰陽連荆固齊牧韓而成從將西面以與秦強爲
難臣竊笑之世有三亡而天下得之知天下得者其此之謂乎臣
聞之曰以亂攻治者亡以邪攻正者亡以令天下之府庫不盈困
倉空虛悉其士民張軍數十百萬其頓首戴羽爲將軍斷死於前
不至千人皆以言死白刃在前斧鑕在後而却走不能死也非
其士民不能死也上不能故也言賞則不與言罰則不行賞罰

不信故士民不死也今秦出號令而行賞罰有功無功相事也
出其父母懷衽之中生未嘗見寇耳聞戰頓足徒裼犯白刃蹈
鑪炭斷死於前者皆是也夫斷死與斷生者不同而民爲之者
是貴奮死也夫一人奮死可以對十可以對百百可以對千
千可以對萬萬可以尅天下矣今秦地折長補短方數千里名
師數十百萬秦之號令賞罰地形利害天下莫若也以此與天
下未嘗不破開地數千里此其大功也然而兵甲頓士民病蓄積
索臣皆以忠也臣敢言之往者齊南破荆東破宋西服秦
謀臣皆不盡其忠也臣敢言之往者齊南破荆東破宋西服秦
北破燕中使韓魏土地廣而兵強戰尅攻取詔令天下齊之清
濟濁河足以爲限長城巨防足以爲塞齊五戰之國也謂五破
一戰不尅而無齊曹樂毅破齊于濟西由此觀之夫戰者萬乘之存亡也

《韓非子》四部叢刊本(電子版)

北堂書鈔卷第一　　帝王部一

隋祕書郎虞世南　撰
南海孔廣陶　校註

帝王總載一
帝系二
誕載三
奇表四

帝王總載

皇者天人之總稱　字惟太平御覽七十六引與本鈔合。又近本及御覽引稱上皆有美大之三字。皆有美大之三字。○今案見白虎通號篇。

帝者天號　及文選案西京賦注引尚書緯○今案見類聚十一及後漢書郎顗傳注引春秋演六引易緯尚書緯同

正氣為帝　漢書郎顗傳注引春秋演

帝者天下之所適王者天下之所往也　春秋慎大覽惠○今案見呂氏

法五行相生　本及本鈔皆誤連下句孫○今案見家語五帝篇陳

圖孔　近本及御覽引稱上皆有美大之三字皆有美大之又御覽七十刑德放又御覽七十六引易緯尚書緯同

七引與本鈔合又本鈔脫兩所字惟御覽七十半農校本脫兩所字惟御覽七十本案見禮記坊記俞本但注文子本誤分作二條

《北堂書鈔》

차 례

❧ 책머리에
❧ 일러두기
❧ 해제
  Ⅰ. 先秦諸子學과 法家
  Ⅱ. 한비(韓非: B.C.280~B.C.233)
  Ⅲ.《韓非子》

韓非子 둘

38. 난삼難三

39. 난사難四

40. 난세難勢

41. 문변問辯

42. 문전問田

43. 정법定法

50. 현학顯學

51. 충효忠孝

52. 인주人主

◉ 부록

韓非子 三

1. 초견진初見秦

2. 존한存韓

3. 난언難言

4. 애신愛臣

5. 주도主道

6. 유도有度

7. 이병二柄

8. 양권揚權

12. 세난說難

13. 화씨和氏

14. 간겁시신姦劫弑臣

韓非子 下

20. 해로解老

21. 유로喻老

22. 세림상說林上

23. 세림하說林下

韓非子 등

30. 내저설상內儲說上 칠술七術

31. 내저설하內儲說下 육미六微

32. 외저설좌상外儲說左上

韓非子 **4**

33. 외저설좌하外儲說左下

34. 외저설우상外儲說右上

38. 난삼難三

난편難篇 3번째이다.

본편에는 모두 8절의 논박論駁이 실려 있다.

즉 간악함을 고한 자에게는 상을 내릴 것, 관리의 꾸밈말을 믿지 말 것, 측근이 자신의 권위를 넘어설 수 없도록 할 것, 제도에 못지 않게 신하의 비리를 알고 있을 겼, 사물을 통해 사물을 다스릴 것, 모든 통치를 자신의 권위 확보를 최우선으로 할 것, 겉으로 드러난 일로 상을 내리지 말 것, 법法은 공개하고 술術은 감출 것 등이다.

617(38-1)
세 가지 잘못

노魯 목공穆公이 자사子思에게 물었다.

"내 들기로 방간씨龐糷氏의 자식이 불효라고 하던데 그 행실이 어떠하오?"

자사가 대답하였다.

"군자는 현자를 존중하여 덕을 높이고, 착한 이를 천거하여 백성들에게 모범을 보입니다. 만약 무릇 잘못된 행동이 있다면 이는 세인細人이나 아는 것이지 저는 알지 못합니다."

자사가 나가고 자복려백子服厲伯이 들어가 목공을 뵈었다.

방간씨 아들에 대하여 묻자 자복려백는 이렇게 대답하였다.

"그에게는 잘못이 세 가지 있습니다. 모두 군주께서 아직 들어보지 못한 것들입니다."

이로부터 임금은 자사를 귀히 여기고 자복려백을 천시하였다.

魯穆公問於子思曰:「吾聞龐糷氏之子不孝, 其行奚如?」

子思對曰:「君子尊賢以崇德, 舉善以觀民. 若夫過行, 是細人之所識也, 臣不知也.」

子思出, 子服厲伯入見.

問龐糰氏子, 子服厲伯對曰:「其過三, 皆君之所未嘗聞.」
自是之後, 君貴子思而賤子服厲伯也.

【魯穆公】戰國시대 魯나라 군주. 이름은 顯. 혹은 不衍. 魯 元公의 아들. 33년간
　재위하였으며 시호는 穆, 혹은 繆.
【子思】孔伋. 자는 子思. 공자의 손자이며 孔鯉(鮒)의 아들. 曾子의 제자이며
　魯 穆公이 스승으로 모셨음.《中庸》을 지은 것으로 알려져 있으며 述聖이라
　칭해짐.
【龐糰氏】龐은 지명. 지명을 성씨로 삼은 것. '糰'은 혹 '𦡀', '攔' 등으로 표기함.
　《論衡》에는 '龐攔氏'로 되어 있음.
【觀民】백성들에게 善을 勸勉함. '觀'은 다른 판본에는 '勸'으로 되어 있으나
　〈集解〉에는 "按此以觀爲是. 觀, 示也"라 함.
【子服厲伯】원래 春秋시대 魯나라 공족 孟獻子(仲孫蔑)의 아들 仲孫佗의 자가
　子服이었으며 그의 후손들이 子服으로 성씨를 삼았음.《漢書》古今人表에
　子服景伯의 후손으로 子服子가 있었으며 趙襄子와 같은 시대 인물로 그가
　바로 子服厲伯이 아닌가 함.

参고 및 관련 자료

1.《論衡》非韓篇
魯繆公問於子思曰:「吾聞龐攔是子不孝. 不孝, 其行奚如?」子思對曰:「君子尊
賢以崇德, 舉善以勸民. 若夫過行, 是細人之所識也, 臣不知也.」子思出, 子服
厲伯見. 君問龐攔是子. 子服厲伯對以其過, 皆君子(之)所未曾聞. 自是之後,
君貴子思而賤子服厲伯. 韓子聞之, 以非繆公, 以爲明君求姦而誅之, 子思不以
姦聞, 而厲伯以姦對, 厲伯宜貴, 子思宜賤. 今繆公貴子思, 賤厲伯, 失貴賤之宜,
故非之也.

2.《論衡》非韓篇
《韓子》曰:「子思不以過聞, 繆公貴之; 子服厲伯以姦聞, 繆公賤之, 人情皆喜貴
而惡賤, 故季氏之亂成而不上聞, 此魯君之所以劫也.」夫魯君所以劫者, 以不明

法度邪? 以不早聞姦也? 夫法度明, 雖不聞姦, 姦無由生; 法度不明, 雖曰求姦, 決其源, 鄢之以掌也. 御者無銜, 見馬且犇, 無以制也. 使王良持轡, 馬無欲犇之心, 御之有數也. 今不言魯君無術, 而曰不聞姦; 不言審法度, 而曰不通下情, 韓子之非繆公也, 與術意而相違矣.

3.《論衡》非韓篇

龐捫是子不孝, 子思不言, 繆公貴之. 韓子非之, 以爲「明君求善而賞之, 求姦而誅之」. 夫不孝之人, 下愚之才也. 下愚無禮, 順情從欲, 與鳥獸同. 謂之惡, 可也; 謂姦, 非也. 姦人外善内惡, 色屬内荏, 作爲操止, 像類賢行, 以取升進, 容媚於上, 安肯作不孝, 著身爲惡, 以取棄殉之咎乎? 龐捫是子可謂不孝, 不可謂姦. 韓子謂之姦, 失姦之實矣.

618(38-2)
계씨季氏에게 협박을 당한 노나라

어떤 이가 말하였다.

"노魯나라 공실이 삼대에 걸쳐 계씨季氏에게 협박을 당한 것은 역시 당연하지 않은가? 명석한 군주라면 훌륭한 이를 찾아 상을 내리고, 간악한 자를 찾아내어 벌을 주는 것이니 이처럼 찾아내는 일은 똑같다. 그러므로 선을 들려주는 자는 선을 좋아함이 임금과 같은 자이며, 간악함을 들려주는 자는 그 간악함이 임금과 같은 자이다. 이는 의당 그에 맞게 상벌이 주어져야 한다. 간악한 일이 있는데도 이를 임금에게 알려주지 않는다면 이는 위로는 임금과 달리 하면서 아래로 간악한 자들과 편당을 짓는 자들이다. 이들에게는 의당 훼멸과 처벌이 가해져야 한다. 지금 자사子思는 잘못을 들려주지 않았는데도 목공이 그를 귀하게 여겼으며, 여백厲伯은 간악함을 들려주었음에도 그를 천시하였다. 사람의 정이란 귀함을 좋아하고 천함을 싫어한다. 그 때문에 계씨의 난이 조성되도록 임금에게 이를 들려주는 자가 없었던 것이다. 이것이 바로 노 목공이 협박을 당한 이유이다. 게다가 이는 왕권을 잃고 있는 풍속으로써 추로取魯사람들이 자신만을 찬미한 것인데도 목공만은 홀로 그를 존중하고 있었으니 거꾸로 된 것이 아니겠는가?"

或曰:「魯之公室, 三世劫於季氏, 不亦宜乎? 明君求善而賞之, 求姦而誅之, 其得之一也. 故以善聞之者, 以說

善同於上者也; 以姦聞之者, 以惡姦同於上者也, 此宜
賞譽之所及也. 不以姦聞, 是異於上而下比周於姦者也,
此宜毀罰之所及也. 今子思不以過聞而穆公貴之, 厲伯
以姦聞而穆公賤之. 人情皆喜貴而惡賤, 故季氏之亂成
而不上聞, 此魯君之所以劫也. 且此亡王之俗, 取‧魯之
民所以自美, 而穆公獨貴之, 不亦倒乎?」

【三代】春秋 말 魯나라 昭公, 定公, 哀公 등 삼대를 거치도록 季文子, 季武子,
季平子에 의해 公室이 左之右之 당하였음. 季氏는 노나라 三桓의 하나로
莊公의 아우 季友의 후손들로 季孫氏라고도 부름. 《左傳》昭公 25년 傳에
"政在季氏三世矣"라 함.
【比周】사사로운 이익이나 편의를 위해 뭉침. 作黨과 같음. 《論語》為政篇
"子曰:「君子周而不比, 小人比而不周.」"의 孔安國 注에는 "忠信為周, 阿黨為比"
라 하였고, 邢昺은 "言君子常行忠信, 而不私相阿黨"이라 함.
【亡王】王權을 잃음. 顧廣圻는 "王, 當作主"라 함.
【取‧魯】'取'는 '陬'의 가차자이며 陬邑. 공자의 고향으로 지금의 山東 曲阜
동남쪽. 그러나 '取'는 '鄒'의 가차자이며 '鄒'는 孟子의 고국으로 孔孟의 道를
뜻하는 것으로 보기도 함. 여기서는 子思를 지칭한 儒家들을 가리킴.
【自美】鄒魯 일대는 孔孟의 교화를 깊이 받은 곳으로 韓非 자신이 주장하는
法家 사상과 거리가 멀며 자신들만이 자랑하고 있음을 뜻함.

619(38-3)
시인寺人 피披

문공文公이 달아나자 헌공獻公이 시인寺人 피披로 하여금 포성蒲城을 치도록 하여 피는 문공의 소맷자락을 잘랐으며 문공은 적翟으로 달아났다.

혜공惠公이 즉위하자 다시 혜두惠竇에서 그를 치도록 하였으나 문공을 붙잡지 못하였다.

뒤에 문공이 귀국하자 시인 피가 만나 뵙기를 청하였다.

문공이 말하였다.

"포성의 싸움에서 군주가 하룻밤 사이에 치라고 명령하였는데 너는 곧바로 달려왔다. 혜두의 싸움에서도 군주는 사흘 밤의 시간을 주었었는데 너는 하룻밤 사이에 쳐들어왔다. 어찌 그렇게 빨리 서둘렀는가?"

피가 대답하였다.

"임금의 명령은 어길 수 없습니다. 임금의 악惡을 없애는 데에는 오직 감당하지 못할까 두려워할 뿐입니다. 포성 사람과 적 사람이 저와 무슨 상관이 있겠습니까? 지금 공께서 즉위하셨지만 앞으로 또 포성이나 적 같은 일이 없겠습니까? 게다가 환공桓公은 허리띠 고리 쏜 일을 제쳐두고 관중管仲을 재상으로 삼았습니다."

문공은 이에 그를 만나주었다.

文公出亡, 獻公使寺人披攻之蒲城, 披斬其袪, 文公奔翟.
惠公卽位, 又使攻之惠竇, 不得也.

及文公反國, 披求見.

公曰:「蒲城之役, 君令一宿, 而汝卽至; 惠竇之難, 君令三宿, 而汝一宿, 何其速也?」

披對曰:「君令不二. 除君之惡, 惟恐不堪. 蒲人·翟人, 余何有焉? 今公卽位, 其無蒲·翟乎? 且桓公置射鉤而相管仲.」

君乃見之.

【文公】 晉 文公. 重耳. 獻公의 둘째 아들. 驪姬의 핍박으로 19년간 해외 망명을 거쳐 귀국, 왕위에 오름. 뒤에 齊 桓公에 이어 春秋五霸의 지위에 오름. B.C.636~B.C.628년까지 9년간 재위함. 《史記》 晉世家에 "重耳母, 翟之狐女也; 夷吾母, 重耳母女弟也. …自獻公爲太子時, 重耳固以成人矣"라 하였고, 《國語》는 重耳의 망명 생활에 대하여 매우 많은 양을 자세히 싣고 있으며 晉語(4)에는 "狐氏出自唐叔. 狐姬, 伯行之子也, 實生重耳"라 함. 《左傳》, 《國語》, 《史記》 등을 참조할 것. 이 사건은 重耳가 공자 시절 驪姬의 핍박으로 난이 일어나자 도성 밖으로 달아난 사건임.

【獻公】 晉獻公. 춘추시대 晉나라 군주. 武公의 아들이며 獻公(詭諸)과 文公(중이), 태자 申生의 아버지. 晉나라 군주. B.C.676~B.C.651년까지 26년간 재위함. 17國을 병탄하고 38國을 복종시켰으며 12번 승리를 거두었다 하였음. 그러나 驪姬의 난으로 重耳(文公)가 망명에 오르는 등 혼란을 조성함.

【寺人披】 '寺人'은 '시인'으로 읽으며, '寺'는 '侍'와 같음. 궁궐 안 近侍를 통틀어 가리키는 말. '披'는 그의 이름. 《國語》 등에는 이름이 '勃鞮'로 되어 있으며 勃鞮는 자가 伯楚였음.

【蒲城】 重耳의 봉지. 지금의 山西 隰縣 동북으로 都城을 도망쳐 나와 먼저 蒲城에 머물고 있었으며 아버지 獻公이 勃鞮로 하여금 蒲城을 공격하여 重耳를 죽이도록 하였음.

【翟】 '狄'으로도 표기하며 지금의 山西 汾陰과 長治 일대에 분포하고 있던 무렵의 이민족.

【惠公】 春秋시대 晉 獻公의 아들. 이름은 夷吾. 驪姬의 난으로 인해 重耳, 夷吾 등

공자들이 모두 해외로 망명하였으며 夷吾는 獻公이 죽자 秦나라에 다섯 성을
주는 조건으로 자신을 晉나라에 들어가 임금이 되도록 해 줄 것을 약속함.
秦 穆公이 그를 호송하여 왕으로 세워주었으나 약속을 저버려 韓原의 전투가
벌어졌으며 그때 포로가 됨. B.C.650~B.C.637년까지 14년간 재위하고 그 뒤를
文公(重耳)이 이어 패자가 됨.

【惠竇】 지역을 가리키는 말. 渭水 가를 말함.《좌전》과《國語》에는 '渭濱'으로
되어 있음.

【一宿】 만 하루 걸리는 일정을 말함.

【不二】 '二'는 '貳'와 같음. '위배하다, 두 마음을 갖다'의 뜻.

【君之惡】 군주의 자리를 위협하는 대상. 政敵, 곧 重耳를 말함.

【齊桓公】 春秋五霸의 첫 首長. 이름은 小白. 齊나라에 난이 일어나자 鮑叔이
모시고 莒나라로 피신, 管仲은 公子 糾를 모시고 魯나라로 피신함. 뒤에 난이
진압되고 먼저 귀국하는 자가 왕이 될 수 있는 기회에 小白이 오는 길을 管仲
일행이 막고 활을 쏘아 소백의 허리띠 고리에 맞추자 소백은 죽은 척 쓰러져
있다가 지름길로 귀국하여 왕위에 오름. 뒤에 포숙의 추천으로 관중을 등용
하여 제나라를 부강하게 하고 九合諸侯, 一匡天下하여 첫 패자가 됨.
B.C.685~B.C.643년까지 43년간 재위함.《史記》齊太公世家를 참조할 것.

【管仲】 춘추시대 齊나라 인물. 管夷吾. 仲은 그의 字. 齊 桓公을 첫 霸者로 성취
시킨 인물. 처음 齊나라에 난이 일어나 公子들이 뿔뿔이 흩어질 때 管仲은 公子
糾를 모시고 魯나라로 피신하였으며 鮑叔은 小白을 모시고 莒나라로 피신함.
뒤에 난이 끝나고 먼저 귀국하는 자가 왕위에 오르게 되어 있었으며 이 때 管仲은
小白 일행이 오는 길목을 지키다가 활로 小白을 쏘았으나 小白이 허리띠 고리에
맞고 죽은 척 쓰러져 있다가 지름길로 들어가 먼저 왕위에 올랐으며 이가 환공임.
이에 공자 규와 관중 일행은 귀국하지 못하고 처벌을 기다렸으나 鮑叔의 추천
으로 환공의 재상이 되어 제나라를 부강하게 만들었으며 재상에 오름. 환공이
그를 높여 仲父라 일컬었음.《史記》管晏列傳 및《列子》등을 참조할 것. '管鮑
之交' 등의 많은 고사를 남겼으며 그의 사상과 언행을 기록한《管子》가 전함.

⬭ 참고 및 관련 자료

1.《左傳》僖公 24年 傳
丁未, 朝于武宮. 戊申, 使殺懷公于高梁. 不書, 亦不告也. 呂·郤畏偪, 將焚公宮而弑晉侯. 寺人披請見. 公使讓之, 且辭焉, 曰:「蒲城之役, 君命一宿, 女卽至.
其後余從狄君以田渭濱, 女爲惠公來求殺余, 命女三宿, 女中宿至. 雖有君命,
何其速也? 夫袪猶在. 女其行乎!」對曰:「臣謂君之入也, 其知之矣. 若猶未也,
又將及難. 君命無二, 古之制也. 除君之惡, 唯力是視. 蒲人·狄人, 余何有焉?
今君卽位, 其無蒲·狄乎! 齊桓公置射鉤, 而使管仲相. 君若易之, 何辱命焉? 行者
甚衆, 豈唯刑臣?」公見之, 以難告. 三月, 晉侯潛會秦伯于王城. 己丑晦, 公宮火.
瑕甥·郤芮不獲公, 乃如河上, 秦伯誘而殺之.

2.《國語》晉語(4)

初, 獻公使寺人勃鞮伐公於蒲城, 文公踰垣, 勃鞮斬其袪. 及入, 勃鞮求見, 公辭焉,
曰:「驪姬之讒, 爾射余於屏內, 困余於蒲城, 斬余衣袪. 又爲惠公從余於渭濱,
命曰三日, 若宿而至. 若干二命, 以求殺余. 余於伯楚屢困, 何舊怨也? 退而思之,
異日見我.」對曰:「吾以君爲已知之矣, 故入; 猶未知之也, 又將出矣. 事君不貳
是謂臣, 好惡不易是謂君. 君君臣臣, 是謂明訓. 明訓能終, 民之主也. 二君之世.
蒲人狄人, 余何有焉? 除君之惡, 唯力所及, 何貳之有? 今君卽位, 其無蒲·狄乎?
伊尹放太甲而卒以爲明王, 管仲賊桓公而卒以爲侯伯. 乾時之役, 申孫之矢集
于桓鉤, 鉤近於袪, 而無怨言, 佐相以終, 克成令名. 今君之德宇, 何不寬裕也?
惡其所好, 其能久矣? 君實不能明訓, 而棄民主, 余, 罪戾之人也, 又何患焉?
且不見我, 君其無悔乎!」於是呂甥·冀芮畏偪, 悔納文公, 謀作亂, 將以己丑焚
公宮, 公出救火而遂殺之. 伯楚知之, 故求見公. 公遽出見之, 曰:「豈不如女言?
然是吾惡心也, 吾請去之.」伯楚以呂·郤之謀告公. 公懼, 乘馹自下, 脫會秦伯
于王城, 告之亂故. 及己丑公宮火, 二子求公不獲, 遂如河上, 秦伯誘而殺之.

3.《史記》晉世家

懷公故大臣呂省·郤芮本不附文公, 文公立, 恐誅, 乃欲與其徒謀燒公宮, 殺文公.
文公不知. 始嘗欲殺文公宦者履鞮知其謀, 欲以告文公, 解前罪, 求見文公. 文公
不見, 使人讓曰:「蒲城之事, 女斬予袪. 其後我從狄君獵, 女爲惠公來求殺我.
惠公與女期三日至, 而女一日至, 何速也? 女其念之.」宦者曰:「臣刀鋸之餘,
不敢以二心事君倍主, 故得罪於君. 君已反國, 其毋蒲·翟乎? 且管仲射鉤, 桓公
以霸. 今刑餘之人以事告而君不見, 禍又且及矣」於是見之, 遂以呂·郤等告文公.
文公欲召呂·郤, 呂·郤等黨多, 文公恐初入國, 國人賣己, 乃爲微行, 會秦繆公
於王城, 國人莫知. 三月己丑, 呂·郤等果反, 焚公宮, 不得文公. 文公之衛徒與戰,
呂·郤等引兵欲奔, 秦繆公誘呂·郤等, 殺之河上, 晉國復而文公得歸. 夏, 迎夫人
於秦, 秦所與文公妻者卒爲夫人. 秦送三千人爲衛, 以備晉亂.

620(38-4)
두 나라 제사가 끊어진 이유

어떤 사람은 이렇게 말하였다.

"제齊나라와 진晉나라의 제사가 끊어진 것 또한 마땅하지 않은가? 환공桓公은 능히 관중管仲의 공을 썼을 뿐 허리띠 고리를 쏜 원한을 잊었으며, 문공文公은 능히 시인寺人의 말을 받아들일 뿐 소맷자락 자른 죄를 저버릴 수 있었으니 환공과 문공은 능히 두 인물을 용납하였던 것이다. 그러나 후세의 임금들은 명석함이 이 두 임금들에게 미치지 못하였고, 후세 신하의 현명함은 이 두 인물들만 못하였다. 불충의 신하로써 명석하지 못한 임금을 섬긴 것이니 임금으로서 알아차리지 못하면 연조燕操, 자한子罕, 전상田常 같은 역적이 나타날 것이며, 알아차리면 관중이나 시인의 일로써 스스로 해결할 수 있었을 것이다. 임금은 틀림없이 처벌하지 않고 스스로 환공이나 문공의 덕을 지녔다고 여기는 것이니 이는 신하가 원수임에도 명석함은 능히 비추어 내지 못하고 자료를 많이 빌려주면서도 자신이 어질다고 여긴 채 경계하지 않는 것이 되니, 그렇다면 후사가 끊어진다 해도 역시 그럴 수 있지 않겠는가? 게다가 시인의 말은 곧바로 임금의 명령이라 두 마음을 갖지 않았다고 수식하여 말하였으니 그렇다면 이는 임금에게 정절을 지킨 것이다. 죽은 군주가 다시 살아나더라도 신하로서 부끄럽지 않은 다음에야 정절이 되는 것이다. 지금 혜공惠公이 아침에 죽었는데 저녁에 문공을 섬기겠다고 하니 시인의 두 마음 갖지 않음이 그 어떠한가?"

或曰:「齊・晉絶祀, 不亦宜乎?

桓公能用管仲之功而忘射鈎之怨, 文公能聽寺人之言而棄斬袪之罪, 桓公・文公能容二子者也.

後世之君, 明不及二公; 後世之臣, 賢不如二子.

以不忠之臣, 事不明之君, 君不知, 則有燕操・子罕・田常之賊; 知之, 則以管仲・寺人自解.

君必不誅, 而自以爲有桓・文之德, 是臣讎而明不能燭, 多假之資, 自以爲賢而不戒, 則雖無後嗣, 不亦可乎?

且寺人之言也, 直飾君令而不貳者, 則是貞於君也.

死君後生臣不愧而後爲貞.

今惠公朝卒而暮事文公, 寺人之不貳何如?」

【絶祀】祭祀가 끊어짐. 나라가 망함. 齊나라는 田常에 의해 姜氏 혈통이 망하고 田氏齊가 되었으며, 晉나라는 三晉에 의해 나라의 명맥이 끊어져 韓, 魏, 趙, 田氏齊 등으로 바뀌어 각각 戰國時代를 맞이함.

【齊桓公】春秋五霸의 첫 首長. 이름은 小白. 齊나라에 난이 일어나자 鮑叔이 모시고 莒나라로 피신, 管仲은 公子 糾를 모시고 魯나라로 피신함. 뒤에 난이 진압되고 먼저 귀국하는 자가 왕이 될 수 있는 기회에 小白이 오는 길을 管仲 일행이 막고 활을 쏘아 소백의 허리띠 고리에 맞추자 소백은 죽은 척 쓰러져 있다가 지름길로 귀국하여 왕위에 오름. 뒤에 포숙의 추천으로 관중을 등용하여 제나라를 부강하게 하고 九合諸侯, 一匡天下하여 첫 패자가 됨. B.C.685∼B.C.643년까지 43년간 재위함.《史記》齊太公世家를 참조할 것.

【管仲】춘추시대 齊나라 인물. 管夷吾. 仲은 그의 字. 齊 桓公을 첫 霸者로 성취시킨 인물. 처음 齊나라에 난이 일어나 公子들이 뿔뿔이 흩어질 때 管仲은 公子 糾를 모시고 魯나라로 피신하였으며 鮑叔은 小白을 모시고 거나라로 피신함. 뒤에 난이 끝나고 먼저 귀국하는 자가 왕위에 오르게 되어 있었으며 이 때 管仲은 小白 일행이 오는 길목을 지키다가 활로 小白을 쏘았으나 小白이

허리띠 고리에 맞고 죽은 척 쓰러져 있다가 지름길로 들어가 먼저 왕위에 올랐으며 이가 환공임. 이에 공자 규와 관중 일행은 귀국하지 못하고 처벌을 기다렸으나 鮑叔의 추천으로 환공의 재상이 되어 제나라를 부강하게 만들었으며 재상에 오름. 환공이 그를 높여 仲父라 일컬었음.《史記》管晏列傳 및 《列子》등을 참조할 것. '管鮑之交' 등의 많은 고사를 남겼으며 그의 사상과 언행을 기록한《管子》가 전함.

【文公】晉 文公. 重耳. 獻公의 둘째 아들. 驪姬의 핍박으로 19년간 해외 망명을 거쳐 귀국, 왕위에 오름. 뒤에 齊 桓公에 이어 春秋五霸의 지위에 오름. B.C.636~B.C.628년까지 9년간 재위함.《史記》晉世家에 "重耳母, 翟之狐女也; 夷吾母, 重耳母女弟也. …自獻公爲太子時, 重耳固以成人矣"라 하였고,《國語》는 重耳의 망명 생활에 대하여 매우 많은 양을 자세히 싣고 있으며 晉語(4)에는 "狐氏出自唐叔. 狐姬, 伯行之子也, 實生重耳"라 함.《左傳》,《國語》,《史記》등을 참조할 것.

【燕操】戰國 후기 燕나라 장수 公孫操. 燕 惠王을 시해하였음.《史記》趙世家에 "惠文王二十八年, 燕將成安君公孫操殺其王"이라 함.

【子罕】黃喜. 전국시대 宋나라 簒逆 신하. 자는 子罕. 宋나라 司城(司空)을 지냈으며 戴驩과 정권 다툼 속에 宋 桓侯를 시해하고 宋나라 정권을 탈취함.

【田常】田恆. 田恒. '恆'은 '恒'의 異體字. 田常, 陳恒, 陳成子, 田成子 등으로 널리 불림. 簡公을 유폐시켜 시살한 인물. '陳恆'으로도 표기하며 '恆'은 '恒'의 異體字. 원래 그의 선조 陳完(田完, 敬仲)은 陳나라 출신으로 齊나라에 옮겨와 정착하여 田氏로 성을 바꾸었으며 차츰 세력을 키워 卿에 오른 다음, 그 후손이 뒤에 姜氏(姜太公의 후손)의 齊나라를 차지하여 戰國시대 田氏齊를 세움.《史記》田敬仲完世家 참조.

【不夷】'夷'는 '二'와 같으며 '배반하다. 두 마음을 갖다'의 뜻.

621(38-5)
수수께끼

어떤 사람이 환공桓公에게 수수께끼를 내어 이렇게 물었다.

"첫째 환난, 둘째 환난, 셋째 환난이 무엇일까요?"

환공이 맞출 수 없어 관중管仲에게 고하였다.

관중은 이렇게 대답하였다.

"첫째 환난이란 광대를 가까이하고 선비를 멀리하는 것입니다. 둘째 환난이란 도성을 떠나 자주 바다로 놀러 다니는 것입니다. 셋째 환난이란 임금이 늙어가는데 태재를 늦게 세우는 것입니다."

환공이 말하였다.

"좋소."

그리고는 택일도 하지 않고 종묘에 태자 세우는 예를 행하였다.

人有設桓公隱者曰:「一難, 二難, 三難, 何也?」

桓公不能射, 以告管仲.

管仲對曰:「一難也, 近優而遠士. 二難也, 去其國而數之海. 三難也, 君老而晚置太子.」

桓公曰:「善.」

不擇日而廟禮太子.

【齊桓公】 春秋五霸의 첫 首長. 이름은 小白. 齊나라에 난이 일어나자 鮑叔이 모시고 莒나라로 피신, 管仲은 公子 糾를 모시고 魯나라로 피신함. 뒤에 난이 진압되고 먼저 귀국하는 자가 왕이 될 수 있는 기회에 小白이 오는 길을 管仲 일행이 막고 활을 쏘아 소백의 허리띠 고리에 맞추자 소백은 죽은 척 쓰러져 있다가 지름길로 귀국하여 왕위에 오름. 뒤에 포숙의 추천으로 관중을 등용하여 제나라를 부강하게 하고 九合諸侯, 一匡天下하여 첫 패자가 됨. B.C.685~B.C.643년까지 43년간 재위함. 《史記》齊太公世家를 참조할 것.

【設】 假設함. 만들어냄.

【隱】 '隱'은 '讔'과 같음. 즉 일종의 수수께끼(謎語).

【難】 본 장과 다음의 반박문 등에 재난, 재앙. 환난의 뜻과 '어렵다'의 두 가지 뜻을 혼용하고 있음.

【射】 수수께끼 등의 답을 맞춤. 그러나 〈乾道本〉에는 '對'로 되어 있음.

【管夷吾】 춘추시대 齊나라 인물. 管仲. 夷吾는 이름이며 仲은 그의 字. 齊 桓公을 첫 霸者로 성취시킨 인물. 처음 齊나라에 난이 일어나 公子들이 뿔뿔이 흩어질 때 管仲은 公子 糾를 모시고 魯나라로 피신하였으며 鮑叔은 小白을 모시고 莒나라로 피신함. 뒤에 난이 끝나고 먼저 귀국하는 자가 왕위에 오르게 되어 있었으며 이 때 管仲은 小白 일행이 오는 길목을 지키다가 활로 小白을 쏘았으나 小白이 허리띠 고리에 맞고 죽은 척 쓰러져 있다가 지름길로 들어가 먼저 왕위에 올랐으며 이가 환공임. 이에 공자 규와 관중 일행은 귀국하지 못하고 처벌을 기다렸으나 鮑叔의 추천으로 환공의 재상이 되어 제나라를 부강하게 만들었으며 재상에 오름. 환공이 그를 높여 仲父라 일컬었음. 《史記》管晏列傳 및 《列子》 등을 참조할 것. '管鮑之交' 등의 많은 고사를 남겼으며 그의 사상과 언행을 기록한 《管子》가 전함.

【優】 배우, 광대. 놀이와 演藝, 技藝 등에 빠짐을 말함.

【數之海】 바닷가로 자주 놀이하러 나감.

622(38-6)
세 가지 어려움

　어떤 사람은 이렇게 말하였다.

　"관중管仲의 수수께끼 풀이는 맞지 않다. 선비의 등용은 가깝거나 먼 데에 있지 않으며 배우나 난쟁이 익살꾼은 본래 임금이 그들과 더불어 즐기는 것이라면 배우를 가까이 하고 선비를 멀리한다고 해서 다스리는 일이 재난이 될 수 있는 것은 아니다. 무릇 권세 자리에 있으면서 가진 것을 능히 사용하지 못하고 마구 도성을 떠나서는 안 된다고 하는 것은 임금 한 사람의 힘으로 온 나라를 금지하여 다스리려는 것이다. 한 사람의 힘으로 온 나라를 금지하여 다스린다는 것은 그렇게 해낼 수 있는 경우는 아주 적다. 명찰로 먼 곳의 간악을 비추어보고 숨겨진 작은 일도 드러내어 볼 수 있어서 반드시 명령이 행해진다면 비록 바다보다 더 멀리 나간다 하더라도 나라 안에 틀림없이 아무런 변고가 없을 것이다. 그렇다면 도성을 떠나 바다로 가더라도 겁살 당할 일이 없을 것이니 그것이 곧 재난이 되지는 않는다. 초楚 성왕成王은 상신商臣을 세워 태자로 세워놓고 다시 공자 직職을 세우려 하였으므로 상신이 난을 일으켜 마침내 성왕을 시해한 것이다. 공자 재宰는 주周나라 태자로써 공자 근根이 총애를 받자 드디어 동주東州에서 반란을 일으켜 나라가 나뉘어 두 나라가 되었던 것이니 이러한 일들은 모두가 태자를 늦게 세웠으므로 일어난 환란이 아니다. 무릇 권세를 갈라 둘로 하지 않고, 서자는 신분을 낮추고, 총애하는 자가 기댈 데가 없도록 하면 임금이 아주 늙음에 이르러 늦게 태자를 세워도 문제가 없다. 그렇다면 태자를 늦게 세우고, 서자들이 난을 일으키지 않는다면 이 또한 재난이 될 수 없다. 사물에서 이른바 재난이라 이르는 것은 반드시 다른 사람에게 빌려주어 그가 세력을 이루게 하더라도 그로 하여금 자신을 침해하지 못하게 하는 것이 바로 첫 번째의 어려움이라 할 수 있는 것이다. 첩을 귀히 여기더라도 왕후와 맞먹도록 하지 않는 일이 둘째 어려움이며, 서자를 사랑하더라도 적자의 지위를 위태롭게 하지 않는 것, 오로지 신하 한 사람의 말만 듣더라도 감히 군주와 맞설 수 없도록 하는 것, 이런 경우라면 가히 세 번째 어려움이라 말할 수 있을 것이다."

或曰:「管仲之射隱不得也. 士之用不在近遠, 而俳優侏儒, 固人主之所與燕也, 則近優而遠士, 而以爲治, 非其難者也. 夫處勢而不能用其有, 而悖不去國, 是以一人之功禁一國. 以一人之力禁一國者, 少能勝之. 明能照遠姦而見隱微, 必行之令, 雖遠於海, 內必無變. 然則去國之海而不劫殺, 非其難者也. 楚成王置商臣以爲太子, 又欲置公子職, 商臣作難, 遂弒成王. 公子宰, 周太子也, 公子根有寵, 遂以東州反, 分而爲兩國, 此皆非晚置太子之患也. 夫分勢不二, 庶孽卑, 寵無藉, 雖處乇老, 晚置太子可也. 然則晚置太子, 庶孽不亂, 又非其難也. 物之所謂難者, 必借人成勢而勿使侵害已, 可謂一難也. 貴妾不使二后, 二難也. 愛孽不使危正適, 專聽一臣而不敢偶君, 此則可謂三難也.」

【管夷吾】춘추시대 齊나라 인물. 管仲. 夷吾는 이름이며 仲은 그의 字. 齊 桓公을 첫 霸者로 성취시킨 인물. 처음 齊나라에 난이 일어나 公子들이 뿔뿔이 흩어질 때 管仲은 公子 糾를 모시고 魯나라로 피신하였으며 鮑叔은 小白을 모시고 거나라로 피신함. 뒤에 난이 끝나고 먼저 귀국하는 자가 왕위에 오르게 되어 있었으며 이 때 管仲은 小白 일행이 오는 길목을 지키다가 활로 小白을 쏘았으나 小白이 허리띠 고리에 맞고 죽은 척 쓰러져 있다가 지름길로 들어가 먼저 왕위에 올랐으며 이가 환공임. 이에 공자 규와 관중 일행은 귀국하지 못하고 처벌을 기다렸으나 鮑叔의 추천으로 환공의 재상이 되어 제나라를 부강하게 만들었으며 재상에 오름. 환공이 그를 높여 仲父라 일컬었음. 《史記》 管晏列傳 및 《列子》 등을 참조할 것. '管鮑之交' 등의 많은 고사를 남겼으며 그의 사상과 언행을 기록한 《管子》가 전함.

【射隱】은어에 담긴 뜻을 알맞게 풀이함. 射는 적중시킴.

【與燕】 '燕'은 '宴'자로 통함. 즐겨함. 함께 즐김.

【悖】 '糊塗', '徒' 등의 뜻임. 〈今本〉에는 '徒'로 되어 있으나 王先愼은 "按悖, 當作悖"라 함.

【少能勝】능히 해낼 수 있는 자가 적음.

【成王】楚 成王. 楚나라 왕자 職은 商臣의 庶弟. 庶弟가 지나치게 총애를 받자 長子 商臣이 아버지를 죽이고 왕위를 빼앗음. 商臣은 楚 成王의 아들. 楚 成王이 商臣을 태자로 삼고자 할 때 子上이 극력 반대하자 商臣은 子上을 참훼하여 죽이고 뒤에 아버지 成王(頵)을 시해하고 왕위에 올라 穆王이 되어 B.C.625~B.C.614까지 12년간 재위하고 莊王(侶)이 그 뒤를 이음. 文公 元年의 傳文을 볼 것. 이 사건은 367과 368을 볼 것.

【公子根】周나라 공자 根이 형 공자 朝와 다투다가 周나라를 둘로 나누어 동쪽 지역을 탈취한 사건. 366을 볼 것.

【東州反】東周 땅을 근거지로 하여 반기를 들고 일어남. 州는 周의 지역을 가리킴.

【兩國】西周 桓公(考王의 아우 揭)이 河南(지금의 洛陽 서쪽)에 봉을 받았으나 公子 宰에 의해 B.C.367년 다시 東周와 西周로 나뉨. 그 뒤 秦나라에 등을 돌렸다가 秦나라 공격을 받자 西周 武公은 36개 읍을 바치는 조건으로 진나라에 항복하였고, 東周는 B.C.249년 秦나라에게 멸망하고 말았음. 《戰國策》의 東周와 西周가 이에 해당함.

【二后】왕후와 어깨를 나란히 함. 혹 '二'는 '貳'로 보아 왕후를 배반함의 뜻으로도 볼 수 있음.

【正適】대를 이을 嫡子. 즉 세자를 가리킴.
【偶君】〈乾道本〉에는 '隅'로 되어 있으나 〈趙本〉에 의해 '偶'로 고침. '대등하게
 맞서다'의 뜻.

623(38-7)
공자의 정치관政治觀

섭공자고葉公子高가 중니仲尼에게 정치에 대하여 묻자 중니는 이렇게 말하였다.

"정치란 가까운데 사람을 즐겁게 하고 먼데 사람을 다가오게 하는 데에 있습니다."

애공哀公이 중니에게 정치에 대하여 묻자 중니는 이렇게 말하였다.

"정치란 현명한 자를 선발하는 데 있습니다."

제齊 경공景公이 중니에게 정치에 대하여 묻자 중니는 이렇게 말하였다.

"정치란 재물을 절약하는 데 있습니다."

세 사람이 나가자 자공子貢이 여쭈었다.

"세 분께서 선생님께 질문한 정치는 하나인데 선생님의 대답은 같지 않으니 어찌 된 것입니까?"

중니가 말하였다.

"섭 땅은 고을은 큰데 도성이 작아 민중이 모반할 마음을 가지고 있다. 그 때문에 '정치는 가까운데 사람을 즐겁게 하고 먼데 사람을 다가오게 하는 데 있다'라고 일러준 것이다. 노魯 애공에게 대신이 세 사람 있어 밖으로는 제후나 사방 인사들을 가로막고, 안으로는 패거리를 지어 그 임금을 우매하게 하고 있다. 그리하여 종묘를 청소하지 못하고 사직에 희생을 올리지 못하고 있으니 이는 필시 세 신하 때문이다. 그 때문에 '정치란 현명한 자하를 선발하는 데 있다'라고 일러준 제 경공은 옹문雍門을 쌓고 노침路寢을 만들며 하루아침에 삼 백승을 내려준 일이 세 번이나 있었다. 그 때문에 '정치란 재물을 절약하는 데 있다'라고 일러준 것이란다."

葉公子高問政於仲尼, 仲尼曰:「政在悅近而來遠.」

哀公問政於仲尼, 仲尼曰:「政在選賢.」

齊景公問政於仲尼, 仲尼曰:「政在節財.」

三公出, 子貢問曰:「三公問夫子政一也, 夫子對之不同, 何也?」

仲尼曰:「葉都大而國小, 民有背心, 故曰『政在悅近而來遠』. 魯哀公有大臣三人, 外障距諸侯四鄰之士, 內比周而以愚其君, 使宗廟不掃除, 社稷不血食者, 必是三臣也, 故曰『政在選賢.』齊景公築雍門, 爲路寢, 一朝而以三百乘之家賜者三, 故曰『政在節財』.」

【葉公】春秋시대 지금의 河南 葉縣 지역을 다스리던 인물. 원래 楚나라 大夫로써 沈尹戌의 아들이며 葉 땅을 식읍으로 받음. 이름은 沈諸梁. 자는 子高. 楚나라는 王을 참칭하였으므로 그 아래 대부들은 公으로 일컬었음.

【悅近而來遠】《論語》子路篇에 "葉公問政. 子曰:「近者說, 遠者來.」"라 함.

【哀公】孔子와 같은 시대의 魯나라 군주. 定公(宋)의 아들이며 이름은 蔣.《史記》魯周公世家에는 이름을 '將'이라 하였음. 어머니는 定姒. B.C.494~B.C.468년까지 27년간 재위함. 梁玉繩의《史記志疑》에는 "人表於魯悼公下注云「出公子」, 是哀公亦有出公之稱, 以孫于越故也"라 함.〈諡法〉에 "恭仁短折曰哀"라 함.

【齊景公】이름은 杵臼.《公羊傳》에는 '處曰'로 되어 있음. 莊公(光)을 이어 B.C.547~490년까지 58년간 재위하였으며 晏孺子(荼)가 1년, 다시 悼公(陽生)이 뒤를 이음. 晏子(晏嬰)를 재상으로 하여 많은 도움을 받았던 임금.

【子貢】端木賜. 공자 제자.《史記》仲尼弟子列傳에 "端木賜, 衛人. 字子貢,

少孔子三十一歲. 子貢利口巧辭, 孔子常黜其辯"이라 하여 言辯에 뛰어났던 인물.

【三人】魯의 실권자 三桓. 孟孫·叔孫·季孫 세 명문 집안. 여기서는 구체적으로 孟懿子(仲孫何忌), 叔昭子(叔孫婼), 季平子(季孫意如)를 가리킴.

【障距】가로막고 거부함. '距'는 '拒'와 같음.

【雍門】齊나라 도성 臨淄의 西門 이름.《通志》氏族略에《世本》을 인용하여 "齊頃公子公子勝居雍門, 故爲雍門氏"라 함.

【路寢】천자나 제후의 正殿. '路'는 '大'의 뜻.《公羊傳》莊公 32년에 "路寢者何? 正寢也"라 하였고 注에 "公之正居也. 天子·諸侯皆有三寢: 一曰高寢, 二曰路寢, 三曰小寢"이라 함. 한편《淮南子》要略篇에 "齊景公好色無辯, 作爲路寢之臺"라 함.

【百乘之家】병력 전차 백 대 몫을 보유할 수 있는 大夫의 食邑이나 采邑, 즉 采地.

참고 및 관련 자료

1.《墨子》耕柱篇

葉公子高問政於仲尼曰:「善爲政者若之何?」仲尼對曰:「善爲政者, 遠者近之而舊者新之.」

624(38-8)
나라를 망하게 하는 대답

어떤 사람이 말하였다.

"중니의 대답은 나라를 망하게 하는 말이다. 섭葉 땅 백성들이 모반할 마음을 갖는다고 해서 '가까운 데 사람을 기쁘게 하고 먼 데 사람을 다가오게 하라'고 말한다면 이는 백성들에게 혜택을 그리워하도록 가르치는 것이다. 혜택을 베푸는 정치를 하면 공이 없는 자가 상을 받고 그렇게 되면 죄를 지은 자가 면하게 될 것이니 이는 법이 무너지는 원인이 된다. 법이 무너지고 정치가 어지러워지는데 어지러운 정치로서 무너진 백성을 다스리는 것은 아직 보지 못하였다. 게다가 백성이 배반할 마음을 갖는 것은 군주의 명찰이 미치지 못하는 곳이 있기 때문이다. 섭공葉公의 총명함을 일러주지는 않고 그로 하여금 '가까운 데 사람을 기쁘게 하고 먼 데 사람을 다가오게 하라'고 하였으니 이는 내 권세로써 능히 금지할 수 있는 것을 버려두고 아래와 함께 혜택을 베풀어 다투어 민심을 얻도록 하는 것이니 이는 권세를 지닌 자가 할 일이 아니다. 무릇 요堯의 현명함은 육왕六王 가운데 으뜸이다. 순舜이 한번 옮기자 고을이 이루어졌고 요는 천하를 잃게 되었다. 어떤 사람이 술術로써 아래를 금하지 않고 순을 본받아 그러한 의지하면서 그 백성을 잃지 않으려 한다면 역시 술이 없는 것이 아니겠는가? 현명한 군주는 작은 악을 드러나기 전에 알아차리므로 백성들은 큰 음모를 꾸밀 수 없고, 미세한 일에도 작은 처벌을 행하므로 백성들은 큰 혼란이 없는 것이다. 이를 일러 '어려운 것은 쉽게 할 수 있는 데에서 도모하고, 큰 것은 미세한 데에서 처리한다'라 말하는 것이다. 지금 공이 있는 자가 반드시 상을 받는다면 상을 받는 자는 임금의 덕이라 하지 않을 것이니 이는 노력이 가져온 것이기 때문이다. 죄 지은 자가 반드시 처벌을 당한다면 처벌당한 자는 군주를 원망하지 않을 것이니 이는 자신이 죄가 낳은 것이기 때문이다. 백성은 처벌이나 상이 모두 자신에게서 기인함을 알기 때문에 일을 통해 공리功利를 얻겠다고 서두를 뿐, 임금에게서 은사恩賜를 받으려 하지 않는다. '최상의 임금은 그 아래 있는 백성들은 그저 그런 사람으로 알고 있을 뿐'이라 하였으니 이 말은 지나치게 높은 사람 아래의 백성은 즐거워할 일이 없으니 어찌 혜택을 그리워하는 백성들을 갖겠다고 하겠는가? 훌륭한 임금이 다스리는 백성들은 이해 타산할 일이 없는데 '가까운 사람을 기쁘게 하고 먼데 사람을 다가오게 하라'는 설득은 역시 그만두어도 좋을 것이다."

或曰:「仲尼之對, 亡國之言也. 葉民有倍心, 而說之
『悅近而來遠』, 則是教民懷惠. 惠之爲政, 無功者受賞,
則有罪者免, 此法之所以敗也. 法敗而政亂, 以亂政治
敗民, 未見其可也. 且民有倍心者, 君上之明有所不及也.
不紹葉公之明, 而使之悅近而來遠, 是舍吾勢之所能禁
而使與不行惠以爭民, 非能持勢者也. 夫堯之賢, 六王之
冠也. 舜一徙而成邑, 而堯無天下矣. 有人無術以禁下,
恃爲舜而不失其民, 不亦無術乎? 明君見小姦於微, 故民
無大謀; 行小誅於細, 故民無大亂. 此謂『圖難於其所易也,
爲大者於其所細也』. 今有功者必賞, 賞者不得君, 力之
所致也; 有罪者必誅, 誅者不怨上, 罪之所生也. 民知誅
罰之皆起於身也, 故疾功利於業, 而不受賜於君. 『太上,

下智有之.』此言太上之下, 民無說也, 安取懷惠之民?
上君之民無利害, 說以『悅近來遠』, 亦可舍已.」

【葉民有倍心】 '葉'자는 〈乾道本〉에는 '恐'으로 되어 있음. 盧文弨는 "恐, 藏本作葉."
이라 함. '倍'는 '背'와 같음.

【悅近而來遠】《論語》子路篇에 "葉公問政. 子曰:「近者說, 遠者來.」"라 함.

【則有罪者免】〈商務本〉에는 '則'자가 '而'자로 되어 있음.

【不紹】 '紹'는 '繼'와 같음. 그러나 孫詒讓은 "紹, 當作詔. 謂詔告之以尙明之義"
라 함.

【葉公】 春秋시대 지금의 河南 葉縣 지역을 다스리던 인물. 원래 楚나라 大夫
로써 沈尹戌의 아들이며 葉 땅을 식읍으로 받음. 이름은 沈諸梁. 자는 子高.
楚나라는 王을 참칭하였으므로 그 아래 대부들은 公으로 칭하였음.

【堯】 전설상 上古시대 五帝의 하나. 陶唐氏. 唐堯로도 부름. 祁姓이며 이름은
放勳. 帝嚳의 아들.《十八史略》(1)에 "帝堯陶唐氏: 伊祁姓, 或曰名放勳, 帝嚳子也.
其仁如天, 其知如神, 就之如日, 望之如雲, 都平陽. 茆茨不剪, 土階三等. 有草生庭,
十五日以前, 日生一葉, 以後日落一葉, 月小盡, 則一葉厭而不落, 名曰蓂莢, 觀之
以知旬朔"이라 함.《史記》五帝本紀를 볼 것.

【舜】 고대 五帝의 하나. 有虞氏. 姓은 姒氏, 이름은 重華. 虞舜으로도 부름.
堯임금으로부터 천하를 물려받아 帝位에 오름. 瞽瞍의 아들로 孝誠이 뛰어났던
분으로 널리 알려져 있으며 儒家에서 聖人으로 추앙함.《十八史略》(1)에 "帝舜
有虞氏: 姚姓, 或曰名重華, 瞽瞍之子, 顓頊六世孫也. 父惑於後妻, 愛少子象,
常欲殺舜. 舜盡孝悌之道, 烝烝乂不格姦"이라 함.

【六王】 唐堯, 虞舜, 夏禹, 成湯, 周 文王·武王을 가리킴.

【舜一徙而成邑】〈集解〉에는 〈乾道本〉을 따라 "舜一從而咸包"로 되어 있으나
《管子》治國篇에 "舜一徙成邑, 二徙成國, 參徙成國"이라 하였고,《史記》五帝
本紀에도 "一年所居成聚, 二年成邑, 三年成都"라 하여 이에 따라 교정함.

【疾功利】 공리를 거두는 일에 노력함. '疾'은 '務'와 같으며 그 일에 급히 매달
리며 힘을 쏟음.

【下智有之】 아래에 있는 백성들은 그의 존재만을 인정할 뿐임. 지는 지와 같음.
顧廣圻는 "智, 讀爲知"라 함. 그러나 다른 판본에는 "太上, 不知有之"라 하여

'지극히 높은 임금에 대해서는 그러한 존재가 있는지 조차 의식하지 못한다'의 뜻으로 보았음.

1.《老子》63장

圖難於其易, 爲大於其細. 天下難事, 必作於易; 天下大事, 必作於細. 是以聖人終不爲大, 故能成其大.

2.《老子》17장

太上, 下知有之; 其次, 親之譽之; 其次, 畏之侮之. 信不足焉, 有不信焉. 悠兮其貴言. 功成, 事遂, 百姓皆謂:「我自然.」

625(38-9)
현능한 신하를 뽑으라고?

"애공哀公에게 신하가 있어 밖으로 사람을 막고 안으로 패거리를 지어 그 임금을 어리석게 만들고 있는데도 공자는 '현능한 신하를 뽑으라'고 설득하였으니 이는 공적을 두고 논한 것이 아니라 마음에 이른바 현자라고 여기는 자를 뽑으라는 것이 된다. 애공으로 하여금 세 사람이 밖으로 사람을 막고 안으로 패거리를 짓는다는 것을 알도록 하였다면 세 사람은 단 하루도 조정에 설 수 없었을 것이다. 애공은 현명한 신하를 뽑는 것에 대해서는 알지 못하였으며 자신의 마음속에 소위 현자라고 여기는 자를 뽑았던 것이니 그 때문에 세 사람이 국정을 맡을 수 있었다. 연燕나라 자쾌子噲는 자지子之를 현자라 여기고 손경孫卿을 인정하지 않았으므로 자신이 죽고 치욕을 당하였던 것이며, 부차夫差는 태재비太宰噽가 지혜롭고 자서子胥는 어리석다고 보았으므로 월越나라에게 망한 것이다. 노魯나라 임금 애공이 현자를 꼭 알아야할 줄도 모르는데도 현명한 신하를 뽑으라 하였으니 이는 애공으로 하여금 부차나 연나라 자쾌 같은 환란을 당하라는 것이 된다. 현명한 군주는 자신이 직접 신하를 발탁하지 않고 신하들이 서로를 추천하도록 하며, 자신이 직접 어진 자를 뽑지 않고도 공적에 따라 자신이 직접 요구해 오도록 하여, 그 임무에 대하여 논하고 일을 시켜서 시험하며 공적을 가지고 고과를 정하면 되는 것이니, 그 때문에 신하들은 공평하고 사심이 없어 현자를 숨기지 않으며 불초한 자는 진달하지 못하게 되는 것이다. 그렇게 되면 어찌 임금이 현명한 자를 뽑는 일에 고생을 하겠는가?"

「哀公有臣外障距內比周以愚其君, 而說之以「選賢」, 此非功伐之論也, 選其心之所謂賢者也. 使哀公知三子外障距內比周也, 則三子不一日立矣. 哀公不知選賢, 選其心之所謂賢, 故三子得任事. 燕子噲賢子之而非孫卿, 故身死爲僇; 夫差智太宰嚭而愚子胥, 故滅於越. 魯君不必知賢, 而說以選賢, 是使哀公有夫差・燕噲之患也. 明君不自擧臣, 臣相進也; 不自賢, 功自徇也. 論之於任, 試之於事, 課之於功, 故群臣公正而無私, 不隱賢, 不進不肖. 然則人主奚勞於選賢?」

【哀公】孔子와 같은 시대의 魯나라 군주. 定公(宋)의 아들이며 이름은 蔣.《史記》魯周公世家에는 이름을 '將'이라 하였음. 어머니는 定姒. B.C.494～B.C.468년까지 27년간 재위함. 梁玉繩의《史記志疑》에는 "人表於魯悼公下注云「出公子」, 是哀公亦有出公之稱, 以孫於越故也"라 함.〈謚法〉에 "恭仁短折曰哀"라 함.

【比周】사사로운 이익이나 편의를 위해 뭉침. 作黨과 같음.《論語》爲政篇 "子曰:「君子周而不比, 小人比而不周.」"의 孔安國 注에는 "忠信爲周, 阿黨爲比"라 하였고, 邢昺은 "言君子常行忠信, 而不私相阿黨"이라 함.

【三子】魯나라 三桓. 孟孫, 叔孫, 季孫씨를 가리킴.

【夫差】吳王 闔廬의 아들로 뒤를 이어 吳王이 되어 春秋 말기를 장식한 오나라 마지막 임금. B.C.495～473년까지 23년간 재위함. 伍子胥와 太宰 伯嚭를 등용하여 越王 句踐의 范蠡와 文種을 대항하여 치열한 투쟁을 벌였으나 마침내 越王 句踐에게 나라가 망함.

【子噲】燕王 噲. 易王을 이어 왕위에 올랐으나 謚號는 없으며 B.C.320～B.C.312년까지 9년간 재위하고 본 장 고사처럼 堯가 현인 許由에게 물려주려고 한 일을 훌륭하다고 동경하여 군주자리를 신하인 子之에게 물려주었다가 나라를 큰 혼란에 빠뜨림. 그 뒤를 昭王이 이음.

【子之】 燕나라 재상. 蘇代와 혼인관계를 맺고 蘇代로 하여금 燕王 噲에게
나라를 물려주면 堯舜과 같은 聖人으로 추앙받을 것이라 유혹하여 왕의
자리를 자지에게 물려주도록 하였음. 이로 인해 연나라는 큰 혼란에 빠졌으며
뒤에 제나라의 공격을 받아 죽임을 당함.《戰國策》燕策 및《史記》燕世家
참조.

【孫卿】 荀子를 말함. 이름은 況이며 卿은 존칭. 戰國시대 趙나라 사람으로
儒家의 道統을 이어 韓非와 李斯 등도 그에게 학술을 배움.《荀子》책을 남겼
으며 漢 宣帝(劉詢)의 '詢'자를 避諱하여
뒤의 기록에 '孫卿'으로 기록함.《史記》孟荀
列傳을 볼 것. 그러나 荀子가 燕王 噲에게
인정을 받지 못한 사건을 자세히 알 수 없음.
顧廣圻는 "其事未詳"이라 함.

【爲僇】 죽임을 당함. '僇'은 '戮'과 같음.

【夫差】 吳王 闔廬의 아들로 뒤를 이어 吳王이
되어 春秋 말기를 장식한 오나라 마지막
임금. B.C.495~473년까지 23년간 재위함.
伍子胥와 太宰 伯嚭를 등용하여 越王
句踐의 范蠡와 文種을 대항하여 치열한
투쟁을 벌였으나 마침내 越王 句踐에게
나라가 망함.

〈荀子(荀卿, 荀況, 孫卿)〉姚谷良(畫)

【太宰嚭】 吳나라 太宰 伯嚭. 원래 楚나라 太宰였던 伯州犂의 손자로써 吳나라로
망명하여 吳나라 太宰가 됨. 夫差의 모신으로 伍子胥와 함께 越나라를 멸망
시키고자 온 힘을 기울였으나 范蠡에게는 미치지 못하였음.

【子胥】 춘추시대 楚나라 伍子胥(伍員). 그 아버지 伍奢와 형 伍尙이 자신으로
인해 平王에게 살해당하자 吳나라로 달아난 뒤 楚나라를 쳐서 원수를 갚기도
하였으며 吳王을 도와 越王 句踐에게 승리를 거두는 등 큰 활약을 하였으나
마침내 夫差에게 죽임을 당함.《史記》伍子胥列傳을 볼 것.

【功自徇】 '徇'은《一切經音義》에 "徇, 干求也"라 함.

626(38-10)
재물을 절약하라고?

"경공景公이 백승百乘의 녹祿을 내려주었다는 이유로 '재물을 절약하라'고
설득하였으니 이는 경공으로 하여금 마땅히 즐겨야 할 사치를 술을 써서
즐기도록 하지 않은 채 혼자서만 윗자리에서 검소히 하도록 하는 것으로써
빈곤함을 면치 못하게 하는 것이다. 어떤 임금이 천리나 되는 영토로
자신의 배를 채운다면 비록 걸桀이나 주紂 같은 폭군일지라도 이보다 더
사치스럽지는 않을 것이다. 제齊나라는 사방 삼천리나 되는데 환공桓公은
그 절반을 자신의 부양을 위해 썼으니 이는 걸이나 주보다 더 사치스러
웠던 것이다. 그럼에도 능히 오패五霸의 으뜸이 될 수 있었던 것은 사치와
검약의 경우를 가릴 줄 알았기 때문이었다. 임금이 되어 능히 아랫사람은
금지시키지 못한 채 자신만을 금지시키는 것을 일러 '겁劫'이라 하고, 아랫
사람은 바로잡지 못한 채 자신만을 바로잡는 것을 일러 '난亂'이라 하며,
아랫사람을 절약하도록 하지 못한 채 자신만이 절약하는 것을 일러 '빈貧'
이라 한다. 현명한 임금이라면 사람들로 하여금 사사로운 욕심을 부리지
못하게 하며 속임수를 써서 먹고 사는 행위를 금하였다. 그리하여 자신의
일에 온 힘을 기울여 그 이익이 임금에게 귀속되도록 하되 이를 반드시
임금 자신에게 알려지도록 하며 알려지면 반드시 상을 내리며, 사사로운
이익을 위해 더러운 짓을 한 자는 반드시 임금 자신에게 알려지도록 하며
그렇게 알게 된 자에게도 반드시 주벌을 내린다. 그렇게 한 까닭으로
충성스러운 신하는 공익에 온 충심을 다 바치고, 백성은 자신 집을 위해

온 힘을 다 바치며, 백관은 윗사람에게 온 정성을 다 바치게 되는 것이니 그러한 임금이라면 경공보다 곱절의 사치를 누린다 해도 나라에 근심거리가 되는 것은 아니다. 그렇다면 '재물을 아끼라'고 일러준 말은 급한 것이 아니었다."

「景公以百乘之家賜, 而說以『節財』, 是使景公無術知侈儉之施, 而獨儉於上, 未免於貧也. 有君以千里養其口腹, 則雖桀·紂不侈焉. 齊國方三千里, 而桓公以其半自養, 是侈於桀·紂也; 然而能爲五霸冠者, 知侈儉之地也. 爲君不能禁下而自禁者謂之『劫』, 不能飾下而自飾者謂之『亂』, 不節下而自節者謂之『貧』. 明君使人無私, 以詐而食者禁; 力盡於事, 歸利於上者必聞, 聞者必賞; 汙穢爲私者必知, 知者必誅. 然故忠臣盡忠於公, 民士竭力於家, 百官精剋於上, 侈倍景公, 非國之患也. 然則說之以『節財』, 非其急者也.」

【養其口腹】 영토 안의 세금으로 자신의 부양에 충당함.

【桀】 夏나라 末王. 이름은 癸. 妹喜에게 빠져 무도한 짓을 저질렀으며 殷의 湯王에게 망함. 殷나라 末王 紂와 함께 '桀紂'라 하여 폭군의 전형으로 거론됨. 《史記》 夏本紀를 참조할 것. 《十八史略》(1)에 "孔甲之後, 歷王皐·王發·王履癸. 號爲桀, 貪虐, 力能伸鐵鉤索. 伐有施氏, 有施以末喜女焉, 有寵, 所言皆從, 爲傾宮瑤臺, 殫民財. 肉山脯林, 酒池可以運船, 糟堤可以望十里, 一鼓而牛飲者三千人, 末喜以爲樂. 國人大崩, 湯伐夏, 桀走鳴條而死"라 함.

【紂】 殷의 末王. 폭군으로 널리 알려짐. 帝辛, 商辛으로도 부르며 帝乙의 아들. 妲己에게 빠져 '炮烙之刑'과 '酒池肉林' 등의 악한 고사를 가지고 있으며 周 文王(姬昌)을 羑里(牖里)에 가두는 등 周나라와 맞서다가 武王(姬發)에게 망함.

【五霸】 '五伯'으로도 표현하며 春秋五霸를 말함. 齊 桓公(小白), 晉 文公(重耳), 宋 襄公(玆父), 秦 穆公(任好), 楚 莊王(熊旅). 또는 宋 襄公 대신 越王 勾踐을 넣기도 함.

【五伯長】 五伯은 五霸를 말함. 춘추시대 다섯 패자. '伯'은 '霸'와 같음. 齊 桓公 (小白), 晉 文公(重耳), 宋 襄公(玆父), 秦 穆公(任好), 楚 莊王(熊旅). 또는 宋 襄公 대신 越王 勾踐을 넣기도 함.

【飭】 '正'의 뜻. '飾'의 가차자. 《禮記》月令 疏에 "飭, 謂正也"라 함.

【必聞】 반드시 위에 보고되어 알려짐. 上奏함. 임금이 그 사실을 알고 있어야 함.

【汙穢】 더러운 행동. '汙'는 '汚'와 같음.

【精剋】 지극 정성으로 부지런히 일함. '精廉剋己'의 줄인 말. '剋'은 '勵'와 같은 뜻임.

【齊桓公】 春秋五霸의 첫 首長. 이름은 小白. 齊나라에 난이 일어나자 鮑叔이 모시고 莒나라로 피신, 管仲은 公子 糾를 모시고 魯나라로 피신함. 뒤에 난이 진압되고 먼저 귀국하는 자가 왕이 될 수 있는 기회에 小白이 오는 길을 管仲 일행이 막고 활을 쏘아 소백의 허리띠 고리에 맞추자 소백은 죽은 척 쓰러져 있다가 지름길로 귀국하여 왕위에 오름. 뒤에 포숙의 추천으로 관중을 등용하여 제나라를 부강하게 하여 九合諸侯, 一匡天下하여 첫 패자가 됨. B.C.685~B.C.643년까지 43년간 재위함. 《史記》齊太公世家를 참조할 것.

627(38-11)
아래 사정을 알고 있어야

"무릇 삼공三公에 대하여 말 한 마디로 삼공을 환난이 없도록 할 수 있다고 한 것은 '아래 사정을 알고 있어야 한다'는 것을 두고 한 말이다. 아래 사정을 아는 데 밝으면 미세할 때에 금할 수 있고, 미세할 때에 금할 수 있다면 간악함이 쌓일 수 없으며 간악이 쌓이지 않으면 작당할 틈이 없을 것이며, 작당할 틈이 없으면 사사롭게 자기들끼리 나누어 갖는 일이 없게 될 것이며, 사사롭게 나누어 갖는 일이 없게 되면 붕당朋黨이 와해될 것이며, 붕당이 와해되면 밖으로 담을 쌓아 소통하지 못하게 하거나 안으로 작당하여 횡포를 부리는 우환이 없게 될 것이다. 아래 사정을 알기에 명확하면 아랫사람들은 깨끗한 모습을 보이게 될 것이요 깨끗한 모습을 보이면 상벌이 분명해 질 것이요, 상벌이 분명하면 나라는 가난해 질 이유가 없어진다. 그러므로 한 번 삼공을 마주하여 우환이 없도록 한다는 것은 '아래 사정을 알고 있어야 한다'는 뜻이라고 말한 것이다."

「夫對三公一言而三公可以無患, 『知下』之謂也. 『知下』明, 則禁於微; 禁於微, 則姦無積; 姦無積, 則無比周; 無比周, 則公私分; 公私分, 則朋黨散; 朋黨散, 則無外障距‧內比周之患. 『知下』明, 則見精沐; 見精沐, 則誅賞明; 誅賞明, 則國不貧. 故曰: 一對而三公無患,『知下』
之謂也.」

【三公】본문 623의 葉公子高, 魯 哀公, 齊 桓公을 가리킴.
【知下】신하들의 동향을 잘 살펴서 정확한 정보를 장악하고 있어야 됨을 말함.
【散】흩어짐. 瓦解됨.
【則無比周; 無比周, 則】陶小石의《讀韓非子札記》에는 "則無背心. 知下明則公
私分"으로 고쳐져야 한다고 하였음.
【外障距·內比周】'外障距'는 신하들이 궁궐 밖이나 외국의 현명한 이들이 들어
오지 못하도록 가로막는 짓. '內比周'는 신하들이 작당하여 횡포를 부림.
【精沐】정결함을 뜻함. '沐'은 '洗髮'을 의미하나 引申하여 '潔'의 뜻으로 쓰인 것.

628(38-12)
아낙의 곡하는 소리

정鄭나라 자산子産이 새벽 일찍 외출하여 동장東匠 거리를 지나다가 어떤 아낙의 곡하는 소리를 듣고는 마부의 손을 누른 채 듣고 있었다.

그리고 잠시 뒤 관리를 보내어 그 부인을 붙잡아 신문해 보도록 하였더니 남편을 손으로 목 졸라 죽인 자였다.

다른 날 그 마부가 물었다.

"선생님께서는 어떻게 그것을 아셨습니까?"

자산이 말하였다.

"그 울음소리가 두려움에 떨고 있었기 때문이었다. 무릇 사람이란 친애하는 이에 대하여 처음 병이 들면 걱정을 하고, 죽음에 임하면 두려워하며, 죽은 다음이면 슬퍼하게 마련이다. 지금 이미 죽어 버린 자에 대한 곡성이 슬퍼하지 않고 두려워하는 느낌이었다. 이로써 거기에 간악한 일이 있었음을 알았던 것이다."

鄭子産晨出, 過東匠之閭, 聞婦人之哭, 撫其御之手而聽之.

有間, 遣吏執而問之, 則手絞其夫者也.

異日, 其御問曰:「夫子何以知之?」

子産曰:「其聲懼. 凡人於其親愛也, 始病而憂, 臨死而懼,
已死而哀. 今哭已死, 不哀而懼, 是以知其有姦也.」

【子産】公孫僑. 子國(公孫成)의 아들. 뒤에 鄭나라의 훌륭한 宰相이 되어 孔子가
　　자주 칭찬한 인물. 東里에 살아 東里子産으로도 불렸으며 簡公과 定公을 보필
　　하여 40여년 정나라는 안정을 누렸음.《左傳》및《史記》鄭世家 참조.
【東匠】鄭나라 서울 新鄭의 거리 이름. 〈乾道本〉에는 '束匠'으로 되어 있으며
　　陳奇猷는 '東巷'이어야 한다고 여겼음.《論衡》에는 '東宮'으로 되어 있음.
【閭】閭巷. 민가의 골목, 거리.
【撫】수레를 멈추도록 손을 누름. '撫'는 '抑'자와 같은 뜻.
【手絞】직접 목을 매달아 죽임. '手'는 '직접'의 뜻. '絞'는 '縊'과 같음.《論衡》에는
　　'絞'가 '殺'로 되어 있음.
【異日】《論衡》에는 '翼日'로 되어 있음.
【夫子】스승이나 대부를 부르는 존칭.

　　참고 및 관련 자료

1.《論衡》韓非篇
鄭子産晨出, 過東匠之宮, 聞婦人之哭也, 撫其僕之手而聽之. 有間, 使吏執而
問之, 手殺其夫者也. 翼日, 其僕問曰:「夫子何以知之?」子産曰:「其聲不慟.
凡人於其所親愛也, 知病而憂, 臨死而懼, 已死而哀. 今哭夫已死, 不哀而懼,
是以知其有姦也.」

629(38-13)
그토록 번거로운 단계를 거쳐서야

어떤 이가 말하였다.

"자산子産의 다스림은 역시 너무 일이 많은 것이 아닌가? 간악함을 반드시 이목耳目이 미치기를 기다린 다음에 알아낸다면 정鄭나라에 붙잡힐 간악한 자는 적을 것이다. 주관하는 관리에게 송사를 맡기지 않고, 정사에 참여할 자를 살피지 않고, 법도의 도량을 명확히 하지 않고, 모든 것을 자신의 총명함에 의지하여 지혜와 염려를 노고롭게 하고나서 간악한 자를 알아내고자 한다면 이 또한 술수가 없는 것이 아니겠는가? 게다가 무릇 사물은 많은데 지혜는 적은 법이니 적은 것은 많은 것을 감당해 낼 수 없는 것이다. 지혜라는 것은 모든 사물을 두루 다 알아내기에 모자라므로 사물에 근거하여 사물을 다스려야 하는 것이다. 아랫사람은 많고 윗사람은 수가 적어 적은 수로는 많은 수를 이기지 못한다는 것은 군주로서는 신하를 두루 다 알아내기에 모자란다는 말이기에 그 때문에 사람을 근거로 하여 사람을 알아내어야 하는 것이다. 그 까닭으로 몸이 피로하지 않고도 일이 다스려지고 지려를 쓰지 않고도 간악한 자가 붙잡아야 한다. 그러므로 송宋나라 사람의 말에 '한 마리 참새가 예羿를 지날 때마다 예가 반드시 그 참새를 잡는다면 이는 예가 거짓말하는 것이 된다. 천하 전체로 그물을 삼아야 참새를 놓치지 않을 수 있다'라고 말하는 것이다. 무릇 간악함을 알아내는 일도 또한 큰 그물을 쳐서 하나도 놓치지 않게 할 따름이다. 그러한 이치를 닦지 않고 자기 가슴 속 생각만을 화살로 삼는다면 자산도 거짓말을 하게 될 것이다.《노자老子》에 '지려로써 나라를 다스리면 나라가 적해가 된다'라 하였으니 이는 자산과 같은 경우를 두고 한 말이다."

或曰:「子産之治, 不亦多事乎? 姦必待耳目之所及而後知之, 則鄭國之得姦者寡矣. 不任典成之吏, 不察參伍之政, 不明度量, 恃盡聰明, 勞智慮, 而以知姦, 不亦無術乎? 且夫物衆而智寡, 寡不勝衆, 智不足以徧知物, 故因物以治物. 下衆而上寡, 寡不勝衆者, 言君不足以徧知臣也, 故因人以知人. 是以形體不勞而事治, 智慮不用而姦得. 故宋人語曰:『一雀過羿, 羿必得之, 則羿誣矣. 以天下爲之羅, 則雀不失矣.』夫知姦亦有大羅, 不失其一而已矣. 不修其理, 而以己之胸察爲之弓矢, 則子産誣矣. 老子曰:『以智治國, 國之賊也.』其子産之謂矣.」

【子産】公孫僑. 子國(公孫成)의 아들. 뒤에 鄭나라의 훌륭한 宰相이 되어 孔子가 자주 칭찬한 인물. 東里에 살아 東里子産으로도 불렸으며 簡公과 定公을 보필하여 40여년 정나라는 안정을 누렸음.《左傳》및《史記》鄭世家 참조.
【多事】법을 쓰지 않고 지혜를 쓴 것을 비판한 말. 〈集解〉에 "不以法度而用智, 故曰「多事」也"라 함.
【典成】成은 재판을 성사시킴이며 典은 主宰의 뜻으로, 일을 관장함.
【參伍之政】參同, 즉 사실을 조사하고 증거를 대조하는 정치 기술. '參伍'에서 '參'은 '三'과 같으며 '伍'는 '五'와 같음. 셋씩 다섯씩 서로 묶여 뒤섞인 상태를 나타내는 말. 그러나 參은 參證과 같으며 伍는 서로 뒤섞인 事物에서 짝을

이루는 것끼리 묶어 사실 여부를 판단함을 뜻함. 〈乾道本〉注에 "參, 比驗也; 伍, 偶會也"라 함.

【羿】后羿. 夏나라 때 제후 有窮氏의 군주였으며, 有窮后羿라 부름. 활의 명수로서 하늘에 아홉 개의 해가 나타나자 이를 쏘아 하나만 남겼다는 '射滅九日', 그리고 그 아내가 달로 달아난 '嫦娥奔月' 등 많은 신화 전설을 남긴 인물. 《十八史略》(1)에는 "有窮后羿, 立其弟仲康而專其政, 羲和守義不服, 羿假王命, 命胤侯征之. 仲康崩, 子相立, 羿逐相自立. 嬖臣寒浞, 又殺羿自立. 相之后, 有仍國君女也, 方娠, 奔有仍, 而生少康"이라 하여 仲康의 아들 相을 축출하고 자립하였다가 寒浞 등에게 죽임을 당함.

【宋人】구체적으로 莊子(莊周)를 가리킴. 인용 구절은 《莊子》庚桑楚에 실려 있음.

【胸察】마음속으로 어림짐작함. 심증으로 일을 처리하려 함.

참고 및 관련 자료

1. 《莊子》庚桑楚

一雀適羿, 羿必得之, 威也; 以天下爲之籠, 則雀無所逃. 是故湯以庖人籠伊尹, 秦穆公以五羊之皮籠百里奚. 是故非以其所好籠之而可得者, 無有也.

2. 《老子》65장

古之善爲道者, 非以明民, 將以愚之. 民之難治, 以其智多. 故以智治國, 國之賊; 不以智治國, 國之福.

〈老子(李耳)〉 姚谷良(畫)

3. 《論衡》韓非篇

韓子聞而非之曰:「子産不亦多事乎? 姦必待耳目之所及而後知之, 則鄭國之得姦寡矣. 不任典城之吏, 察參伍之正, 不明度量, 待盡聰明·勞知慮而以知姦, 不亦無術乎?」韓子之非子産, 是也; 其非繆公, 非也. 夫婦人之不哀, 猶龐㸰是子不孝也. 非子産持(待)耳目以知姦, 獨欲繆公須問以定邪. 子産不任典城之吏, 而以耳[聞]定實; 繆公亦不任吏, 而以口問立誠. 夫耳聞口問, 一實也, 俱不任吏, 皆不參伍. 厲伯之對不可以立實, 猶婦人之哭不可以定誠矣. 不可[以]定誠, 使吏執而問之; 不可以立實, 不使吏考, 獨信厲伯口, 以罪不考之姦, 如何?

630(38-14)
잘못된 판단

진秦 소왕昭王이 좌우에게 물었다.

"지금 한韓나라와 위魏나라는 처음 강했을 때에 비하여 어떠한가?"

좌우가 대답하였다.

"시작했을 때보다 약합니다."

"지금의 여이如耳와 위제魏齊는 지난 날의 맹상孟嘗君이나 망묘芒卯에 비하여 어떠한가?"

좌우가 대답하였다.

"그들에게 미치지 못합니다."

왕이 말하였다.

"맹상군이나 망묘가 강한 한나라와 위나라 군사를 이끌고 온다 해도 오히려 나를 어찌할 수는 없을 것이로다!"

좌우가 대답하였다.

"심히 그렇습니다."

그러자 중기中期가 거문고를 엎어놓고 이렇게 대꾸하였다.

"왕께서 천하를 헤아리심이 잘못되었군요. 무릇 육진六晉 시절에는 지씨知氏가 가장 강하여 범씨范氏와 중항씨中行氏를 멸망시키고 다시 한씨韓氏와 위씨魏氏 군대를 인솔하고 조씨趙氏를 치면서 진수晉水 물을 쏟아 부어 그들 성이 잠기지 않았던 부분은 삼판三板 정도였습니다. 지백知伯이 밖에 나갈 때는 위선자魏宣子가 그의 마부가 되고 한강자韓康子가 참승이 되어 따랐습니다. 지백이 이렇게 말하였지요. '처음에는 내가 물로써 남의 나라를 멸망시킬 수 있다는 것을 알지 못하였는데 나는 지금 알게 되었소. 분수汾水를 터놓으면 안읍安邑으로 쏟아 부을 수 있고, 강수絳水를 터놓으면 평양平陽으로 쏟아부을 수 있겠군요.' 위선자는 팔꿈치로 한강자에게 신호를 보내자 강자는 선자의 발을 밟아 신호를 보내 수레 위에서 팔꿈치와 발을 맞대 뜻이 통함으로써 지씨는 진양晉陽 성 아래에서 분할 당하고 말았습니다. 지금 족하足下께서 비록 강하다 하더라도 지씨만큼 강한 것은 아니며 한나라와 위나라가 비록 약하다 해도 진양 성 아래에서처럼 곧 망해 가는 형편에 이른 것은 아닙니다. 이는 천하가 바야흐로 팔꿈치와 발을 쓰고 있는 때이니 왕께서는 쉽게 보지 마시기 바랍니다."

秦昭王問於左右曰:「今時韓·魏, 孰與始强?」
左右對曰:「弱於始也.」
「今之如耳·魏齊孰與曩之孟嘗·芒卯?」
對曰:「不及也.」
王曰:「孟嘗·芒卯率强韓·魏猶無奈寡人何也!」
左右對曰:「甚然.」
中期伏瑟而對曰:「王之料天下過矣. 夫六晉之時, 知氏最强, 滅范·中行, 又率韓·魏之兵以伐趙, 灌以晉水, 城之未沈者三板. 知伯出, 魏宣子御, 韓康子爲驂乘. 知伯曰:『始吾不知水可以滅人之國, 吾乃今知之. 汾水可以灌安邑, 絳水可以灌平陽.』魏宣子肘韓康子, 康子踐宣子之足, 肘足接乎車上, 而知氏分於晉陽之下. 今足下雖强, 未若知氏; 韓·魏雖弱, 未至如其在晉陽之下也. 此天下方用肘足之時, 願王勿易之也.」

【秦昭王】秦 昭襄王. 昭王, 襄王 등으로 줄여서 부르기도 함. 이름은 稷(側). 秦 武王의 배다른 아우. B.C.306~B.C.251년까지 56년간 재위하고 惠文王, 莊襄王을 거쳐 始皇(嬴政)으로 이어짐. 魏冉, 范雎, 白起를 기용하여 국력을 크게 성장, 秦始皇의 천하통일 기틀을 마련하였음.

【韓·魏】원래 春秋시대 晉나라의 封國, 韓武子를 韓原(지금의 陝西 韓城)에, 畢萬을 魏(지금의 山西 芮城縣)에 봉하여 그 후손이 六卿에 올랐다가 知氏 (智氏)를 멸하고 三晉을 거쳐 戰國七雄의 반열에 오름.

【如耳】魏사람으로 韓나라를 섬겼던 대부.

【魏齊】魏나라 公子. 魏 昭王의 재상이었음. 일찍이 范雎를 고문하였던 사람. 范雎가 秦나라 재상이 되자 두려워 자살하고 말았음.

【孟嘗】다른 판본에는 '孟常'으로 표기되어 있음. 盧文弨는 "常, 藏本作嘗, 下同" 이라 함. 孟嘗君은 전국시대 齊나라 귀족이며 실권자. 이름은 田文. 靖郭君 (田嬰)의 서자로 아버지를 이어 薛(지금의 山東 滕縣)에 봉해져 '薛公'이라고도 부르며 號는 孟嘗君. 齊 湣王 때 재상에 올랐으며 平原君(趙), 信陵君(魏), 春申君 (楚)과 더불어 戰國四公子의 하나. 3천 식객을 거느려 많은 고사와 일화를 낳음. 湣王 7년(B.C.294) 田甲의 반란에 연루되어 魏나라로 달아나, 魏 昭王의 재상이 됨. 《史記》孟嘗君列傳,《戰國策》등을 참조할 것.

【芒卯】孟卯, 昭卯 등으로도 표기하며, 전국시대 齊나라 사람. 언변과 지모에 뛰어났으며 뒤에 魏나라 安釐王의 將軍이 됨.

【中期】秦나라 악사 鍾期, 鍾子期를 가리킴.

【伏琴】'推琴', '憑琴', '伏瑟', '推瑟' 등 여러 표현이 있음. 참고란을 볼 것.

【六晉】晉나라의 六卿을 가리킴. 즉 智·范·中行·韓·魏·趙의 여섯 卿.

【知氏】知伯을 가리킴. 춘추 말기 晉의 六卿의 하나. '智伯'으로도 표기하며 원래 이름은 荀瑤. 知襄子, 智襄子. 晉나라 대부. 知躒의 손자. 시호는 襄子. 智는 采邑 이름. 지금의 山西 解縣.《左傳》杜預 注에 "荀瑤. 荀躒之孫, 知伯襄子"라 함. 六卿 가운데 가장 세력이 강하여 먼저 范氏와 中行氏를 멸하고 趙氏를 멸하려 다가 韓, 魏, 趙 三卿이 연합하여 知氏를 멸하여 망하고 말았음.

【范氏】范 땅에 봉해졌던 晉나라 卿. 그 무렵 范昭子(范吉射)를 가리킴.

【中行氏】원래 晉文公 때 관직 이름. 그 무렵 순림보(荀林父)가 中行軍의 장군 이었으므로 성씨로 삼은 것임. 그 무렵에는 中行文子(荀寅)가 재위하고 있었 으며 모두 제일 먼저 智氏에게 멸망당하고 말았음.

【晉水】汾水의 지류로 지금의 山西 太原(옛 晉陽) 근처를 흐르는 물. 지금은

晉渠로 부름. 이를 터서 趙氏의 근거지 晉陽城에 대하여 水攻作戰을 편 것.

【三板】 板은 성벽 쌓는 건축자재인 版築으로 널판. 폭이 두 자 길이임.《戰國策》
高誘 注에 "廣二尺曰板"이라 하였고,《史記》趙世家 正義에 "八尺王版"이라 함.

【魏宣子】 魏桓子여야 함. 桓子는 이름은 駒. 그 무렵 六卿의 하나로 知氏(荀瑤)
에게 복종하였으나 뒤에 韓强者와 함께 知氏를 멸하고 三晉으로 鼎立함.

【韓康子】 이름은 虎. 그 무렵 晉 六卿의 하나. 뒤에 韓나라를 일으킴.

【御·驂乘】 知伯을 위해 魏宣子는 말을 모는 일을, 韓康子는 그 곁에 타고 보좌
하는 일을 맡아 趙(晉陽)나라 공격에 나선 것.

【汾水】 汾河. 지금의 山西 寧武縣 서남 管涔山에서 발원하여 陽谷, 靈石, 臨汾을
거쳐 河津에 이르러 河水와 합류하는 黃河의 가장 큰 支流. 安邑을 경유함.

【安邑】 魏宣子의 근거지. 지금의 山西 夏縣 서북쪽. 그 무렵 魏氏의 도읍이었음.

【絳水】 白水로도 부르며 지금의 山西 絳縣 서북 絳山에서 발원하여 澮水를 거쳐
汾水로 합류하는 물 이름. 臨汾(平陽)을 경유함.

【平陽】 韓康子의 근거지. 지금의 山西 臨汾市. 그 무렵 韓氏의 도읍이었음.

【肘足接】 팔꿈치와 발짓으로 다른 사람이 눈치 채지 못하게 신호를 보냄.

【足下】 군주에 대하여 부르는 존칭으로 그 무렵 昭王을 일컬음.

┌─────────────────┐
│ 참고 및 관련 자료 │
└─────────────────┘

1.《戰國策》秦策(4)

秦昭王謂左右曰:「今日韓·魏, 孰與始强?」對曰:「弗如也.」王曰:「今之如耳·
魏齊, 孰與孟嘗·芒卯之賢?」對曰:「弗如也.」王曰:「以孟嘗·芒卯之賢, 帥强
韓·魏之兵以伐秦, 猶無奈寡人何也; 今以無能之如耳·魏齊, 帥弱韓·魏以攻秦,
其無奈寡人何, 亦明矣!」左右皆曰:「甚然.」中期推琴對曰:「三(王)之料天下
過矣. 昔者, 六晉之時, 智氏最强, 滅破范·中行, 帥韓·魏以圍趙襄子於晉陽.
決晉水以灌晉陽, 城不沉者三板耳. 智伯出行水, 韓康子御, 魏桓子驂乘. 智伯曰:
『始, 吾不知水之可亡人之國也, 乃今知之. 汾水利以灌安邑, 絳水利以灌平陽.』
魏桓子肘韓康子, 康子履魏桓子, 躡其踵. 肘足接於車上, 而智氏分矣. 身死國亡,
爲天下笑. 今秦之强, 不能過智伯; 韓·魏雖弱, 尙賢在晉陽之下也. 此乃方其
用肘足時也, 願王之勿易也.」

2.《說苑》敬愼篇

魏安釐王十一年, 秦昭王謂左右曰:「今時韓·魏與秦孰强?」對曰:「不如秦强.」王曰:「今時如耳·魏齊與孟嘗·芒卯孰賢?」對曰:「不如孟嘗·芒卯之賢.」王曰:「以孟嘗·芒卯之賢, 率强韓魏以攻秦, 猶無奈寡人何也? 今以無能如耳·魏齊而率弱韓·魏以伐秦, 其無奈寡人何, 亦明矣!」左右皆曰:「然.」申旗伏瑟而對曰:「王之料天下過矣. 當六晉之時, 智氏最强, 滅范·中行氏, 又率韓·魏之兵以圍趙襄子於晉陽, 決晉水以灌晉陽之城, 不滿者三板, 智伯行水, 魏宣子御, 韓康子爲驂乘, 智伯曰:『吾始不知水可以亡人國也, 乃今知之; 汾水可以灌安邑, 絳水可以灌平陽.』魏宣子肘韓康子, 康子履魏宣子之足, 肘足接於車上, 而智氏分, 身死國亡, 爲天下笑. 今秦雖强不過智氏, 韓·魏雖弱, 尚賢其在晉陽之下也, 此方其用肘足之時, 願王之必勿易也.」於是秦王恐.

3.《史記》魏世家

秦昭王問於左右曰:「今時韓·魏孰與始强?」左右對曰:「弱於始也.」「今之如耳·魏齊孰與曩之孟嘗·芒卯?」對曰:「不及也.」王曰:「孟嘗·芒卯率强韓·魏猶無奈寡人何也!」左右對曰:「甚然!」中期推琴而對曰:「王之料天下過矣! 夫六晉之時, 知氏最强, 滅范·中行而後韓·魏之兵以伐趙, 灌以晉水, 城之未沈者三板. 知伯出, 魏宣子御, 韓康子爲驂乘, 知伯曰:『始吾不知水可以滅人之國, 吾乃今知之. 汾水可以灌安邑, 絳水可以灌平陽.』魏宣子肘韓康子, 康子踐宣子之足, 肘足接乎車上, 而知氏分於晉陽之下. 今足下强, 未若知氏; 韓·魏雖弱, 未至如其在晉陽之下也. 此天下方用肘足之時, 願王勿易也.」

4. 기타《太平御覽》(459) 및《春秋後語》를 볼 것.

631(38-15)
두 사람 모두 오류

어떤 사람은 이렇게 말하였다.

"소왕昭王의 질문에 실수가 있었고 좌우들과 중기中期의 대답에도 또한 잘못이 있었다. 무릇 현명한 군주가 나라를 다스림은 그 권세에 맡기는 것이다. 권세가 가히 손상을 입지 않으면 비록 천하의 강자라 해도 그를 어찌할 수가 없는 것인데 하물며 맹상孟嘗이나 망묘芒卯, 한韓나라, 위魏나라가 능히 어찌할 수 있겠는가? 그러나 그 권세가 손상을 입을 수 있는 것이라면 못나기가 마치 여이如耳나 위제魏齊, 한나라, 위나라와 같은 자라도 능히 임금의 권세에 손상을 입힐 수 있다. 그렇다면 손상을 입는 것과 침해를 당하지 않는 것은 그 자신이 믿는 데 있을 따름인데 어찌 물어본다는 것인가? 가히 침해할 수 없는 권세에 자신이 의지한다면 강하거나 약하거나 어찌 그것을 택할 이유가 있겠는가? 무릇 자신 스스로 믿지 못하면서 어떤가 하고 묻는다면 그것을 침해당하지 않는 것만으로도 다행일 것이다. 신불해申不害는 '법술을 잃은 채로 믿음을 구하려 한다면 의혹만 있을 뿐'이라고 하였으니 이는 소왕과 같은 경우를 두고 한 말이다. 지백知伯은 법도도 없이 한강자韓康子와 위선자魏宣子를 거느리고 물을 쏟아 붓는 것으로써 그들 나라를 멸망시키려 도모한 것이다. 이것이 지백이 나라를 망치고 자신도 죽게 된 원인이며 자신의 두개골이 술잔으로 만들어진 까닭이다. 지금 소왕이 이에 '처음 강했을 때에 비하여 어떠한가'라고 물은 것은 남이 물로 칠 걱정이 있는 것도 아니다. 비록 좌우들이 있지만 이들은 한씨나 위씨의 두 사람도 아닌데 어찌 팔꿈치와 발로써 신호를 보내는 일이 있겠는가? 그런데도 중기는 '쉽게 얕보지 말라'고 말하였으니 이것은 헛된 말이며 게다가 중기가 맡은 일은 금슬琴瑟의 음악을 맡은 직책이다. 현絃이 조율되지 않거나 타는 소리가 명확하지 않았다면 이는 중기의 책임이다. 여기의 중기는 소왕을 섬기기 위한 자이다. 중기는 자신의 임무를 잘 받들어 이제껏 소왕을 흡족하게 해 왔으나 지금 도리어 알지도 못하는 것을 가지고 나섰으니 어찌 망녕된 짓이 아니겠는가? 좌우들이 '처음보다 약하다'거나 '미치지 못하다'거나 쯤으로 말하는 것은 그래도 되지만 '심히 그렇다'고 말한 것이라면 이는 아첨이다. 신자는 '정치에는 맡은 직분을 넘지 말아야 하며 비록 알고 있더라도 말해서는 안 된다'고 하였는데 지금 중기는 알지도 못하면서 오히려 말까지 하였다. 그러므로 말하기를 '소왕의 질문에 실수가 있고 좌우와 중기의 대답은 모두 지나쳤다'라고 하는 것이다."

或曰: 「昭王之問也有失, 左右‧中期之對也有過. 凡明主之治國也, 任其勢. 勢不可害, 則雖强天下無奈何也, 而况孟嘗‧芒卯‧韓‧魏能奈我何? 其勢可害也, 則不肖如如耳‧魏齊, 及韓‧魏猶能害之. 然則害與不侵, 在自恃而已矣, 奚問乎? 自恃其不可侵, 則强與弱奚其擇焉? 夫不能自恃, 而問其奈何也, 其不侵也幸矣. 申子曰: 『失之數而求之信, 則疑矣.』 其昭王之謂也. 知伯無度, 從韓康‧魏宣而圖以水灌滅其國. 此知伯之所以國亡而身死, 頭爲飮杯之故也. 今昭王乃問孰與始强, 其未有水人之患也. 雖有左右, 非韓‧魏之二子也, 安有肘足之事? 而中期曰「勿易」, 此虛言也, 且中期之所官, 琴瑟也. 絃不調, 弄不明, 中期之任也, 此中期所以事昭王者也.

中期善承其任, 未慊昭王也, 而爲所不知, 豈不妄哉?
左右對之曰『弱於始』與『不及』則可矣, 其曰『甚然』則諛也.
申子曰:『治不踰官, 雖知不言.』今中期不知而尚言之.
故曰:『昭王之問有失, 左右·中期之對皆有過也.』」

【申子】申不害. 그 무렵 韓나라 재상이었음. 韓非보다 백여 년 앞선 인물로 法家
  사상으로 韓나라 昭侯를 도왔음.《史記》老莊申韓列傳에 "申不害者, 京人也,
  故鄭之賤臣. 學術以干韓昭侯, 昭侯用爲相. 內脩政敎, 外應諸侯, 十五年. 終申子
  之身, 國治兵彊, 無侵韓者. 申子之學本於黃老而主刑名. 著書二篇, 號曰《申子》"
  라 함.
【數】'數'는 術數를 말함.
【求之信】남의 말을 믿고 일을 하려고 함. 주관적인 판단을 함. 蒲坂圓은 "不察
  於理, 徒信人言, 反取疑惑之道也"라 함.
【知伯】춘추 말기 晉의 六卿의 하나. '智伯'으로도 표기하며 원래 이름은 荀瑤.
  知襄子. 智襄子. 晉나라 대부. 知躒의 손자. 시호는 襄子. 智는 采邑 이름. 지금의
  山西 解縣.《左傳》杜預 注에 "荀瑤. 荀躒之孫, 知伯襄子"라 함. 六卿 가운데
  가장 세력이 강하여 먼저 范氏와 中行氏를 멸하고 趙氏를 멸하려다가 韓, 魏, 趙
  三卿이 연합하여 知氏를 멸하여 망하고 말았음.
【無度】법도를 이해하지 못함. 有度의 반대말.
【頭爲飮杯】사람의 두개골로 술잔을 만듦. 魏桓子와 韓康子가 知伯을 멸한 뒤
  지백의 해골로 술잔을 만들었다는 고사를 말함.《呂氏春秋》義賞篇에 "與魏
  桓·韓康期而擊知伯, 斷其頭以爲觴"이라 하였고,《戰國策》趙策에는 "趙襄子
  最怨智伯, 而將其頭以爲飮器"라 함.
【弄不明】거문고 타는 음이 명확하지 않음. '弄'은 '연주하다'의 뜻.
【未慊】'慊'은 만족하지 못함을 뜻함. 따라서 '未慊'은 '만족하다'의 뜻이 되므로
  '中期는 늘 소왕에게 만족할 만큼 잘 해왔다'의 뜻임.
【治不踰官】직무 수행을 하면서 월권하지 않음.

632(38-16)
눈앞에 보이는 상벌

《관자管子》에 말하였다.

"옳다고 여겼으며 그것을 좋아하는 증거인 상을 주어야 하며, 옳지 않게 보았다면 그것을 미워하여 구체적인 형태인 형벌이 있어야 한다. 상벌은 그 보이는 바에 믿음이 가도록 하면 비록 보지 못한다 해도 함부로 어긋나는 짓을 하겠는가? 옳다고 보아 그것을 좋아 하면서 증거인 상을 내리지 않거나 옳지 않다고 보아 그것을 미워하면서 형태로 나타날 벌을 내리지 않아 상벌이 눈앞에 보이는 곳에서도 믿음이 가지 않는다면 보이지 않는 그 밖에서 잘해주기를 요구해 보았자 가히 그렇게 될 수 없을 것이다."

《管子》曰:「見其可, 說之有證; 見其不可, 惡之有形. 賞罰信於所見, 雖所不見, 其敢爲之乎? 見其可, 說之無證; 見其不可, 惡之無形, 賞罰不信於所見, 而求所不見之外, 不可得也.」

【管子】 管仲(夷吾)을 의탁하여 지어진 諸子書. 法家의 논리가 주를 이루고 있음. 《漢書》藝文志에《管子》86편이 저록되어 있으나 지금은 76편이 전하며 管子 자신이 쓴 것은 아닌 것으로 알려짐.

【有證】증거가 있도록 賞을 내림.
【有形】실제 형태가 있도록 함. 형벌을 뜻함. 또는 '形'자를 '刑'자로 보기도 함.

참고 및 관련 자료

1. 《管子》權修篇

欲爲天下者, 必重用其國; 欲爲其國者, 必重用其民; 欲爲其民者, 必重盡其民力.
無以畜之, 則往而不可止也; 無以牧之, 則處而不可使也. 遠人至而不去, 則有
以畜之也; 民衆而可一, 則有以牧之也. 見其可也, 喜之有徵; 見其不可也, 惡之
有刑, 賞罰信于其所見, 雖其所不見, 其敢爲之乎? 見其可也, 喜之無徵; 見其
不可也, 惡之無刑, 賞罰不信于其所見, 而求其所不見之爲之化, 不可得也.
厚愛利, 足以親之; 明智禮, 足以敎之. 上身服以先之, 審度量以閑之, 鄕置師
以說道之, 然後申之以憲令, 勸之以慶賞, 振之以刑罰. 故百姓皆說爲善, 則暴
亂之行無由至矣.

《管子》

633(38-17)
편한 분위기

어떤 사람은 이렇게 말하였다.

"넓은 궁정에 엄하게 행동하는 곳에서 사람들은 정숙하게 행동하게 되지만, 편안한 방에 홀로 있을 때에는 증자曾子나 사추史鰌라도 편히 여겨 행동에 제약을 받지 않는 곳이다. 정숙하게 여기는 곳에서 사람을 관찰하는 것은 그 행동의 진실을 알아낼 수 없다. 게다가 임금이란 자에게 있어서 신하란 자신을 꾸미도록 하는 자리이다. 임금의 호오好惡가 드러나는 곳이면 신하들은 간악한 사물을 잘 꾸며 그 군주를 어리석게 하기란 틀림없는 사실이다. 명찰하다 하여도 먼 곳의 간악함을 비추어 내거나 숨겨진 작은 일을 들추어볼 수 없으면서 겉으로 꾸민 행동을 관찰한 것만을 믿고 상벌을 정한다면 역시 눈이 가려진 것이 아니겠는가?"

或曰:「廣廷嚴居, 衆人之所肅也.

宴室獨處, 曾·史之所侵也. 觀人之所肅, 非行情也.

且君上者, 臣下之所爲飾也.

好惡在所見, 臣下之飾姦物以愚其君, 必也.

明不能燭遠姦, 見隱微, 而待之以觀飾行, 定賞罰, 不亦弊乎?」

【宴室】마음 편안한 거처. 安居와 같음.

【曾·史】'曾'은 孝行으로 널리 알려진 공자 제자 曾子(曾參). '史'는 公子에게 칭찬한 衛의 대부 史魚를 가리킴. 둘 모두 훌륭한 인물로 함께 이른 것. 史魚의 이름은 鰌(鰍). 字는 子魚. 蘧伯玉을 추천하지 못하고 彌子瑕를 퇴진시키지 못하자 죽음에 이르러 그 아들로 하여금 正堂에서 治喪하지 못하도록 한 고사로 유명함. 衛靈公이 問喪을 왔을 때 그 아들이 "臣下의 道理를 다 하지 못하여 正堂에서 治喪하지 못하게 하였다"라고 하는 말을 듣고, 蘧伯玉을 들어 쓰고 彌子瑕는 퇴진시켰으며 이를 흔히 '尸諫'이라 함.《韓詩外傳》(7)·《新序》(雜事)·《孔子家語》(困誓)·《說苑》(雜言)·《史記》(韓非子列傳)·《文選》(注)·《後漢書》(注)·《藝文類聚》·《太平御覽》·《冊府元龜》등에 아주 널리 전재되어 있음. 한편《論語》衛靈公篇에 "子曰:「直哉史魚! 邦有道, 如矢; 邦無道, 如矢. 君子哉蘧伯玉! 邦有道, 則仕; 邦無道, 則可卷而懷之」"라 함.

【慢】편히 여겨 행동에 제약을 받지 않음. '慢'과 같음.

【在所見】신하가 보는 앞에서 임금이 호오의 기색을 드러냄.

【待之】'待'는 '恃'와 같음.

【不亦弊】잘못되었음을 강조한 말. '弊'는 '蔽'와 같음.

634(38-18)
천하의 왕

《관자管子》에 말하였다.

"실내에서 말을 하면 소리가 실내에 가득차고, 당 안에서 말을 하면 당 안에 가득 찬다. 이를 일러 천하의 왕이라 한다."

《管子》曰:「言於室, 滿於室; 言於堂, 滿於堂, 是謂天下王.」

【滿於室】發言의 음성도 커야 하지만 내용 또한 公明正大하여 누가 들어도 그 공정함을 인정하도록 하여야함을 말함.《千字文》에 "空谷傳聲, 虛堂習聽"이라 함.
【天下王】《管子》는 '聖王'으로 되어 있음.

> 참고 및 관련 자료

1.《管子》牧民篇

召民之路, 在上之所好惡. 故君求之, 則臣得之; 君嗜之, 則臣食之; 君好之, 則臣服之; 君惡之, 則臣匿之. 毋蔽汝惡, 毋異汝度, 賢者將不汝助. 言室滿室, 言堂滿堂, 是謂聖王.

635(38-19)
법法과 술術

어떤 사람이 말하였다.

"관중管仲이 말한 '실내에서 말을 하면 실내에 가득 차고, 당 안에서 말을 하면 당 안에 가득 찬다'라 한 것은 특별히 유희나 음식의 경우를 말한 것이 아니라 모름지기 큰일의 경우를 일컫는 것이다. 임금에게 있어서 큰일 이란 법法아니면 술術이다. 법이란 것은 도서와 전적에 편집하여 기록한 다음 관부官府에 설치해 둔 것이며 백성에게 널리 공포해 놓은 것이다. 술이란 가슴 속에 감추어 두고 많은 단서에 맞추어 몰래 여러 신하들을 부리는 것이다. 그러므로 법은 분명하게 드러내어 밝히느니만 못하지만 술은 드러내 보이지 않고자 해야 하는 것이다. 이 까닭으로 현명한 군주가 법을 말하면 나라 안의 비천한 자까지 들어서 알지 못함이 없어야 하는 것으로써 오직 당 안에서만 가득 차는 목소리로 해야 하는 것이 아니며, 술을 쓸 때라면 가까이 사랑하고 자주 만나 익숙한 자라 할지라도 들어볼 수 없도록 해야 하는 것으로써 실내에 가득 차는 목소리여서는 안 된다. 그런데도 《관자》에 오히려 '실내에서 말을 하면 실내에 가득차고, 당 안에서 말을 하면 당 안에 가득 차게 해야 한다'고 말하였으니 법과 술에 맞는 말이 아니다."

或曰:「管仲之所謂『言室滿室·言堂滿堂』者, 非特謂 遊戲飲食之言也, 必謂大物也.

人主之大物, 非法則術也.

法者, 編著之圖籍, 設之於官府, 而布之於百姓者也.

術者, 藏之於胸中, 以偶衆端而潛御群臣者也.

故法莫如顯, 而術不欲見.

是以明主言法, 則境內卑賤莫不聞知也, 不獨滿於堂;
用術, 則親愛近習莫之得聞也, 不得滿室.

而管子猶曰『言於室滿室, 言於堂滿堂』, 非法術之言也.」

【管仲】춘추시대 齊나라 인물. 管夷吾. 仲은 그의 字. 齊 桓公을 첫 霸者로 성취
시킨 인물. 처음 齊나라에 난이 일어나 公子들이 뿔뿔이 흩어질 때 管仲은 公子
糾를 모시고 魯나라로 피신하였으며 鮑叔은 小白을 모시고 거나라로 피신함.
뒤에 난이 끝나고 먼저 귀국하는 자가 왕위에 오르게 되어 있었으며 이 때
管仲은 小白 일행이 오는 길목을 지키다가 활로 小白을 쏘았으나 小白이
허리띠 고리에 맞고 죽은 척 쓰러져 있다가 지름길로 들어가 먼저 왕위에
올랐으며 이가 환공임. 이에 공자 규와 관중 일행은 귀국하지 못하고 처벌을
기다렸으나 鮑叔의 추천으로 환공의 재상이 되어 제나라를 부강하게 만들었
으며 재상에 오름. 환공이 그를 높여 仲父라 일컬었음.《史記》管晏列傳 및
《列子》등을 참조할 것. '管鮑之交' 등의 많은 고사를 남겼으며 그의 사상과
언행을 기록한《管子》가 전함.
【特】'特'은 '但', '只'와 같음.
【大物】중대한 일. 物은 事와 같으며 여기서는 임금의 통치를 뜻하며 구체적
으로는 法이나 術을 가리킴.
【圖籍】圖版이나 책. 籍은 죽간. 법률을 적어 관부에 비치하고 널리 선포한
내용을 가리킴. 누구나 쉽게 알 수 있어야 함을 말함.
【偶衆端】많은 단서를 맞추어 살펴봄. '偶'는 '合'과 같음.

39. 난사難四

난편難篇 마지막 4번째이다.

그러나 앞의 3편과 조금 다른 점이 있다. 이에 대해 王先愼은 《韓非子集解》에서 "前三篇皆一難, 此篇先立一義以難古人, 又立一義以自難前說, 其文皆出於韓子"라 하여 앞은 모두 법가法家의 입장에서 논란을 벌인 것이지만 여기서는 유가儒家의 입장에서 재논란再論難을 벌인 것으로써 많은 의혹을 자아내고 있다.

본편에는 모두 4절의 논박論駁이 실려 있다. 즉 임금과 신하는 저마다 자신의 본분을 지킬 것, 군주는 미세한 부분을 잘 관찰하여 엄하게 다스리되 사면은 남발하지 말 것, 노했을 때는 반드시 벌을 내려 엄격함을 일관되게 지킬 것, 어진 이를 기용할 것 등이다.

636(39-1)
임금 뒤에 서려 하지 않으니

위衛나라 손문자孫文子가 노魯나라에 사절이 되어 갔을 때 노나라 임금이 계단을 오르면 자신도 나란히 함께 올라섰다.

숙손목자叔孫穆子가 종종걸음으로 나아가 말하였다.

"제후들의 모임에서 우리 임금께서 귀국 위나라 임금 뒤로 순서가 정해진 적이 없었소. 그런데 지금 그대는 우리 임금 뒤로 한 단계 뒤에 걷지 않으니 우리 임금께서 무슨 잘못이라도 있는지 알지 못하겠소이다. 그대는 조금 천천히 오르십시오."

손문자는 아무런 말도 하지 않았고, 뉘우치는 기색도 없었다.

숙손목자는 물러나 다른 사람에게 이렇게 알렸다.

"손문자는 틀림없이 망할 것이다. 신하이면서 임금 뒤에 서려 하지 않으면서 잘못을 하고서도 고치려 들지 않으니 이는 망함의 근본이다."

衛孫文子聘於魯, 公登亦登.

叔孫穆子趨進曰:「諸侯之會, 寡君未嘗後衛君也. 今子不後寡君一等, 寡君未知所過也. 子其少安.」

孫子無辭, 亦無悛容.

穆子退而告人曰:「孫子必亡. 臣而不後君, 過而不悛, 亡之本也.」

【孫文子】孫林父. 衛나라 대부. 衛獻公을 몰아내고 殤公을 세웠던 인물. 孫良夫
(孫桓子)의 아들이며 시호는 '文'. 그 때문에 孫文子로도 부름.

【聘】제후들 사이에 서로 사절을 보내 문안 인사를 나눔.

【魯】周公(姬旦)이 봉을 받았던 나라이며 孔子가 태어난 곳. 지금의 山東 曲阜.

【公登亦登】魯 襄公이 연회를 준비하고 이에 계단을 오르자 衛나라 孫文子도
나란히 걸어 올라감.《儀禮》聘禮에 의하면 군주와 함께 계단을 오를 때에는
군주가 두 계단을 올라가면 사신은 뒤에 서서 한 계단을 올라갔음.

【叔孫穆子】公孫剽. 衛나라 대부. 子叔剽. 子叔黑背의 아들. 衛 定公(臧)의 조카.
衛 穆公(速)의 손자. 시호는 穆子. 穆叔. 子叔穆子로도 부름.

【寡君】자기 군주를 남에게 가리키는 겸사의 말.

【一等】신하가 군주에 대한 예의 표시로 한 계단 뒤떨어져 오르게 되어 있음.
《左傳》杜預 注에 "登階, 臣後君一登"이라 함.

【少安】'安'은 '徐'와 같음. 걸음을 약간 늦춤.

【悛容】잘못을 뉘우치고 고치려 하는 모습을 보임.

참고 및 관련 자료

1.《左傳》襄公 7年 傳
衛孫文子來聘, 且拜武子之言, 而尋孫桓子之盟. 公登亦登, 叔孫穆子相, 趨進, 曰:
「諸侯之會, 寡君未嘗後衛君. 今吾子不後寡君, 寡君未知所過. 吾子其少安!」
孫子無辭, 亦無悛容. 穆叔曰:「孫子必亡. 爲臣而君, 過而不悛, 亡之本也.
《詩》曰:『退食自公, 委蛇委蛇』, 謂從者也. 衡而委蛇, 必折.」

637(39-2)
비록 두 가지 잘못이 있었지만

어떤 사람은 이렇게 말하였다.

"천자가 도를 잃으면 제후가 그를 정벌한다. 그 때문에 탕湯과 무왕武王이 있었던 것이다. 제후가 도를 잃으면 대부가 그를 정벌한다. 그 때문에 제齊나라와 진晉나라의 경우가 있었던 것이다. 신하이면서 임금을 친 자는 반드시 망하게 되어 있다면 탕왕이나 무왕은 왕이 될 수 없었을 것이며, 제나라나 진나라도 세워질 수 없었을 것이다. 손문자孫文子는 위衛나라에서 임금과 같았으므로 뒤에 노魯나라에서 신하의 예를 취하지 않았던 것은 신하로서 임금의 역할을 하기 위한 것이었다. 임금이 도를 잃은 까닭에 신하가 득세한 것이다. 도를 잃은 임금에 대하여 망할 것이라 하지 않고 득세한 신하에 대하여 망할 것이라 한 것은 제대로 살피지 못한 것이다. 노나라는 위나라의 대부를 처벌할 수 없었고 위나라 임금의 명찰로는 뉘우칠 줄 모르는 신하를 알지 못하였던 것이다. 손문자가 비록 이 두 가지 잘못이 있다 하더라도 어찌 그것 때문에 망하겠는가? 망하는 원인은 그가 군주 자리를 얻을 근본을 놓쳤기 때문일 뿐이다."

或曰:「天子失道, 諸侯伐之, 故有湯·武; 諸侯失道,
大夫伐之, 故有齊·晉. 臣而伐君者必亡, 則是湯·武不王,

晉·齊不立也. 孫子君於衛, 而後不臣於魯, 臣之君也.
君有失也, 故臣有得也. 不命亡於有失之君, 而命亡於
有得之臣, 不察. 魯不得誅衛大夫, 而衛君之明不知不悛
之臣. 孫子雖有是二也, 巨以亡? 其所以亡其失, 所以
得君也.」

【伐之】下剋上을 일으켜 임금을 제거함을 뜻함. 그러나 顧廣圻는 "伐, 當作代.
「代之」, 代爲君也"라 하여 임금 역할을 대신하다의 뜻으로 보았음.
【湯】원래 夏나라 때의 諸侯. 亳을 근거로 발전하여 夏나라 末王 桀의 무도함을
제거하고 伊尹을 등용하여 殷(商)을 세운 개국군주. 儒家에서 聖人으로 받듦.
《史記》殷本紀를 참조할 것.《十八史略》(1)에는 "殷王成湯: 子姓, 名履. 其先
曰契, 帝嚳子也. 母簡狄, 有娀氏女, 見玄鳥墮卵吞之, 生契. 爲唐虞司徒, 封於商,
賜姓"이라 함.
【武】武王. 周 武王. 文王(姬昌)의 아들이며 成王(姬誦)의 아버지. 이름은 姬發.
아버지 文王의 업을 이어 殷의 末王 紂를 물리치고 周나라를 세움. 周公의
형이며 유가에서 성인으로 추앙함. 文王과 함께 文武라 불리며 三王, 즉 夏禹,
成湯과 함께 三王으로 지칭됨.《史記》周本紀 참조.
【齊晉】齊나라 田常의 가문이 이룩한 田氏齊와 晉나라 六卿 가운데 三晉(韓,
魏, 趙)을 가리킴. 또는 晉은 단독으로 趙나라를 가리키는 것이라고도 함. 田常의
가문이 姜氏齊를 없애고 田氏齊를 세웠으며, 三晉이 晉을 없애고 戰國時代를
맞이한 것을 말함.
【君於衛】孫文子가 晉나라의 지지를 얻어 한때 그 임금을 압박하여 권세를
휘둘렀으며 마침내 獻公을 축출하고 殤公을 세움.
【臣之君也】신하로써 임금의 역할을 함.
【是二】군주에게서 물러서지 않은 일과 잘못을 뉘우치지 않은 일을 가리킴.
【巨】의문부사 '詎'와 같음.

638(39-3)
빼앗기는 이유가 있다

어떤 사람은 이렇게 말하였다.

"신하와 임금 사이에는 각기 본분이 주어져 있다. 신하가 능히 군주 자리를 빼앗을 수 있다는 것은 서로 엎어질 수 있는 이유가 있기 때문이다. 그러므로 그 분수가 아닌데도 취하는 것은 민중이 빼앗는 바가 되며, 그 분수를 사양하는데도 취하게 되는 경우 민중이 주는 바가 된다. 이런 까닭으로 걸桀이 민산岷山의 딸을 요구하고 주紂가 비간比干의 심장을 열어보겠다고 하자 천하 민심이 이반한 것이며, 탕湯이 자신의 이름을 바꾸고 무왕武王 자신을 욕하는 말을 받아들이자 천하가 그에게 복종하게 된 것이며, 조훤趙咺이 산으로 달아나고, 전성田成이 밖에서 노비 노릇을 하자 제齊나라와 진晉나라 사람들이 그를 따랐던 것이다. 그렇다면 탕과 무왕이 왕이 된 까닭과 제나라와 진나라가 건국될 수 있었던 까닭은 반드시 그 임금 자리 때문만이 아니었으며 저들은 백성을 얻은 뒤에 임금으로써 그 자리에 처하게 된 것이다. 지금 손문자는 아직 백성을 얻을 만한 형세도 갖지 못하였는데 그가 임금인 양 처하였으니 이는 의를 거꾸로 하고 덕을 거역한 것이다. 의를 거꾸로 하면 일이 실패하는 원인이 되며, 덕을 거역하면 원망이 모여드는 원인이 된다. 실패와 멸망을 살피지 못하였으니 어찌된 일인가?"

或曰:「臣主之施分也. 臣能奪君者, 以得相踦也. 故非其分而取者, 衆之所奪也; 辭其分而取者, 民之所予也. 是以桀索嶠山之女, 紂求比干之心, 而天下離; 湯身易名, 武身受詈, 而海內服; 趙咺走山, 田成外僕, 而齊·晉從. 則湯·武之所以王, 齊·晉之所以立, 非必以其君也, 彼得之而後以君處之也. 今未有其所以得, 而行其所以處, 是倒義而逆德也. 倒義, 則事之所以敗也; 逆德, 則怨之所以聚也. 敗亡之不察, 何也?」

【施分】 '施'는 주어진 것. 또는 '宜(誼)'의 뜻으로도 봄. '마땅히 가지고 있어야 할 것'의 의미. '分'은 명분, 직분, 직위, 책임 등의 뜻.

【踦】 원래 '一足'의 뜻이나 여기서는 '엎어지다, 뒤집어지다, 망하다'의 뜻임. '相踦'는 형세가 한쪽으로 기울어짐.

【桀】 夏나라 末王. 이름은 癸. 妹喜에게 빠져 무도한 짓을 저질렀으며 殷의 湯王에게 망함. 殷나라 末王 紂와 함께 '桀紂'라 하여 폭군의 전형으로 거론됨.《史記》夏本紀를 참조할 것.《十八史略》(1)에 "孔甲之後, 歷王皐·王發·王履癸. 號爲桀, 貪虐, 力能伸鐵鉤索. 伐有施氏, 有施以末喜女焉, 有寵, 所言皆從, 爲傾宮瑤臺, 殫民財. 肉山脯林, 酒池可以運船, 糟堤可以望十里, 一鼓而牛飮者三千人, 末喜以爲樂. 國人大崩, 湯伐夏, 桀走鳴條而死"라 함.

【索嶠山之女】 '索'의 '각박하게 요구하다'의 뜻이며 '嶠山'은 有戎氏의 지파로 有緡氏로 불리던 부족.《文選》〈上林賦〉의 注에《汲冢紀年》을 인용하여 "桀伐嶠山, 得二女人, 曰琬曰琰, 桀愛二女, 斲其名乎苕華之王"이라 하였고, 左傳 昭公 11년에는 "桀克有緡, 以喪其國"이라 하였으며,《國語》晉語(1)에는 "昔夏桀伐有施, 有施人以妹喜女焉, 妹喜有寵, 於是乎與伊尹比而夏亡"이라 함.

【紂】 殷의 末王. 폭군으로 널리 알려짐. 帝辛, 商辛으로도 부르며 帝乙의 아들. 妲己에게 빠져 '炮烙之刑'과 '酒池肉林' 등의 악한 고사를 가지고 있으며 周 文王(姬昌)을 羑里(牖里)에 가두는 등 周나라와 맞서다가 武王(姬發)에게 망함.

【比干】殷나라 王子. 紂의 叔父로 紂의 惡政을 諫하다가 心臟이 찢기는 변을 당함. 《史記》殷本紀에는 "比干乃强諫紂. 紂怒曰:「吾聞聖人心有七竅, 剖比干觀其心.」"이라 하였고, 《十八史略》(1)에도 "紂淫虐甚, 庶兄微子數諫, 不從, 去之. 比干諫, 三日不去, 紂怒曰:「吾聞聖人之心有七竅.」剖而觀其心, 箕子佯狂爲奴, 紂囚之, 殷大師, 持其樂器祭器奔周"라 함.

【湯】원래 夏나라 때의 諸侯. 亳을 근거로 발전하여 夏나라 末王 桀의 무도함을 제거하고 伊尹을 등용하여 殷(商)을 세운 개국군주. 儒家에서 聖人으로 받듦. 《史記》殷本紀를 참조할 것. 《十八史略》(1)에는 "殷王成湯: 子姓, 名履. 其先曰契, 帝嚳子也. 母簡狄, 有娀氏女, 見玄鳥墮卵呑之, 生契. 爲唐虞司徒, 封於商, 賜姓"이라 함.

【易名】湯은 원래 이름은 履였으나 桀의 이름이 履癸였으므로 이를 피하여 이름을 '乙'자로 고침. 太田方의 《韓非子翼毳》에 "夏桀名履癸, 湯亦名履, 改以是抵罪易名"이라 함.

【武身受詈】武王(姬發)이 紂의 욕설을 듣고 그대로 참아냄. 본《韓非子》喩老篇(147)에도 "文王見詈於王門, 顔色不變, 而武王擒紂於牧野"라 하였으나《戰國策》趙策(3)에 "昔者, 文王拘於牖里, 而武王羈于玉門, 卒斷紂之頭而懸於太白者, 是武王之功也"라 하였고, 그 밖의《呂氏春秋》,《尸子》,《竹書紀年》등에도 모두 '詈'가 '羈'로 되어 있음. 이에 대해 高亨의《韓非子補箋》에는 "「受詈」, 指武王受羈於王門而言. 《呂覽》·〈趙策〉·《尸子》·《竹書紀年》皆作「羈」, 而本書獨作「詈」者, 疑「詈」亦有「羈」誼也"라 함.

【趙恒】趙宣의 오기. 趙宣子를 가리킴. 趙盾, 그 무렵 晉나라 正卿. 晉 靈公이 무도하여 조돈(趙盾)을 죽이려 하자 달아남. 그 때 趙穿이 靈公을 시해하였다는 소식을 듣고 넘던 산을 되돌아 와서 成公을 옹립함. 참고란을 볼 것.

【田成】田常. 田恆. 田恒. '恆'은 '恒'의 異體字. 田常, 陳恒, 陳成子, 田成子 등으로 널리 불림. 시호는 成. 簡公을 유폐시켜 시살한 인물. '陳恆'으로도 표기하며 '恆'은 '恒'의 異體字. 원래 그의 선조 陳完(田完, 敬仲)은 陳나라 출신으로 齊나라에 옮겨와 정착하여 田氏로 성을 바꾸었으며 차츰 세력을 키워 卿에 오른 다음, 그 후손이 뒤에 姜氏(姜太公의 후손)의 齊나라를 차지하여 戰國시대 田氏齊를 세움. 《史記》田敬仲完世家 참조.

【外僕】田成子가 齊나라를 떠나 燕나라로 갈 때 鴟夷子皮의 종처럼 굴며 짐을 대신 짊어지고 간 고사. 〈說林上〉(169)을 볼 것.

【今未有其所以得】앞에 든 孫文子(孫林父)의 경우를 두고 한 말임.

1.《左傳》宣公 2年 傳

晉靈公不君, 厚斂以彫牆; 從臺上彈人, 而觀其辟丸也; 宰夫胹熊蹯不熟, 殺之,
寘諸畚, 使婦人載以過朝. 趙盾・士季見其手, 問其故, 而患之. 將諫, 士季曰:
「諫而不入, 則莫之繼也. 會請先, 不入, 則子繼之.」三進, 及溜, 而後視之, 曰:
「吾知所過矣, 將改之.」稽首而對曰: 「人誰無過, 過而能改, 善莫大焉. 《詩》曰:
『靡不有初, 鮮克有終.』夫如是, 則能補過者鮮矣. 君能有終, 則社稷之固也, 豈唯
羣臣賴之? 又曰『袞職有闕, 惟仲山甫補之』, 能補過也. 君能補過, 袞不廢矣.」
猶不改. 宣子驟諫, 公患之, 使鉏麑賊之. 晨往, 寢門闢矣, 盛服將朝. 尚早, 坐而
假寐. 麑退, 歎而言曰: 「不忘恭敬, 民之主也. 賊民之主, 不忠; 弃君之命, 不信.
有一於此, 不如死也.」觸槐而死. 秋九月, 晉侯飮趙盾酒, 伏甲, 將攻之. 其右
提彌明知之, 趨登, 曰: 「臣侍君宴, 過三爵, 非禮也.」遂扶以下. 公嗾夫獒焉,
明搏而殺之. 盾曰: 「弃人用犬, 雖猛何爲!」鬪且出, 提彌明死之. 初, 宣子田于
首山, 舍于翳桑, 見靈輒餓, 問其病. 曰: 「不食三日矣.」食之, 舍其半. 問之.
曰: 「宦三年矣, 未知母之存否, 今近焉, 請以遺之.」使盡之, 而爲之簞食與肉,
寘諸橐以與之. 旣而與爲公介, 倒戟以禦公徒而免之. 問何故. 對曰: 「翳桑之
餓人也.」問其名居, 不告而退, 遂自亡也. 乙丑, 趙穿攻靈公於桃園. 宣子未出
山而復. 大史書曰: 「趙盾弑其君」, 以示於朝. 宣子曰: 「不然」對曰: 「子爲正卿,
亡不越竟, 反不討賊, 非子而誰?」宣子曰: 「嗚呼!《詩》曰: 『我之懷矣, 自詒
伊慼.』其我之謂矣!」孔子曰: 「董狐, 古之良史也, 書法不隱. 趙宣子, 古之良
大夫也, 爲法受惡. 惜也, 越竟乃免.」宣子使趙穿逆公子黑臀于周而立之. 壬申,
朝于武宮.

2.《國語》晉語(5)

靈公虐, 趙宣子驟諫, 公患之, 使鉏麑賊之. 晨往, 則寢門辟矣, 盛服將朝, 早而
假寐. 麑退, 歎而言曰: 「趙孟敬哉! 夫不忘恭敬, 社稷之鎭也. 賊國之鎭不忠,
受命而廢之不信, 享一名於此, 不如死.」觸庭之槐而死. 靈公將殺趙盾, 不克.
趙穿攻公於桃園, 逆公子黑臀而立之, 實爲成公.

3.《說苑》立節篇

晉靈公暴, 趙宣子驟諫, 靈公患之, 使鉏之彌賊之; 鉏之彌晨往, 則寢門闢矣,
宣子盛服將朝, 尚早, 坐而假寢, 之彌退, 歎而言曰: 「不忘恭敬, 民之主也. 賊民
之主, 不忠; 棄君之命, 不信. 有一於此, 不如死也.」遂觸槐而死.

4.《呂氏春秋》過理篇

趙盾驟諫而不聽, 公惡之, 乃使沮麛見之, 不忍賊, 曰:「不忘恭敬, 民之主也!
賊民之主, 不忠; 棄君之命, 不信. 一於此, 不若死.」乃觸廷槐而死.

5.《史記》晉世家

靈公患之, 使鉏麑刺趙盾. 盾閨門開, 居處節. 鉏麑退, 歎曰:「殺忠臣, 棄君命,
罪一也.」遂觸樹而死.

639(39-4)
양호陽虎와 삼환三桓

노魯나라 양호陽虎가 삼환三桓을 공격하려 하다가 이기지 못하고 제齊나라로 달아나자 경공景公이 그를 예우하였다.

그러자 포문자鮑文子가 이렇게 간하였다.

"안 됩니다. 양호는 계씨季氏에게 총애를 받았으면서도 계손季孫을 치려 한 것은 그 재물에 탐이 났기 때문이었습니다. 지금 임금께서는 계손보다 더 부유하며 우리 제나라는 노나라보다 더 큽니다. 양호는 속임수를 마음 놓고 부릴 것입니다."

경공이 이에 양호를 잡아 가두었다.

魯陽虎欲攻三桓, 不克而奔齊, 景公禮之.

鮑文子諫曰:「不可. 陽虎有寵於季氏而欲伐於季孫, 貪其富也. 今君富於季孫, 而齊大於魯, 陽虎所以盡詐也.」

景公乃囚陽虎.

【陽虎】魯나라 대부. 字는 陽貨. 孟懿子의 家臣이었음.《論語》陽貨篇의 '陽貨'임. 스스로는 孟懿子를 대신하여 孟孫氏의 주인이 되고자 하다가 쫓겨남.《史記》

魯世家에 "定公九年, 魯伐陽虎, 陽虎奔齊, 已而奔晉趙氏"라 함.《左傳》定公
8년 經에 "盜竊寶玉·大弓"라 하였고 9년 經에는 "得寶玉·大弓"라 하여 陽虎가
저지른 일을 기록하고 있음.

【三桓】魯나라의 실권자. 원래 魯 桓公의 서자 慶父, 叔牙, 季友의 자손들로 그
때문에 三桓이라 부름. 그 뒤 이들이 득세하여 孟孫 ·叔孫 季孫 세 명문 집안
으로 발전함. 여기서는 구체적으로 孟懿子(仲孫何忌), 叔昭子(叔孫婼), 季平子
(季孫意如)를 가리킴.

【景公】齊 景公. 이름은 杵曰.《公羊傳》에는 '處曰'로 되어 있음. 莊公(光)을 이어
B.C.547~490년까지 58년간 재위하였으며 晏孺子(茶)가 1년, 다시 悼公(陽生)이
뒤를 이음. 晏子(晏嬰)를 재상으로 하여 많은 도움을 받았던 임금.

【季孫】季孫斯를 가리킴. 魯나라 대부. 季孫桓子. 季孫意如의 아들. 시호는 桓子.

【鮑文子】齊나라 景公 때의 大夫. 鮑國. 鮑叔의 현손. 鮑氏 가문의 실권자. 그러나
그는 한 때 魯나라에 가서 施氏를 위해 일한 적이 있음.《左傳》杜預 注에 "文子,
鮑國也. 成十七年, 齊人召而立之, 至今七十四歲, 於是文子蓋九十餘矣"라 함.

참고 및 관련 자료

1.《左傳》定公 8年 傳

季寤·公鉏極·公山不狃皆不得志於季氏, 叔孫輒無寵於叔孫氏, 叔仲志不得志
於魯, 故五人因陽虎. 陽虎欲去三桓, 以季寤更季氏, 以叔慶輒更叔孫氏, 己更
孟氏. 冬十月, 順祀先公而祈焉. 辛卯, 禘于僖公. 壬辰, 將享季氏于蒲圃而殺之,
戒都車, 曰「癸巳至.」成宰公斂處父告孟孫, 曰:「季氏戒都車, 何故?」孟孫曰:
「吾弗聞.」處父曰:「然則亂也, 必及於子, 先備諸.」與孟孫以壬辰爲期. 陽虎前驅,
林楚御桓子, 虞人以鈹·盾夾之, 陽越殿. 將如蒲圃, 桓子咋謂林楚曰:「而先皆
季氏之良也, 爾以是繼之.」對曰:「臣聞命後. 陽虎爲政, 魯國服焉, 違之徵死,
死無益於主.」桓子曰:「何後之有? 而能以我適孟氏乎?」對曰:「不敢愛死, 懼不
免主.」桓子曰:「往也!」孟氏選圉人之壯者三百人以爲公期築室於門外. 林楚
怒馬, 及衢而騁. 陽越射之, 不中. 築者閹門. 有自門間射陽越, 殺之. 陽虎劫公
與武叔, 以伐孟氏. 公斂處父帥成人自上東門入, 與陽氏戰于南門之內, 弗勝;
又戰于棘下, 陽氏敗. 陽虎說甲如公宮, 取寶玉·大弓以出, 舍于五父之衢, 寢而
爲食. 其徒曰:「追其將至.」虎曰:「魯人聞余出, 喜於徵死, 何暇追余?」從者曰:

「嘻! 速駕, 公斂陽在.」公斂陽請追之, 孟孫弗許. 陽欲殺桓子, 孟孫懼而歸之.
子言辨舍爵於季氏之廟而出. 陽虎入于讙·陽關以叛.

2.《左傳》定公 9年 傳

夏, 陽虎歸寶玉·大弓, 書曰「得」, 器用也. 凡獲器用曰得, 得用焉曰獲. 六月, 伐
陽關. 陽虎使焚萊門. 師驚, 犯之而出, 奔齊, 請師以伐魯, 曰:「三加, 必取之.」
齊侯將許之. 鮑文子諫曰:「臣嘗爲隸於施氏矣, 魯未可取也. 上下猶和, 衆庶
猶睦, 能事大國, 而無天菑, 若之何取之? 陽虎欲勤齊師也, 齊師罷, 大臣必多
死亡, 己於是乎奮其詐謀. 夫陽虎有寵於季氏, 而將殺季孫, 以不利魯國, 而求
容焉. 親富不親仁, 君焉用之? 君富於季氏, 而大於魯國, 茲陽虎所欲傾覆也.
魯免其疾, 而君又收之, 無乃害乎?」齊侯執陽虎, 將東之. 陽虎願東, 乃因諸
西鄙. 盡借邑人之車, 鍥其軸, 麻約而歸之. 載蔥靈, 寢於其中而逃. 追而得之,
囚於齊. 又以蔥靈逃, 奔宋, 遂奔晉, 適趙氏. 仲尼曰:「趙氏其世有亂乎!」

640(39-5)
천금지가千金之家의 아들

어떤 사람은 이렇게 말하였다.

"천금을 가진 집은 그 자식이 인자하지 못한 경우가 있으니 이는 사람
이란 이득을 급히 얻고자 함이 심하기 때문이다. 환공桓公은 오백五伯의
으뜸이었지만 나라를 두고 다투다가 형을 죽였으니 그 이득이 컸기 때문
이었다. 신하와 임금 사이는 형제의 친근함도 없다. 협박하고 죽여 그 공이
만승의 나라를 제압하여 큰 이득을 누릴 수만 있다면 신하로써 누군들
양호陽虎와 같은 일을 하려 들지 않겠는가? 일이란 은밀하고 교묘하게 하면
성공하지만 소홀히 하여 졸렬하게 하면 실패한다. 신하들이 아직 난을 일으
키지 않은 것은 준비가 아직 갖추어지지 않았기 때문이다. 신하들이 모두
양호 같은 심정을 가지고 있어도 임금이 눈치채지 못하고 있다면 이는
그들이 은밀하고 교묘하게 꾸미고 있는 중이기 때문이다. 양호는 탐욕을
가지고 윗사람을 공격하면서 천하에 알려지도록 하였으니 이는 소홀하고
졸렬한 것이었다. 경공景公으로 하여금 (제나라의 간교한 신하들은 처벌하라 하지
않고) 그저 그 졸렬한 양호 같은 이에게 주벌을 가하도록 하였으니 이는
포문자鮑文子의 말이 잘못된 것이다. 신하의 충실함이나 속임수는 임금이
하기에 달려 있다. 임금이 명철하고 엄격하면 신하들은 충성을 다하지만,
임금이 나약하고 어두우면 신하들은 속임수를 쓰게 된다. 드러나지 않은
일을 알아내는 것을 일러 '명明'이라 하며, 용서하지 않는 것을 가리켜 '엄嚴'
이라 한다. 제齊나라의 간교한 신하들을 알아내지 못하고 노魯나라에서
이미 반란을 일으켰던 자를 처벌하는 것 또한 망녕된 일이 아니겠는가?"

或曰:「千金之家, 其子不仁, 人之急利甚也. 桓公, 五伯之上也, 爭國而殺其兄, 其利大也. 臣主之間, 非兄弟之親也. 劫殺之功, 制萬乘而享大利, 則群臣孰非陽虎也? 事以微巧成, 以疏拙敗. 群臣之未起難也, 其備未具也. 群臣皆有陽虎之心, 而君上不知, 是微而巧也. 陽虎以貪欲攻上, 知於天下, 是疏而拙也. 不使景公加誅於拙虎, 是鮑文子之說反也. 臣之忠詐, 在君所行也. 君明而嚴, 而群臣忠; 君懦而闇, 則群臣詐. 知微之謂『明』, 無赦之謂『嚴』. 不知齊之巧臣而誅魯之成亂, 不亦妄乎?」

【不仁】 자비심이 없음. 부잣집 자식은 가족 사이나 위아래 질서에 관계없이 인색함.《禮記》經解에 "上下相親謂之仁"이라 함.

【說反】 주장하는 발상이 도리에 벗어나 맞지 않음.

【桓公】 齊 桓公. 春秋五霸의 첫 首長. 이름은 小白. 齊나라에 난이 일어나자 鮑叔이 모시고 莒나라로 피신, 管仲은 公子 糾를 모시고 魯나라로 피신함. 뒤에 난이 진압되고 먼저 귀국하는 자가 왕이 될 수 있는 기회에 小白이 오는 길을 管仲 일행이 막고 활을 쏘아 소백의 허리띠 고리에 맞추자 소백은 죽은 척 쓰러져 있다가 지름길로 귀국하여 왕위에 오름. 뒤에 포숙의 추천으로 관중을 등용하여 제나라를 부강하게 하여 九合諸侯, 一匡天下하여 첫 패자가 됨. B.C.685~B.C.643년까지 43년간 재위함.《史記》齊太公世家를 참조할 것.

【五伯長】 五伯은 五霸를 말함. 춘추시대 다섯 패자. '伯'은 '霸'와 같음. 齊 桓公(小白), 晉 文公(重耳), 宋 襄公(玆父), 秦 穆公(任好), 楚 莊王(熊旅). 혹 宋 襄公 대신 越王 勾踐을 넣기도 함.

【殺其兄】 桓公(小白)이 그 서형 公子 糾를 죽이고 임금 자리에 오른 것을 말함.

【陽虎以貪欲攻上, 知於天下】 다른 판본에는 모두 "陽虎貪於天下, 以欲攻上"으로 되어 있으나 陶小石의《讀韓非子札記》에 의해 교정함.

【不使景公加誅於拙虎】 이 구절은 오류가 있음. 〈集解〉에 "顧廣圻曰:「誅」下當

有脫文, 本云「不使景公加誅於齊之巧臣, 而使加誅於拙虎」. 下文云「不知齊之
巧臣」, 其證也"라 함. 이에 따라 해설하였음.

【反】거꾸로 됨. 잘못됨. 景公에게 齊나라 巧臣을 처벌하도록 일러주어야 할
것을 하찮은 陽虎를 처벌하도록 설득한 것은 잘못된 것이었음을 말한 것.

【無赦之謂嚴】〈乾道本〉에는 "無救赦之謂嚴"이라 하였으나 앞 구절 "知微之謂明"
으로 보아 '救'나 '赦'자 가운데 하나는 衍文임. 王先愼은 "〈乾道本〉赦上有救字,
《拾補》無, 盧文弨云:「救字衍」今據刪"이라 함.

【成亂】이미 실패로 끝난 반란. '成'은 '旣'와 같음.

641(39-6)
인자함과 탐욕

어떤 사람은 이렇게 말하였다.

"인자함과 탐욕은 같은 마음이 아니다. 그 때문에 공자公子 목이目夷는 송宋나라를 사양하였으나 초楚나라 상신商臣은 아버지를 시해하였던 것이며, 정鄭나라 거질去疾은 서형에게 물려주었으나 노魯나라 환공桓公은 형을 시해하였던 것이다. 오백五伯은 여러 나라를 병탄하였으니 환공을 사람의 표준으로 삼는다면 이는 모두가 정렴貞廉이란 없는 것이 된다. 게다가 임금이 명철하고 엄격하다면 신하들은 충성을 바칠 것이다. 양호陽虎가 노魯나라에서 난을 일으켰다가 성공하지 못하여 달아나 제齊로 들어왔음에도 처벌을 하지 않았다면 이는 난을 일으킨 자를 받아들인 것이다. 임금이 명철하여 처벌한 것으로 그렇게 함으로써 양호 같은 반란을 멈출 줄 아는 것이니 이는 숨겨진 사실을 볼 수 있는 것이 된다. 옛말에 '제후들은 나라를 가지고 친교를 맺는다'라 하였다. 임금이 엄격하다면 양호의 죄를 놓쳐서는 안 된다. 이는 용서할 수 없는 사실이기 때문이다. 그렇다면 양호를 처벌하는 것은 신하들로 하여금 충성을 다하도록 하는 원인이 되는 것이었다. 제나라의 간교한 신하들을 알아내지 못하면서 난을 일으킨 분명한 죄는 그대로 제쳐둔 채 아직 일어나지 않은 죄를 나무란다면 이는 밝게 드러난 죄를 처벌하지 않은 것으로써 망녕 된 일이다. 지금 노나라에서 난을 일으킨 죄를 처벌하는 것으로써 신하들 가운데 간악한 마음을 가진 자에게 위엄을 보임으로써 대신 계손季孫·맹손孟孫·숙손叔孫들과 친교를 맺을 수 있는 것인데 포문자鮑文子의 설이 어찌하여 잘못되었다는 것인가?"

或曰:「仁貪不同心. 故公子目夷辭宋, 而楚商臣弑父; 鄭去疾予弟, 而魯桓弑兄. 五伯兼幷, 而以桓律人, 則是皆無貞廉也. 且君明而嚴, 則群臣忠. 陽虎爲亂於魯, 不成而走, 入齊而不誅, 是承爲亂也. 君明則誅, 知陽虎之可以濟亂也, 此見微之情也. 語曰:「諸侯以國爲親.」君嚴則陽虎之罪不可失, 此無赦之實也, 則誅陽虎, 所以使群臣忠也. 未知齊之巧臣, 而廢明亂之罰, 責於未然, 而不誅昭昭之罪, 此則妄矣. 今誅魯之罪亂以威群臣之有姦心者, 而可以得季·孟·叔孫之親, 鮑文之說, 何以爲反?」

【目夷辭宋】宋 桓公의 臨終에 태자 玆父가 庶兄 目夷(子魚)에게 자리를 물려주고자 하였으나 굳이 사양한 일. 결국 玆父가 임금이 됨. 이가 宋 襄公임.《左傳》僖公 8년에 "宋公疾, 大子玆父固請曰:「目夷長且仁, 君其立之!」公命子魚. 子魚辭, 曰:「能以國讓, 仁孰大焉? 臣不及也, 且又不順.」遂走而退"라 하였고 杜預 注에 "玆父, 襄公也. 玆父庶兄子魚也"라 함.

【商臣弑父】楚 成王이 어린아이를 세우려 하자 태자인 商臣이 아버지를 죽이고 스스로 임금 자리에 오름. 이가 楚 穆王임. 楚나라 왕자 職은 商臣의 庶弟. 庶弟가 지나치게 총애를 받자 長子 商臣이 아버지를 죽이고 왕위를 찬탈함. 商臣은 楚 成王의 아들. 楚 成王이 商臣을 태자로 삼고자 할 때 子上이 극력 반대하자 商臣은 子上을 참훼하여 죽이고 뒤에 아버지 成王(頵)을 시해하고 왕위에 올라 穆王이 되어 B.C.625~B.C.614까지 12년간 재위하고 莊王(侶)이 그 뒤를 이음. 文公 元年의 傳文을 볼 것. 이 사건은 367과 368을 볼 것.

【去疾予弟】鄭 靈公이 시해 당하자 아우인 去疾이 추대되었으나 형인 堅에게 물려주어 襄公이 된 일.《左傳》宣公 4년에 "鄭人立子良. 辭曰:「以賢, 則去疾不足; 以順, 則公子堅長.」乃立襄公"이라 하였고, 杜預 注에 "去疾, 子良名, 穆公庶子, 襄公, 堅也"라 함. 따라서 去疾은 아우에게 양보한 것이 아니며 韓非는 아래 '兄'자와 중복을 피하기 위하여 '弟'로 쓴 것으로 보임.

【魯桓弑兄】魯 桓公은 형 隱公이 시해당한 일을 묵인하고 자리에 섬.《左傳》隱公 11년에 "羽父請殺桓公, 將以求大宰. 公曰:「爲其少故也, 吾將授之矣. 使營

菟裘, 吾將老焉.」羽父懼, 反譖公于桓公而請弑之. 公之爲公子也, 與鄭人戰于
狐壤, 止焉. 鄭人囚諸尹氏. 賂尹氏, 而禱於其主鍾巫. 遂與尹氏歸, 而立其主.
十一月, 公祭鍾巫, 齊于社圃, 館于寪氏. 壬辰, 羽父使賊弑公于寪氏, 立桓公, 而討
寪氏, 有死者"라 하였고, 《史記》魯世家에도 같은 내용이 실려 있음. 한편
魯 隱公은 惠公(弗皇)의 庶長子. 이름은 息姑. 伯禽의 7세손. 어머니는 聲子로
혜공의 계실이었음. B.C.722~B.C.712년까지 11년간 재위함. 뒤에 公子 羽父(翬)
에게 시해되어 생을 마침. 〈諡法〉에 "不尸其位曰隱"이라 함. 혜공의 원래 적자는
桓公(姬允)이었으나 그가 어릴 때 아버지 혜공이 죽어 나이가 많았던 은공이
먼저 임금 자리에 올랐던 것이며 은공이 죽고 나서 환공이 뒤를 이음. 은공은
'太子'에 오르지 않은 채 '공자'라 불리다가 아우보다 먼저 임금 자리에 오른
것이며 魯 桓公은 惠公의 嫡子. 이름은 軌. 그러나 《史記》魯世家에는 '允'으로
되어 있음. 隱公의 아우. 嫡子이면서도 나이가 어려 庶兄 隱公이 먼저 임금 자리에
올랐던 것임. 〈諡法〉에 "辟土服遠曰桓"이라 함. 어머니는 宋 武公의 딸 仲子.
隱公의 攝政을 받다가 은공이 시해된 뒤 정식으로 즉위함. B.C.711~B.C.694년
까지 18년간 재위하였음.
【五伯長】五伯은 五霸를 말함. 춘추시대 다섯 패자. '伯'은 '霸'와 같음. 齊 桓公
(小白), 晉 文公(重耳), 宋 襄公(玆父), 秦 穆公(任好), 楚 莊王(熊旅). 또는 宋 襄公
대신 越王 勾踐을 넣기도 함.
【以桓律人】齊 桓公의 사례로써 사람의 기준을 헤아림.
【陽虎】魯나라 대부. 字는 陽貨. 孟懿子의 家臣이었음. 《論語》陽貨篇의 '陽貨'임.
스스로는 孟懿子를 대신하여 孟孫氏의 주인이 되고자 하다가 쫓겨남. 《史記》
魯世家에 "定公九年, 魯伐陽虎, 陽虎奔齊, 已而奔晉趙氏"라 함.
【承爲亂】반란 일으킨 자를 승인하고 용납함.
【可以濟亂】반란을 멈출 수 있음. '濟'는 '止'의 뜻으로 쓰임. 제나라에서 난을
일으킬 자를 미리 예방하는 명석함이 됨을 뜻함.
【諸侯以國爲親】제후들끼리는 각국 신하들보다 한 단계 위의 임금이나 나라
끼리의 이익을 앞세움.
【責於未然】아직 일어나지도 않은 상황에 대하여 책임을 물음. 齊나라에서
벌어질 상황을 뜻함.

(참고 및 관련 자료)

1. 본 장은 앞 장(640)의 반론을 재반론한 것임.

642(39-7)
미움에 대한 앙갚음

정백鄭伯이 앞으로 고거미高渠彌를 경卿으로 삼으려 하자 소공昭公이 그를 미워하여 끈질기게 간하였으나 정백은 듣지 않았다.

소공이 즉위하자 고미거는 소공이 자신을 죽일까 두려워 신묘辛卯날에 소공을 시해하고 공자 단亶을 세웠다.

군자君子가 말하였다.

"소공은 미워할 바를 안 것이다."

공자 어圉가 말하였다.

"고백高伯은 주륙을 당할 것이다! 미움에 대한 앙갚음이 너무 심했다."

鄭伯將以高渠彌爲卿, 昭公惡之, 固諫不聽.

及昭公卽位, 懼其殺己, 辛卯, 弑昭公而立子亶也.

君子曰:「昭公知所惡矣.」

公子圉曰:「高伯其爲戮乎, 報惡已甚矣!」

【鄭伯】鄭 莊公. 共叔寤生. 鄭나라 군주. 共叔寤生. 伯은 그 나라의 작위가 伯이었음을 말함. 武公의 아들이며 태어날 때 逆産으로 나 어머니로부터 미움을

받았으며 그로 인해 아우 段을 鄢에서 죽인 사건으로 유명함. B.C.743~
B.C.702년까지 43년간 재위함. 그 뒤를 厲公, 昭公으로 이어짐.

【高渠彌】鄭나라 대부. '高渠眯'로도 표기함.《史記》秦本紀에 "鄭高渠眯殺其
君昭公"이라 하였음. 자는 高伯. 昭公(忽)을 시해한 인물임.《左傳》桓公 17년을
볼 것. 周 桓公을 상대하여 魚麗陣이라는 戰法을 내세워 승리한 공에 의해 卿에
승진시키고자 한 것이었음.《左傳》桓公 5년을 참조할 것.

【昭公】鄭 莊公의 공자 忽. 그 무렵엔 태자였음. 뒤에 厲公(突)을 이어 왕위에
올라 B.C.696~B.C.695년까지 2년간 재위함.

【辛卯】고대 날짜를 干支로 써서 계산한 것. 이 날은 B.C.695년 殷曆으로 10월
23일, 陰曆으로는 9월 23일에 해당함.

【子亹】《左傳》에는 '子亹'로 되어 있음. '亶'은 '亹'와 글자가 비슷하여 오류가
생긴 것으로 보임. 公子亹는 鄭나라 昭公의 아우로 昭公을 이어 高渠彌에 의해
왕위에 올랐으나 B.C.694년 1년간이었으며 시호는 없음.《史記》鄭世家에 "昭公
二年, 自昭公爲太子時, 父莊公欲以高渠彌爲卿, 太子忽惡之, 莊公弗聽, 卒用渠
彌爲卿. 及昭公卽位, 懼其殺己, 冬十月辛卯, 渠彌與昭公出獵, 射殺昭公于野.
祭仲與渠彌不敢入厲公, 乃更立昭公弟子亹爲君, 是爲子亹野. 無諡號"라 함.

【君子】본 장은《左傳》을 그대로 옮긴 것으로《左傳》에서 "君子曰"이라 한 것은
左丘明이 자신의 평가나 의견을 제시하기 위해 상징적으로 내세운 기록 체제
방법의 하나였음.

【公子圉】《左傳》에는 '公子達'로 되어 있으며 公子 達은 魯나라 公子이며 대부.

【高伯】高渠彌를 가리킴. 伯은 排行.

【爲戮】亹이 齊 襄公을 만나 살해될 때 高渠彌도 함께 車裂당함.

┌─────────────────┐
│ 참고 및 관련 자료 │
└─────────────────┘

1.《左傳》桓公 17年 傳

初, 鄭伯將以高渠彌爲卿, 昭公惡之, 固諫, 不聽. 昭公立, 懼其殺己也. 辛卯,
弑昭公, 而立公子亹. 君子謂:「昭公知所惡矣.」公子達曰:「高伯其爲戮乎!
復惡己甚矣.」

2.《左傳》桓公 5年 傳

王奪鄭伯政, 鄭伯不朝. 秋, 王以諸侯伐鄭, 鄭伯御之. 王爲中軍; 虢公林父將

右軍, 蔡人·衛人屬焉; 周公黑肩將左軍, 陳人屬焉. 鄭子元請爲左拒, 以當蔡人·衛人; 爲右拒, 以當陳人, 曰:「陳亂, 民莫有鬬心. 若先犯之, 必奔. 王卒顧之, 必亂. 蔡·衛不枝, 固將先奔. 旣而萃於王卒, 可以集事」從之. 曼伯爲右拒, 祭仲足爲左拒, 原繁·高渠彌以中軍奉公, 爲魚麗之陳. 先偏後伍, 伍承彌縫. 戰于繻葛, 命二拒曰:「旝動而鼓!」蔡·衛·陳皆奔, 王卒亂, 鄭師合以攻之, 王卒大敗. 祝聃射王中肩, 王亦能軍. 祝聃請從之. 公曰:「君子不欲多上人, 況敢陵天子乎? 苟自救也, 社稷無隕, 多矣.」夜, 鄭伯使祭足勞王, 且問左右.

643(39-8)
제압할 능력

　어떤 사람이 말하였다.

　"공자 어圉의 말 또한 거꾸로 된 것이 아닌가? 소공昭公이 재난을 당한 것은 미움에 대한 갚음이 늦었기 때문이다. 그렇다면 고백高伯의 죽음이 늦게 이루어진 것도 미움에 대한 앙갚음이 심하였기 때문이다. 현명한 임금은 노여움을 드러내 보인 채로 두지 않는다. 노여움을 드러내 보인 채로 두면 신하는 죄가 두려워 마구 계책을 세워 실행에 옮기게 될 것이니 그렇게 되면 임금은 위험해지게 마련이다. 그러므로 영대靈臺의 잔치 때에 위후衛侯가 노하면서도 처벌을 하지 않았으므로 저사褚師가 난을 꾸미게 된 것이며, 큰 자라국을 먹을 때 정鄭나라 임금이 노하면서도 처벌하지 않았으므로 자공子公이 그 임금을 죽였던 것이다. 군자가 '미워할 바를 알았다'라고 거론한 것은 심하게 여긴 것이 아니다. 아는 것이 이처럼 분명하면서도 처벌을 실행하지 않았으므로 죽음에 이르렀다고 말할 수 있다. 그러므로 '미워할 바를 알았다'라고 한 것은 그가 권위를 쓸 줄 몰랐음을 드러낸 것이다. 임금으로서 재난을 예견할 능력도 모자랐을 뿐더러 또는 결단을 내려 제압할 능력도 모자랐던 것이리라. 지금 소공은 미움을 드러내 보인 채 죄를 알면서도 처벌하지 않았으며 고거미高渠彌로 하여금 미움을 품고 죽음을 두려워하며 요행을 바라도록 하였다. 그 때문에 죽음을 면치 못한 것이니, 이는 소공이 미움에 대한 갚음이 심하지 않았기 때문이다."

或曰:「公子圍之言也, 不亦反乎? 昭公之及於難者,
報惡晚也. 然則高伯之晚於死者, 報惡甚也. 明君不懸怒,
懸怒, 則臣懼罪, 輕擧以行計, 則人主危. 故靈臺之飲,
衛侯怒而不誅, 故褚師作難; 食黿之羹, 鄭君怒而不誅,
故子公殺君. 君子之擧「知所惡」, 非甚之也, 曰知之若
是其明也, 而不行誅焉, 以及於死. 故「知所惡」, 以見其無
權也. 人君非獨不足於見難而已, 或不足於斷制. 今昭公
見惡, 稽罪而不誅, 使渠彌含憎懼死以徼幸, 故不免於殺,
是昭公之報惡不甚也.」

【公子圍】《左傳》에는 '公子達'로 되어 있으며 公子 達은 魯나라 公子이며 대부.
【昭公】鄭 莊公의 공자 忽. 그 무렵 태자였음. 뒤에 厲公(突)을 이어 왕위에 올라
　　B.C.696~B.C.695년까지 2년간 재위함.
【懸怒】노여움을 그대로 걸어둔 채 처벌은 하지 않음.
【懸怒則臣懼罪】王先愼〈集解〉에는 "懸怒則臣罪"로 되어 있으며 "顧廣圻曰:
　　〈藏本〉同, 今本「臣」下有「懼」字. 按「臣罪」, 當作「罪臣」. 此下當重有「罪臣輕擧以
　　行計」七字"라 하였으나 '懼'자를 넣어 풀이함.
【衛侯】出公(輒)을 가리킴. 한 때 蒯聵에게 나라를 잃었다가 복위하였으나 다시
　　宋나라로 달아남.
【靈臺之飲】衛侯 出公(輒)이 靈臺를 지어 잔치를 벌일 때 褚師가 무례하게 신을
　　신은 채로 자리에 올라오자 출공이 노함을 보인 일.《左傳》哀公 25년을 참조할 것.
【褚師】褚師는 원래 시장 일을 관장하는 관직 이름. 여기서는 褚師聲子(褚師比)
　　를 가리킴. 위나라 대부. 瞞成과 함께 莊公(蒯聵)을 제거하려 하였으나 실패함.
　　《左傳》哀公 15년을 볼 것. 시호는 聲子.
【黿羹】楚나라에서 黿를 바쳐와 鄭 靈公 이로써 국을 끓이자 公子 宋과 子家가
　　보고 食指를 움직이며 얻어먹게 될 것이라 하였으나 끝내 주지 않아 난을
　　일으켜 靈公을 시해한 사건.《左傳》宣公 4년을 볼 것.

【鄭君】鄭 靈公(夷). 춘추시대 鄭나라 군주. 穆公(蘭)의 태자였으며 목공에 이어
 B.C.605년 재위 1년만에 歸生에게 시해당하고 말았으며 襄公(堅)이 그 뒤를
 이음. 처음에는 諡號가 '幽公'이었으나 뒤에 '靈公'으로 고침.《史記》年表에
 "鄭靈公夷元年, 公子歸生以黿故殺靈公"이라 함.
【君子擧】 '擧'는 擧論을 함. 사안에 대하여 평가한 말.
【無權】 권세를 활용할 줄 모름. 일에 대처하는 기지가 없음.
【稽罪】 '稽'는 '헤아리다'의 뜻. 또는 죄에 대한 처리를 그대로 방치함. '稽'는
 '止'의 뜻으로도 풀이함.
【渠彌】 高渠彌. 鄭나라 대부. 鄭 昭公을 시해하고 亹를 세운 인물.
【徼幸】 죽게 될 것임을 안 이상 일을 저지르고 요행을 바람.

> 참고 및 관련 자료

1.《左傳》哀公 25年 傳
二十五年夏五月庚辰, 衛侯出奔宋. 衛侯爲靈臺于藉圃, 與諸大夫飮酒焉, 褚師
聲子襪而登席, 公怒. 辭曰:「臣有疾, 異於人; 若見之, 君將殼之, 是以不敢.」
公愈怒. 大夫辭之, 不可. 褚師出. 公戟其手, 曰:「必斷而足!」聞之. 褚師與司
寇亥乘, 曰:「今日幸而後亡.」公之入也, 奪南氏邑, 而奪司寇亥政. 公使侍人
納公文懿子之車于池. 初, 衛人翦夏丁氏, 以其帑賜彭封彌子. 彌子飮公酒, 納夏
戊之女, 孌, 以爲夫人. 其弟期, 大叔疾之從孫甥也, 少畜於公, 以爲司徒. 夫人
寵衰, 期得罪. 公使三匠久. 公使優狡盟拳彌, 而甚近信之. 故褚師比・公孫彌牟・
公文要・司寇亥・司徒期因三匠與拳彌以作亂, 皆執利兵, 無者執斤. 使拳彌入
于公宮, 而自大子疾之宮譟以攻公. 鄖子士請禦之, 彌援其手, 曰:「子則勇矣,
將若君何? 不見先君乎? 君何所不逞欲? 且君嘗在外矣, 豈必不反? 當今不可,
衆奴難犯. 休而易間也.」乃出. 將適蒲, 彌曰:「晉無信, 不可.」將適鄆, 彌曰:
「齊・晉爭我, 不可.」將適泠, 彌曰:「魯不足與. 請適城鉏, 以鉤越. 越有君.」乃適
城鉏. 彌曰:「衛盜不可知也, 請速, 自我始.」乃載寶以歸. 公爲支離之卒, 因祝
史揮以侵衛. 衛人病之. 懿子知之, 見子之, 請逐揮. 文子曰:「無罪.」懿子曰:
「彼好專利而妄, 夫見君之入也, 將先道焉. 若逐之, 必出於南門, 而適君所. 夫越
新得諸侯, 將必請師焉.」揮在朝, 使吏遣諸其室. 揮出, 信, 弗內. 五日, 乃館諸
外里, 遂有寵, 使如越請師.

2. 《左傳》宣公 4年 傳

楚人獻黿於鄭靈公. 公子宋與子家將見. 子公之食指動, 以示子家, 曰:「他日
我如此, 必嘗異味.」及入, 宰夫將解黿, 相視而笑. 公問之, 子家以告. 及食大
夫黿, 召子公而弗與也. 子公怒, 染指於鼎, 嘗之而出. 公怒, 欲殺子公, 子公與
子家謀先. 子家曰:「畜老, 猶憚殺之, 而況君乎?」反譖子家. 子家懼而從之. 夏,
弒靈公. 書曰:「鄭公子歸生弒其君夷」, 權不足也. 君子曰:「仁而不武, 無能
達也.」凡弒君, 稱君, 君無道也; 稱臣, 臣之罪也. 鄭人立子良. 辭曰:「以賢,
則去疾不足; 以順, 則公子堅長」乃立襄公. 襄公將去穆氏, 而舍子良. 子良不可,
曰:「穆氏宜存, 則固願也. 若將亡之, 則亦皆亡, 去疾何爲?」乃舍之, 皆爲大夫.

644(39-9)
천하와 원수가 되는 짓

어떤 사람은 이렇게 말하였다.

"미움에 대한 앙갚음이 심하다는 것은 큰 처벌로 작은 죄를 갚는 일이다. 큰 처벌로 작은 죄를 갚는 것은 옥사獄事의 지극함이다. 옥사의 폐단은 처벌해야 할 이유에 있지 않고 원한이 갈수록 많아지는 데에 있다. 이 까닭으로 진晋 여공厲公이 삼극三郤을 멸망시키자 난씨欒氏와 중항씨中行氏가 난을 꾸몄고, 정鄭나라 자도子都가 백훤伯咺을 죽이자 식정食鼎의 화가 일어난 것이며, 오왕吳王이 자서子胥를 처벌하자 월왕越王 구천句踐이 패업을 이루게 된 것이었다. 그렇다면 위후衛侯가 쫓겨나고, 정鄭 영공靈公이 시해당한 일은 저사褚師가 죽임을 당하지 않았고, 자공子公이 처벌당하지 않았기 때문이 아니라 아직 노여워할 수 없는데도 노여운 기색을 보였고 아직 처벌할 수 없는데도 처벌할 마음을 가졌기 때문이었다. 노여움이 그 지은 죄에 마땅하며, 처벌이 인심을 거슬리지 않는다면 비록 노여움을 드러내어 둔 채 있더라도 어찌 해가 되겠는가? 무릇 아직 임금으로 서기도 전에 죄 지은 자를, 즉위한 뒤에 지난 날 해묵은 죄로써 처벌한다면 제齊나라 호공胡公처럼 멸망을 당하는 원인이 된다. 임금이 신하에게 그런 짓을 행해도 도리어 후환이 있는 법인데 하물며 신하 된 자가 그런 짓을 임금에게 행사하겠는가? 처벌이 이미 마땅하지 않은데도 반드시 그렇게 끝까지 하겠다고 마음먹는다면 이는 천하와 원수가 되는 짓이다. 그렇다면 비록 죽임을 당한다 하더라도 또한 옳지 않겠는가?"

或曰:「報惡甚者, 大誅報小罪. 大誅報小罪也者, 獄之至也. 獄之患, 故非在所以誅也, 以讎之衆也. 是以晉厲公滅三郤, 而欒·中行作難; 鄭子都殺伯咺, 而食鼎起禍; 吳王誅子胥, 而越句踐成霸. 則衛侯之逐, 鄭靈之弒, 不以褚師之不死而子公之不誅也, 以未可以怒而有怒之色, 未可誅而有誅之心. 怒之當罪, 而誅不逆人心, 雖懸奚害? 夫未立有罪, 卽位之後, 宿罪而誅, 齊胡之所以滅也. 君行之臣, 猶有後患, 況爲臣而行之君乎? 誅旣不當, 而以盡爲心, 是與天下爲讎也. 則雖爲戮, 不亦可乎!

【故非在】 '故'는 '固'와 같음.

【晉厲公】 춘추시대 진나라 군주. 이름은 州蒲(壽曼, 州滿). 晉 景公(獳)의 태자로 뒤에 B.C.580~573년까지 8년간 재위하였으며 悼公(周)이 그 뒤를 이음. 한편 景公이 죽지 않은 상태에서 태자에게 왕위를 물려준 것은 '內禪'의 시초라 함.

【三郤】 그 무렵 晉나라에서 세력을 떨치던 郤氏 문벌의 세 사람. 구체적으로 郤錡, 郤犫, 郤至를 가리킴.

【欒】 晉나라 正卿이었던 欒書. 시호는 武子. 欒盾의 아들. 欒伯으로도 부름. 欒黶의 아버지. 晉나라에 많은 공을 세워 正卿이 됨.

【中行】 荀偃. 中行偃을 가리킴. 시호는 獻子. 그의 祖父는 荀林父였으며 荀林父가 中行將을 역임하여 職名을 성씨로 삼았음. 뒤에 晉 六卿으로 성장하였으나 范氏와 함께 제일 먼저 知氏에게 멸망함. 한편 晉 厲公이 嬖臣 胥童, 長魚矯가 三郤을 제거하고 欒胥와 中行偃까지 죽이려 하자 欒胥와 中行偃이 厲公을 시해하고 悼公(周)을 세움.《左傳》成公 17년과《韓非子》內儲說下(330)를 볼 것.

【子都】 鄭 厲公의 이름. 子突. 鄭 莊公(寤生)의 아들이며 昭公(子忽)의 아우. 춘추 초기 鄭나라 군주로 B.C.700~B.C.697년까지 4년간 재위하다가 축출 당하였으며 다시 복위하여 B.C.679~B.C.673년까지 7년간 재위하고 文公(捷)에게 이어짐. 厲公은 다시 귀국하여 복위할 때 자신을 축출하였던 일에 관여한 伯咺을 죽여

버렸음.《詩經》鄭風 山有扶蘇에 "山有扶蘇, 隰有荷華. 不見子都, 乃見狂且. 山有橋松, 隰有游龍. 不見子充, 乃見狡童"이라 한 것은 형 子忽(昭公)을 풍자한 것이라 함.

【伯咺】《左傳》에는 '原繁',《史記》에는 '伯父原'으로 되어 있으며 厲公을 축출할 때 음모를 꾸몄던 인물.《左傳》莊公 14년을 볼 것.

【食鼎】'鼎'은 아주 큰 잔치. 原伯이 음모를 꾸미며 鄭 厲公을 위해 잔치를 베풀었으며 그해 5월 죽게 된 일을 가리키는 것으로 보고 있으나 정확하지 않음.《左傳》莊公 21년을 볼 것.

【吳王】春秋 말 吳王 夫差. 伍子胥의 도움으로 왕위에 올라 越王 句踐과 항쟁을 벌였으나 뒤에 伍子胥를 의심하여 자결토록 함. 뒤에 越나라에게 망하고 말았음. B.C.495~B.C.473년까지 23년간 재위하고 춘추시대가 사실상 끝남.

【子胥】춘추시대 楚나라 伍子胥(伍員). 그 아버지 伍奢와 형 伍尙이 자신으로 인해 平王에게 살해당하자 吳나라로 달아난 뒤 楚나라를 쳐서 원수를 갚기도 하였으며 吳王을 도와 越王 句踐에게 승리를 거두는 등 큰 활약을 하였으나 마침내 夫差에게 죽임을 당함.《史記》伍子胥列傳을 볼 것.

【越句踐】춘추 말의 패자 월나라 勾踐. 勾踐(句踐)은 越王 允常의 아들로 闔廬를 이어 越王이 됨. 麾下에 大夫 文種과 范蠡 등의 모신을 두고 吳王 夫差의 伯嚭, 伍子胥와 대칭을 이루어 吳越鬪爭, 吳越同舟, 臥薪嘗膽 등의 많은 고사를 남김. 뒤에 마침내 吳나라를 멸하고 南方 霸者가 되었다가 楚나라에게 망함. 한편 越나라는《史記》越世家에 "其先禹之苗裔而夏后帝少康之庶子也"라 함. 姒姓으로 지금의 浙江 紹興(옛 會稽)을 중심으로 句踐 때 크게 발전하였으며 일부 春秋五霸에서 宋 襄公 대신 句踐을 넣기도 함.

【宿罪】오래 묵은 죄. 해묵은 죄.

참고 및 관련 자료

1.《左傳》成公 17年 傳

晉厲公侈, 多外嬖. 反自鄢陵, 欲盡去羣大夫, 而立其左右. 胥童以胥克之廢也, 怨郤氏, 而嬖於厲公. 郤錡奪夷陽五田, 五亦嬖於厲公. 郤犫與長魚矯爭田, 執而梏之, 與其父母妻子同一轅. 旣, 矯亦嬖於厲公. 欒書怨郤至, 以其不從己而敗楚師也, 欲廢之. 使楚公子茷告公曰:「此戰也, 郤至實召寡君, 以東師之未至也,與軍帥之不具也, 曰:『此必敗, 吾因奉孫周以事君.』」公告欒書. 書曰:「其有焉. 不然, 豈其死之不恤, 而受敵使乎? 君盍嘗使諸周而察之?」郤至聘于周, 欒書使孫周見之. 公使觇之, 信. 遂怨郤至. 屬公田, 與婦人先殺而飲酒, 後使大夫殺. 郤至奉豕, 寺人孟張奪之, 郤至射而殺之. 公曰:「季子欺余!」屬公將作難, 胥童曰:「必先三郤. 族大, 多怨. 去大族, 不逼; 敵多怨, 有庸」公曰:「然」郤氏聞之, 郤錡欲攻公, 曰:「雖死, 君必危」郤至曰:「人所以立, 信・知・勇也. 信不叛君, 知不害民, 勇不作亂. 失茲三者, 其誰與我? 死而多怨, 將安用之? 君實有臣而殺之, 其謂君何? 我之有罪, 吾死後矣. 若殺不辜, 將失其民, 欲安, 得乎? 待命而已. 受君之祿, 是以聚黨. 有黨而爭命, 罪孰大焉?」壬午, 胥童・夷羊五帥甲八百將攻郤氏, 長魚矯請無用眾, 公使清沸魋助之. 抽戈結衽, 而偽訟者. 三郤將謀於榭, 矯以戈殺駒伯・苦成叔於其位. 溫季曰:「逃威也」遂趨, 矯及諸其車, 以戈殺之. 皆尸諸朝. 胥童以甲劫欒書・中行偃於朝. 矯曰:「不殺二子, 憂必及君!」公曰:「一朝而尸三卿, 余不忍益也.」對曰:「人將忍君. 臣聞:『亂在外爲姦, 在內爲軌. 御姦以德, 御軌以刑.』不施而殺, 不可謂德; 臣逼而不討, 不可謂刑. 德・刑不立, 姦・軌並至, 臣請行」遂出奔狄. 公使辭於二子曰:「寡人有討於郤氏, 郤氏既伏其辜矣, 大夫無辱, 其復職位!」皆再拜稽首曰:「君討有罪, 而免臣於死, 君之惠也. 二臣雖死, 敢忘君德?」乃皆歸. 公使胥童爲卿. 公遊于匠麗氏, 欒書・中行偃遂執公焉. 召士匄, 士匄辭. 召韓厥, 韓厥辭, 曰:「昔吾畜於趙氏, 孟姬之讒, 吾能違兵. 古人有言曰『殺老牛莫之敢尸』, 而況君乎? 二三子不能事君, 焉用厥也?」

2.《國語》晉語(6)

既戰, 獲王子發鉤. 欒書謂王子發鉤曰:「子告君曰:『郤至使人勸王戰, 及齊・魯之未至也. 且夫戰也, 微郤至王必不免.』吾歸子」發鉤告君, 君告欒書, 欒書曰:「臣固聞之, 郤至欲爲難, 使苦成叔緩齊魯之師, 己勸君戰, 戰敗, 將納孫周, 事不成, 故免楚王. 然戰而擅捨國君, 而受其問, 不亦大罪乎? 且今君若使之於周, 必見孫周」君曰:「諾」欒書使人謂孫周曰:「郤至將往, 必見之!」郤至聘於周, 公使觇之, 見孫周. 是故使胥之昧與夷羊五刺郤至・苦成叔及郤錡, 郤錡謂郤至曰:「君不道於我, 我欲以吾宗與吾黨夾而攻之, 雖死必敗, 君必危, 其可乎?」郤至曰:「不可. 至聞之, 武人不亂, 智人不詐, 仁人不黨. 夫利君之富, 富以聚黨, 利黨以危君, 君之殺我也後矣. 且眾何罪, 鉤之死也? 不若聽君之命.」是故皆自殺. 既刺三郤, 欒書弒厲公, 乃納孫周而立之, 實爲悼公.

3.《左傳》莊公 14年 傳

鄭厲公自櫟侵鄭, 及大陵, 獲傅瑕, 傅瑕曰:「苟舍我, 吾請納君」與之盟而赦之. 六月甲子, 傅瑕殺鄭子及其二子, 而納厲公. 初, 內蛇與外蛇鬬於鄭南門中, 內蛇死. 六年而厲公入. 公聞之, 問於申繻曰:「猶有妖乎?」對曰:「人之所忌, 其氣燄以取之. 妖由人興也. 人無釁焉, 妖不自作. 人弃常, 則妖興, 故有妖.」厲公入, 遂殺傅瑕. 使謂原繁曰:「傅瑕貳, 周有常刑, 旣伏其罪矣. 納我而無二心者, 吾皆許之上大夫之事, 吾願與伯父圖之. 且寡人出, 伯父無裏言. 入, 又不念寡人, 寡人憾焉」對曰:「先君桓公命我先人典司宗祏. 社稷有主, 而外其心, 其何貳如之? 苟主社稷, 國內之民, 其誰不爲臣? 臣無二心, 天之制也. 子儀在位, 十四年矣; 而謀召君者, 庸非貳乎? 莊公之子猶有八人, 若皆以官爵行賂勸貳而可以濟事, 君其若之何? 臣聞命矣.」乃縊而死.

4.《史記》鄭世家

十四年, 故鄭亡厲公突在櫟者使人誘劫鄭大夫甫假, 要以求入. 假曰:「舍我, 我爲君殺鄭子而入君」厲公與盟, 乃舍之. 六月甲子, 假殺鄭子及其二子而迎厲公突, 突自櫟復入卽位. 初, 內蛇與外蛇於鄭南門中, 內蛇死. 居六年, 厲公果復入. 入而讓其伯父原曰:「我亡國外居, 伯父無意入我, 亦甚矣」原曰:「事君無二心, 人臣之職也. 原知罪矣.」遂自殺. 厲公於是謂甫假曰:「子之事君有二心矣」遂誅之. 假曰:「重德不報, 誠然哉!」厲公突後元年, 齊桓公始霸. 五年, 燕·衛與周惠王弟穨伐王, 王出奔溫, 立弟穨爲王. 六年, 惠王告急鄭, 厲公發兵擊周王子穨, 弗勝, 於是與周惠王歸, 王居于櫟. 七年春, 鄭厲公與虢叔襲殺王子穨而惠王于周. 秋, 厲公卒, 子文公踕立. 厲公初立四歲, 亡居櫟, 居櫟十七歲, 復入, 立七歲, 與亡凡二十八年.

5.《左傳》莊公 21年 傳

二十一年春, 胥命于弭. 夏, 同伐王城. 鄭伯將王自圉門入, 虢叔自北門入, 殺王子穨及五大夫. 鄭伯享王於闕西辟, 樂備. 王與之武公之略, 自虎牢以東. 原伯曰:「鄭伯效尤, 其亦將有咎!」五月, 鄭厲公卒. 王巡虢守, 虢公爲王宮于玤, 王與之酒泉. 鄭伯之享王也, 王以后之鞶鑑予之. 虢公請器, 王予之爵. 鄭伯由是始惡于王.

645(39-10)
위衛 영공靈公과 미자하彌子瑕

위衛 영공靈公 때 미자하彌子瑕가 위나라의 총애를 받고 있었다.

주유侏儒 가운데 하나가 영공을 뵙고 이렇게 말하였다.

"저의 꿈이 맞았습니다."

영공이 물었다.

"무슨 꿈이기에?"

"꿈에 부엌 아궁이를 본 것은 임금을 뵙게 되려는 것이었습니다."

영공이 화를 내며 말하였다.

"내 듣기로 임금을 만나게 될 경우, 꿈에 해를 본다고 하였다. 어찌 나를 만나보기 위해 꿈에 아궁이를 보았다는 것이냐?"

주유가 말하였다.

"무릇 해는 천하를 두루 비추므로 한 가지 물건으로 그것을 가릴 수 없습니다. 임금은 한 나라를 두루 다 비추므로 한 사람이 임금을 가로막을 수가 없습니다. 그러므로 앞으로 임금을 뵈려면 꿈에 해를 보게 됩니다. 무릇 아궁이란 한 사람이 그 앞에서 불을 쬐면 뒷사람은 그 사람 때문에 불길을 볼 수가 없습니다. 혹시 어떤 한 사람이 임금 앞에서 불을 쬐고 있습니까? 그렇다면 제가 비록 아궁이 꿈을 꾸었다 해도 역시 옳지 않겠습니까?"

영공이 말하였다.

"훌륭하다."

드디어 옹서雍鉏를 멀리하고 미자하를 물리쳤으며 사공구司空狗를 등용하였다.

衛靈公之時, 彌子瑕有寵於衛國.

侏儒有見公者曰:「臣之夢踐矣.」

公曰:「奚夢?」

「夢見竈者, 爲見公也.」

公怒曰:「吾聞見人主者夢見日, 奚爲見寡人而夢見竈乎?」

侏儒曰:「夫日兼照天下, 一物不能當也. 人君兼照一國, 一人不能壅也. 故將見人主而夢日也. 夫竈, 一人煬焉, 則後人無從見矣. 或者一人煬君邪? 則臣雖夢竈, 不亦可乎?」

公曰:「善.」

遂去雍鉏, 退彌子瑕, 而用司空狗.

【衛靈公】孔子와 같은 시대의 衛나라 군주. 이름은 元. 衛 襄公(惡)의 뒤를 이어 B.C.534~493년까지 42년간 재위하고 아들 손자 出公(輒)이 그 뒤를 이음. 부인 南子로 인해 태자 蒯聵를 축출하는 등 많은 사건을 남김.《論語》와《左傳》을 볼 것.

【彌子瑕】衛 靈公의 嬖臣이며 男色. 靈公의 총애를 믿고 정치를 專橫하여 史魚(史鰌)의 '屍諫'과 '愛憎之變' 등의 많은 고사를 남긴 인물임.《戰國策》趙策(3) 鮑彪 注에 "補曰: 靈公幸臣, 其妻與子路之妻兄弟, 亦見孟子"라 함.

【於衛國】內儲說上(265)에는 "專於衛國"으로 되어 있어 훨씬 의미가 순통함.

【侏儒】난장이. 주로 궁궐에서 연회 등에 동원되는 직책이며 재치와 기지로 임금을 깨우치기도 함.

【夢踐】 꿈이 실제와 정확히 들어맞음. '踐'은 '當'과 같음.

【竈】 부엌의 아궁이. 불을 쬘 수 있음을 뜻함.

【雍鉏】 靈公의 총애를 받던 환관. '雍疽', '雍渠', '癰疽', '雍睢' 등 여러 표기가 있음. 《史記》孔子世家에 "靈公與夫人同車, 宦者雍渠參乘, 出, 使孔子爲次乘, 招搖市過之. 孔子曰:「吾未見好德如好色者也.」於是醜之, 去衛, 過曹"라 한 인물. 《孟子》萬章(上)과 《說苑》至公篇에 孔子가 癰疽의 집에 머문 적이 있는지에 대한 토론이 실려 있음.

【司空狗】 衛나라 大夫 史朝의 아들 史狗. 司空文子. 《左傳》襄公 29년 杜預 注에 "史朝之子文子"라 하였으며 昭公 17년에는 '史苟'로 되어 있음. 司空 벼슬을 역임하여 司空을 성씨로 삼은 것.

참고 및 관련 자료

1.《戰國策》趙策(3)

衛靈公近雍疽(疸)·彌子瑕. 二人者, 專君之勢以蔽左右. 復塗偵謂君曰:「昔日臣夢見君.」君曰:「子何夢?」曰:「夢見竈君.」君忿然作色曰:「吾聞夢見人君者, 夢見日. 今子曰夢見竈君而言君也, 有說則可, 無說則死.」對曰:「日, 幷燭天下者也, 一物不能蔽之. 若竈則不然, 前之人煬, 則後之人無從見也. 今臣疑人之有煬於君者也, 是以夢見竈君.」君曰:「善.」於是, 因廢雍疽·彌子瑕, 而立司空狗.

2.《韓非子》內儲說上(265)

衛靈公之時, 彌子瑕有寵, 專於衛國. 侏儒有見公者曰:「臣之夢踐矣.」公曰:「何夢?」對曰:「夢見竈, 爲見公也.」公怒曰:「吾聞見人主者夢見日, 奚爲見寡人而夢見竈?」對曰:「夫日兼燭天下, 一物不能當也; 人君兼燭一國, 一人不能擁也. 故將見人者夢見日. 夫竈, 一人煬焉, 則後人無從見矣. 今或者一人有煬君者乎? 則臣雖夢見竈, 不亦可乎!」

646(39-11)
아궁이 꿈

어떤 사람은 이렇게 말하였다.

"주유는 꿈을 잘 의탁하여 임금으로서의 도리에 대해 보여주었지만 영공靈公은 주유의 말을 알지 못하였던 것이다. 옹서雍鉏를 멀리하고 미자하彌子瑕를 물리쳤으며 사공구司空狗를 등용한 것은 바로 총애하던 자를 멀리하고 똑똑하다고 여기는 자를 등용한 것이다. 정鄭나라 자도子都는 경건慶建을 똑똑하다고 여겨 자신이 가려진 것이며, 연왕燕王 자쾌子噲는 자지子之를 똑똑하다고 여겨 자신이 가려진 것이다. 무릇 총애하는 자를 멀리하고 똑똑하다고 여기는 자를 등용한다 해도 한 사람으로 하여금 자기 앞에서 불을 쬐도록 하는 일은 면할 수 없다. 불초한 자가 임금 앞에서 불을 쬐는 것으로써는 총명함을 해치기에 모자라며, 지금 더 자세히 알고 있지 못하면서 똑똑한 자로 하여금 자기 앞에서 불을 쬐게 한다면 틀림없이 위험해 지고 말 것이다."

或曰:「侏儒善假於夢以見主道矣, 然靈公不知侏儒之言也. 去雍鉏, 退彌子瑕, 而用司空狗者, 是去所愛而用所賢也. 鄭子都賢慶建而壅焉, 燕子噲賢子之而壅焉. 夫去所愛而用所賢, 未免使一人煬己也. 不肖者煬主, 不足以害明; 今不加知而使賢者煬己, 則必危矣.」

【雍】똑똑한 지나치게 믿었으므로 도리어 자신의 눈이 가려짐.

【子都】鄭 厲公 子突. 莊公의 아들이며 昭公의 아우. 644를 볼 것.

【慶建】인명. 구체적으로는 알 수 없음. 그러나 尹桐陽은 "《春秋》莊十七年經:
齊人執鄭詹. 注: 詹爲執政大臣"을 들어 "慶同卿, 官名, 建卽詹也"라 하여 鄭詹
으로 보았음. 鄭詹은 叔詹으로도 부르며,《史記》鄭世家에 의하면 鄭 文公의
아우이며 厲公의 아들이었음. 杜預 注에 "詹爲鄭執政大臣, 詣齊見執"이라 함.
僖公 7년 傳에 "鄭有叔詹·堵叔·師叔三良爲政"이라 함.《公羊傳》에는 '鄭瞻'
으로 되어 있음.

【燕子噲】燕王 噲. 易王을 이어 왕위에 올랐으나 諡號는 없으며 B.C.320〜
B.C.312년까지 9년간 재위하고 堯가 현인 許由에게 물려주려고 한 일을 훌륭
하다고 흠모하여 군주자리를 신하 子之에게 물려주었다가 나라를 큰 혼란에
빠뜨림. 그 뒤를 昭王이 이음.

【子之】燕나라 재상. 蘇代와 혼인관계를 맺고 蘇代로 하여금 燕王 噲에게
나라를 물려주면 堯舜과 같은 聖人으로 추앙받을 것이라 유혹하여 왕의 자리를
자지에게 물려주도록 하였음. 이로 인해 연나라는 큰 혼란에 빠졌으며 뒤에
제나라의 공격을 받아 죽임을 당함.《戰國策》燕策 및《史記》燕世家 참조.

【不加知】〈集解〉에 "知, 原本作誅, 據〈乾道本〉及下文改"라 함.

╭─────────────────╮
│ 참고 및 관련 자료 │
╰─────────────────╯

1.《左傳》莊公 17年

經: 十有七年春, 齊人執鄭詹.

傳: 十七年春, 齊人執鄭詹, 鄭不朝也.

647(39-12)
앞에서 불을 쬔다 할지라도

어떤 사람은 이렇게 말하였다.

"굴도屈到는 마름 열매를 즐기고 문왕文王은 창포 저림을 즐겨 들었는데 이는 옳은 음식의 맛은 아니었지만 두 현자는 그것을 소중히 여겼으니 맛이란 반드시 훌륭해야 하는 것은 아니다. 진晉나라 영후(靈侯, 靈公)는 참마參馬를 부렸던 범무휼范無恤을 좋아하였고, 연燕나라 자쾌子噲는 자지子之를 똑똑한 자라 여겼는데 이들은 옳은 인물은 아니었지만 두 임금은 그들을 존중하였으니 똑똑다고 여기는 자라고 해서 반드시 똑똑한 것은 아니었다. 어질지 못한데도 어진 자라 여겨 등용하는 것은 총애하므로 등용하는 것과 같지만 똑똑한 자가 정말 똑똑하므로 거용하는 것은 총애하는 자를 등용하는 것과는 다르다. 그 때문에 초楚 장왕莊王은 손숙孫叔을 거용하여 패자가 되었고, 상신商辛은 비중費仲을 등용하여 멸망한 것이었다. 이는 모두 현자라 여겨 등용하였으나 사실의 결과는 서로 반대로 나타난 것이다. 연왕 쾌는 비록 현자라 여기는 자를 거용했다 하더라도 총애하는 자를 등용한 것과 똑 같은 것이었으니 위衛나라가 어찌 그와 같았겠는가? 그렇다면 주유가 임금을 뵙기 전에 임금은 가려져 있었는데도 임금 자신은 가려진 것을 모르고 있었으며, 주유가 이미 뵙고 나온 뒤에야 임금 자신이 가려져 있었음을 알게 된 것이다. 그러므로 자신을 가렸던 신하를 물리친 일은 바로 알고 있는 것을 더 보태주었던 때문이다. '알고 있는 것을 더 보태지 않으면서 현자로 하여금 자기 앞에서 불을 쬐게

했다면 틀림없이 위험해 질 것'이라고 반박하였으나 지금 이미 그로 하여금 알 수 있도록 더 보태어 주었으니 비록 자기 앞에서 불을 쬔다 할지라도 틀림없이 위험해 지지는 않을 것이다."

或曰:「屈到嗜芰, 文王嗜菖蒲菹, 非正味也, 而二賢尙之, 所味不必美. 晉靈侯說參無恤, 燕噲賢子之, 非正士也, 而二君尊之, 所賢不必賢也. 非賢而賢用之, 與愛而用之同; 賢誠賢而擧之, 與用所愛異狀. 故楚莊擧叔孫而霸, 商辛用費仲而滅, 此皆用所賢而事相反也. 燕噲雖擧所賢 而同於用所愛, 衛奚距然哉? 則侏儒之未可見也, 君壅 而不知其壅也, 已見之後而知其壅也, 故退壅臣, 是加 知之也. 曰「不加知而使賢者煬己, 則必危」; 而今以加 知矣, 則雖煬己, 必不危矣.」

【屈到】춘추시대 楚나라 대부 屈蕩의 아들. 자는 子夕. 楚 康王 때 莫敖(大將軍) 의 벼슬을 지냈으며 芰를 좋아하여 죽을 때 宗老에게 자신의 제사에 기를 제수로 써 달라고 부탁할 정도였음.

【嗜芰】사각의 마름을 즐겨 먹음. 芰는 사각의 菱으로 식용으로 씀.

【文王】周 文王 姬昌. 古公亶父의 손자. 季歷의 아들이며 武王(姬發)의 아버지. 《呂氏春秋》遇合篇에 "文王嗜昌蒲菹, 孔子聞而服之, 縮頞而食之, 三年然後勝之" 라 함.

【菖蒲菹】창포 뿌리를 식초에 담가 절인 것.

【晉靈侯】晉 靈公. 夷皋. 春秋시대 晉나라 군주. 晉 襄公(驪)의 아들이며 B.C.620~B.C.607년까지 재위하고 成公(黑臀)에게 이어짐.

【參無恤】'參'은 '驂'과 같으며 驂馬를 담당하였음을 뜻함. 無恤은 范無恤을 가리킴.《左傳》文公 12년에 "秦伯伐晉, 取羈馬, 晉人禦之. 趙盾將中軍, 范無

恤御戎, 以從秦師於河曲"이라 하였고, 杜預 注에 "代步招"라 함.

【燕噲】燕王 噲. 易王을 이어 왕위에 올랐으나 諡號는 없으며 B.C.320~B.C.312년까지 9년간 재위하고 堯가 현인 許由에게 물려주려고 한 일을 훌륭하다고 흠모하여 군주자리를 신하 子之에게 물려주었다가 나라를 큰 혼란에 빠뜨림. 그 뒤를 昭王이 이음.

【子之】燕나라 재상. 蘇代와 혼인관계를 맺고 蘇代로 하여금 燕王 噲에게 나라를 물려주면 堯舜과 같은 聖人으로 추앙받을 것이라 유혹하여 왕의 자리를 자지에게 물려주도록 하였음. 이로 인해 연나라는 큰 혼란에 빠졌으며 뒤에 제나라의 공격을 받아 죽임을 당함. 《戰國策》燕策 및 《史記》燕世家 참조.

【楚莊王】春秋五霸의 하나로 이름은 侶(旅). 穆王(商臣)의 아들. 孫叔敖 등을 기용하여 나라를 부강시켰으며 邲戰에서 晉나라를 격파하고 패권을 차지함. B.C.613~B.C.591년까지 23년간 재위하고 그 뒤를 共王(審)이 이어감. 莊王은 매우 英明하였으며 '絶纓', '三年不飛', '樊姬諫言' 등 많은 고사를 남김.

【叔敖】孫叔敖를 가리킴. 春秋시대 楚 莊王의 유명한 令尹(재상). 蔿艾獵. 蔿敖, 艾獵 등으로도 불림. 蔿賈의 아들. 훌륭한 어머니에 의한 《列女傳》에 '兩頭蛇', '陰德陽報' 등의 고사로도 유명함. 《左傳》孔穎達 疏에는 《世本》을 인용하여 "艾獵爲叔敖之兄"이라 하였으나 이는 오류로 보고 있음. 《史記》楚世家와 《列女傳》등을 참조할 것.

【商辛】殷의 紂의 원래 이름. 商은 옛 은을 가리킴. 紂는 殷의 末王. 폭군으로 널리 알려짐. 帝辛, 商辛으로도 부르며 帝乙의 아들. 妲己에게 빠져 '炮烙之刑'과 '酒池肉林' 등의 악한 고사를 가지고 있으며 周 文王(姬昌)을 羑里(牖里)에 가두는 등 周나라와 맞서다가 武王(姬發)에게 망함.

【費仲】費中으로도 표기하며 紂에게 아첨을 일삼던 인물. 참고란을 볼 것.

【衛奚距然】'距'는 '詎'와 같으며 '奚詎'는 모두 疑問詞. "衛나라 상황이 어찌 이와 같겠는가?"의 부정하는 뜻으로 말한 것.

【壅巨】군주의 총명함을 가리고 있는 신하.

참고 및 관련 자료

1. 《國語》楚語(上)

屈到嗜芰. 有疾, 召其宗老而屬之, 曰:「祭我必以芰」及祥, 宗老將薦芰, 屈建

命去之. 宗老曰:「夫子屬之」子木曰:「不然. 夫子承楚國之政, 其法刑在民心
而藏在王府, 上之可以比先王, 下之可以訓後世, 雖微楚國, 諸侯莫不譽. 其祭
典有之曰: 國君有牛享, 大夫有羊饋, 士有豚犬之奠, 庶人有魚炙之薦, 籩豆‧
脯醢則上下共之. 不羞珍異, 不陳庶侈. 夫子不以其私欲干國之典.」遂不用.

2.《史記》殷本紀

西伯之臣閎夭之徒, 求美女奇物善馬以獻紂, 紂乃赦西伯. 西伯出而獻洛西之地,
以請除炮格之刑. 紂乃許之, 賜弓矢斧鉞, 使得征伐, 爲西伯. 而用費中爲政.
費中善諛, 好利, 殷人弗親. 紂又用惡來. 惡來善毀讒, 諸侯以此益疏.

40. 난세難勢

'세勢의 중요성 여부에 대하여 논란을 벌이다'의 뜻이다.
즉 세위勢位의 중요함을 강조한 것으로 그 위에 '權', '重', '柄' 등의
문제를 깊이 있게 다루고 있다.
그리하여 유가儒家의 임현任賢과 신도愼到의 임세任勢를 반박하고
있다.

648(40-1)
용은 구름을 타고

신자愼子가 말하였다.

"나는 용은 구름을 타고 오르는 뱀은 안개 속에 논다. 그러나 구름이 파하고 안개가 걷히면 용과 뱀은 지렁이나 개미와 같아진다. 의탁할 데를 잃었기 때문이다. 그러므로 현인이면서 어리석은 자에게 굴복하는 것은 권세가 가볍고 지위가 낮기 때문이며, 어리석은 자이면서 능히 현인을 복종시키는 것은 권세가 중하고 지위가 높기 때문이다. 요堯가 필부라면 세 사람도 능히 다스릴 수 없었으나 걸桀은 천자였기에 천하를 어지럽힐 수 있었다. 나는 이로써 권세나 지위는 족히 의지할 수 있으나 똑똑함과 지혜로움이란 선모羨慕하기에 모자란다는 것을 알게 된 것이다. 무릇 큰 활이 약한 데도 화살이 높이 나는 것은 바람의 격함을 타기 때문이요, 자신은 어리석지만 명령이 행해지는 것은 많은 사람들의 도움을 받기 때문이다. 요임금이라 해도 노예의 처지라면 교령을 내려도 백성이 듣지 않지만 남면하여 천하에 왕 노릇하게 되자 명령을 내리면 실행되고, 금지하면 멈추게 되었던 것이다. 이로 말미암아 보건대 똑똑함과 지혜는 민중을 복종시키기에 모자라지만 권세와 지위는 족히 똑똑한 자도 굴복시킬 수 있는 것이다."

愼子曰:「飛龍乘雲, 騰蛇遊霧, 雲罷霧霽, 而龍蛇與螾蟻同矣, 則失其所乘也. 賢人而詘於不肖者, 則權輕位

卑也; 不肖而能服於賢者, 則權重位尊也. 堯爲匹夫, 不能
治三人; 而桀爲天子, 能亂天下; 吾以此知勢位之足恃
而賢智之不足慕也. 夫弩弱而矢高者, 激於風也; 身不
肖而令行者, 得助於衆也. 堯教於隷屬而民不聽, 至於
南面而王天下, 令則行, 禁則止. 由此觀之, 賢智未足以
服衆, 而勢位足以缶賢者也.」

【愼子】 愼到. 전국시대 趙나라 사람. 申不害와 韓非보다 앞선 사람으로 그의
用勢에 관한 이론이 韓非에게 큰 영향을 미침.
《史記》孟荀列傳에는 "學黃老之術"이라 하였고,
《漢書》藝文志에 그의 저서《愼子》42편이 저록
되어 있으며 "先申韓, 申韓稱之"라 함. 지금의
그의 저술이 사라지고 없으며 輯佚本이 있음.

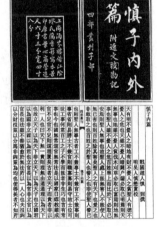

《愼子》四部叢刊本

【騰蛇】 '螣蛇'로도 쓰며 龍의 일종이라 함.《荀子》
勸學篇에 "螣蛇無足而飛"라 하였고,《爾雅》
釋魚 注에 "龍類也. 能興雲而游其中"이라 함.
【蟓螘】 '인의'로 읽으며 '蟓'은 '蚓', '螘'는 '蟻'와
같음. 지렁이나 개미.《愼子》에는 '蚯蚓'으로 되어
있음.
【詘】 굴복함. '詘'은 '屈'과 같음.
【堯】 전설상 上古시대 五帝의 하나. 陶唐氏. 唐堯로도 부름. 祁姓이며 이름은
放勳. 帝嚳의 아들.《十八史略》⑴에 "帝堯陶唐氏: 伊祁姓, 或曰名放勛, 帝嚳子也.
其仁如天, 其知如神, 就之如日, 望之如雲, 都平陽. 茆茨不剪, 土階三等. 有草生庭,
十五日以前, 日生一葉, 以後日落一葉, 月小盡, 則一葉厭而不落, 名曰蓂莢, 觀之
以知旬朔"이라 함.《史記》五帝本紀를 볼 것.
【桀】 夏나라 末王. 이름은 癸. 妹喜에게 빠져 무도한 짓을 저질렀으며 殷의 湯王
에게 망함. 殷나라 末王 紂와 함께 '桀紂'라 하여 폭군의 전형으로 거론됨.《史記》
夏本紀를 참조할 것.《十八史略》⑴에 "孔甲之後, 歷王皋·王發·王履癸, 號爲桀,
貪虐, 力能伸鐵鉤索. 伐有施氏, 有施以末喜女焉, 有寵, 所言皆從, 爲傾宮瑤臺,

殫民財. 肉山脯林, 酒池可以運船, 糟堤可以望十里, 一鼓而牛飲者三千人, 末喜
以爲樂. 國人大崩, 湯伐夏, 桀走鳴條而死"라 함.

【弩】 고대 機構를 써서 발사하도록 되어 있는 큰 활.

【激於風】 바람의 격한 기운을 타고 더욱 높이 솟음.

【敎於隷屬】 신분이 낮은 종속의 자리에서 명령함. '敎'는 왕의 명령.

【南面】 帝王의 지위를 뜻함. 고대 윗사람이 남쪽을 향해 앉고 아랫사람은
북쪽을 향하여 앉는 방위를 정하였으므로 이렇게 부른 것.

【以詘賢者】 다른 판본에는 '以缶賢者'로 되어 있으며 이에 대해 兪樾은 "缶乃
詘字之誤. 詘闕壞而爲出字, 又因誤爲缶也"라 함.

┌─────────────────────┐
│ 참고 및 관련 자료 │
└─────────────────────┘

1.《愼子》威德篇

毛嬙·西施·天下之至姣也, 衣之以皮倛, 則見者皆走; 易之以元緆, 則行者皆止.
由是觀之, 則元緆色之助也. 姣者辭之, 則色厭矣. 走背跋踚 窮谷野走十里,
葯也, 走背辭葯則足廢. 故騰蛇游霧, 飛龍乘雲, 雲罷霧霽, 與蚯蚓同, 則失其
所乘也. 故賢而屈於不肖者, 權輕也; 不肖而服於賢者, 位尊也. 堯爲匹夫, 不能
使其鄰家; 至南面而王, 則令行禁止. 由此觀之, 賢不足以服不肖, 而勢位足以
屈賢矣.

2. 기타《初學記》(2),《太平御覽》(15) 및《事類賦》(3)를 볼 것.

649(40-2)
신자愼子의 논리에 반박

신자愼子의 논리에 대응하여 나는 이렇게 반박한다.

"비룡은 구름을 타고 등사는 안개 속에 논다는 것에 대하여 나는 용과 뱀이 구름과 안개의 세에 의탁하지 않고는 그렇게 될 수 없다고 여긴다. 비록 그렇기는 하지만 현자를 놓아두고 오로지 세에만 맡긴다고 족히 다스려 질 수 있겠는가? 나는 그러한 경우를 보지 못하였다. 무릇 구름이나 안개라는 세가 있어서 능히 그것을 타고 놀 수 있다는 것은 용과 뱀의 재능이 훌륭하기 때문이다. 지금 구름이 아무리 성하다 해도 지렁이는 능히 탈 수 없고 안개가 짙게 끼더라도 개미는 능히 그 속에 놀 수 없다. 무릇 성한 구름과 짙은 안개의 세가 있더라도 그것을 타거나 놀 수 없는 것은 지렁이나 개미의 재능이 약하기 때문이다. 지금 걸桀과 주紂가 남면 하여 천하에 왕 노릇하면서 천자의 위세로써 구름과 안개로 삼는다 하더라도 천하가 대란에서 면치 못하는 것은 걸과 주의 재질이 낮기 때문이다."

應《愼子》曰:「飛龍乘雲, 騰蛇遊霧, 吾不以龍蛇爲不託於雲霧之勢也. 雖然, 夫釋賢而專任勢, 足以爲治乎? 則吾未得見也. 夫有雲霧之勢而能乘遊之者, 龍蛇之材美之也; 今雲盛而螾弗能乘也, 霧醲而螘不能遊也,

夫有盛雲釀霧之勢而不能乘遊者, 螾螘之材薄也. 今桀·
紂南面而王天下, 以天子之威爲之雲霧, 而天下不免乎
大亂者, 桀·紂之材薄也.」

【應愼子】신도(愼到)가 주장하는 설에 대응하여 반론을 편 것.
【釋賢】현인을 버림. 釋은〈乾道本〉에는 擇으로 잘못 표기되어 있음.
【霧釀】안개가 짙게 낌. '釀'은 '濃'과 같음.
【桀】夏나라 末王. 이름은 癸. 妹喜에게 빠져 무도한 짓을 저질렀으며 殷의 湯王
에게 망함. 殷나라 末王 紂와 함께 '桀紂'라 하여 폭군의 전형으로 거론됨.《史記》
夏本紀를 참조할 것.《十八史略》(1)에 "孔甲之後, 歷王皐·王發·王履癸. 號爲桀,
貪虐, 力能伸鐵鉤索. 伐有施氏, 有施以末喜女焉, 有寵, 所言皆從, 爲傾宮瑤臺,
殫民財. 肉山脯林, 酒池可以運船, 糟堤可以望十里, 一鼓而牛飮者三千人, 末喜
以爲樂. 國人大崩, 湯伐夏, 桀走鳴條而死"라 함.
【紂】殷의 末王. 폭군으로 널리 알려짐. 帝辛, 商辛으로도 부르며 帝乙의 아들.
妲己에게 빠져 '炮烙之刑'과 '酒池肉林' 등의 악한 고사를 가지고 있으며
周 文王(姬昌)을 羑里(牖里)에 가두는 등 周나라와 맞서다가 武王(姬發)에게 망함.

650(40-3)
호랑이에게 날개를 달아주지 말라

"게다가 그 사람이 요堯의 세로써 천하를 다스린다 해도 그 세가 걸의 세로써 천하를 어지럽힌 것과 무엇이 다르겠는가? 무릇 세란 반드시 현자로 하여금 그것을 쓰도록 하고 어리석은 자로 하여금 능히 그것을 쓰지 못하게 할 수 있는 것이 아니다. 현자가 그것을 쓰면 천하가 다스려지고 어리석은 자가 그것을 쓰면 천하가 어지러워진다. 사람의 정성情性은 현자는 적고 불초한 자는 많게 마련이건만 위세라는 이기利器로써 세상을 어지럽히는 불초한 자를 도와주면 세를 가지고 천하를 어지럽히는 자가 많아지고, 세를 가지고 천하를 다스리는 자는 적게 될 것이다. 무릇 세란 다스리는 데에도 편리하지만 어지럽히는 데에도 유리하다. 그 때문에 《주서周書》에 '호랑이에게 날개를 달아주지 말라. 앞으로 날아서 고을로 들어가 사람을 골라 잡아먹으려 할 것이다'라 하였다. 무릇 불초한 자로 하여금 세를 타게 하는 것은 호랑이에게 날개를 달아 주는 것이 된다. 걸桀과 주紂는 고대심지高臺深池를 만들어 백성의 힘을 고갈시켰으며, 포락炮烙의 형을 만들어 백성의 생명을 손상시켰다. 걸과 주가 이토록 방종한 짓을 할 수 있었던 것은 남면의 위세가 날개의 역할을 해 주었기 때문이었다. 만약 걸과 주가 필부였다면 그런 행동 하나도 시작하기 전에 그 몸은 형륙에 처해졌을 것이다. 세란 호랑이와 늑대 같은 마음을 길러 난폭한 일을 이루게 하는 것이니 이것이 천하의 큰 우환이다. 세란 치란에 있어서 본래 정해진 위치가 있는 것이 아니건만 오로지 '세는 족히 천하를 다스릴 수 있다'라고만 말한다면 그 지혜의 도착점이 천박하다."

且其人以堯之勢, 以治天下也; 其勢何以異桀之勢, 以亂天下者也? 夫勢者, 非能必使賢者用己, 而不肖者不用己也. 賢者用之則天下治, 不肖者用之則天下亂. 人之情性, 賢者寡而不肖者衆, 而以威勢之利濟亂世之不肖人, 則是以勢亂天下者多矣, 以勢治天下者寡矣. 夫勢者, 便治而利亂者也. 故《周書》曰:『毋爲虎傅翼, 將飛入邑, 擇人而食之』夫乘不肖人於勢, 是爲虎傅翼也. 桀·紂爲高臺深池以盡民力, 爲炮烙以傷民性, 桀·紂得乘四行者, 南面之威爲之翼也. 使桀·紂爲匹夫, 未始行一而身在刑戮矣. 勢者, 養虎狼之心而成暴亂之事者也, 此天下之大患也. 勢之於治亂, 本未有位也, 而語專言『勢之足以治天下』者, 則其智之所至者淺矣.」

【其人】慎到를 가리킴. 어떤 사람, 즉 或者를 가리킨다고 볼 수도 있음.

【濟】'助'와 같음. 도와줌. 성취시켜줌.

【周書】《逸周書》.《周記》. 또는《汲冢周書》라고도 하며 晉나라 때 汲縣의 무덤에서 발견된 것.《漢書》藝文志에《周書》71편이 저록되어 있으며 注에 "周史記. 師古曰: 劉向云「周時誥誓號令也.」蓋孔子所論百篇之餘, 今之存者四十五篇矣"라 함. 지금은 汲冢에서 발견된 60편이 있음. 淸代 朱右曾이 집일한《逸周書集訓校釋》이 있음. 어떤 사람은《陰符經》과 비슷한 글이라 보고 있음. 周 왕조 때의 古書로써 文王, 武王으로부터 靈王, 景王까지를 기록함. 인용문은《逸周書》寤儆篇에 들어 있음.

【傅翼】날개를 붙여줌. '傅'는 '附'와 같음. 부착함. 달아줌.

【桀】夏나라 末王. 이름은 癸. 妹喜에게 빠져 무도한 짓을 저질렀으며 殷의 湯王에게 망함. 殷나라 末王 紂와 함께 '桀紂'라 하여 폭군의 전형으로 거론됨.《史記》夏本紀를 참조할 것.《十八史略》(1)에 "孔甲之後, 歷王皐·王發·王履癸. 號爲桀,

貪虐, 力能伸鐵鉤索. 伐有施氏, 有施以末喜女焉, 有寵, 所言皆從, 爲傾宮瑤臺,
殫民財. 肉山脯林, 酒池可以運船, 糟堤可以望十里, 一鼓而牛飮者三千人, 末喜
以爲樂. 國人大崩, 湯伐夏, 桀走鳴條而死"라 함.

【紂】殷의 末王. 폭군으로 널리 알려짐. 帝辛, 商辛으로도 부르며 帝乙의 아들.
妲己에게 빠져 '炮烙之刑'과 '酒池肉林' 등의 악한 고사를 가지고 있으며
周 文王(姬昌)을 羑里(牖里)에 가두는 등 周나라와 맞서다가 武王(姬發)에게 망함.

【高臺深池】高臺는 자신의 사치를 위한 것. 深池는 적을 방어하기 위한 것.

【炮烙】炮烙之刑. 불에 달군 구리 기둥을 맨발로 건너가다가 미끄러져 숯불에
타 죽도록 하는 극형.《列女傳》(7) 孼嬖傳「殷紂妲己」에 "紂乃爲炮烙之法,
膏銅柱, 加之炭. 令有罪者行其上, 輒墮炭中, 妲己乃笑"라 함.

【傷民性】백성의 목숨을 빼앗음. '性'은 '命'과 같음.

【成四行】'四'는 '肆'와 같음. 王先愼은 "四, 當作肆"라 함. 못된 짓을 하고 싶은
대로 해냄.

【本末】다른 판본에는 본말로 되어 있으나 顧廣圻는 "末, 當作未"라 함.

【語】앞서 愼到가 주장한 말.

요堯와 순舜이라 해도

　"무릇 좋은 말과 단단한 수레를 장획臧獲으로 하여금 그것을 부리도록
한다면 사람의 웃음거리가 되지만 왕량王良이 다룬다면 하루에 천리를
달릴 것이다. 수레와 말이 다르지 않건만 혹은 천리를 가고, 혹은 남의
웃음거리가 된다는 것은 교졸巧拙의 차이가 크기 때문이다. 지금 나라의
군주 자리를 수레로 삼고 세를 말로 삼으며 호령을 고삐로 삼고 형벌을
채찍으로 삼고 요堯와 순舜으로 하여금 그것을 부리게 한다면 천하가 잘
다스려지겠지만, 걸桀과 주紂가 그것을 부린다면 천하가 어지러워질 것이다.
이는 현명함과 불초함의 차이가 크기 때문이다. 무릇 빠른 것을 뒤쫓아
먼 데에 이르고자 한다면서 왕량에게 맡길 줄 모르고, 이익으로 나가고
손해를 물리치고자 한다면서 현능賢能한 자를 임용할 줄 모른다면 이것은
그 유형을 모르는 우환이다. 무릇 요와 순 또한 백성을 다스리는 왕량과
같은 것이다."

　「夫良馬固車, 使臧獲御之則爲人笑, 王良御之而日取
千里. 車馬非異也, 或至乎千里, 或爲人笑, 則巧拙相去
遠矣. 今以國位爲車, 以勢爲馬, 以號令爲轡, 以刑罰爲
鞭笶, 使堯·舜御之則天下治, 桀·紂御之則天下亂, 則賢

不肖相去遠矣. 夫欲追速致遠, 不知任王良; 欲進利除害,
不知任賢能, 此則不知類之患也. 夫堯·舜亦治民之
王良也.」

【良馬固車】 훌륭한 말과 튼튼한 수레.
【臧獲】 노예를 일컫는 말.《荀子》王霸 注에 "臧獲, 奴婢也.《方言》曰:「荊·淮·
海·岱之間, 罵奴曰臧, 罵婢爲獲」 或曰:「取貨謂之臧, 擒得謂之獲, 皆謂有罪
爲奴婢者.」"라 하였고,《名義考》에는《風俗通》을 인용하여 "臧, 被罪沒官爲
奴婢; 獲, 逃亡獲得爲奴婢"라 함.
【王良】 王子期, 王於期, 王子於期로 표기하기도 함. 春秋시대 趙襄子의 마부.
於期는 그의 字.《左傳》哀公 2년 "郵無恤御簡子"의 杜預 注에 "郵無恤, 王良也"
라 하였고, 같은 곳에서 다시 '子良'이라 불렸음.《孟子》滕文公(下)에는 "昔者,
趙簡子使王良與嬖奚乘"이라 하여 郵無恤, 王良, 子良, 王子期, 王子於期, 王於期
는 모두 같은 사람으로 보이며 곳에 따라 趙襄子와 趙簡子의 마부로 엇갈림.
【取千里】 천리를 달려감. '取'는 '趣', '致'와 같음.
【鞭筴】 '筴'은 '策'과 같음.
【堯】 전설상 上古시대 五帝의 하나. 陶唐氏. 唐堯로도 부름. 祁姓이며 이름은
放勳. 帝嚳의 아들.《十八史略》(1)에 "帝堯陶唐氏: 伊祁姓, 或曰名放勳, 帝嚳子也.
其仁如天, 其知如神, 就之如日, 望之如雲, 都平陽. 茆茨不剪, 土階三等. 有草生庭,
十五日以前, 日生一葉, 以後日落一葉, 月小盡, 則一葉厭而不落, 名曰蓂莢, 觀之
以知旬朔"이라 함.《史記》五帝本紀를 볼 것.
【舜】 고대 五帝의 하나. 有虞氏. 姓은 姒氏, 이름은 重華. 虞舜으로도 부름.
堯임금으로부터 천하를 물려받아 帝位에 오름. 瞽瞍의 아들로 孝誠이 뛰어났던
분으로 널리 알려져 있으며 儒家에서 聖人으로 추앙함.《十八史略》(1)에 "帝舜
有虞氏: 姚姓, 或曰名重華, 瞽瞍之子, 顓頊六世孫也. 父惑於後妻, 愛少子象,
常欲殺舜. 舜盡孝悌之道, 烝烝乂不格姦"이라 함.
【桀】 夏나라 末王. 이름은 癸. 妹喜에게 빠져 무도한 짓을 저질렀으며 殷의 湯王
에게 망함. 殷나라 末王 紂와 함께 '桀紂'라 하여 폭군의 전형으로 거론됨.《史記》
夏本紀를 참조할 것.《十八史略》(1)에 "孔甲之後, 歷王皋·王發·王履癸, 號爲桀,
貪虐, 力能伸鐵鉤索. 伐有施氏, 有施以末喜女焉, 有寵, 所言皆從, 爲傾宮瑤臺,

殫民財. 肉山脯林, 酒池可以運船, 糟堤可以望十里, 一鼓而牛飮者三千人, 末喜以爲樂. 國人大崩, 湯伐夏, 桀走鳴條而死"라 함.

【紂】殷의 末王. 폭군으로 널리 알려짐. 帝辛, 商辛으로도 부르며 帝乙의 아들. 妲己에게 빠져 '炮烙之刑'과 '酒池肉林' 등의 악한 고사를 가지고 있으며 周 文王(姬昌)을 羑里(牖里)에 가두는 등 周나라와 맞서다가 武王(姬發)에게 망함.

【類】類型. 比類. 類推함. 사물을 미루어 생각함. 《禮記》 學記 "九年知類通達"의 注에 "知事義之比也"라 함.

652(40-5)
모순矛盾

다시 이렇게 대응하여 말하였다.

"그 사람은 세로써 족히 관리를 다스릴 수 있다고 생각한다. 그러자 어떤 객이 '반드시 현인을 기다린 다음에야 다스려진다'라고 말한다면 이는 그렇지 않다. 무릇 세란 명칭은 하나이지만 변화는 수 없이 많다. 세가 반드시 자연스러움에 대한 것이라면 세에 대하여 논할 말은 없다. 내가 논하는 세라는 것은 사람이 설정한 것을 말한다. 지금 '요堯와 순舜은 세를 얻어 다스렸던 것이며, 걸桀과 주紂가 세를 얻었기에 어지럽게 되었던 것이다'라고 한다. 나도 요나 걸이 그렇지 않다고는 여기지 않는다. 비록 그렇기는 하나 이는 사람이 설정해 놓았던 것이 아니다. 무릇 요와 순이 태어나면서 임금 자리에 있었다면 비록 걸과 주가 열 사람이 있다 해도 어지럽힐 수 없다고 말하는 것은 바로 세가 다스려지게 한 것이며, 걸과 주도 역시 태어나면서 임금 자리에 있었다면 비록 요와 순이 열 사람이 있다 해도 역시 다스릴 수 없다고 말하는 것은 세가 어지럽게 되어 있었기 때문이다. 그러므로 '세가 다스려지게 되어 있는 경우라면 가히 어지럽힐 수 없으며, 세가 어지럽히게 되어 있는 경우라면 가히 다스릴 수 없다'라고 말하는 것이다. 이것은 자연의 세이며 사람이 설정해 놓았던 것이 아니다. 내가 논하는 것과 같은 세는 사람이 설정해 낸 것을 가리켜 말할 따름이니 어찌 현인을 거론한 것이겠는가? 무엇으로써 그렇게 됨을 증명하겠는가? 객이 말하였다. '창과 방패를 파는 어떤 사람이 있었다.

그는 방패가 튼튼하다고 자랑하면서 「어떤 물건으로도 뚫을 수 없다」라고 해 놓고는 잠시 뒤 다시 창을 자랑하여 「나의 창이 날카로워 어떤 물건도 뚫지 못할 것이 없다」라고 하였다. 다른 사람이 응대하여 「그대의 창으로써 그대의 방패를 뚫는다면 어떻게 되오?」라고 묻자 그 사람은 아무런 대꾸도 하지 못하였다. 뚫을 수 없는 방패와 뚫지 못할 것이 없는 창은 명목상 양립할 수 없다고 생각된다. 무릇 현인이 세를 부리는 것은 가히 금할 수 없으나 세를 방법으로 쓰면 금하지 못할 것이 없다. 금지할 수 없는 현인과 금지하지 못할 것이 없는 세를 가지고 대응시키는 것이니 이것이 바로 모순의 논리이다. 무릇 현인과 권세가 서로 용납될 수 없음 또한 분명한 일이다.'

復應之曰:「其人以勢爲足恃以治官; 客曰『必待賢乃治』, 則不然矣. 夫勢者, 名一而變無數者也. 勢必於自然, 則無爲言於勢矣. 吾所爲言勢者, 言人之所設也. 今曰「堯·舜得勢而治, 桀·紂得勢而亂」, 吾非以堯·舜爲不然也. 雖然, 非人之所得設也. 夫堯·舜生而在上位, 雖有十桀·紂不能亂者, 則勢治也; 桀·紂亦生而在上位, 雖有十堯·舜而亦不能治者, 則勢亂也. 故曰:『勢治者則不可亂, 而勢亂者則不可治也.』此自然之勢也, 非人之所得設也. 若吾所言, 謂人之所得設也. 若吾所言, 謂人之所得勢也而已矣, 賢何事焉? 何以明其然也? 客曰:『人有鬻矛與楯者, 譽其楯之堅, ‘物莫能陷也’, 俄而又譽其矛曰: ‘吾矛之利, 物無不陷也.’ 人應之曰: ‘以子之矛, 陷子之楯, 何如?’ 其人弗能應也.』」以爲不可陷之楯, 與無不陷之矛, 爲名

不可兩立也. 夫賢之爲勢不可禁, 而勢之爲道也無不禁,
以不可禁之賢與無不禁之勢, 此矛楯之說也. 夫賢勢之
不相容亦明矣.」

【復應之】 앞 장에서 客을 등장시켜 愼子의 논리를 반박한 것을 다시 韓非가
　　여기에서 재반박하여 愼子의 논리를 支持한 것. 즉 勢를 부정하는 賢能의
　　주장에 대하여 다시 韓非가 반론을 제기한 것임
【客】 愼到의 세 논리를 문제 삼는 논객.
【自然】 자연적인 일반 추세를 말함. 大勢를 가리킴.
【人之所設】 인위적으로 만들어진 권세 혹은 지배세력.
【堯】 전설상 上古시대 五帝의 하나. 陶唐氏. 唐堯로도 부름. 祁姓이며 이름은
　　放勳. 帝嚳의 아들.《十八史略》(1)에 "帝堯陶唐氏: 伊祁姓, 或曰名放勛, 帝嚳子也.
　　其仁如天, 其知如神, 就之如日, 望之如雲, 都平陽. 茆茨不剪, 土階三等. 有草生庭,
　　十五日以前, 日生一葉, 以後日落一葉, 月小盡, 則一葉厭而不落, 名曰蓂莢, 觀之
　　以知旬朔"이라 함.《史記》五帝本紀를 볼 것.
【舜】 고대 五帝의 하나. 有虞氏. 姓은 姒氏, 이름은 重華. 虞舜으로도 부름.
　　堯임금으로부터 천하를 물려받아 帝位에 오름. 瞽瞍의 아들로 孝誠이 뛰어났던
　　분으로 널리 알려져 있으며 儒家에서 聖人으로 추앙함.《十八史略》(1)에 "帝舜
　　有虞氏: 姚姓, 或曰名重華, 瞽瞍之子, 顓頊六世孫也. 父惑於後妻, 愛少子象,
　　常欲殺舜. 舜盡孝悌之道, 烝烝乂不格姦"이라 함.
【桀】 夏나라 末王. 이름은 癸. 妹喜에게 빠져 무도한 짓을 저질렀으며 殷의 湯王
　　에게 망함. 殷나라 末王 紂와 함께 '桀紂'라 하여 폭군의 전형으로 거론됨.《史記》
　　夏本紀를 참조할 것.《十八史略》(1)에 "孔甲之後, 歷王皐 · 王發 · 王履癸. 號爲桀,
　　貪虐, 力能伸鐵鉤索. 伐有施氏, 有施以末喜女焉, 有寵, 所言皆從, 爲傾宮瑤臺,
　　殫民財. 肉山脯林, 酒池可以運船, 糟堤可以望十里, 一鼓而牛飮者三千人, 末喜
　　以爲樂. 國人大崩, 湯伐夏, 桀走鳴條而死"라 함.
【紂】 殷의 末王. 폭군으로 널리 알려짐. 帝辛, 商辛으로도 부르며 帝乙의 아들.
　　妲己에게 빠져 '炮烙之刑'과 '酒池肉林' 등의 악한 고사를 가지고 있으며
　　周文王(姬昌)을 羑里(牖里)에 가두는 등 周나라와 맞서다가 武王(姬發)에게 망함.
【勢治者則不可亂】《商君書》定分篇에 "勢治者不可亂也, 勢亂者不可治也"라 함.

【客有】 여기서 客이란 장사하는 상인을 가리킴.

【矛楯之說】 두 가지 서로 대립되는 이론이 동시에 양립할 수 없다는 주장. '楯'은 '盾'과 같음. 따라서 '矛楯'은 '矛盾'과 같음. 이는 論理學 용어로 발전하였으며 이는 여기에서 비롯된 것임.

참고 및 관련 자료

1.《藝文類聚》(52)
《韓子》曰:「夫堯生在上位, 雖十桀紂不能亂者, 勢治也; 桀紂亦生在上, 雖有十堯舜而不能治者, 勢亂也.」

2. 기타《太平御覽》(624),《初學記》(9) 및《白孔六帖》(58)을 볼 것.

653(40-6)
천년에 한번 나와도

"게다가 저 요堯·순舜이나 걸桀·주紂는 천년에 한번 나와도 어깨를 나란히 하고 뒤꿈치를 이을 만큼 자주 태어나는 것이다. 세상의 통치자는 그런 자들에 비해 중간쯤에 해당하는 이들이 끊어지지 않고 이어지게 되어 있다. 내가 논하려 하는 세는 이런 중간에 끊어지지 않고 있게 되는 이들에 대한 것이다. 중간이란 위로 요·순 같은 훌륭함에 미치지 못하지만 아래로 역시 걸·주처럼 포악한 자는 아니므로 법을 지키고 세의 자리에 있기만 해도 다스려지지만, 법을 어기고 세의 자리를 포기하면 어지러워진다. 만약 세의 자리를 폐기하고 법을 어기면서 요·순을 기다려 요·순이 나타나야만 다스려지도록 한다면 이는 천년 동안 어지러웠다가 한번 다스려지는 것이 된다. 법을 지키고 세의 자리에 있으면서 걸·주를 기다려 걸·주가 나타나야만 어지러워진다면 이는 천년 동안 다스려졌다가 한번 어지러워지는 것이 된다. 또한 무릇 천년 동안 다스려졌다가 한번 어지러워지는 것과, 한번 다스렸다가 천년 어지러워지는 것은 마치 빠른 말을 타고 반대로 달리는 것과 같아 서로 차이가 역시 크다. 무릇 은괄隱栝의 법을 폐기하고, 도량度量의 치수도 버리고서 해중奚仲으로 하여금 수레를 만들게 한다면 바퀴 하나도 제대로 만들어낼 수가 없을 것이다. 경상慶賞의 권장도, 형벌의 위엄도 없이 하고 세를 버리고 법에 맡겨둔다면 요·순이 집집을 설득하고 사람마나 변론을 편다 해도 세 집도 다스릴 수가 없을 것이다. 무릇 세가 족히 유용하다는 것은 분명한데도 '반드시 현자를 기다려야 된다'고 말한다면 역시 그렇지 않다."

「且夫堯‧舜‧桀‧紂千世而一出, 是比肩隨踵而生也.
世之治者不絶於中, 吾所以爲言勢者, 中也. 中者, 上不
及堯‧舜, 而下亦不爲桀‧紂. 抱法處勢, 則治; 背法去勢,
則亂. 今廢勢背法而待堯‧舜‧堯‧舜至乃治, 是千世亂
而一治也. 抱法處勢而待桀‧紂, 桀‧紂至乃亂, 是千世
治而一亂也. 且夫治千而亂一, 與治一而亂千也, 是猶
乘驥‧駬而分馳也, 相去亦遠矣. 夫棄隱栝之法, 去度量
之數, 使奚仲爲車, 不能成一輪. 無慶賞之勸‧刑罰之威,
釋勢委法, 堯‧舜戶說而人辯之, 不能治三家. 夫勢之足用
亦明矣, 而曰『必待賢』, 則亦不然矣.」

【堯】전설상 上古시대 五帝의 하나. 陶唐氏. 唐堯로도 부름. 祁姓이며 이름은
放勳. 帝嚳의 아들.《十八史略》(1)에 "帝堯陶唐氏: 伊祁姓, 或曰名放勛, 帝嚳子也.
其仁如天, 其知如神, 就之如日, 望之如雲, 都平陽. 茆茨不剪, 土階三等. 有草生庭,
十五日以前, 日生一葉, 以後日落一葉, 月小盡, 則一葉厭而不落, 名曰蓂莢, 觀之
以知旬朔"이라 함.《史記》五帝本紀를 볼 것.

【舜】고대 五帝의 하나. 有虞氏. 姓은 姒氏, 이름은 重華. 虞舜으로도 부름.
堯임금으로부터 천하를 물려받아 帝位에 오름. 瞽瞍의 아들로 孝誠이 뛰어났던
분으로 널리 알려져 있으며 儒家에서 聖人으로 추앙함.《十八史略》(1)에 "帝舜
有虞氏: 姚姓, 或曰名重華, 瞽瞍之子, 顓頊六世孫也. 父惑於後妻, 愛少子象,
常欲殺舜. 舜盡孝悌之道, 烝烝乂不格姦"이라 함.

【桀】夏나라 末王. 이름은 癸. 妹喜에게 빠져 무도한 짓을 저질렀으며 殷의
湯王에게 망함. 殷나라 末王 紂와 함께 '桀紂'라 하여 폭군의 전형으로 거론됨.
《史記》夏本紀를 참조할 것.《十八史略》(1)에 "孔甲之後, 歷王皐‧王發‧王履癸.
號爲桀, 貪虐, 力能伸鐵鉤索. 伐有施氏, 有施以末喜女焉, 有寵, 所言皆從, 爲傾
宮瑤臺, 殫民財. 肉山脯林, 酒池可以運船, 糟堤可以望十里, 一鼓而牛飮者三千人,
末喜以爲樂. 國人大崩, 湯伐夏, 桀走鳴條而死"라 함.

【紂】殷의 末王. 폭군으로 널리 알려짐. 帝辛, 商辛으로도 부르며 帝乙의 아들.
姐己에게 빠져 '炮烙之刑'과 '酒池肉林' 등의 악한 고사를 가지고 있으며
周 文王(姬昌)을 羑里(牖里)에 가두는 등 周나라와 맞서다가 武王(姬發)에게 망함.
【千世而一出】千世는 천 世代. 世는 30년.
【比肩隨踵】어깨를 나란히 하고 발꿈치를 쫓아 계속 이어짐. 지나치게 많음에
대한 비유임.《呂氏春秋》觀世篇에 "千里而有一士, 比肩也; 累世而有一聖人,
繼踵也. 士與聖人之所自來, 若此其難也, 而治必待之, 治奚由至?"라 하였고,
《戰國策》齊策(3)에도 "淳于髡一日而見七人於宣王. 王曰:「子來, 寡人聞之,
千里而一士, 是比肩而立; 百世而一聖, 若隨踵而至也. 今子一朝而見七士,
則士不亦衆乎?」淳于髡曰:「不然. 夫鳥同翼者而聚居, 獸同足者而俱行. 今求
柴葫·桔梗於沮澤, 則累世不得一焉; 及之睪黍·梁父之陰, 則郄車而載耳. 夫物
各有疇, 今髡賢者之疇也. 王求士於髡, 譬若挹水於河, 而取火於燧也. 髡將復
見之, 豈特七士也?」라 함.
【中】요순처럼 성스럽지도 않고 걸주처럼 포악하지도 않은 자질을 가진 군주가
훨씬 많아 시간적으로도 그 중간을 채워나가고 있음.
【驥·騄】騏驥와 騄駬. 고대 전설에 周 穆王(穆天子)이 타던 八駿馬의 이름들.
훌륭한 말을 대신하여 일컫는 말.
【隱栝】'檃括', '隱栝' 등으로도 표기하며 굽은 나무를 곧게 바로잡는 도구.
도지개(도지게)의 하나.《淮南子》修務訓에 "木直中繩, 揉以爲輪, 其曲中規, 隱栝
之力"이라 하였고,《公羊傳》何休 注에 "隱括使就繩墨"이라 하였으며《尙書》
太甲에도 "往省括于度"라 함.
【奚仲】夏禹 시대의 車正. 수레를 잘 만들던 匠人. 또는 처음으로 수레를 만들
었던 사람이라 함.《管子》形勢篇에 "奚仲之爲車器也, 方圓曲直皆中規矩"라 함.
【慶賞】慶賀하고 賞을 내림. 잘 하는 이들을 격려하고 勸奬함.
【戶說】집집마다 찾아다니면서 설명하고 설득함.

654(40-7)
백일을 굶고 나서

"또한 무릇 백일 동안 먹지 않고 양육粱肉을 기다린다면 굶던 자가 살아나지 못한다. 지금 여堯·순舜 같은 현자를 기다려서 당장 이 세상 백성을 다스리고자 한다면 이는 마치 양육을 기다리느라 굶주림을 구제하겠다는 논리와 같다."

「且夫百日不食以待粱肉, 餓者不活; 今待堯·舜之賢乃治當世之民, 是猶待粱肉而救餓之說也.」

【粱肉】粱은 膏粱, 肉은 肥肉. 좋은 곡식으로 지은 밥과 고기로 만든 훌륭한 음식.

【堯】전설상 上古시대 五帝의 하나. 陶唐氏. 唐堯로도 부름. 祁姓이며 이름은 放勳. 帝嚳의 아들.《十八史略》(1)에 "帝堯陶唐氏: 伊祁姓, 或曰名放勳, 帝嚳子也. 其仁如天, 其知如神, 就之如日, 望之如雲, 都平陽. 茆茨不剪, 土階三等. 有草生庭, 十五日以前, 日生一葉, 以後日落一葉, 月小盡, 則一葉厭而不落, 名曰蓂莢, 觀之以知旬朔"이라 함.《史記》五帝本紀를 볼 것.

【舜】고대 五帝의 하나. 有虞氏. 姓은 姒氏, 이름은 重華. 虞舜으로도 부름. 堯임금으로부터 천하를 물려받아 帝位에 오름. 瞽瞍의 아들로 孝誠이 뛰어났던

분으로 널리 알려져 있으며 儒家에서 聖人으로 추앙함.《十八史略》(1)에 "帝舜
有虞氏: 姚姓, 或曰名重華, 瞽瞍之子, 顓頊六世孫也. 父惑於後妻, 愛少子象,
常欲殺舜. 舜盡孝悌之道, 烝烝乂不格姦"이라 함.

참고 및 관련 자료

1.《太平御覽》(863)을 볼 것.

655(40-8)
좋은 말과 튼튼한 수레

"무릇 '좋은 말과 튼튼한 수레라도 장획臧獲이 그것을 부리면 남의 웃음거리가 되지만 왕량王良이 그것을 부리면 하루에 천리를 간다'라고 말하였으나 나는 그렇게 생각하지 않는다. 무릇 월越나라 사람 가운데 헤엄 잘 치는 자를 기다려 중국中國의 물에 빠진 사람을 구해내려 한다면 월나라 사람이 아무리 헤엄을 잘 친다 해도 물에 빠진 자를 구내 내지 못할 것이다. 대체로 옛날의 왕량 같은 이를 기다려 지금의 말을 부린다고 하는 것은 역시 월나라 사람이 물에 빠진 자를 구해 내는 것과 같은 논리로써 불가능함은 역시 분명하다. 무릇 좋은 말과 튼튼한 수레를 오십 리마다 하나씩 두고 중간쯤의 마부로 하여금 그것을 부리도록 하면 빠른 것을 뒤쫓고 먼 데까지 가는 일에 가히 미칠 수 있으며 천 리 먼 길로 하루에 갈 수 있을 것이다. 그런데 어찌 반드시 옛날의 왕량 같은 자를 기다려야 한다는 것인가? 게다가 말을 부리는 데 왕량을 시키지 않으면 틀림없이 장획을 시켰다가는 실패할 것이며, 요堯·순舜을 시키지 않으면 반드시 걸桀·주紂를 시켰다가는 난을 일으킬 것이라 하나 이는 맛이란 엿과 꿀이 아니면 반드시 고채苦菜나 정력亭歷일 뿐이라고 주장하는 것과 같다. 이는 변론을 자꾸 거듭 겹치게 하여 논리에서 멀어지고 술術을 잃은 것으로 두 끝을 잡고 논의를 벌이는 것이니 어찌 도리에 맞는 말을 자꾸 비난하려 하고 있는가? 객客의 논의는 나의 이 논리에 미치지 못한다."

「夫曰『良馬固車, 臧獲御之則爲人笑, 王良御之則日取乎千里』, 吾不以爲然. 夫待越人之善海游者, 以救中國之溺人, 越人善游矣, 而溺者不濟矣. 夫待古之王良以馭今之馬, 亦猶越人救溺之說也, 不可亦明矣. 夫良馬固車, 五十里而一置, 使中手御之, 追速致遠, 可以及也, 而千里可日至也, 何必待古之王良乎! 且御非使王良也, 則必使臧獲敗之; 治非使堯·舜也, 則必使桀·紂亂之. 此味非飴蜜也, 必苦菜·亭歷也. 此則積辯累辭, 離理失術, 兩末之議也, 奚可以難夫道理之言乎哉? 客議未及此論也.」

【臧獲】 노예를 일컫는 말.《荀子》王霸 注에 "臧獲, 奴婢也.《方言》曰:「荊·淮·海·岱之間, 罵奴曰臧, 罵婢爲獲.」 或曰:「取貨謂之臧, 擒得謂之獲, 皆謂有罪爲奴婢者.」"라 하였고,《名義考》에는《風俗通》을 인용하여 "臧, 被罪沒官爲奴婢; 獲, 逃亡獲得爲奴婢"라 함.

【王良】 王子期, 王於期, 王子於期'로 표기하기도 함. 春秋시대 趙襄子의 마부. 於期는 그의 字.《左傳》哀公 2년 "郵無恤御簡子"의 杜預 注에 "郵無恤, 王良也"라 하였고, 같은 곳에서 다시 '子良'이라 불렀음.《孟子》滕文公(下)에는 "昔者, 趙簡子使王良與嬖奚乘"이라 하여 郵無恤, 王良, 子良, 王子期, 王子於期, 王於期는 모두 같은 사람으로 보이며 곳에 따라 趙襄子와 趙簡子의 마부로 엇갈림.

【中國】 中原을 가리킴. 越나라는 江南이며 中原은 河水 중류 문명지역을 일컫는 말로 쓰임.

【堯】 전설상 上古시대 五帝의 하나. 陶唐氏. 唐堯로도 부름. 祁姓이며 이름은 放勳. 帝嚳의 아들.《十八史略》(1)에 "帝堯陶唐氏: 伊祁姓, 或曰名放勛, 帝嚳子也. 其仁如天, 其知如神, 就之如日, 望之如雲, 都平陽. 茆茨不剪, 土階三等. 有草生庭, 十五日以前, 日生一葉, 以後日落一葉, 月小盡, 則一葉厭而不落, 名曰蓂莢, 觀之以知旬朔"이라 함.《史記》五帝本紀를 볼 것.

【舜】 고대 五帝의 하나. 有虞氏. 姓은 姒氏, 이름은 重華. 虞舜으로도 부름. 堯임금으로부터 천하를 물려받아 帝位에 오름. 瞽瞍의 아들로 孝誠이 뛰어났던

분으로 널리 알려져 있으며 儒家에서 聖人으로 추앙함.《十八史略》(1)에 "帝舜
有虞氏: 姚姓, 或曰名重華, 瞽瞍之子, 顓頊六世孫也. 父惑於後妻, 愛少子象,
常欲殺舜. 舜盡孝悌之道, 烝烝乂不格姦"이라 함.

【桀】夏나라 末王. 이름은 癸. 妹喜에게 빠져 무도한 짓을 저질렀으며 殷의 湯王
에게 망함. 殷나라 末王 紂와 함께 '桀紂'라 하여 폭군의 전형으로 거론됨.《史記》
夏本紀를 참조할 것.《十八史略》(1)에 "孔甲之後, 歷王皐·王發·王履癸. 號爲桀,
貪虐, 力能伸鐵鉤索. 伐有施氏, 有施以末喜女焉, 有寵, 所言皆從, 爲傾宮瑤臺,
殫民財. 肉山脯林, 酒池可以運船, 糟堤可以望十里, 一鼓而牛飮者三千人, 末喜
以爲樂. 國人大崩, 湯伐夏, 桀走鳴條而死"라 함.

【紂】殷의 末王. 폭군으로 널리 알려짐. 帝辛, 商辛으로도 부르며 帝乙의 아들.
妲己에게 빠져 '炮烙之刑'과 '酒池肉林' 등의 악한 고사를 가지고 있으며
周 文王(姬昌)을 羑里(牖里)에 가두는 등 周나라와 맞서다가 武王(姬發)에게 망함.

【中手】말을 부리는 데에 있어서 중간쯤의 기량을 가진 보통 騎手.

【飴蜜】飴糖과 蜂蜜.

【苦菜】〈乾道本〉에는 '苦萊'로 되어 있음. 顧廣圻는 "今本萊作菜"라 하였으나
陳啓源은《毛詩稽古編》을 들어 "萊, 一名藜,《本草綱目》:「藜, 卽灰藋之紅心者」
李時珍曰:「可爲蔬.」"라 함.

【亭歷】葶藶. 두루미냉이, 개냉이. 또는 苦芹, 즉 쓴 미나리라 함. 단맛을 내는
것과 쓴 맛을 내는 것이 있음. 李時珍은 "葶藶有甛苦二種"이라 함.

【積辯累辭】쓸데없는 辯舌을 쌓고 言辭를 포개어 늘어놓음.

【兩末】두 끝. 양극단. 모순과 같음. 그러나 〈集解〉에는 "盧文弨: 末, 張·凌本
作末. 顧廣圻云: 句有誤"라 함.

참고 및 관련 자료

1.《論衡》非韓篇

人之釋溝渠也, 知者必溺身; 不塞溝渠而繕船橶者, 知水之性不可闕, 其勢必
溺人也. 臣子之性欲姦君父, 猶水之性溺人也, 不敎所以防姦, 而非其不聞知,
是猶不備水之具, 而徒欲早知水之溺人也. 溺於水, 不責水而咎己者, 己失防備也.
然則人君劫於臣, 己失法也. 備溺不闕水源, 防劫不求臣姦, 韓子所宜用敎己也.
水之性勝火, 如裹之以釜, 水煎而不得勝, 必矣. 夫君猶火也, 臣猶水也, 法度
釜也, 火不求水之姦, 君亦不宜求臣之罪也.

41. 문변問辯

변론辯論에 대하여 문답 형식을 빌려 토론한 것이다.

전국시대 유행했던 각가들이 변론을 중시하자 이에 대한 입장을 다루되 한비韓非는 법술法術로써의 통치논리를 매우 강조하여 앞세운 것이다.

656(41-1)
변론이 생긴 유래

어떤 사람이 물었다.

"변론은 어찌하여 생기는가?"

나는 이렇게 대답하였다.

"임금이 명찰하지 못한 데서 생긴다."

질문한 자가 말하였다.

"임금이 명찰하지 못하여 그 때문에 변론이 생긴다는 것은 어찌 그러한가?"

이렇게 대답하였다.

"현명한 군주의 나라에서는 영令은 말 가운데 가장 귀중한 것이며, 법法은 일 가운데 가장 적법한 것이다. 말에는 두 가지 귀중한 것이 없으며 법에는 두 가지 적법한 것이란 없다. 그러므로 말과 행동을 하면서 법과 영에 의하지 아니한 것은 반드시 금지한다. 만약 법과 영이 없더라도 가히 속임수에 대처할 수 있고, 변화에 대응할 수 있으며, 이익을 만들어내고, 일을 추측해 알아낼 수 있는 자라면 임금은 틀림없이 그 말을 채택하고 그 실적을 책임지울 것이다. 말이 맞으면 큰 이득이 있고 맞지 않으면 중벌을 내리는 것이다. 이 까닭으로 어리석은 자는 죄가 두려워 감히 말을 하지 못하고 지혜로운 자도 이를 두고 시비하지 않을 것이니 이것이 변론이 생길 수 없도록 하는 것이다. 난세에는 그렇지 않다. 임금이 명령을 내려도 백성들은 학술을 가지고 이를 비난하고, 관부官府에 법이 있건만 백성들은 사사로운 행동으로 이를 고치려 든다. 임금은 반대로 그 법령을 없애고 학자들의 지혜와 행동을 높이 여긴다. 이것이 세상에 학술을 존중하게 된 까닭이다. 무릇 말과 행동은 공용功用으로써 그 표적을 삼는다. 무릇 숫돌에 간 살상용 화살을 아무렇게나 쏜다고 해도 그 끝이 가는 어떤 작은 털 하나라도 맞히기는 맞힐 것이다. 그러나 그러한 경우를 두고 활 잘 쏘는 자라고 일러 말할 수 없는 것은 정해진 과녁이 없었기 때문이다. 다섯 치 되는 과녁을 만들어 세워놓고 백보의 먼 곳에서 활을 당기더라도 예羿나 봉몽逢蒙이 아니고서는 반드시 맞힐 수 없는 것은 정해진 과녁이 있기 때문이다. 그러므로 일정한 표적이 있으면 예나 봉몽이 다섯 치 되는 큰 과녁일지라도 솜씨가 좋다고 하지만 일정한 표적이 없으면 아무렇게나 쏘아서 가는 털끝을 맞힌다 해도 졸렬하다고 하는 것이다. 지금 말을 들어보고 행동을 관찰하면서 업적을 과녁으로 삼지 않는다면 말이 비록 매우 명찰하고 행동이 비록 매우 견고하다 해도 이는 마구 화살을 쏜 논리와 같다. 이 까닭으로 난세의 임금이 말을 들으면서 어려워 알아듣지도 못한 것을 명찰하다고 하고 널리 꾸민 것을 두고 말을 잘한다고 여기며, 행동을 관찰하면서는 무리의 상식과 떨어진 것을 두고 현명하다 하고 윗사람을 범하는 것을 두고 고상하다고 한다. 임금이란 변설과 명찰한 말을 좋아하며 현명하고 고상한 행동을 존중한다. 그러므로 무릇 법法과 술術을 쓰는 사람이 버리고 취할 행동 기준을 세워놓고 논쟁의 시비를 변별할지라도 그것을 바로잡지 못한다. 이로써 유가儒家의 복장을 한 학자나 칼을 차고 돌아다니는 협객은 많아도 농사지으면서 전투에도 참가하는 병사는 적으며 견백堅白과 무후無厚란 궤변들만 성행하여 걸어 둔 법령이 식어가고 있는 것이다. 그러므로 '윗사람이 명찰하지 못하면 변론이 생긴다'라고 말한 것이다."

或問曰：「辯安生乎？」
對曰：「生於上之不明也.」

問者曰:「上之不明, 因生辯也, 何哉?」

對曰:「明主之國, 令者, 言最貴者也; 法者, 事最適者也. 言無二貴, 法不兩適, 故言行而不軌於法令者必禁. 若其無法令而可以接詐·應變·生利·揣事者, 上必采其言而責其實. 言當, 則有大利; 不當, 則有重罪. 是以愚者畏罪而不敢言, 智者無以訟. 此所以無辯之故也. 亂世則不然, 主上有令, 而民以文學非之; 官府有法, 民以私行矯之. 人主顧漸其法令而尊學者之智行, 此世之所以多文學也. 夫言行者, 以功用爲之的彀者也. 夫砥礪殺矢而以妄發, 其端未嘗不中秋毫也, 然而不可謂善射者, 無常儀的也. 設五寸之的, 引十步之遠, 非羿·逢蒙不能必中者, 有常也. 故有常, 則羿·逢蒙以五寸的爲巧; 無常, 則以妄發之中秋毫爲拙. 今聽言觀行, 不以功用爲之的彀, 言雖至察, 行雖至堅, 則妄發之說也. 是以亂世之聽言也, 以難知爲察, 以博文爲辯; 其觀行也, 以離群爲賢, 以犯上爲抗. 人主者說辯察之言, 尊『賢』·『抗』之行, 故夫作法術之人, 立取舍之行, 別辭爭之論, 而莫爲之正. 是以儒服·帶劍者眾, 而耕戰之士寡; 堅白無厚之詞章, 而憲令之法息. 故曰:『上不明, 則辯生焉.』」

【接詐】속임수를 쓰려는 꾀를 미리 알고 대처함. '應接詐僞'의 줄인 말.
【揣事】장래 사업을 기획함. '揣'는 '揣摩'의 뜻.

【文學】儒·墨 학파를 추종하는 고전학.

【接詐】고대의 文獻과 經典. 儒家나 墨家의 이론들.

【顧漸】'顧'는 '反', '漸'은 '沒'의 뜻.

【的彀】활쏘기에 있어서의 과녁. 여기서는 마지막 목표를 뜻함.

【砥礪殺矢】숫돌에 갈아 반듯하고 날카롭게 다듬은 사냥에 쓰이는 끝이 날카로운 살상용 화살.

【羿】后羿. 夏나라 때 제후 有窮氏의 군주였으며, 有窮后羿라 부름. 활의 명수로서 하늘에 아홉 개의 해가 나타나자 이를 쏘아 하나만 남겼다는 '射滅九日', 그리고 그 아내가 달로 달아난 '嫦娥奔月' 등 많은 신화 전설을 남긴 인물. 《十八史略》(1)에는 "有窮后羿, 立其弟仲康而專其政, 羲和守義不服, 羿假王命, 命胤侯征之. 仲康崩, 子相立, 羿逐相自立. 嬖臣寒浞, 又殺羿自立. 相之后, 有仍國君女也, 方娠, 奔有仍, 而生少康"이라 하여 중강의 아들 상을 축출하고 자립하였다가 한착 등에게 죽임을 당함.

【逄蒙】판본에 따라 '逄'자를 비슷한 글자 '逢'(봉)으로 표기한 것도 있으며 蜂門, 逢門, 蜂蒙 등 여러 표기가 있음. 后羿에게서 활을 배운 名射手.《孟子》離婁(下)에 "逄蒙學射於羿, 盡羿之道, 思天下惟羿爲愈己, 於是殺羿"라 하였고,《左傳》襄公 4年에는 "有窮后羿, 自鉏遷於窮石. 因夏氏以伐夏政, 恃其射也, 不修民事, 而淫于原野. 用寒浞以爲己相, 將歸自田, 家衆殺而亨(烹)之"라 하여 有窮后羿의 여러 제자 가운데 하나로 뒤에 寒浞과 함께 후예를 죽였다 함.《漢書》藝文志에는《逄門射法》2편이 저록되어 있음.

【抗】'抗'은 '亢'과 같음. 고상함. 고결함.

【儒服帶劍】儒服은 儒家의 학자가 갖춘 복장. 帶劍은 遊俠을 가리키는 말.

【耕戰之士】평소에는 농사를 짓다가 전쟁이 일어나면 참전하는 병사.

【堅白】돌의 굳은 정도와 색깔의 관계는 전혀 다른 것이라는 주장. 명가의 대표적인 논쟁 제재였음. 흰 돌의 경우 촉각으로 딱딱함을 알지만 시각의 힘을 빌지 않고는 흰색임을 알 수 없다는 논리이며 따라서 '견(堅)'과 '백(白)'은 돌(石)과는 실제 아무런 관련이 없으니 분리되어야 한다는 주장.《公孫龍子》,《墨子》등에 널리 실려 있음.

【無厚】면적은 넓이만 있고 두께는 없다고 하는 논리.《莊子》天下篇에 惠施가 주장한 내용.

【憲令之法】'憲'은 '懸'과 같음. 걸어서 모든 사람이 알 수 있도록 널리 알린 법령.

1.《公孫龍子》(5) 堅白論

客曰:「堅白石三, 可乎?」主曰:「不可.」客曰:「二, 可乎?」主曰:「可.」客曰:「何哉?」主曰:「無堅得白, 其擧也二; 無白得堅, 其擧也二.」客曰:「得其所白, 不可謂無白; 得其所堅, 不可謂無堅. 而之石也之於然也, 非三也?」主曰:「視不得其所堅而得其所白者, 無堅也; 拊不得其所白而得其所堅者, 無白也.」

2.《墨子》經說(下)

于石一也, 堅白二也, 而在石, 故有智焉. 有不智焉可, 有指, 子智是. 有智是吾所先擧, 重, 則子智是, 而不智吾所先擧也.

3.《莊子》天下篇

惠施多方, 其書五車, 其道舛駁, 其言也不中.

厤物之意, 曰:「至大无外, 謂之大一; 至小无內, 謂之小一. 无厚, 不可積也, 其大千里. 天與地卑, 山與澤平. 日方中方睨, 物方生方死. 大同而與小同異, 此之謂小同異; 萬物畢同畢異, 此之謂大同異. 南方无窮而有窮, 今日適越而昔來. 連環可解也. 我知天下之中央, 燕之北越之南是也. 氾愛萬物, 天地一體也.」

42. 문전問田

이는 '서거徐渠가 전구田鳩에게 묻다'의 글자를 취하여 편명을 삼은 것이다.

법法, 술術을 논한 것으로 한자韓子라는 존칭이 쓰인 것으로 보아 한비 본인의 저작이 아닌 것으로 보며 특히 당계공堂谿公은 한韓 소후昭侯보다 앞선 시대 인물로 문답 형식에 의문을 나타내기도 한다.

내용도 두 가지를 다루고 있으나 서로 연계되지 않아 여러 가지 의문을 자아내고 있다.

657(42-1)
전구田鳩에게 묻다

서거徐渠가 전구田鳩에게 물었다.

"제가 듣기로 지혜 있는 선비는 낮은 자리를 거치지 않아도 군주에게 대우를 받고, 성인은 공적을 내보이지 않아도 군주에게 영접받는다 하더이다. 지금 양성陽成과 의거義渠는 뛰어난 장수임에도 둔백屯伯 자리에 두었고, 공손단회公孫亶回는 성인 같은 재상임에도 주부州部를 거치게 되어 있으니 무슨 까닭입니까?"

전구가 말하였다.

"이는 다른 이유가 있어서가 아닙니다. 임금이 법도를 지키고 통치술을 가지고 있기 때문입니다. 게다가 족하足下께서는 홀로 초楚나라는 송고宋觚를 장수로 삼았기 때문에 정치가 실패하였고 위魏나라는 풍리馮離를 재상으로 삼았기 때문에 나라를 망하게 하였다는 것을 듣지 못하셨습니까? 그들 두 군주는 명성을 높이기에만 내달리며 변설에 현혹되어 둔백 자리로 시험해 보지 않았고, 주부를 거치지 않도록 하였으므로 정치가 실패하고 나라가 망하는 환란을 가져온 것입니다. 이로 말미암아 보건대 무릇 둔백 자리를 시험하거나 주부를 거치도록 하는 것을 하지 않는다면 어찌 현명한 군주의 대비책이라 할 수 있겠습니까!"

徐渠問田鳩曰:「臣聞智士不襲下而遇君, 聖人不見功
而接上. 今陽成義渠, 明將也, 而措於屯伯; 公孫亶回,

聖相也, 而關於州部; 何哉?」

田鳩曰:「此無他故異物. 主有度·上有術之故也. 且足下獨不聞楚將宋觚而失其政, 魏相馮離而亡其國? 二君者驅於聲調, 眩乎辯說, 不試於屯伯, 不關乎州部, 故有失政亡國之患. 由是觀之, 夫無屯伯之試, 州部之關, 豈明主之備哉!」

【徐渠】 인명. 구체적으로는 알 수 없음.

【田鳩】 '田俅'로도 표기함. 齊나라 사람으로 墨翟의 후학.《呂氏春秋》首時篇에 그 이름이 보임.《漢書》藝文志 墨家에《田鳩子(田俅子)》 3편이 저록되어 있으나 지금은 실전되고 馬國翰과 孫詒讓의 輯佚本이 있음.

【襲下】 '襲'은 '因'과 같음.《廣雅》釋詁에 "襲, 因也"라 함. 낮은 직책에서 윗자리로 차례를 밟아 올라감을 뜻함.

【陽成義渠】 陽成은 陽城으로도 표기하며 지금의 河北에 있던 옛 지명. 그곳에 봉을 받은 義渠라는 사람.《呂氏春秋》愛士篇과《子華子》에는 모두 '陽城胥渠'로 되어 있음.

【屯伯】 원본에는 '毛伯'으로 되어 있으나 顧廣圻는 "毛, 當作屯"이라 하여 바로 잡음. '屯'은 '邨'과 같으며 작은 마을을 뜻함. 따라서 屯伯은 屯長, 村長, 혹은 伍伯의 낮은 직책을 말함.《商君書》境內에 "五人一屯長, 百人一將"이라 하였고, 崔豹《古今注》에는 "五人曰伍, 伍長爲伯"이라 함.《漢書》陳勝傳에 "發閭左戍漁陽九百人, 勝廣皆爲屯長"이라 함.

【公孫亶回】 인명. 구체적으로는 알 수 없음.

【關於州部】 州와 部 지방 행정직을 경유함. 그 지위를 거침. 훈련을 받아 경력을 쌓음.

【異物】 다른 사안. '物'은 '事'와 같음.

【足下】 '大夫'를 높여 부르는 이름.

【宋觚】 楚나라 장수 이름. 구체적인 사적은 알 수 없음.

【馮離】 魏나라 재상 이름. 역시 구체적인 사적은 알 수 없음.

【聲詞】 명성과 찬사. 평판.

658(42-2)
당계공堂谿公과 한비韓非

당계공堂谿公이 한자韓子에게 일러 말하였다.

"제가 듣기로 예를 지키고 사양하는 것이 자신을 온전하게 하는 술術이며, 행동을 닦아 지혜를 뒤로 할 줄 아는 것이 성공의 길이라 하였습니다. 지금 선생께서는 법술法術을 내세우고 도수度數를 만들고 계시니 저는 마음속으로 자신에게 위험하고 몸도 위태롭게 될 것이라 여기고 있습니다. 어떻게 그것을 알 수 있느냐구요? 선생께 들은 바 술術에 '초楚나라는 오기吳起를 등용하지 않아 깎이고 혼란에 빠졌으며 진秦나라는 상앙商鞅을 등용하여 부강해진 것이다. 두 사람의 주장이 들어맞았기 때문이다. 그러나 오기는 사지가 찢기고 상앙도 거열車裂을 당하였으니 이는 세상과 임금을 잘못 만났으므로 당한 재앙이다'라 하였습니다. 만남이란 꼭 그렇게 되는 것이 아니며, 재앙이란 물리칠 수가 있는 것이 아닙니다. 무릇 몸을 온전하게 가지면서 일을 성취시키는 방법은 내팽개치고 위험한 행동을 마음대로 하시니 생각건대 선생께서는 그렇게 해서는 안 될 것입니다."

한자가 말하였다.

"제가 선생의 말씀에 대하여 분명히 말씀드리겠습니다. 무릇 천하를 다스리는 자루와 백성을 다스리는 법도란 그리 쉽지 않은 일입니다. 그러나 선생의 가르침을 저버리고 미천한 제가 취한 길을 실행하려는 까닭은 제 홀로 생각건대 법술을 내세우고 도수를 만드는 것이 백성에게 이익이 되며, 무리를 편하게 하는 길이기 때문입니다. 그러므로 난세의 군주나 어두운 임금으로부터 당할 재앙을 꺼리지 않고 반드시 백성을 다스릴 수 있는 이득과 자질이라 생각하는 것은 인자하고 지혜로운 행동입니다. 난세의 군주나 어두운 임금의 재앙을 꺼려하며 죽을 위험을 피하겠다고 자신의 몸만을 알고 백성의 이익에 도움줄 일을 돌아보지 않는 것은 탐욕스럽고 야비한 행동입니다. 저는 탐욕스럽고 야비한 행동을 향한 짓은 차마 할 수 없으며 감히 어질고 지혜로운 행동에 손상을 입힐 수 없습니다. 선생께서 다행히 저를 생각해 주시지만 이는 오히려 저의 진실을 크게 손상시키는 것입니다."

堂谿公謂韓子曰:「臣聞服禮辭讓, 全之術也; 修行退智, 遂之道也. 今先生立法術, 設度數, 臣竊以爲危於身而殆於軀. 何以効之? 所聞先生術曰: 『楚不用吳起而削亂, 秦行商君而富彊. 二子之言已當矣, 然而吳起支解而商君事裂者, 不逢世遇主之患也.』 逢遇不可必也, 患禍不可斥也. 夫舍乎全遂之道而肆乎危殆之行, 竊爲先生無取焉.」

韓子曰:「臣明先生之言矣. 夫治天下之柄, 齊民萌之度, 甚未易處也. 然所以廢先生之敎, 而行賤臣之所取者, 竊以爲立法術, 設度數, 所以利民萌, 便衆庶之道也. 故不憚亂主闇上之患禍, 而必思以齊民萌之資利者, 仁智之行也. 憚亂主闇上之患禍, 而避乎死亡之害, 知明夫身而不見民萌之資利者, 貪鄙之爲也. 臣不忍嚮貪鄙之爲, 不敢傷仁智之行. 先王有幸臣之意, 然有大傷臣之實.」

【堂谿公】韓 昭侯 때 인물로 알려짐. 따라서 韓非와 시기적으로 맞지 않음.

【韓子】韓非子. 이 표현으로 보아 본 편은 뒷사람이 추가해 넣은 것으로 보고 있음.

【全之術】몸을 온전히 보존하는 처신술.

【退智】지혜를 감춤. 지혜로움을 뒤로 미룸.《老子》의 '棄智'와 같음.

【吳起】孫子(孫臏)와 더불어 대표적인 병법가. 戰國時代 衛나라 左氏(지금의 山東 曹縣) 출신으로 용병과 병법에 뛰어나 처음 魯나라 장수를 거쳐 魏 文侯의 장수가 되어 中山을 정벌하고 秦나라 5개성을 점령하여 西河太守가 되기도 함. 그러나 武侯가 즉위하여 미움을 받자 楚나라로 달아나, 楚 悼王을 도와 개혁 정책을 실현하고 令尹에 오름. 그러나 悼王이 죽고 宗室의 亂에 枝解(支解)의 형을 당하여 생을 마침. 병법서《吳子》6편을 남김.《史記》吳起列傳 참조.

【商君】公孫鞅. 衛鞅으로도 불림. 戰國 중기 秦 孝公을 섬겨 法治의 공으로 商 땅에 봉을 받은 商鞅을 말함. 뒤에 車裂刑을 당함. 商君으로도 불리며《商君書》가 전함.《史記》商君列傳 참조.

【先生】원문에는 '先王'으로 되어 있으나 〈集解〉에 "王渭曰: 王, 當作生, 下同" 이라 함.

【嚮】'向'과 같음.

43 정법定法

　법을 고정되게 확정하여야 함을 강조한 것으로, 법이 자주 고쳐지거나 일관성이 없을 때의 폐해를 설명하고 있다.

　전국시대 법가 사상은 흔히 삼대별로 나누어 상자(商子, 商鞅)는 중법(重法, 尙法派), 신자(申子, 申不害)는 중술(重術, 尙術派), 신자(愼子, 愼到)는 중세(重勢, 尙勢派)였으나 한비자에 이르러 이 법法, 술術, 세勢를 함께 묶어 체계화하고 완성한 것이다. 따라서 본편은 이러한 한비의 통치철학을 살필 수 있는 종합편이라 할 수 있다.

659(43-1)
신불해申不害와 공손앙公孫鞅

어떤 자가 질문하였다.

"신불해申不害와 공손앙公孫鞅 이 두 사람의 말에서 어느 쪽이 나라에 긴급합니까?"

이렇게 응답하였다.

"이는 그 정도를 알 수 없다. 사람이 열흘을 먹지 않으면 죽으며, 큰 추위가 한창일 때 입지 않으면 또한 죽는다. 이를 두고 옷과 음식 어느 것이 사람에게 더 급한가를 묻는다면 어느 하나라도 없을 수 없으니 이는 모두가 양생하는 도구들이기 때문이다. 지금 신불해는 술術을 말하고 공손앙은 법法을 주장한다. 술이란 맡을 능력에 맞추어서 관직을 주고, 명분에 따라서 실적을 책임 지우며, 살생하는 권병을 손에 쥐고 신하들의 능력을 고과考課하는 것이다. 이것은 임금이 잡고 있어야 하는 것이다. 법이란 관부에 이를 내걸어 형벌은 반드시 백성의 마음속에 새겨지며, 상은 법을 삼가는 자에게 있고 벌은 명령을 어기는 자에게 가해지는 것이다. 이것은 신하가 모범으로 삼을 바이다. 임금에게 술이 없으면 윗자리에서 눈이 가려지고, 신하에게 법이 없으면 아래에서 어지러워진다. 이것은 하나라도 없어서는 안 되는 것으로써 모두가 제왕이 갖추고 있어야 할 도구들이다."

問者曰:「申不害·公孫鞅, 此二家之言孰急於國?」

應之曰:「是不可程也. 人不食十日則死; 大寒之隆, 不衣亦死. 謂之衣食孰急於人, 則是不可一無也, 皆養生之具也. 今申不害言術而公孫鞅爲法. 術者, 因任而授官, 循名而責實, 操殺生之柄, 課群臣之能者也, 此人主之所執也. 法者, 憲令著於官府, 刑罰必於民心, 賞存乎愼法, 而罰加乎姦令者也, 此臣之所師也. 君無術, 則弊於上; 臣無法, 則亂於下, 此不可一無, 皆帝王之具也.」

【申不害】申子. 그 무렵 韓나라 재상이었음. 韓非보다 백여 년 앞선 인물로 法家사상으로 韓나라 昭侯를 도왔음.《史記》老莊申韓列傳에 "申不害者, 京人也, 故鄭之賤臣. 學術以干韓昭侯, 昭侯用爲相. 內脩政敎, 外應諸侯, 十五年. 終申子之身, 國治兵彊, 無侵韓者. 申子之學本於黃老而主刑名. 著書二篇, 號曰《申子》"라 함.

【公孫鞅】衛鞅으로도 불림. 戰國 중기 秦 孝公을 섬겨 法治의 공으로 商 땅에봉을 받은 商鞅을 말함. 뒤에 車裂刑을 당함. 商君으로도 불리며《商君書》가전함.《史記》商君列傳 참조.

【孰急】긴급한 정도의 선후.

【姦令】'違令'과 같음. 명령을 위배함.

【弊】蔽와 같음.

660(43-2)
術과 법法

질문하는 자가 말하였다.

"한갓 術만 있고 법法은 없거나, 다만 법만 있고 술이 없으면 그 옳지 않음이 어떻습니까?"

이렇게 대답하였다.

"신불해申不害는 한韓 소후昭侯의 보좌였다. 한나라는 진晉나라에서 갈라져 나온 나라였다. 진나라의 옛 법이 아직 폐기되지 않았는데 한나라의 새 법이 또 나오고, 옛 임금의 명령을 아직 거두어들이지 않았는데 뒤에 나온 임금의 명령이 또 내려졌다. 신불해는 법을 장악하지 못하고 내걸어야 할 법령을 하나로 통일시키지도 못하여 간악한 자가 많았다. 그 때문에 이득이 옛 법과 먼저 내렸던 명령에 있으면 그것을 따르고, 이득이 새 법과 나중에 내린 명령에 있으면 그것을 따르게 되었다. 이득은 옛것과 새것이 서로 어긋나고 앞뒤가 서로 엇갈려 신불해가 비록 열 번 소후로 하여금 술을 쓰도록 하였지만 간악한 신하들은 오히려 그의 말을 속일 틈이 있었다. 그러므로 만승의 강국 한나라에 십칠 년이나 몸을 의탁하였으면서도 패왕에 이르도록 하지 못한 것은 비록 군주에게 술을 쓰도록 하기는 하였지만 관리들에게 힘써 법을 지키도록 하지 못한 폐단 때문이었다."

問者曰:「徒術而無法, 徒法而無術, 其不可何哉?」

對曰:「申不害, 韓昭侯之佐也. 韓者, 晉之別國也. 晉之故法未息, 而韓之新法又生; 先君之令未收, 而後君之令又下. 申不害不擅其法, 不一其憲令, 則姦多. 故利在故法前令, 則道之; 利在新法後令, 則道之. 利在故新相反, 前後相悖, 則申不害雖十使昭侯用術, 而姦臣猶有所謁其辭矣. 故託萬乘之勁韓, 七十年而不至於霸王者, 雖用術於上, 法不勤飾於官之患也.」

【申不害】韓나라 소후 때의 재상. 韓非보다 백여 년 앞선 인물로 法家 사상으로 韓나라 昭侯를 도왔음.《史記》老莊申韓列傳에 "申不害者, 京人也, 故鄭之賤臣. 學術以干韓昭侯, 昭侯用爲相. 內脩政敎, 外應諸侯, 十五年. 終申子之身, 國治兵彊, 無侵韓者. 申子之學本於黃老而主刑名. 著書二篇, 號曰《申子》"라 함.

【韓昭侯】전국시대 韓나라 군주. B.C.362~B.C.333년까지 30년간 재위함. 申不害를 재상을 삼아 法家의 法術로써 나라를 잘 다스렸음.

【別國】晉나라에서 韓, 魏, 趙 三晉이 갈라져 각자 독립된 나라가 됨.

【道之】'道'는 '由', '從'의 뜻.

【七十】〈集解〉에 "顧廣圻曰:「七十」有誤. 或當作十七"이라 함. 그러나《史記》老莊申韓列傳과 韓世家에는 申不害가 韓나라 재상을 지낸 것은 '十五年'이라 하였음.

【勤飾】힘써서 바로잡음. '飾'은 '飭'과 같음.

【患】폐단. 그것으로 인해 이루지 못한 것.

공손앙公孫鞅의 연좌법連坐法

"다음으로 공손앙公孫鞅이 진秦나라를 다스릴 때 서로 고발하는 연좌법
連坐法을 만들어 십오什伍로 연좌시켜 죄를 함께 물었다. 상을 후하게 틀림
없이 하고 형벌을 무겁고 틀림없이 실시하였다. 이렇게 하여 백성들은
힘을 기울여 지치더라도 쉬지 않았고 적을 쫓으며 위태롭더라도 물러서지
않았다. 그 때문에 나라가 부유해지고 병력이 강하게 되었던 것이다. 그러나
術술로써 간신을 밝혀내는 법을 알지 못하였으므로 그 부강함은 신하들
에게 도움을 줄 따름이었다. 효공孝公과 상군商君이 죽고 혜왕惠王이 즉위
하였을 때까지도 진나라 법은 아직 폐기되지 않았는데도 장의張儀가
진나라 힘으로써 한韓·위魏를 희생시켜 자신의 이득을 취하였다. 혜왕이
죽고 무왕武王이 즉위하자 이번에는 감무甘茂가 진나라 힘을 빌어 주周를
희생시켜 자신의 이익을 취하였다. 무왕이 죽고 소양왕昭襄王이 즉위하자
이번에는 양후穰侯가 한·위를 넘어서 동쪽으로 제齊나라를 공격하였지만
오년이 되도록 진나라는 한 치의 땅도 불어난 것이 없었다. 그래도 양후
만은 자신의 봉지 도읍陶邑을 확실히 갖고 말았다. 응후應侯도 한나라를
공격하여 팔년 만에 그 봉지 여남汝南 땅을 차지하게 되었다. 이로부터
진나라에 등용된 많은 사람들은 모두 응후나 양후 같은 부류였다. 이 처럼
싸워서 이기면 대신들이 존경을 받고 땅이 불어나면 자신들 사사로운
봉지만 세워진다는 것은 임금이 간악한 자를 찾아낼 술을 가지고 있지
못하였기 때문이다. 상군이 비록 열 번이나 법을 바로잡더라도 신하들은

商鞅〈獎勵耕織圖〉畫像石

도리어 자신의 자질로 이를 활용하였다. 그 때문에 진나라가 그 강함을
바탕으로 하였음에도 수십 년이 되도록 제왕에 이르지 못한 것은 비록
관리에게 법을 힘써 지키게 하더라도 임금이 위에서 술을 쓸 줄 모르는
데서 비롯된 폐단이다."

「公孫鞅之治秦也, 設告相坐而責其實, 連什伍而同其罪.
賞厚而信, 刑重而必. 是以其民用力勞而不休, 逐敵危
而不却, 故其國富而兵强; 然而無術以知姦, 則以其富
强也資人臣而已矣. 及孝公·商君死, 惠王卽位, 秦法未
敗也, 而張儀以秦殉韓·魏. 惠王死, 武王卽位, 甘茂以秦

殉周. 武王死, 昭襄王卽位穰侯越韓·魏而東攻齊, 五年而秦不益一尺之地, 乃成其陶邑之封. 應侯攻韓八年, 成其汝南之封. 自是以來, 諸用秦者皆應, 穰之類也. 故戰勝, 則大臣尊; 益地, 則私封立, 主無術以知姦也. 商君雖十飾其法, 人臣反用其資. 故乘强秦之資數十年而不至於帝王者, 法不勤飾於官, 主無術於上之患也.」

【公孫鞅】衛鞅으로도 불림. 戰國 중기 秦 孝公을 섬겨 法治의 공으로 商 땅에 봉을 받은 商鞅을 말함. 뒤에 車裂刑을 당함. 商君으로도 불리며《商君書》가 전함.《史記》商君列傳 참조.

【相坐】商鞅이 만든 連坐法을 말함. 五家作統法을 만들어 다섯 가호를 하나로 묶어 그 가운데 하나라도 법을 어기면 다섯 가호가 모두 처벌을 받도록 하였음.

【什伍】열 가구씩 묶어 保, 다섯 가구씩 묶어 統으로 조직함.《史記》商君列傳에 "或爲十保, 或爲五保"라 함. '什'은 '十', '伍'는 '五'와 같음.

【孝公】전국시대 秦나라 군주. 秦 穆公의 15세 후손으로 獻公의 아들이며 이름은 渠梁. 商鞅을 등용하여 變法을 실시, 富國强兵의 기틀을 마련함. B.C.361~B.C.338년까 24년간 재위하고 惠文王이 뒤를 이음.

【惠王】秦나라 惠文王. 혹 惠文君으로도 불리며 孝公의 아들로 이름은 駟. 처음으로 王을 稱하였으며 B.C.337~B.C.311년까지 27년간 재위함.

【張儀】魏의 사람. 蘇秦과 쌍벽을 이루었던 전국시대 縱橫家의 대표적인 유세가. 蘇秦과 함께 鬼谷선생에게 외교술을 배웠으나 소진이 먼저 秦나라에 맞서는 六國 合從說(合縱說)로 성공하자 장의는 秦나라를 중심으로 連橫說(連衡說)을 써서 秦나라 국력을 신장시켰음.《史記》張儀列傳 및《戰國策》을 참조할 것.

【殉】상대를 희생시켜 자신의 이득을 구함. '殉'은 '徇', '求'와 같음.

【武王】惠文王의 아들. 이름은 탕. B.C.310~B.C.307년까지 4년간 재위함.

【甘茂】원래 楚나라 下蔡(지금의 安徽 鳳臺) 출신으로 秦 惠王 때 秦나라에 들어와 벼슬하였으며 武王 때 左丞相에 오름. 昭襄王 때 참훼를 입자 齊나라로 달아났다가 楚 懷王 때 楚나라에 사신으로 가기도 함.《史記》甘茂列傳을 참조할 것.

【昭襄王】秦 昭王. 惠文王의 아들이며 이름은 稷. 武王의 배다른 아우. 昭王이
죽자 B.C.306~B.C.251년까지 56년간 재위함.

【穰侯】魏冉. 원래 楚나라 출신으로 秦 昭襄王의 어머니 宣太后의 배다른 아우.
여러 차례 진나라 재상을 역임하였으나 昭襄王 41년(B.C.266) 范雎를 등용하면서
재상자리에서 추방당함. 穰(지금의 河南 鄧縣) 땅을 封地로 받아 穰侯라 칭함.
《史記》에 전이 있음.

【陶邑】穰侯의 봉지. 지금의 山東 定陶縣.《史記》范雎蔡澤列傳에 “穰侯爲秦將,
且欲越韓魏而伐齊剛壽, 欲以廣其陶封”이라 함.

【應侯】范且. 范雎. 전국시대 魏나라 사람으로 처음에 魏나라 中大夫 須賈를
섬겨 그를 따라 齊나라에 사신으로 갔다가 제나라와 내통했다는 오해를 받아
위나라 相國 魏齊에게 폭행을 당하여 죽을 고비를 넘긴 다음 이름을 張祿으로
바꾸고 秦나라에 들어가 遠交近攻策으로 秦 昭襄王에게 유세, 재상에 올라
應侯에 봉해진 인물.《史記》范雎蔡澤列傳을 참조할 것. 한편 ‘范雎’는 ‘范雎’로
표기하고 ‘범수’로 읽어왔으나《戰國策考證》에《史記》와《韓非子》를 인용하여
‘范且, 范雎也, 且, 雎同字’라 하였음. ‘范雎’를 ‘范雎’로 표기하고 읽기 시작한
것은《通鑑》의 周 赧王 四十五年後 胡三省의 注에 “范雎의 雎는 音이 雖이다”
라 하여 이때부터 ‘범수’로 읽기 시작한 것임. 그러나 淸 錢大昕의《通鑑》注
辨正에 “武梁祠 畵像에 范且의 且는 雎와 같으나 〈雎〉字 왼쪽의 部는 ‘且’이며
‘目’이 아니다. 그러므로 ‘雎’는 심한 誤謬이다”라 하였음.

【汝南】지금의 河南 寶豐縣.

【逐敵危】적을 쫓다가 위험한 상태에 이름.

신불해申不害의 術과 상군商君의 법法

묻는 자가 말하였다.

"임금은 신불해申不害의 術을 쓰고, 관리는 상군商君의 법法을 실행하면 되겠습니까?"

이렇게 대답하였다.

"신불해도 아직 술에 있어 미진하고, 상군도 아직 법에 있어 미진하다. 신불해는 '일을 처리할 때 남의 권한을 넘어서지 말 것이며 비록 알고 있더라도 말하지 말라'라 하였다. '일의 처리에 남의 권한을 넘어서지 말라'라 한 것은 그 직분을 지키라는 말로 옳지만 '알고 있더라도 말하지 말라'라 한 것은 잘못을 알면서도 위에 아뢰지 말라는 것이다. 임금은 온 나라의 눈으로써 보기 때문에 그보다 더 밝게 보는 것이 없어야 하며, 온 나라의 귀로 듣기 때문에 그보다 더 귀 밝은 것이 없어야 한다. 그런데 지금 알면서도 말을 해 주지 않으면 임금은 오히려 어디를 빌려 듣고 보겠는가? 다음으로 상군의 법에는 '적의 머리 하나를 벤 자에게 작위 한 계급을 올려주고, 만약 관리가 되기를 원하면 오십 석의 관직을 준다. 머리 둘을 베어온 자에게는 작위 두 계급을 올려주고 관리가 되기를 원하면 백석의 벼슬을 준다'라 하였다. 관작의 승진과 적의 머리를 벤 공이 서로 맞아떨어진다. 그런데 지금 만약 법에 '머리를 벤 자에게 의원醫員이나 목수장이를 시켜주겠다'라고 한다면 집도 지을 수 없으며 병이 낫게 할 수 없을 것이다. 무릇 목수장이는 손재주를 가진 자이며 의원은 약을 짓는 사람이다.

그런데 머리 벤 공을 가지고 그러한 일을 시킨다면 재능에 맞지 않는 것이다. 지금 관직에서 일을 처리하는 것은 지혜와 능력이며 머리 베는 것은 용기와 힘이 가해진 것이다. 용기와 힘을 가한 것을 가지고 지혜와 능력으로 하는 관직의 일을 처리함은 바로 머리 벤 공을 가지고 의원이나 목수장이로 삼는 것과 같다. 그러므로 '두 사람이 법과 술 모두를 미진하다'라고 말한 것이다."

問者曰:「主用申子之術, 而官行商君之法, 可乎?」

對曰:「申子未盡於術, 商君未盡於法也. 申子言:『治不踰官, 雖知弗言』·『治不踰官』, 謂之守職也可;『知而弗言』, 是不謁過也. 人主以一國目視, 故視莫明焉; 以一國耳聽, 故聽莫聰焉. 今知而弗言, 則人主尚安假借矣? 商君之法曰:『斬一首者爵一級, 欲爲官者爲五十石之官; 斬二首者爵二級, 欲爲官者爲百石之官.』官爵之遷與斬首之功相稱也. 今有法曰:『斬首者令爲醫·匠.』則屋不成而病不已. 夫匠者手巧也, 而醫者齊藥也, 而以斬首之功爲之, 則不當其能. 今治官者, 智能也; 今斬首者, 勇力之所加也. 以勇力之所加而治智能之官. 是以斬首之功爲醫·匠也. 故曰:『二子之於法術, 皆未盡善也.』」

【申子未盡於術, 商君未盡於法也】 원본에는 "申子未盡於法也"로만 되어 있으나 〈集解〉에 "顧廣圻曰: 當云「申子未盡於術, 商君未盡於法也」. 脫去六字"라 하여 이에 의해 문장을 보충하고 바로잡음.

【治不踰官】 일을 처리함에 있어 맡은 직책 이상을 넘어서 하지 않음.

【不謂過】다른 판본에는 '是謂過'로 되어 있으나 吳汝倫의 《點勘韓非子讀本》과
 劉師培의 《韓非子斠補》에는 모두 "謂, 當作謂"이라 하여 이를 따름.
【假借】임금이 귀와 눈을 빌림을 뜻함. 정보를 얻음.
【斬一首者】《史記》秦本紀에 "斬戰士一首, 賜爵一級; 其欲爲官者五十石"이라 함.
【齊藥】약을 조제하여 만듦. '齊'는 '劑'와 같음.

商鞅 〈車裂刑圖〉

44. 설의說疑

'설의說疑'는 "의심스러운 사안을 설명하여 밝히다"는 뜻이다.
한편 의疑는 비比, 의擬, 의擬의 뜻으로 보고 있다. 즉 비슷하여 혼동을 일으키는 사이비似而非 사안들을 낱낱이 분석하여 군주로서 명석하게 관찰하고 경계로 삼아야 한다는 내용이다.

663(44-1)
인의仁義와 지능智能

무릇 정치에서 큰 것이란 상벌의 마땅함을 두고 하는 말이 아니다.

공이 없는 사람에게 상을 주거나, 죄가 없는 백성에게 벌을 내리는 것은 이른바 명찰함이 아니다. 공이 있어 상을 주고 죄가 있어 벌을 주되 그 사람을 틀리이 않게 하는 것은 바로 그 해당하는 자에게만 있을 뿐, 능히 공을 세우거나 잘못을 멈추게 할 수 있는 것은 아니다.

이 까닭으로 간악함을 금하는 법이란 가장 훌륭하기로는 법을 어기려는 마음을 금하는 것이며, 그 다음 단계라면 말을 퍼뜨리는 것을 금하는 것이며, 그 다음 단계라면 그러한 일을 금하도록 하는 것이다.

세상에 지금 모두 '임금을 높이고 나라를 안정시키는 자는 반드시 인의仁義와 지능智能으로 하고 있다'라고 말하면서 '임금을 비하하며 나라를 위태롭게 하는 자도 반드시 인의와 지능으로써 하고 있음'에 대해서는 알지 못한다.

그러므로 도를 터득한 임금이라면 인의를 멀리하고 지능을 버리고 법으로써 복종시킨다.

이로써 명예가 널리 퍼져 명성이 위엄을 가지게 되어 백성은 다스려지고 나라는 편안한 것이니 백성을 다스리는 법을 알기 때문이다.

무릇 술術이란 임금이 잡고 있어야 하는 것이며, 법法이란 관리가 모범으로 삼아야 하는 것이다.

그러나 낭중郎中으로 하여금 날마다 궁문 밖으로 도를 알려주어 날마다 국경 안 어디에나 이르도록 하여 법을 볼 수 있도록 하는 일이란 그렇게 어려운 것이 아니다.

凡治之大者, 非謂其賞罰之當也.

賞無功之人, 罰不辜之民, 非所謂明也.

賞有功, 罰有罪, 而不失其人, 方在於人者也, 非能生功止過者也.

是故禁姦之法, 太上禁其心, 其次禁其言, 其次禁其事.

今世皆曰「尊主安國者, 必以仁義智能」, 而不知「卑主危國者之必以仁義智能」也.

故有道之主, 遠仁義, 去智能, 服之以法.

是以譽廣而名威, 民治而國安, 知用民之法也.

凡術也者, 主之所以執也; 法也者, 官之所以師也.

然使郎中日聞道於郎門之外, 以至於境內日見法, 又非其難者也.

【所以執】임금이 잡고 있어야 할 가장 중요한 도구.

【智能】지혜와 능력.

【郎中】임금의 곁에서 시중드는 사람. 여기서는 임금의 명령이나 법을 밖으로 전달하는 임무를 맡은 자임을 뜻함.

【見法】법령을 민에게 고시하여 주지시킴.

664(44-2)
나라를 망친 여섯 사람

옛날 유호씨有扈氏에게는 실도失度가 있었고, 환두讙兜에게는 고남孤男이 있었으며, 삼묘三苗에게는 성구成駒가, 걸桀에게는 후치侯侈, 주紂에게 숭후호崇侯虎, 진晉에는 우시優施가 있었으니 이 여섯 사람은 나라를 망하게 한 신하들이다.

옳은 일을 그른 것 같이 말하고, 그른 일을 옳은 것 같이 말하면서 내심은 음험하여 남을 해치고, 겉으로는 소심하고 삼가는 듯이 하여 자신이 선량한 듯이 하였고, 옛 일을 칭송하여 좋은 일을 하지 못하도록 가로막고, 그 임금을 마음대로 움직여 정밀하고 은밀한 정보를 모아 자신이 좋아하는 쪽으로 사태가 바뀌도록 난을 꾸몄으니 이들은 낭중이나 좌우 아주 가까운 측근의 부류들이었다.

지난 세상의 임금들 가운데 사람을 얻어 자신의 몸도 평안하고 나라도 잘 보존시킨 이가 있기도 하며, 혹은 사람을 얻어 자신의 몸도 위태로워지고 나라도 위험에 빠뜨린 자가 있다.

사람을 얻었다는 명목은 같았으나 그 이해는 서로 천만 배로 크게 다르니 그 때문에 임금은 좌우 측근에 대하여 신중하지 않을 수 없는 것이다.

사람의 임금이 된 자로써 진실로 신하가 하는 말을 명확하게 살피기만 한다면 현賢·불초不肖의 구별이 마치 흑과 백처럼 뚜렷할 것이다.

昔者, 有扈氏有失度, 讙兜氏有孤男, 三苗有成駒, 桀是
侯侈, 紂有崇侯虎, 晉有優施, 此六人者, 亡國之臣也.

言是如非, 言非如是, 內險以賊, 其外小謹, 以徵其善;
稱道往古, 使良事沮; 善禪其主, 以集精微, 亂之以其所好;
此夫郎中左右之類者也.

往世之主, 有得人而身安國存者, 有得人而身危國亡者.

得人之名一也, 而利害相千萬也, 故人主左右不可不
愼也.

爲人主者誠明於臣之所言, 則別賢不肖如黑白矣.

【有扈氏】 고대 부락 민족 이름. 지금의 陝西 鄠縣 甘亭에 분포했던 고대 부락
이며 나라, 민족 이름. '戶氏'로도 표기함. 《史記》 夏本紀에 禹의 아들 啓가
천자로 즉위하자 有扈氏가 불복하여 啓가 甘에서 이들을 쳐서 멸망시켰다
하였음. 한편 《尙書》 甘誓는 바로 이때의 誓詞를 기록한 것임.
【失度】 인명. 有扈氏의 군주의 재상. 《路史》 夏后紀에 "戶氏不恭, 信相失度, 威侮
五行"이라 함.
【讙兜氏】 '驩兜'로도 표기하며 堯임금 때의 부락 이름. 小國. 四凶의 하나. '환도'
로도 읽음.
【孤男】 '孤'는 '狐'가 아닌가 함. 狐攻. 驩兜의 嬖臣. 《路史》 國名紀에 "驩兜以嬖
臣狐攻專權亡國"이라 함.
【三苗】 '有苗'라고도 하며 고대 남방 지금의 湖南, 湖北, 江西 일대에 분포하여
강한 힘을 가졌던 부족 이름. 《戰國策》 魏策(1)에 "昔者, 三苗之居, 左彭蠡之波,
右有洞庭之水, 文山在其南, 而衡山在其北. 恃此險也, 爲政不善, 而禹放逐之"
라 함.
【成駒】 三苗의 군주에게 사랑을 받아 나라를 망친 사람 이름일 것으로 보임.
【桀】 夏나라 末王. 이름은 癸. 妹喜에게 빠져 무도한 짓을 저질렀으며 殷의 湯王
에게 망함. 殷나라 末王 紂와 함께 '桀紂'라 하여 폭군의 전형으로 거론됨. 《史記》

夏本紀를 참조할 것.《十八史略》(1)에 "孔甲之後, 歷王皐·王發·王履癸. 號爲桀, 貪虐, 力能伸鐵鉤索. 伐有施氏, 有施以末喜女焉, 有寵, 所言皆從, 爲傾宮瑤臺, 殫民財. 肉山脯林, 酒池可以運船, 糟堤可以望十里, 一鼓而牛飮者三千人, 末喜 以爲樂. 國人大崩, 湯伐夏, 桀走鳴條而死"라 함.

【侯侈】'隹侈'여야 함. 桀의 惡行을 더욱 助長했던 嬖臣. '侯'는 '隹'의 오기.《墨子》 所染篇과 明鬼篇에는 '推哆'로,《晏子春秋》諫篇과《漢書》古今人表에는 '推侈'로,《呂氏春秋》簡選篇과《淮南子》主術訓에는 '推移'로 되어 있음.《路史》 에는 "桀以羊莘·侯(隹)哆爲相"이라 함.

【紂】 殷의 末王. 폭군으로 널리 알려짐. 帝辛, 商辛으로도 부르며 帝乙의 아들. 妲己에게 빠져 '炮烙之刑'과 '酒池肉林' 등의 악한 고사를 가지고 있으며 周 文王(姬昌)을 羑里(牖里)에 가두는 등 周나라와 맞서다가 武王(姬發)에게 망함.

【崇侯虎】 崇 땅에 봉해졌던 우두머리. 지금의 陝西 鄠縣 동쪽 豐城을 근거지로 하고 있었음. 殷末 紂의 寵臣이었으며 西伯 昌(文王)을 참훼하였음.

【優施】 춘추시대 晉 獻公의 배우 이름. 獻公 부인 驪姬와 사통하면서 태자 申生을 핍박하여 重耳와 夷吾 등이 모두 국외로 망명함. 驪姬는 자신의 소생 奚齊를 임금으로 세워 晉나라에 큰 분란을 조성하였음.

【小謹】 소심하고 삼감.

【徵其善】 선량한 겉모습을 꾸밈. '徵'은 證明함. 實證함.

【稱道往古】 옛날에 있던 일을 칭찬삼아 말함. 道는 言자와 같은 뜻.

665(44-3)
열두 사람의 잘못

무릇 허유許由·속아續牙·진晉나라 백양伯陽·진秦나라 전힐顚頡·위衛나라
교여僑如·호불계狐不稽·중명重明·동불식董不識·변수卞隨·무광務光·백이伯夷·
숙제叔齊 등의 열두 사람은 모두 위로 이익을 보아도 기꺼워하지 않았고,
아래로 어려움에 임해서도 두려워하지 않았으며, 혹 천하를 준다고 하더
라도 취하지 않았고, 치욕스런 이름이 있는 일이라면 그로 인한 식곡食穀의
이익도 즐겨하지 않았다.

무릇 이익을 보아도 즐거워하지 않으니 윗사람이 비록 후한 상으로도
그를 권할 수 없고, 어려움에 임해서도 두려워하지 않으니 윗사람이 비록
엄한 형벌을 내린다 해도 그를 위협할 수가 없다. 이를 일러 명령에 따르게
할 수 없는 백성이라 한다.

이 열두 사람은 혹 동굴 속에 엎드려 죽기도 하고, 혹 초목 사이에서
말라 죽기도 하며, 혹 산골짜기에서 굶어죽기도 하고, 혹 냇물에 뛰어들어
빠져 죽기도 하였다.

이와 같은 백성이 있어 옛날 성왕도 모두가 그들을 신하로 삼을 수가
없었는데 지금과 같은 세상에 앞으로 이들을 어찌 등용하겠는가?

若夫許由·續牙·晉伯陽·秦顚頡·衛僑如·狐不稽·
重明·董不識·卞隨·務光·伯夷·叔齊, 此十二人者, 皆上見利不喜, 下臨難不恐, 或與之天下而不取, 有萃辱之名, 則不樂食穀之利.

夫見利不喜, 上雖厚賞無以勸之; 臨難不恐, 上雖嚴刑, 無以威之: 此之謂不令之民也.

此十二人者, 或伏死於窟穴, 或槁死於草木, 或飢餓於山谷, 或沈溺於水泉.

有民如此, 先古聖王皆不能臣, 當今之世, 將安用之?

【許由】 고대 隱士. 許繇로도 표기하며 堯가 천하를 그에게 물려주려 하자 箕山으로 숨어 농사를 지으며 살다가 다시 九州의 長을 맡아 달라 하자 潁水에 귀를 씻었다 함. 《高士傳》 및 《莊子》를 참조할 것.

【續牙】 이하 晉伯陽·秦顚頡·衛僑如·狐不稽·重明·董不識 등은 모두 고대 고결한 선비. 《戰國策》 齊策에 顔斶이 齊 宣王에게 "堯有九佐, 舜有七友"라 하였고, 注에 "雄陶, 方回, 續牙, 伯陽, 東不訾, 秦不虛, 靈甫"라 하였고, 陶淵明의 〈聖賢群輔錄〉에 舜의 七友로 "雄陶(雒陶), 方回, 續牙, 伯陽, 東不訾(董不識), 秦不虛(秦不空), 靈甫 등이 있다 하여 그들의 일부로 보임. '狐不稽'는 《莊子》 大宗師에 '狐不偕'로 이름이 보이며 '董不識'은 '東不訾'로도 보임.

【卞隨·務光】 夏商 때의 高士. 湯이 夏나라를 멸하고 천하를 卞隨에게 물려주려 하자 卞隨는 받지 않았을 뿐만 아니라 桐水에 투신하여 죽음. 이에 다시 務光에게 양보하려 하자 務光 또한 돌을 짊어지고 盧水에 뛰어들어 죽었다 함. 《戰國策》 秦策(5)의 高誘 注에 "卞隨·務光, 湯時隱士. 湯伐桀, 以天下讓之, 二人曰:「爾爲不義, 欲以慢我也.」 自沉於淸冷之淵"이라 함. 《莊子》 襄王篇을 볼 것.

【伯夷·叔齊】 殷나라 말 孤竹國의 王子. 아우 叔齊와 서로 왕 자리를 양보하다가 周 文王의 어짊을 듣고 찾아갔으나 문왕은 이미 죽고 그 아들 武王이 殷의 紂를 정벌하러 나서는 것을 보고 下剋上이라 여겨 곡식을 먹지 않겠다고 首陽山에 올라 採薇하다가 굶어죽음. 고결한 사람으로 널리 거론됨. 《孟子》 公孫丑(下)에 "伯夷, 非其君不事, 非其友不友. 不立於惡人之朝, 不與惡人言. 立於惡人之朝, 與惡人言, 如以朝衣朝冠, 坐於塗炭. 推惡惡之心, 思與鄕人立, 其冠不正, 望望然去之, 若將浼焉"이라 함. 《史記》 伯夷列傳을 참조할 것.

【萃辱之名】비열하고 욕된 자리라는 소문. '萃'는 '卑'자로 보기도 하고 또는 '瘁'로 보아 '고통스럽고 욕된 명분'으로도 풀이함.

【食穀】벼슬하여 봉록을 받음. '穀'은 '祿'과 같은 뜻임.《論語》憲問篇 "邦有道, 穀"의 何晏〈集解〉에 "孔曰: 穀, 祿也. 邦有道, 當食祿"이라 함.

【不令之民】어떠한 명령에도 따르지 않는 독특한 인간형.

> 참고 및 관련 자료

1.《莊子》外物篇

堯與許由天下, 許由逃之; 湯與務光, 務光怒之.

2.《莊子》讓王篇

湯將伐桀, 因卞隨而謀, 卞隨曰:「非吾事也.」湯曰:「孰可?」曰:「吾不知也.」湯又因務光而謀: 務光曰:「非吾事也.」湯曰:「孰可?」曰:「吾不知也.」湯曰:「伊尹如何?」曰:「强力忍垢, 吾不知其他也.」湯遂與伊尹謀伐桀, 剋之, 以讓卞隨. 卞隨辭曰:「后之伐桀也謀乎我, 必以我爲賊也; 勝桀而讓我, 必以我爲貪也. 吾生乎亂世, 而无道之人再來漫我以其辱行, 吾不忍數聞也.」乃自投椆水而死. 湯又讓務光曰:「知者謀之, 武者遂之, 仁者居之, 古之道也. 吾子胡不立乎?」務光辭曰:「廢上, 非義也; 殺民, 非仁也; 人犯其難, 我享其利, 非廉也. 吾聞之曰: 非其義者, 不受其祿, 无道之世, 不踐其土. 況尊我乎! 吾不忍久見也.」乃負石而自沈於盧水.

3.《呂氏春秋》離俗篇

湯將伐桀, 因卞隨而謀. 卞隨辭曰:「非吾事也.」湯曰:「孰可?」卞隨曰:「吾不知也.」湯又因務光而謀. 務光曰:「非吾事也.」湯曰:「孰可?」務光曰:「吾不知也.」湯曰:「伊尹何如?」務光曰:「彊力忍詢, 吾不知其他也.」湯遂與伊尹謀夏伐桀, 克之, 以讓卞隨. 卞隨辭曰:「后之伐桀也, 謀乎我, 必以我爲賊; 勝桀而讓我, 必以我爲貪也. 吾生乎亂世, 而無道之人再來詢我, 吾不忍數聞也.」乃自投於潁水而死. 湯又讓於務光曰:「智者謀之, 武者遂之, 仁者居之, 古之道. 吾子胡不位之? 請相吾子」務光辭曰:「廢上, 非義也; 殺民, 非仁也. 人犯其難, 我享其利, 非廉. 吾聞之: 非其義, 不受其利, 無道之世, 不踐其土, 況於尊我乎? 吾不忍久見也.」乃負石而沈於募水.

666(44-4)
간쟁에 지독했던 여섯 사람

이를테면 관룡봉關龍逢·왕자王子 비간比干·수隨 계량季梁·진陳 설야泄冶·
초楚 신서新胥·오吳 자서子胥 같은 여섯 사람은 모두 격하게 다투고 강하게
간언하여 그 군주를 이겨낸 자들이었다.

자신의 의견이 받아들여지고 일이 실행되면 마치 스승과 제자 사이
같은 형세지만 한 마디라도 받아들여지지 않거나, 한 가지 일이라도 실행
되지 않으면 말로써 그 군주를 능멸하고 뒤 따라 위협을 가하여 비록 몸은
죽고 집이 무너지고, 허리와 목이 제대로 붙어 있지 못하며, 손발이 따로
나뉘는 형벌이 가해지더라도 해낼 수 없는 일이라 여기지 않았다.

이와 같은 신하들은 옛날 성왕도 차마 어찌할 수가 없었는데 오늘날
이라고 해서 앞으로 이들을 어찌 등용할 수 있겠는가?

若夫關龍逢·王子比干·隨季梁·陳泄冶·楚申胥·吳
子胥, 此六人者, 皆疾爭强諫以勝其君.

言聽事行, 則如師徒之勢; 一言而不聽, 一事而不行,
則陵其主以語, 從之以威, 雖身死家破, 要領不屬, 手足
異處, 不難爲也.

如此臣者, 先古聖王皆不能忍也, 當今之時, 將安用之?

【關龍逄】夏王朝의 마지막 폭군인 桀을 간하다가 살해당한 충신. 판본에 따라서는 '逄'자를 '逢'자로 표기하기도 함.

【比干】殷나라 王子. 紂의 叔父로 紂의 惡政을 諫하다가 心臟이 찢기는 변을 당함. 比 땅에 봉을 받아 比干으로 부름. 《史記》 殷本紀에는 "比干乃強諫紂. 紂怒曰:「吾聞聖人心有七竅, 剖比干觀其心.」"이라 하였고, 《十八史略》(1)에도 "紂淫虐甚, 庶兄微子數諫, 不從, 去之. 比干諫, 三日不去, 紂怒曰:「吾聞聖人之心有七竅.」剖而觀其心, 箕子佯狂爲奴, 紂囚之, 殷大師, 持其樂器祭器奔周"라 함.

【隨季梁】隨는 지명이며 고대 小國이며 姬姓. 지금의 湖北 隨縣 고대 隨城. 季梁은 그 나라의 대부. 隨君의 楚나라 군사 추격을 막도록 간언함. 《左傳》 桓公 6년을 볼 것.

【陳泄冶】陳나라 대부. 陳나라는 周 武王이 虞舜의 후예 胡公을 陳 땅에 세워준 제후국. 도읍은 宛丘(지금의 河南 淮陽縣)였으며 뒤에 楚나라에게 망함. '洩冶'로도 표기하며 陳 靈公이 대부 孔寧, 儀行父 등과 함께 夏姬를 사통하며 그녀의 속옷으로 戲謔함을 보고 간언하다가 죽임을 당함. 《左傳》 宣公 9년을 볼 것.

【楚申胥】楚는 남방 대국으로 周 成王이 熊繹을 봉하였으며 도읍은 丹陽(지금의 湖北 秭歸縣). 春秋시대 이미 王을 일컬었으며 전국시대 七雄에 오름. 申胥는 楚나라 신하 葆申(保申)을 가리킴. 葆申은 楚 文王의 신하로 문왕이 茹黃(如黃)이라는 사냥개와 宛路라는 좋은 화살을 얻자 雲夢에 나가 사냥을 즐기며 돌아오지 않고, 다시 丹姬(丹望)라는 여인을 얻어 정사를 게을리 하자 극간한 일로 유명함. 《呂氏春秋》 直諫篇과 《說苑》 正諫篇을 볼 것.

【吳子胥】吳나라 伍子胥. 춘추시대 楚나라 출신으로 이름은 伍員. 그 아버지 伍奢와 형 伍尙이 자신으로 인해 平王에게 살해당하자 吳나라로 달아난 뒤 楚나라를 쳐서 원수를 갚기도 하였으며 吳王을 도와 越王 句踐에게 승리를 거두는 등 큰 활약을 하였으나 마침내 夫差에게 죽임을 당함. 《史記》 伍子胥列傳을 볼 것.

【疾爭】과격하게 간함. '爭'은 '諍'과 같음.

【師徒之勢】신하가 스승이 되어 군주를 제자 대하듯 하는 자세.

【從之】행동을 이어감. '從'은 '繼'와 같음.

【要領不屬】'要'는 '腰'와 같음. 허리나 목이 잘리는 형벌. '斬刑'의 다른 말.

【手足異處】손발이 찢겨 시신이 해체됨. 車裂刑의 다른 표현.

【不難爲】어렵다고 여기지 않고 해냄.

1.《左傳》桓公 6年 傳

楚武王侵隨, 使薳章求成焉, 軍於瑕以待之. 隨人使少師董成. 鬪伯比言于楚子曰:
「吾不得志於漢東也, 我則使然. 我張吾三軍, 而被吾甲兵, 以武臨之, 彼則懼
而協以謀我, 故難閒也. 漢東之國, 隨爲大. 隨張, 必弃小國. 小國離, 楚之利也.
少師侈, 請羸師以張之.」熊率且比曰:「季梁在, 何益?」鬪伯比曰:「以爲後圖,
少師得其君.」王毀軍而納少師. 少師歸, 請追楚師. 隨侯將許之. 季梁止之,
曰:「天方授楚, 楚之羸, 其誘我也. 君何急焉? 臣聞小之能敵大也, 小道大淫.
所謂道, 忠於民而信於神也. 上思利民, 忠也; 祝史正辭, 信也. 今民餒而君逞欲,
祝史矯擧以祭, 臣不知其可也.」公曰:「吾牲牷肥腯, 粢盛豐備, 何則不信?」
對曰:「夫民, 神之主也, 是以聖王先成民而後致力於神. 故奉牲以告『博碩肥腯』,
謂民力之普存也, 謂其畜之碩大蕃滋也, 謂其不疾瘯蠡也, 謂其備腯咸有也;
奉盛以告『絜粢豐盛』, 謂其三時不害而民和年豐也; 奉酒醴以告『嘉栗旨酒』,
謂其上下皆有嘉德而無違心也. 所謂馨香, 無讒慝也. 故務其三時, 修其五敎,
親其九族, 以致其禋祀, 於是乎民和而神降之福, 故動則有成. 今民各有心, 而鬼
神乏主; 君雖獨豐, 其何福之有? 君姑修政, 而親兄弟之國, 庶免於難!」隨侯
懼而修政, 楚不敢伐.

2.《左傳》宣公 9年 傳

陳靈公與孔寧·儀行父通於夏姬, 皆衷其衵服, 以戲于朝. 洩冶諫曰:「公卿宣淫,
民無效焉, 且聞不令. 君其納之!」公曰:「吾能改矣.」公告二子, 二子請殺之.
公弗禁, 遂殺洩冶.

3.《說苑》君道篇

陳靈公行僻而言失. 泄冶曰:「陳其亡矣! 吾驟諫君, 君不吾聽而愈失威儀. 夫上
之化下, 猶風靡草, 東風則草靡而西, 西風則草靡而東, 在風所由, 而草爲之靡,
是故人君之動 不可不愼. 夫樹曲木者, 惡得直景? 人君不直其行, 不敬其言者,
未有能保帝王之號, 垂顯令之名者也. 易曰:『夫君子居其室, 出其言善, 則千里
之外應之, 況其邇者乎? 居其室, 出其言不善, 則千里之外違之, 況其邇者乎?
言出於身, 加於民; 行發乎邇, 見乎遠. 言行君子之樞機, 樞機之發, 榮辱之主,
君子之所以動天地, 可不愼乎?』天地動而萬物變化. 詩曰:『愼爾出話, 敬爾
威儀, 無不柔嘉.』此之謂也. 今君不是之愼, 而縱恣焉, 不亡必弑.」靈公聞之,
以泄冶爲妖言, 而殺之, 後果弑於徵舒.

4. 《呂氏春秋》直諫篇

荊文王得茹黃之狗　宛路之矰, 以畋於雲夢, 三月不反, 得丹之姬, 淫, 期年不聽朝. 葆申曰:「先王卜以臣爲葆, 吉. 今王得茹黃之狗　宛路之矰, 畋三月不反; 得丹之姬, 淫, 期年不聽朝. 王之罪當笞.」王曰:「不穀免衣繦緥而齒於諸侯, 願請變更而無笞.」葆申曰:「臣承先王之令, 不敢廢也, 王不受笞, 是廢先王之令也. 臣寧抵罪於王, 毋抵罪於先王.」王曰:「敬諾.」引席, 王伏. 葆申束細荊五十, 跪而加之於背, 如此者再, 謂王起矣, 王曰:「有笞之名, 一也.」遂致之. 申曰:「臣聞君子恥之, 小人痛之, 恥之不變, 痛之何益?」葆申趣出, 自流於淵, 請死罪. 文王曰:「此不穀之過也, 葆申何罪.」王代變更, 召葆申, 殺茹黃之狗, 析宛路之矰, 放丹之姬. 後荊國兼三十九, 令荊國廣大至此者, 葆申之力也. 極言之功也.

5. 《說苑》正諫篇

荊文王得如黃之狗, 菌簬之矰, 以畋於雲夢, 三月不反; 得舟之姬, 淫朞年不聽朝. 保申諫曰:「先王卜以臣爲保吉, 今王得如黃之狗, 菌簬之矰, 畋於雲澤, 三月不反; 及得舟之姬, 淫朞年不聽朝, 王之罪當笞.」匍伏將笞王, 王曰:「不穀免於襁褓, 託於諸侯矣, 願請變更而無笞.」保申曰:「臣承先王之命, 不敢廢, 王不受笞, 是廢先王之命也; 臣寧得罪於王, 無負於先王.」王曰:「敬諾.」乃席王, 王伏, 保申束細箭五十, 跪而加之王背, 如此者再, 謂王起矣. 王曰:「有笞之名一也.」遂致之. 保申曰:「臣聞之, 君子恥之, 小人痛之; 恥之不變, 痛之何益?」保申趨出, 欲自流, 乃請罪於王, 王曰:「此不穀之過, 保將何罪?」王乃變行從保申, 殺如黃之狗, 折菌簬之矰, 逐舟之姬, 務治乎荊; 兼國三十, 令荊國廣大至於此者, 保申敢極言之功也. 蕭何·王陵聞之曰:「聖主能奉先世之業, 而以成功名者, 其惟荊文王乎! 故天下譽之至今, 明主忠臣孝子以爲法.」

667(44-5)
신하로써 전횡을 부린 아홉 사람

이를테면 제齊 전항田恒·송宋 자한子罕·노魯 계손의여季孫意如·진晉 교여僑如·위衛 자남경子南勁·정鄭 태재太宰 흔欣·초楚 백공白公·주周 선도單荼·연燕 자지子之 같은 아홉 사람은 남의 신하가 되어 모두 작당하여 그 임금을 섬기면서 정도는 은폐하고 사곡私曲된 짓을 행하여, 위로는 임금을 핍박하고 아래로는 치안을 어지럽혔으며, 외세를 끌어들여 국내를 흔들며, 아랫사람을 꾀어 윗사람에게 배반을 꾀하는 짓을 전혀 어려운 일이라 여기지 않고 해낸 자들이다.

이와 같은 신하들은 오직 성왕이나 지혜로운 군주만이 능히 억누를 수 있었으니 만약 어둡고 혼란한 임금이라면 능히 그것을 알아차릴 수나 있겠는가?

若夫齊田恆·宋子罕·魯季孫意如·晉僑如·衛子南勁·鄭太宰欣·楚白公·周單荼·燕子之, 此九人者之爲其臣也, 皆朋黨比周以事其君, 隱正道而行私曲, 上逼君, 下亂治, 援升以撓內, 親下以謀上, 不難爲也.

如此臣者, 唯聖王智主能禁之, 若夫昏亂之君, 能見之乎?

【田恆】田恒. '恆'은 '恒'의 異體字. 田常, 陳常, 陳恒, 陳成子, 田成子 등으로 널리 불림. 簡公을 유폐시켜 시살한 인물. '陳恆'으로도 표기하며 '恆'은 '恒'의 異體字. 원래 그의 선조 陳完(田完, 敬仲)은 陳나라 출신으로 齊나라에 옮겨와 정착하여 田氏로 성을 바꾸었으며 차츰 세력을 키워 卿에 오른 다음, 그 후손이 뒤에 姜氏(姜太公의 후손)의 齊나라를 차지하여 戰國시대 田氏齊를 세움. 《史記》 田敬仲完世家 참조.

【子罕】黃喜. 전국시대 宋나라 篡逆 신하. 자는 子罕. 宋나라 司城(司空)을 지냈으며 戴驩과 정권 다툼 속에 宋 桓侯를 시해하고 宋나라 정권을 탈취함.

【季孫意如】魯나라 대부 季平子. 季悼子(季孫紇)의 아들이며 季武子(季孫宿)의 손자. 悼子가 아버지 武子보다 먼저 죽어 나중에 平子가 집안의 후계자가 됨. 《公羊傳》에는 '隱如'로 되어 있음. 魯 昭公을 몰아내고 노나라 정권을 독단함. 《左傳》昭公 25년을 볼 것.

【晉喬如】魯나라 叔孫僑如. '晉'은 연문. '喬如'는 '僑如'로도 표기하며 叔孫宣伯으로도 불림. 叔孫得臣의 아들. 得臣이 翟의 군주 僑如를 잡아 처단한 기념으로 아들 이름을 '僑如'로 지어 叔孫僑如가 됨. 고대 풍습의 하나였다 함. 《左傳》文公 11년 孔穎達 疏에 "此三子未必同年而生, 或生託待事, 或事後始生, 欲以章己功, 取彼名而名之也"라 함. 成公의 어머니 穆姜과 사통하며 孟孫氏와 季孫氏를 없애려다가 실패하자 齊나라로 달아났다가 다시 衛나라로 달아남. 《左傳》成公 10년을 볼 것.

【子南勁】衛나라 將軍文子의 후손. 《史記》周本紀 "號曰周子南君"의 〈集解〉에 臣瓚의 말을 인용하여 "《汲冢古文》謂衛將軍文子爲子南彌牟, 其後有子南勁, 朝於魏, 後惠成王如衛, 命子南爲侯"라 하였고, 〈正義〉에 顏師古의 말을 인용하여 "子南, 其封邑之號, 瓚言子南爲氏, 恐非"라 하였으나 《史記》衛世家에 "郢, 靈公少子也, 字子南"이라 하였으며 그가 子南彌牟를 낳아 衛나라 將軍文子였음. 그 후손으로 子南勁이 있었고 魏나라의 힘을 빌어 衛侯가 된 것임.

【欣】鄭나라 태재를 지낸 인물. 구체적으로는 알 수 없음. 顧廣圻의 《韓非子識誤》에 "未詳, 下文云: 太宰欣取鄭"이라 함.

【白公】白公 勝. 勝은 이름. 춘추시대 楚 平王의 建의 아들. 伍子胥가 망명할 때 그를 데리고 鄭나라로 달아나자 鄭나라는 楚나라의 보복이 두려워 建을 죽여 버렸음. 伍子胥는 建의 아들 勝을 데리고 吳나라로 달아나고 마침내, 오자서는 吳나라 군사를 이끌고 楚나라를 공격하여 수도 郢까지 들어갔음.

이렇게 되자 楚나라 令尹 子西는 勝을 불러들여 巢大夫로 삼고 號를 白公이라 일컬어 주었음. 백공은 子西에게 청하여 鄭나라를 쳐서 아버지의 원수를 갚자고 하였지만 자서는 대답만 해놓고 실행치 않다가 도리어 晉나라를 쳐서 鄭나라를 구해 주었음. 백공은 이에 子西를 죽여 버렸으며 이렇게 일이 벌어지자 平王의 손자 惠王은 달아나고 백공이 즉위하여 왕이 되었음. 이에 葉公(沈諸梁)이 백공을 죽이고 惠王을 복위시켰음.

【單荼】周나라 畿內의 侯를 지낸 卿士.《國語》와《左傳》등에 周나라 卿士로써 單襄公, 單靖公, 單獻公, 單穆公 등이 있어 이들의 후손으로 주나라에 실권을 잡고 횡포를 부린 인물로 여겨짐. '單'은 '선'으로 읽음.

【子之】燕나라 재상. 蘇代와 혼인관계를 맺고 蘇代로 하여금 燕王 噲에게 나라를 禪讓하면 堯舜과 같은 聖人으로 추앙받을 것이라 유혹하여 왕의 자리를 자지에게 물려주도록 하였음. 이로 인해 연나라는 큰 혼란에 빠졌으며 뒤에 제나라의 공격을 받아 죽임을 당함.《戰國策》燕策 및《史記》燕世家 참조.

【隱正道】正道는 法術을 가리키며 이를 掩蔽하여 뜻을 펴지 못하도록 함.

【行私曲】私曲은 사사롭게 私利를 챙기며 歪曲된 짓을 함.

【親下】아랫사람에게 인심을 얻어 이들을 꾀어 자신의 뜻을 폄.

참고 및 관련 자료

1.《左傳》昭公 25年 및 成公 10年을 참조할 것.

668(44-6)
신하의 직분을 다한 열다섯 사람

이를테면 후직后稷, 고요皋陶, 이윤伊尹, 주공단周公旦, 태공망太公望, 관중管仲, 습붕隰朋, 백리해百里奚, 건숙蹇叔, 구범舅犯, 조쇠趙衰, 범려范蠡, 대부종大夫種, 봉동逢同, 화등華登 같은 열다섯 사람은 신하가 되어 모두가 아침 일찍 일어나고 밤늦게 잠자리에 들며 자신을 낮추어 몸을 천히 여겨 마음을 삼가며 뜻을 깨끗이 하였으며, 형벌을 분명히 하고 맡은 직분에 힘써서 그 임금을 섬기되, 좋은 말로 진언하고 도법道法에 통달하면서도 그 훌륭함을 감히 자랑하지 않았으며 성공하여 일을 세우면서도 그 공로를 감히 자랑하지 않았으며, 자신의 집이 부서지더라도 나라를 편안히 하고, 자신의 몸이 죽더라도 임금이 안전하도록 하는 일을 어렵게 여기지 않았으며, 그 임금을 높은 하늘이나 태산泰山처럼 높이면서도 그 자신은 산골짜기나 웅덩이같이 낮게 여겼고, 임금이 밝은 명성과 넓은 칭찬이 나라 안에 드러나도록 하면서도 자신은 산골짜기나 웅덩이 같이 낮추기를 어렵다 여기지 않은 이들이다.

이와 같은 신하들은 비록 어둡고 혼란한 임금을 만난다 해도 오히려 공을 세울 수 있었는데 하물며 총명함이 드러난 임금을 만났을 경우에랴?

이를 일러 패왕霸王의 보좌라고 하는 것이다.

若夫后稷·皋陶·伊尹·周公旦·太公望·管仲·隰朋·
百里奚·蹇叔·舅犯·趙衰·范蠡·大夫種·逢同·華登,

此十五人者爲其臣也, 皆夙興夜寐, 卑身賤體, 竦心白意; 明刑辟·治官職以事其君, 進善言·通道法而不敢矜其善, 有成功立事而不敢伐其勞; 不難破家以便國, 殺身以安主, 以其主爲高天泰山之尊, 而以其身爲壑谷鬴洧之卑; 主有明名廣譽於國, 而身不難受壑谷鬴洧之卑.

如此臣者, 雖當昏亂之主尙可致功, 况於顯明之主乎? 此謂霸王之佐也.

【后稷】원래 농사를 담당하는 堯舜시대 農政官의 관직 이름. 姬棄가 이 관직을 담당하여 흔히 姬棄를 대신하는 말로 쓰임. 희기는 周나라의 始祖.《史記》周本紀에 "周后稷, 名棄. 其母有邰氏女, 曰姜原. 姜原爲帝嚳元妃. 姜原出野, 見巨人迹, 心忻然說, 欲踐之, 踐之而身動如孕者. 居期而生子, 以爲不祥, 棄之隘巷, 馬牛過者皆辟不踐; 徙置之林中, 適會山林多人, 遷之; 而棄渠中冰上, 飛鳥以其翼覆薦之. 姜原以爲神, 遂收養長之. 初欲棄之, 因名曰棄. 棄爲兒時, 屹如巨人之志. 其游戲, 好種樹麻·菽, 麻·菽美. 及爲成人, 遂好耕農, 相地之宜, 宜穀者稼穡焉, 民皆法則之. 帝堯聞之, 擧棄爲農師, 天下得其利, 有功. 帝舜曰:「棄, 黎民始飢, 爾后稷播時百穀.」封棄於邰, 號曰后稷, 別姓姬氏. 后稷之興, 在陶唐·虞·夏之際, 皆有令德"이라 함.

【皐陶】虞舜 때 刑獄을 담당하였던 관리.《史記》五帝本紀에 "三年喪畢, 讓丹朱, 天下歸舜. 而禹·皐陶·契·后稷·伯夷·夔·龍·倕·益·彭祖自堯時而皆擧用, 未有分職. 於是舜乃至於文祖, 謀于四嶽, 辟四門, 明通四方耳目, 命十二牧論帝德, 行厚德, 遠佞人, 則蠻夷率服"이라 함.

〈고요(皐陶)〉《三才圖會》

【伊尹】殷나라 湯王의 재상. 이름은 摯. 湯이 有莘氏의 딸을 아내로 맞을 때 滕臣으로 따라가면서 조리 기구를 짊어지고 가서 주방장이 되어 湯에게 접근하였음. 뒤에 탕에게 발탁되어 재상에 올랐으며 夏의 末王 桀을 쳐서 殷왕조를 일으키는 데에 큰 공을 세웠음.《史記》殷本紀 및《墨子》尙賢篇을 볼 것.

【周公旦】姬旦. 周 文王(姬昌)의 아들이며 武王(姬發)의 아우. 武王을 도와
商(殷)의 紂를 멸하였으며 周나라 文物制度를 완비함. 조카 成王(姬誦)이 어려
즉위하자 7년간 섭정함. 管叔과 蔡叔이 武庚을 부추겨 난을 일으키자 東征하여
진압하고 洛陽을 成周로 건설하기도 함. 魯나라 曲阜를 봉지로 받아 魯나라
시조가 됨. 儒家에서 聖人으로 높이 받듦.《史記》魯周公世家 참조.

【太公望】姜子牙, 姜尙. 太公望. 呂尙. 姜太公. 渭水 가에서 낚시질 하다가 文王
에게 발탁됨. 師尙父로 존칭하였으며 殷紂를 멸한 뒤 齊나라에 봉을 받아
齊나라 시조가 됨.

【管仲】管夷吾. 춘추시대 齊나라 인물. 夷吾는 이름이며 仲은 그의 字. 齊 桓公을
첫 霸者로 성취시킨 인물. 처음 齊나라에 난이 일어나 公子들이 뿔뿔이 흩어질
때 管仲은 公子 糾를 모시고 魯나라로 피신하였으며 鮑叔은 小白을 모시고
거나라로 피신함. 뒤에 난이 끝나고 먼저 귀국하는 자가 왕위에 오르게 되어
있었으며 이 때 管仲은 小白 일행이 오는 길목을 지키다가 활로 小白을 쏘았
으나 小白이 허리띠 고리에 맞고 죽은 척 쓰러져 있다가 지름길로 들어가 먼저
왕위에 올랐으며 이가 환공임. 이에 공자 규와 관중 일행은 귀국하지 못하고
처벌을 기다렸으나 鮑叔의 추천으로 환공의 재상이 되어 제나라를 부강하게
만들었으며 재상에 오름. 환공이 그를 높여 仲父라 일컬었음.《史記》管晏列傳
및《列子》등을 참조할 것. '管鮑之交' 등의 많은 고사를 남겼으며 그의 사상과
언행을 기록한《管子》가 전함.

【隰朋】齊 桓公을 모셨던 齊나라 대부. 齊 莊公의 증손으로 같은 姜姓에서 나왔
으며 戴仲의 아들 成子.

【百里奚】자는 井伯. 百里傒로도 표기하며 百里는 성. 五羖(五羧)大夫라 불림.
처음에는 虞公을 섬겼으나 7년 동안 그 정치가 그른 것을 보고 낙담하다가
晉이 虞를 쳐 포로가 되어 秦으로 가는 길에 달아나 楚나라로 가서 목동이
되었음. 秦 穆公에게 발탁되어 그를 패자로 만들었음. 穆公이 그를 楚나라에서
다섯 마리 검은 양가죽 값으로 샀으므로 '五羧大夫'라 부름.《史記》秦本紀에
그의 일화가 실려 있음.

【蹇叔】百里奚의 친구. 識見이 있었으며 秦 穆公에게 백리해를 추천하여 秦나라를
크게 부흥시킴.

【舅犯】春秋시대 晉나라 대부 狐偃. 자는 子犯. 晉 文公(重耳)의 외삼촌. 그 때문에
'舅犯'이라 부름. 또는 '咎犯'으로도 표기함. 晉 文公의 19년 망명 생활을 따라
다녔으며 重耳가 귀국하여 즉위하자 문공을 패자로 성공시킴.《史記》晉世家 및

《左傳》,《國語》등을 참조할 것.

【趙衰】역시 춘추시대 晉 文公을 도왔던 대부. 자는 子餘. 시호는 成子. 成季로도 부르며 그 후손이 대대로 晉나라 경이 되었으며 뒤에 三晉의 하나이며 戰國 七雄의 하나인 趙나라를 일으킴.

【范蠡】越나라 공신. 越王 句踐을 도와 吳王 夫差를 멸한 뒤 이름을 鴟夷子皮로 바꾸고 家屬과 財物을 싣고 몰래 陶라는 곳에 이르러 상업을 일으켜 큰 부자가 되어 陶朱公이라 불림.《史記》越王句踐世家를 참조할 것. 한편《史記》貨殖 列傳에는 "范蠡既雪會稽之恥, 乃喟然而歎曰:「計然之策七, 越用其五而得意. 既已施於國, 吾欲用之家.」乃乘扁舟浮於江湖, 變名易姓, 適齊爲鴟夷子皮, 之陶 爲朱公. 朱公以爲陶天下之中, 諸侯四通, 貨物所交易也. 乃治産積居, 與時逐而 不責於人. 故善治生者, 能擇人而任時. 十九年之中三致千金, 再分散與貧交疏 昆弟. 此所謂富好行其德者也. 後年衰老而聽子孫, 子孫脩業而息之, 遂至巨萬. 故言富者皆稱陶朱公"이라 함.

【大夫種】大夫 文種. 춘추시대 楚나라 사람으로 越나라로 가서 대부가 됨. 范蠡와 함께 越王 句踐을 도와 吳王 夫差를 멸하는 과정에 많은 일화와 공을 낳음. 吳를 멸한 뒤 范蠡가 文種에게 句踐에게서 떠날 것을 권하였으나 이를 듣지 않고 있다가 句踐에게 죽임을 당함.《史記》越王句踐世家 및《左傳》, 《國語》등을 참조할 것.

【逢同】춘추시대 越나라 대부.《史記》越王句踐世家에 "句踐自會稽歸七年, 拊循 其士民, 欲用以報吳. 大夫逢同諫曰:「國新流亡, 今乃復殷給, 繕飾備利, 吳必懼, 懼則難必至. 且鷙鳥之擊也, 必匿其形. 今夫吳兵加齊・晉, 怨深於楚・越, 名高 天下, 實害周室, 德少而功多, 必淫自矜. 爲越計, 莫若結齊, 親楚, 附晉, 以厚吳. 吳之志廣, 必輕戰. 是我連其權, 三國伐之, 越承其弊, 可克也」句踐曰:「善.」"이라 하여 오나라를 멸하는 중요한 계책을 낸 것으로 실려 있음.

【華登】춘추시대 吳나라 대부. 원래 宋나라 華費遂의 아들. 宋나라에 華氏들이 난을 일으켰다가 패하자 吳나라에 망명하여 大夫가 됨.《左傳》昭公 20년에 "宋華・向之亂, 公子城・公孫忌・樂舍・司馬彊・向宜・向鄭・楚建・郳甲出奔鄭. 戊辰, 華・向奔陳, 華登奔吳"라 함.《國語》吳語에도 華登에 관한 기사가 실려 있음.

【夙興夜寐】夙은 이른 아침이며 夜는 깊은 밤. 아침 일찍 일어나 일을 시작하여 밤늦어서야 잠자리에 듦.《詩經》衛風 氓에 "三歲爲婦, 靡室勞矣. 夙興夜寐, 靡有朝矣"라 하였고, 小雅 小宛에도 "我日斯邁, 而月斯征. 夙興夜寐, 無忝爾所生"

이라 하였으며, 大雅 抑에는 "夙興夜寐, 洒掃庭內, 維民之章. 脩爾車馬, 弓矢戎兵. 用戒戎作, 用遏蠻方"이라 함.

【竦心白意】 '竦'은 '敬'과 같음. 《說文》에 "竦, 敬也"라 함. '愼'과 같음. '白'은 '潔'의 뜻.

【壑谷】 구렁텅이나 골짜기. 스스로를 낮추어 겸손히 함을 뜻함.

【鬴洧】 '鬴'는 '釜'와 같음. '洧'는 물이 고인 낮은 곳. 그러나 '鬴'는 釜水(滏水), '洧'는 洧河의 두 물로 보기도 함. 아들 물처럼 자연스럽게 낮은 곳으로 흐르는 원리처럼 자신은 임금보다 낮은 신분이므로 그러한 일을 해낼 수밖에 없다고 여겨 겸손을 보인 것이라 풀이함. 그러나 王先謙은 '釜鍑'으로 보기도 하였음.

669(44-7)
악행에 능했던 열두 사람

이를테면 주周나라 활지滑之, 정鄭나라 왕손신王孫申, 진陳 공손녕公孫寧과
의행보儀行父, 초楚, 荊나라 우윤신해荊芋尹申亥, 수隨나라 소사少師, 월越나라
종간種干·오吳나라 왕손락王孫雒·진양晉陽의 성설成泄·제齊나라 수조豎刁와
역아易牙 같은 열두 사람은 신하가 되어 모두 작은 이익만 생각하여 법의
法義를 잊고, 나아가서는 어질고 착한 사람을 가로막아 그 임금의 눈을
어둡게 하고, 물러나서는 백관들을 흔들고 혼란시켜 재앙을 만들었던
자들이다. 모두가 임금을 보필하는 자리에서 그의 욕구를 채워 주어 만약
한 가지 기쁨이라도 줄 수 있기만 하다면 비록 나라가 부서지고 백성을
죽이더라도 어렵다고 여기지 않고 저질렀다.

이와 같은 신하가 있다면 비록 성왕聖王을 모신다 해도 오히려 나라를
빼앗길까 두렵거늘 하물며 어둡고 어지러운 임금이라면 능히 나라를 잃지
않을 수 있겠는가?

신하로서 이와 같은 자가 있다면 모두가 자신은 죽고 나라는 망하여
천하에 웃음거리가 될 것이다.

그러므로 주周나라 위공威公은 그 몸은 죽고 나라는 둘로 갈라졌으며,
정鄭나라 자양子陽은 제 몸이 죽고 나라가 셋으로 갈라졌으며, 진陳나라
영공靈公은 자신이 하징서夏徵舒의 집에서 죽었고, 초楚나라 영왕靈王도
간계乾谿 물가에서 죽었으며, 수隨나라는 초나라에게 망하였고, 오吳나라는
월越에게 병합되었으며, 지백知伯은 진양晉陽 성 아래에서 멸망하였고,

환공桓公은 제 몸이 죽은 뒤 칠일 동안 시신을 거두어 주는 자도 없게 된 것이었다.

그러므로 "아첨하는 신하는 오직 성왕만이 그를 알아차릴 뿐, 어리석은 군주는 그를 가까이 하므로 자신은 죽고 나라도 망하는 지경에 이른다"라고 하는 것이다.

若夫周滑之·鄭王孫申·陳公孫寧·儀行父·荊芋尹申亥·隨少師·越種干·吳王孫頟·晉陽成泄·齊豎刁·易牙, 此十二人者之爲其臣也, 皆思小利而忘法義, 進則揜蔽賢良以陰闇其主, 退則撓亂百官而爲禍難; 皆輔其君, 共其欲, 苟得一說於主, 雖破國殺衆, 不難爲也.

有臣如此, 雖當聖王尚恐奪之, 而况昏亂之君, 其能無失乎?

有臣如此者, 皆身死國亡, 爲天下笑.

故周威公身殺, 國分爲二; 鄭子陽身殺, 國分爲三; 陳靈公身死於夏徵舒氏; 荊靈王死於乾谿之上; 隨亡於荊; 吳幷於越; 智伯滅於晉陽之下; 桓公身死七日不收.

故曰: 諂諛之臣, 唯聖王知之, 而亂主近之, 故至身死國亡.

【周滑之】〈今本〉에는 '周滑伯'으로 되어 있음. 〈集解〉에 "顧廣圻曰:「按依下文, 此周威王所用也. 今無可考」라 하였으나 지금의 河南 偃師縣 緱氏城에 고대 滑國이 있었으며 姬姓의 伯爵이었음. 春秋시대 秦나라에 망하였다가 뒤에 晉나라에 속하였으며, 다시 周나라에 귀속됨. 따라서 滑伯은 滑나라 군주로 여겨짐.

【鄭王孫申】 '王孫甲'은 '公孫甲'이어야 함. 〈集解〉에 王先愼은 "鄭無王孫, 王當爲公之誤"라 하였고 "顧廣圻曰: 「依下文, 此鄭子陽所用也.」"라 함. 구체적인 사적은 알 수 없음.

【陳公孫寧】 陳나라 대부. 公孫寧은 孔寧이어야 함. 陳 靈公이 夏姬와 사통할 때 함께 淫行을 저지른 인물. 뒤에 夏姬의 아들 夏徵舒에게 살해됨.

【儀行父】 역시 陳 靈公의 淫行을 조장하다가 楚나라로 달아나 楚 莊王으로 하여금 陳나라를 토벌토록 하였으며 이 때 夏徵舒는 죽임을 당하고 陳나라는 멸망하고 말았음.《左傳》宣公 10년을 볼 것.

【荊芋尹申亥】 荊은 楚나라의 별칭. 芋尹은 芋邑의 邑宰. 申亥는 그의 이름. 申無宇의 아들.《左傳》昭公 13년을 볼 것.

【隨少師】 隨는 지명이며 고대 小國이며 姬姓. 지금의 湖北 隨縣 고대 隨城. 少師는 관직 이름. 구체적 사적은 알 수 없음.

【越種干】 越나라 신하로 여겨지나 구체적으로는 알 수 없음. 그러나 陳奇猷는 《韓非子集釋》에서 "隨少師越·種干"으로 표점을 찍고 "疑少師越爲一人名, 與種干皆爲隨臣"이라 하여 隨나라 少師 벼슬의 越과 種干이라는 두 사람으로 보았음. 그러나 隨나라가 신하 少師에 의해 楚나라에게 고통을 당한 사건은 《左傳》桓公 6년에 구체적으로 실려 있으며 그의 이름이 '越'이었는지는 밝혀져 있지 않음.

【吳王孫頖】 吳나라 대부. '王孫雒', '王孫駱' 등으로도 표기함. 吳王 夫差가 黃池에서 회담을 할 때 越나라가 그 틈을 이용하여 吳나라를 습격하여 오나라 태자 友를 포로로 잡자 급히 부차에게 알림. 이 때 王孫雒이 越나라와 長期 持久戰을 펼 것을 건의하였으나 도리어 吳나라 군사가 지쳐 마침내 越에게 망함.《國語》吳語를 볼 것.

【晉陽成泄】 智伯이 趙氏의 근거지 晉陽을 포위하여 멸하려 할 때 智伯의 신하로 여겨지나 구체적으로는 알 수 없음. 〈集解〉에 "顧廣圻曰: 「依下文, 智伯所用也.」"라 함.

【齊豎刁】 '豎刁'는 '豎刀'로도 표기하며 춘추시대 齊 桓公을 도왔던 인물. 환공에게 접근하기 위하여 스스로 宮刑을 거쳐 宦官이 되어 온갖 아첨을 다함. 뒤에 관중이 죽은 뒤 易牙·開方과 함께 왕자들을 끼고 각기 난을 일으킴.《史記》齊太公世家를 참조할 것.

【易牙】 齊 桓公의 주방장. 환공이 진기한 요리는 모두 먹어보았으나 사람고기는 먹어보지 못하였다고 하자 그에게 환심을 사기 위해 자신의 아들을 죽여 요리해서 바쳤다 함.

【十二人】이상 모두 11명임. 이에 顧廣圻는《韓非子識誤》에서 "按上文但有 十一人, 當有脫誤"라 하였고, 또는 '二'자는 '一'자여야 한다고도 하였음. 그러나 흔히 豎刁, 易牙, 開方을 함께 거론하는 것이 관례이므로 開方이 빠진 것이 아닌가 함.

【法義】法度.

【共其欲】군주가 바라는 것이라면 모두 바침. '共'은 '供'과 같음.

【一說】한 가지의 작은 기쁨. '說'은 '悅'과 같음.

【威公】東周가 다시 西周와 東周로 갈린 사건.《史記》周本紀에 의하면 周 考王이 河南의 봉지를 아우 揭에게 주어 이가 西周 桓公임. 桓公이 죽은 뒤 아들 威公이 이었으며 威公이 죽은 뒤 아들 惠公이 이었고, 惠公은 자신의 막내 아우 班에 鞏 땅으로 주어 이가 東周가 됨. 威公이 한 일이 아님.

【子陽】전국시대 鄭나라 군주.《呂氏春秋》適威篇을 볼 것. 그러나 일설에는 정 수공의 재상으로 되어 있음.《史記》鄭世家에 의하면 鄭나라 繻公이 재상 子陽을 죽이자 子陽의 무리들이 繻公을 시해한 것으로 되어 있음. 繻公은 시해를 당하여 시호가 없는 것으로 되어 있음. 그러나《史記》鄭世家의 다른 기록에는 齊 襄公이 首止에서 제후들과 회맹을 하면서 군사를 매복시켰다가 鄭나라 군주 子亹를 살해함. 이에 高渠彌와 祭仲이 子亹의 아우 子嬰(《左傳》에는 子儀)을 陳에서 불러들여 임금으로 세움. 이가 鄭子임. 뒤에 櫟에 도망가 있던 鄭 厲公이 대부 甫假(《左傳》에는 傅瑕)를 유인하여 위협하자 甫假는 鄭子를 시해하고 厲公을 불러들여 복위시킴.

【陳靈公】이름은 平國. 夏姬로 인해 혼란을 일으켰던 임금. 共公(朔)의 뒤를 이어 B.C.613~599년까지 재위하고 夏姬의 아들 夏徵舒에게 시해당하여 죽음. 成公(午)이 그 뒤를 이음.

【夏徵舒氏】夏徵舒는 陳나라 대부이며 夏姬의 아들. 夏姬와 御叔 사이에 난 아들.《左傳》宣公 9년 및 10년의 經文 및 傳文을 볼 것.

【靈王】춘추시대 楚나라 군주. 郟敖를 弑害하고 왕위에 오른 公子 圍. 이름은 熊虔.《左傳》杜預 注에 "靈王, 公子圍也. 卽位易名熊虔"이라 함. B.C.540~ 529년까지 12년간 재위하고 平王(熊居)이 그 뒤를 이음.

【乾谿】楚 共王(審)에게는 총애하는 다섯 아들이 있었으며 康王(昭), 靈王(公子 圍, 熊虔), 公子 比(子干), 公子 黑肱(子晳), 공자 棄疾이었음. 형 靈王에 의해 蔡나라를 멸망시킨 다음 蔡나라를 다스리는 총책의 임무를 맡아 '蔡公'이라 불림. 그 뒤 형 靈王(熊虔)이 乾谿에 있는 동안 觀從의 모책에 의해 두 형 子干(比)과 子晳 (黑肱)을 앞세우고 蔡나라로부터 군사를 이끌고 귀국하여 내란을 일으켜 성공함.

두 형 子干(比)과 子晳(黑肱)까지 자결토록 하고 왕위에 오름. 이가 平王이며 이름을 熊居로 바꿈. B.C.528~516년까지 13년간 재위하고 昭王(軫)이 그 뒤를 이음. 乾谿는 '乾溪'로도 표기하며 지금의 安徽 亳縣.《左傳》昭公 13년을 볼 것.

【隨亡於荊】隨는 지금의 湖北 隨縣 남쪽에 있던 작은 나라. 周室과 동성인 姬姓. 그러나《姓纂》에《風俗通》과《路史後記》를 인용하여 隨는 神農의 후예이며 姜姓이라 하였음. 北朝 北周의 楊堅이 이 땅의 爵號를 받아 隨國公이라 하였으며 나라를 세우자 국명의 '隨'자의 뜻이 안정성이 없다 하여 '辶'부수를 없애고 '隋'로 글자를 만들어 국호가 되었음. 荊은 楚나라의 별칭. 隨나라가 楚나라에게 정벌을 당한 사건은《左傳》僖公 20년을 볼 것.

【智伯】춘추 말기 晉의 六卿의 하나. '知伯'으로도 표기하며 원래 이름은 荀瑤. 知襄子. 智襄子. 晉나라 대부. 知躒의 손자. 시호는 襄子. 智는 采邑 이름. 지금의 山西 解縣.《左傳》杜預 注에 "荀瑤. 荀躒之孫, 知伯襄子"라 함. 六卿 가운데 가장 세력이 강하여 먼저 范氏와 中行氏를 멸하고 趙氏를 멸하려다가 韓, 魏, 趙 三卿이 연합하여 知氏를 멸하여 망하고 말았음.

【晉陽】趙氏의 근거지였으며 지금의 山西 太原.

【桓公】春秋五霸의 첫 首長. 이름은 小白. 齊나라에 난이 일어나자 鮑叔이 모시고 莒나라로 피신, 管仲은 公子 糾를 모시고 魯나라로 피신함. 뒤에 난이 진압되고 먼저 귀국하는 자가 왕이 될 수 있는 기회에 小白이 오는 길을 管仲 일행이 막고 활을 쏘아 소백의 허리띠 고리에 맞추자 소백은 죽은 척 쓰러져 있다가 지름길로 귀국하여 왕위에 오름. 뒤에 포숙의 추천으로 관중을 등용하여 제나라를 부강하게 하고 九合諸侯, 一匡天下하여 첫 패자가 됨. B.C.685~B.C.643년까지 43년간 재위함.《史記》齊太公世家를 참조할 것.

【七日不收】시신을 거두지 못하여 문틈으로 구더기가 기어 나왔다 하였으며 68일만에 장례를 치름.

【亂主】闇君과 같음.

【 참고 및 관련 자료 】

1.《左傳》宣公 10年 傳
陳靈公與孔寧・儀行父飮酒於夏氏. 公謂行父曰:「徵舒似女.」對曰:「亦似君」 徵舒病之. 公出, 自其廐射而殺之. 二子奔楚.

2.《左傳》昭公 13年 傳

芊尹無宇之子申亥曰:「吾父再奸王命, 王弗誅, 惠孰大焉? 君不可忍, 惠不可棄, 吾其從王.」乃求王, 遇諸棘闈以歸. 夏五月癸亥, 王縊于芊尹申亥氏. 申亥以其二女殉而葬之.

3.《國語》吳語

吳王夫差旣殺申胥, 不稔於歲, 乃起師北征, 闕爲深溝, 通於商·魯之間, 北屬之沂, 西屬之濟, 以會晉公午於黃池. 於是越王句踐乃命范蠡·舌庸, 率師沿海沂淮以絕吳路. 敗王子友於姑熊夷. 越王句踐乃率中軍泝江以襲吳, 入其郊, 焚其姑蘇, 徙其大舟. 吳·晉爭長未成, 邊遽乃至, 以越亂告. 吳王懼, 乃合大夫而謀曰:「越爲不道, 背其齊盟. 今吾道路修遠, 無會而歸, 與會而先晉, 孰利?」王孫雒曰:「夫危事不齒, 雒敢先對. 二者莫利. 無會而歸, 越聞章矣, 民懼而走, 遠無正就. 齊·宋·徐·夷曰:『吳旣敗矣!』將夾溝而㰸我, 我無生命矣. 會而先晉, 晉旣執諸侯之柄以臨我, 將成其志以見天子. 吾須之不能, 去之不忍. 若越聞愈章, 吾民恐叛, 必會而先之.」王乃步就王孫雒曰:「先之, 圖之將若何?」王孫雒曰:「王其無疑, 吾道路悠遠, 必無有二命, 焉可以濟事」王孫雒進, 顧揖諸大夫而進曰:「危事不可以爲安, 死事不可以爲生, 則無爲貴智矣. 民之惡死而欲富貴以長沒也, 與我同. 雖然, 彼近其國, 有遷; 我絕慮, 無遷. 彼豈能與我行此危事也哉? 事君勇謀, 於此用之. 今夕必挑戰, 以廣民心. 請王勵士, 以奮其朋勢. 勸之以高位重畜, 備刑戮以辱其不勵者, 令各輕其死. 彼將不戰而先我, 我旣執諸侯之柄, 以歲之不穫也, 無有誅焉, 而先罷之, 諸侯必悅. 旣而皆入其地, 王安挺志, 一日惕, 一日留, 以安步王志. 必設以此民也, 封於江·淮之間, 乃能至於吳.」吳王許諾.

4.《史記》周本紀

考王封其弟于河南, 是爲桓公, 以續周公之官職. 桓公卒, 子威公代立. 威公卒, 子惠公代立, 乃封其少子於鞏以奉王, 號東周惠公.

5.《史記》鄭世家

昭公二年, 自昭公爲太子時, 父莊公欲以高渠彌爲卿, 太子忽惡之, 莊公弗聽, 卒用渠彌爲卿. 及昭公卽位, 懼其殺己, 冬十月辛卯, 渠彌與昭公出獵, 射殺昭公於野. 祭仲與渠彌不敢入厲公, 乃更立昭公弟亹爲君, 是爲子亹也, 無謚號. 子亹元年七月, 齊襄公會諸侯於首止, 鄭子亹往會, 高渠彌相, 從, 祭仲稱疾不行. 所以然者, 子亹自齊襄公爲公子之時, 嘗會鬪, 相仇, 及會諸侯, 祭仲請子亹無行. 子亹曰:「齊彊, 而厲公居櫟, 卽不往, 是率諸侯伐我, 內厲公. 我不如往, 往何遽必辱, 且又何至是!」卒行. 於是祭仲恐齊幷殺之, 故稱疾. 子亹至, 不謝齊侯,

齊侯怒, 遂伏甲而殺子亹. 高渠彌亡歸, 歸與祭仲謀, 召子亹弟公子嬰於陳而
立之, 是爲鄭子. 是歲, 齊襄公使彭生醉拉殺魯桓公.

6. 《左傳》莊公 14年 傳

鄭厲公自櫟侵鄭, 及大陵, 獲傅瑕, 傅瑕曰:「苟舍我, 吾請納君.」與之盟而赦之.
六月甲子, 傅瑕殺鄭子及其二子, 而納厲公. 初, 內蛇與外蛇鬪於鄭南門中,
內蛇死. 六年而厲公入. 公聞之, 問於申繻曰:「猶有妖乎?」對曰:「人之所忌,
其氣燄以取之. 妖由人興也. 人無釁焉, 妖不自作. 人弃常, 則妖興, 故有妖.」
厲公入, 遂殺傅瑕. 使謂原繁曰:「傅瑕貳, 周有常刑, 既伏其罪矣. 納我而無
二心者, 吾皆許之上大夫之事, 吾願與伯父圖之. 且寡人出, 伯父無裏言. 入,
又不念寡人, 寡人憾焉.」對曰:「先君桓公命我先人典司宗祏. 社稷有主, 而外
其心, 其何貳如之? 苟主社稷, 國內之民, 其誰不爲臣? 臣無二心, 天之制也.
子儀在位, 十四年矣; 而謀召君者, 庸非貳乎? 莊公之子猶有八人, 若皆以官爵
行賂勸貳而可以濟事, 君其若之何? 臣聞命矣.」乃縊而死.

6. 《左傳》宣公 10年 傳

陳靈公與孔寧·儀行父飲酒於夏氏. 公謂行父曰:「徵舒似女.」對曰:「亦似君.」
徵舒病之. 公出, 自其廄射而殺之. 二子奔楚.

7. 《左傳》桓公 6年 傳

楚武王侵隨, 使薳章求成焉, 軍於瑕以待之. 隨人使少師董成. 鬪伯比言于楚子曰:
「吾不得志於漢東也, 我則使然. 我張吾三軍, 而被吾甲兵, 以武臨之, 彼則懼
而協以謀我, 故難間也. 漢東之國, 隨爲大. 隨張, 必弃小國. 小國離, 楚之利也.
少師侈, 請羸師以張之.」熊率且比曰:「季梁在, 何益?」鬪伯比曰:「以爲後圖,
少師得其君.」王毀軍而納少師. 少師歸, 請追楚師. 隨侯將許之. 季梁止之,
曰:「天方授楚, 楚之羸, 其誘我也. 君何急焉? 臣聞小之能敵大也, 小道大淫.
所謂道, 忠於民而信於神也. 上思利民, 忠也; 祝史正辭, 信也. 今民餒而君逞欲,
祝史矯擧以祭, 臣不知其可也.」公曰:「吾牲牷肥腯, 粢盛豐備, 何則不信?」
對曰:「夫民, 神之主也, 是以聖王先成民而後致力於神. 故奉牲以告曰『博碩肥腯』,
謂民力之普存也, 謂其畜之碩大蕃滋也, 謂其不疾瘯蠡也, 謂其備腯咸有也;
奉盛以告曰『絜粢豐盛』, 謂其三時不害而民和年豐也; 奉酒醴以告曰『嘉栗旨酒』,
謂其上下皆有嘉德而無違心也. 所謂馨香, 無讒慝也. 故務其三時, 修其五敎,
親其九族, 以致其禋祀, 於是乎民和而神降之福, 故動則有成. 今民各有心, 而鬼
神乏主; 君雖獨豐, 其何福之有? 君姑修政, 而親兄弟之國, 庶免於難!」隨侯
懼而修政, 楚不敢伐.

670(44-8)
미천함을 부끄럽게 여기지 않고

성왕聖王과 명주明主는 그렇지 않으니 안에서 천거함에는 친족이라 하여 피하지 않고, 밖에서 추천함에는 원수라 하여 기피하지 않는다. 옳은 것이 여기에 있으면 그에 따라 천거하고 그른 것이 여기에 있으면 그에 따라 처벌한다.

이 까닭으로 현량한 사람은 결국 진달하게 되고 간사姦邪한 자는 물러나게 되는 것이므로 한번 천거하여 능히 제후들을 복종시킬 수 있는 것이다.

기록에 "요堯에게는 단주丹朱가 있었고, 순舜에게는 상균商均이 있었으며, 계啓에게는 오관五觀이 있었고, 상탕商湯에게는 태갑太甲이 있었으며, 무왕武王에게는 관숙管叔과 채숙蔡叔이 있었다"라 하였다.

이 다섯 왕들이 처벌한 자들은 모두 부형父兄이나 자제子弟의 친족들이었으니 친족임에도 자신은 죽임을 당하고 집안은 부서지게 된 까닭은 무엇이었겠는가? 나라를 해치고 백성을 다치게 하고 법을 무너뜨리고 법령을 허물어뜨렸기 때문이었다.

그러나 천거를 받은 경우를 보면 혹 산림山林, 수택藪澤, 암혈巖穴 사이에 있었거나, 혹 영어囹圄, 유설縲絏, 묵삭纆索에 있었거나, 또는 혹 할팽割烹, 추목芻牧, 반우飯牛의 천한 일을 하고 있던 자들이었다.

그러나 현명한 군주는 그들의 미천함을 부끄럽게 여기지 않고 그들의 능력이 법을 밝히고 나라를 편안히 하며, 백성을 이롭게 할 수 있다고 여겨 그에 따라 천거하여 자신도 안전하고 이름도 높았던 것이다.

聖王明君則不然, 內擧不避親, 外擧不避讎.

是在焉, 從而擧之; 非在焉, 從而罰之.

是以賢良遂進而姦邪幷退, 故一擧而能服諸侯.

其在記曰:「堯有丹朱, 而舜有商均, 啓有五觀, 商有太甲, 武王有管·蔡.」

五王之所誅者, 皆父兄子弟之親也, 而所殺亡其身殘破其家者何也?

以其害國·傷民·敗法·圮類也.

觀其所擧, 或在山·林藪·澤巖穴之間, 或在囹圄·纍紲·縲索之中, 或在割烹芻牧飯牛之事.

然明主不羞其卑賤也, 以其能, 爲可以明法, 便國利民, 從而擧之, 身安名尊.

【姦邪】姦慝하고 邪惡함.
【堯】전설상 上古시대 五帝의 하나. 陶唐氏. 唐堯로도 부름. 祁姓이며 이름은 放勳. 帝嚳의 아들.《十八史略》(1)에 "帝堯陶唐氏: 伊祁姓, 或曰名放勳, 帝嚳子也. 其仁如天, 其知如神, 就之如日, 望之如雲, 都平陽. 茅茨不剪, 土階三等. 有草生庭, 十五日以前, 日生一葉, 以後日落一葉, 月小盡, 則一葉厭而不落, 名曰蓂莢, 觀之以知旬朔"이라 함.《史記》五帝本紀를 볼 것.
【丹朱】堯의 아들이었으나 덕과 능력이 전혀 없고 불초하여 堯는 천하를 아들에게 넘기지 않고 舜에게 선양함.《國語》楚語(上)에 注에 "朱, 堯子, 封於丹"이라 하였고《史記》五帝本紀에는 "堯知子丹朱之不肖, 不足授天下, 於是乃權授舜"이라 함.
【舜】고대 五帝의 하나. 有虞氏. 姓은 姒氏, 이름은 重華. 虞舜으로도 부름. 堯임금으로부터 천하를 물려받아 帝位에 오름. 瞽瞍의 아들로 孝誠이 뛰어났던 분으로 널리 알려져 있으며 儒家에서 聖人으로 추앙함.《十八史略》(1)에 "帝舜

有虞氏: 姚姓, 或曰名重華, 瞽瞍之子, 顓頊六世孫也. 父惑於後妻, 愛少子象, 常欲殺舜. 舜盡孝悌之道, 烝烝乂不格姦"이라 함.

【商均】舜의 아들. 역시 불초하여 천하를 禹에게 양위함.《國語》楚語(上)에 注에 "均, 舜子, 封於商"이라 하였고《史記》五帝本紀에는 "舜子商均亦不肖, 舜乃 豫薦禹於天"이라 함.

【啓】禹의 아들. 夏나라 두 번 째 임금. 姒姓, 禹임금 때 伯益(翳)이 治水에 공을 세워 우가 그를 계승자로 삼았으나 우가 죽은 뒤 아들 啓가 훌륭하다고 하여 백성들이 계를 군주로 삼음. 이에 백익은 계에게 죽임을 당하였고 이때부터 중국의 世襲王朝(家天下)가 시작됨. 그 이전 五帝는 모두 禪讓으로 이어져 公天下의 개념이었음.

【五觀】武觀. 啓의 막내아들.《竹書紀年》에 "帝啓十一年, 放王季子武觀於西河"라 하였고, 注에 "武觀, 卽五觀也. 觀國, 今頓丘衛縣"이라 함.《國語》楚語(上)의 注에는 "五觀, 啓子, 太康昆弟也"라 함. 그러나 일설에는 계의 다섯 아들이라 함. 《潛夫論》德志에 "啓子太康·仲康更立, 兄弟五人, 皆有昏德, 不堪帝事, 降須 洛汭, 是謂五觀"이라 함.

【商】商(殷)의 시조 湯을 가리킴. 원래 夏나라 때의 諸侯. 亳을 근거로 발전하여 夏나라 末王 桀의 무도함을 제거하고 伊尹을 등용하여 殷(商)을 세운 개국군주. 儒家에서 聖人으로 받듦.《史記》殷本紀를 참조할 것.《十八史略》(1)에는 "殷王 成湯: 子姓, 名履. 其先曰契, 帝嚳子也. 母簡狄, 有娀氏女, 見玄鳥墮卵呑之, 生契. 爲唐虞司徒, 封於商, 賜姓"이라 함.

【太甲】湯의 손자. 太丁의 아들. 세습에 의해 帝位에 올랐으나 商湯의 법을 준행 하지 않자 伊尹이 그를 桐宮(지금의 河南 虞城縣)에 3년을 유폐시켜 근신토록 한 다음 다시 영접하여 제위에 오르도록 하였음.《史記》殷本紀를 볼 것.

【武王】姬發. 文王(姬昌, 西伯)의 아들. 殷末 周民族의 領袖. 아버지의 뜻을 이어 庸, 蜀, 羌 등 부족과 연합하여 殷의 紂를 멸하고 西周의 封建王朝를 건립함. 周公(姬旦)의 형이며 成王(姬誦)의 아버지. 周初의 文物制度를 완비하여 儒家 에서 흔히 三代의 개국시조 夏禹, 商湯, 周文武로 일컬으며 추앙받기도 함.

【管·蔡】武王의 두 아우 管叔과 蔡叔. 叔鮮과 叔度. 武王(姬發)과 周公(姬旦)의 아우. 저마다 管(지금의 河南 鄭州)과 蔡(지금의 河南 上蔡縣)를 봉지로 받아 멸망한 殷 紂의 아들 武庚을 감시하는 임무를 맡았음. 이를 '三監'이라 함. 그러나 무왕이 죽고 아들 成王(姬誦)이 어린 나이에 왕이 되자 주공이 섭정 하였음. 이에 관숙과 채숙은 불만을 품고 무경을 부추겨 난을 일으킴. 주공은

할 수 없이 이들을 토멸하여 관숙은 죽이고 채숙은 추방하였으며 무경을
죽이고 微子(啓, 開)를 殷의 후계로 삼고 나라 이름을 宋이라 함. 이를 '周公東征'
이라 하며 이로써 주나라는 확고한 기틀을 마련하게 됨.《史記》殷本紀 및
周本紀를 볼 것.

【㘯類】'類'는 법령의 세부 조항. '㘯'는 허물어뜨림. 그러나 顧廣圻는 "〈今本〉
法下有㘯字, 誤"라 하여 이 글자는 없어야 한다고 보았음.

【山林·藪澤·巖穴】'藪'는 풀이 우거진 큰 늪지대. 모두 천하고 신분이 낮은 선비
들이 속세를 떠나 묻혀 사는 곳을 뜻함. 呂望(姜太公)이나 傅說 같은 경우가
이에 해당함.

【囹圄·縲絏·縲索】囹圄는 감옥. '縲絏'은 '縲紲'과 같음.《論語》公冶長篇에
"子謂公冶長,「可妻也. 雖在縲絏之中, 非其罪也.」以其子妻之. 子謂南容,「邦有道,
不廢; 邦無道, 免於刑戮.」以其兄之子妻之"라 함. 죄인을 묶는 오랏줄. '縲'은
'纆'자와 같은 뜻. 역시 죄인을 묶는 오랏줄. 모두가 죄에 걸려 묶이거나 갇힌
상태를 뜻함. 箕子와 管仲이 이에 해당함.

【割烹·芻牧·飯牛】'割烹'은 고기를 잘라서 삶음. 伊尹을 두고 한 말. '芻牧'은
가축에게 꼴을 먹이며 기름. 百里奚가 이에 해당함. '飯牛'는 소에게 먹이를 주는
천한 일. 甯戚(寧戚)의 경우가 이에 해당함. 이상의 사례에 대해 太田方의《韓非子
翼毳》에는 "山林藪澤指舜, 巖穴指傅說, 囹圄指管仲拘於魯, 縲絏縲索指晏嬰
贖越石父, 割烹指伊尹, 芻牧指百里奚, 飯牛指甯戚"이라 함.

참고 및 관련 자료

1.《史記》殷本紀

湯崩, 太子太丁未立而卒, 於是迺立太丁之弟外丙, 是爲帝外丙. 帝外丙卽位三年,
崩, 立外丙之弟中壬, 是爲帝中壬. 帝中壬卽位四年, 崩, 伊尹迺立太丁之子太甲.
太甲, 成湯適長孫也, 是爲帝太甲. 帝太甲元年, 伊尹作伊訓, 作肆命, 作徂后.
帝太甲旣立三年, 不明, 暴虐, 不遵湯法, 亂德, 於是伊尹放之於桐宮. 三年, 伊尹
攝行政當國, 以朝諸侯. 帝太甲居桐宮三年, 悔過自責, 反善, 於是伊尹迺迎帝
太甲而授之政. 帝太甲修德, 諸侯咸歸殷, 百姓以寧. 伊尹嘉之, 迺作太甲訓三篇,
褒帝太甲, 稱太宗.

2.《史記》殷本紀

周武王崩, 武庚與管叔·蔡叔作亂, 成王命周公誅之, 而立微子於宋, 以續殷後焉.

3.《史記》周本紀

成王少, 周初定天下, 周公恐諸侯畔周, 公乃攝行政當國. 管叔·蔡叔群弟疑周公, 與武庚作亂, 畔周. 周公奉成王命, 伐誅武庚·管叔, 放蔡叔. 以微子開代殷後, 國於宋. 頗收殷餘民, 以封武王少弟封爲衛康叔. 晉唐叔得嘉穀, 獻之成王, 成王以歸周公于兵所. 周公受禾東土, 魯天子之命. 初, 管·蔡畔周, 周公討之, 三年而畢定, 故初作大誥, 次作微子之命, 次歸禾, 次嘉禾, 次康誥·酒誥·梓材, 其事在周公之篇. 周公行政七年, 成王長, 周公反政成王, 北面就群臣之位.

671(44-9)
난주亂主

난주亂主는 그렇지 못하여 신하의 의도나 행동을 알아채지 못한 채 나라를 맡기므로 작게는 명성이 낮아지고 영토가 깎이며, 크게는 나라가 망하고 자신도 죽게 되는 것이니 신하를 쓰는 법에 밝지 못하기 때문이다.

술수로써 신하를 헤아리지 못하는 자는 반드시 여러 사람의 입에서 나온 말을 가지고 판단하게 된다.

여러 사람이 칭찬하는 것이면 그를 좇아 좋아하고 여러 사람이 그르다 하는 것이면 그를 따라서 미워한다.

그러므로 신하된 자들은 자신의 집안 재산을 다 써가며 안으로는 작당하여 함께 하고, 밖으로는 골목의 호족들과 사귀며 칭찬거리를 만들어 내고 음모를 따라 서로 결탁할 것을 약속하여 서로를 견고히 다지며 빈말로 서로 작록을 주겠노라 권유한다.

그리고는 "우리 편을 드는 자는 앞으로 이득을 볼 것이나 우리와 함께 하지 않는 자는 앞으로 해로울 것이다"라고 한다.

무리들은 그 이득을 탐내면서 그 위협에 겁을 먹고는 "저들이 진실로 좋아하면 능히 나에게 이득을 줄 수 있고 저들에게 미움을 샀다가는 능히 나를 해칠 수 있을 것"이라 여긴다.

그리하여 많은 사람들이 그에게 빌붙어 모여들고 백성들은 그에게 머물러 그를 칭찬하는 말이 나라에 가득하도록 하여 마침내 임금에게까지 그 소문이 퍼져서 들리게 되면 임금은 그 실정을 능히 이해하지도 못한 채 그것을 바탕으로 그 사람이 어진 자라고 여기게 된다.

저들은 다시 속임수에 능한 이들을 시켜 제후가 총애하는 사신인 양 꾸미며 수레와 말을 빌려 주고 서절瑞節을 가지고 신임을 사도록 하며 사령辭令으로써 누르고, 폐백幣帛으로써 자금을 삼아 제후들로 하여금 그 임금에게 귀에 솔깃한 말로 달래면서 은밀히 사사로움을 끼고 공사公事를 의논하도록 한다.

사신의 역할을 하는 자는 다른 나라의 임금을 위한 자이지만 임금에게 이야기를 퍼붓는 역할을 하는 자는 임금의 측근이다.

임금은 그들이 하는 말을 좋아하고 언변이 좋다고 여기면서 이 사람이야 말로 천하의 현자라고 생각한다.

안팎 사람의 좌우에 대한 소문이 하나같고 말하는 것도 똑같아 크게는 임금이 자신의 몸을 낮추어 자리를 상대에게 높여주며 겸손히 하고, 작게는 작위를 높여주고 봉록을 후하게 주어 그를 통해 이익을 얻고자 하기를 어려운 일이 아닌 것처럼 여길 정도이다.

무릇 간사한 사람의 작록이 중해지니 당을 지은 자들은 점점 수가 많아지고 또한 간악한 뜻을 가지면 간신들은 더욱 도리어 좋아하면서 "옛날 이른바 성왕이나 명주들은 어려서부터 길러져 그 세대를 차례대로 이은 것이 아니다. 당을 만들어 골목의 호족들을 모아서 위를 핍박하여 임금을 시해하고 그 이익을 구하면 된다"라고 하였다.

저들은 "그렇다는 것을 어떻게 아는가?"라고 하면 그 말을 받아 "순舜은 요堯를 핍박한 것이며 우禹는 순을 핍박한 것이며, 탕湯은 걸桀을 추방한 것이요, 무왕武王은 주紂를 친 것이다. 이 네 왕이란 자는 남의 신하이면서 그 임금을 시해한 자인데도 천하가 그들을 칭찬하고 있다. 네 왕들의 실정을 살펴보면 이득을 탐내는 사람의 마음이었으며 그들의 행동을 헤아려보면 폭란의 무력 행사였다. 그러나 네 왕이 스스로 토지를 넓혔으므로 천하가 위대하다 일컫는 것이며, 스스로 이름을 드러냈으므로 천하가 현명하다고 칭송하는 것이다. 그렇다면 그 위세가 족히 천하에 군림할 만하고 그 이익은 족히 세상을 덮을 만하여 천하가 그를 따랐던 것이다"라고 한다.

또 "지금 세상의 말을 들어보면 전성자田成子가 제齊나라를 빼앗았고, 사성자한司城子罕이 송宋나라를 탈취하였으며, 태재太宰 흔欣이 정鄭나라를 빼앗았고, 선씨單氏가 주周나라를 빼앗았고, 역아易牙가 위衛나라를 빼앗았으며, 한韓·위衛·조趙 셋이 진晉나라를 나누어 가졌다. 이 여섯 사람은 신하로서 군주를 시해한 자들이다"라고 말한다.

간신들은 이를 듣고 궐연蹶然히 귀를 치켜세우며 맞는 말이라고 여긴다.

그러므로 안으로 당을 만들고, 밖으로 골목의 호족들과 손을 벌려 때를 보아 일을 일으켜 단번에 나라를 빼앗아 버린다.

게다가 무릇 안으로 당을 만들어 그 임금을 협박하고 시해하며, 밖으로 제후들의 권세를 가지고 나라를 바꾸며 정도正道를 은폐하고 사곡私曲을 틀어쥔 채 위로는 임금을 꼼짝할 수 없도록 하고 아래로는 정치를 흔드는 자는 가히 그 수를 다 헤아릴 수 없다.

이는 무슨 까닭인가? 바로 신하를 선택하는 데에 명찰하지 못하기 때문이다. 기록에 "주周 선왕宣王 이래로 멸망한 나라가 수십이나 되며 그 신하가 그 임금을 시해하여 나라를 빼앗은 경우가 많다"라고 하였다.

그렇다면 화난이 안으로부터 생긴 것과 밖으로부터 생겨난 것이 서로 반반이 된다.

능히 그 백성의 힘을 하나로 다하여도 나라가 깨지고 자신이 살해당하는 경우는 그나마 모두가 현명한 임금이다. 만일 자리가 바뀌어 자신이 신하가 되면서도 백성을 온전하게 하여 나라를 넘겨줄 수 있는 경우라면 이는 가장 쉽지 않은 일이다.

亂主則不然, 不知其臣之意行, 而任之以國, 故小之名卑地削, 大之國亡身死, 不明於用臣也.

無數以度其臣者, 必以其眾人之口斷之.

眾之所譽, 從而說之; 眾之所非, 從而憎之.

故為人臣者破家殘賭, 內構黨與·外接巷族以為譽, 從陰約結以相固也, 虛相與爵祿以相勸也.

曰:「與我者將利之, 不與我者將害之.」

衆貪其利, 刦其威:「彼誠喜, 則能利己; 忌怒, 則能害己.」

衆歸而民留之, 以譽盈於國, 發聞於主; 主不能理其情, 因以爲賢.

彼又使譎詐之士, 外假爲諸侯之寵使, 假之以輿馬, 信之以瑞節, 鎭之以辭令, 資之以幣帛, 使諸侯, 淫說其主, 微挾私而公議.

所爲使者, 異國之主也; 所爲談者, 左右之人也.

主說其言而辯其辭, 以此人者天下之賢士也.

內外之於左右, 其諷一而語同, 大者不難卑身尊位以下之, 小者高爵重祿以利之.

夫姦人之爵祿重而黨與彌衆, 又有姦邪之意, 則姦臣愈反而說之, 曰:「古之所謂聖君明王者, 非長幼世及以次序也. 以其搆黨與, 聚巷族, 偪上弒君而求其利也.」

彼曰:「何知其然也?」因曰:「舜偪堯, 禹偪舜, 湯放桀, 武王伐紂. 此四王者, 人臣弒其君者也, 而天下譽之. 察四王之情, 貪得人之意也; 度其行, 暴亂之兵也. 然四王自廣措也, 而天下稱大焉; 自顯名也, 而天下稱明焉. 則威足以臨天下, 利足以蓋世, 天下從之.」

又曰:「以今時之所聞, 田成子取齊, 司城子罕取宋, 太宰欣取鄭, 單氏取周, 易牙之取衛, 韓・魏・趙三子分晉, 此六人, 臣之弒其君者也.」

姦臣聞此, 蹶然擧耳, 以爲是也.

故內搆黨與, 外擽巷族, 觀時發事, 一擧而取國家.

且夫內以黨與劫弒其君, 外以諸侯之權矯易其國, 隱正道, 持私曲, 上禁君, 下撓治者, 不可勝數也.

是何也? 則不明於擇臣也.

記曰:「周宣王以來, 亡國數十, 其臣弒其君而取國者眾矣.」

然則難之從內起, 與從外作者相半也.

能一盡其民力, 破國殺身者, 尚皆賢主也.

若夫轉身易位, 全眾傳國, 最其病也.

【數以度】術數를 써서 좋고 나쁜 것을 가려냄.

【破家殘睟】파산할 만큼 집 재산을 소비함. '睟'는 재물, '殘'은 '損'과 같음.

【黨與】작당하고 함께 함.

【巷族】골목이나 향리의 종족. 호족. 민간 세력.

【從陰約結】음모를 서로 따르기로 하고 결탁을 약속함.

【虛相與爵祿】성사되거나 일이 잘 될 경우 작록을 주겠노라 유혹함.

【發聞】소문이 널리 퍼져 결국 임금의 귀에도 들림.

【譎詐】詭譎과 詐欺. 남을 속이기 위하여 간사한 꾀를 부림.

【瑞節】외교 사절의 신표로 쓰이는 瑞玉이나 符節.

【淫說】귀에 솔깃한 말로 유혹하며 달램.

【卑身尊位】'尊'은 '撙'의 誤記. 太田方의《韓非子翼毳》에 "尊, 當作撙"이라 함. 임금이 자신을 낮추고 상대의 자리는 높여 줌.

【愈反】'反'은 副詞로 '도리어'의 뜻. 또는 '逆', '迎'의 뜻으로 영합하여 장단을 맞추어줌.

【世及】왕위나 제위, 군주 자리의 대를 이어감.

【舜】고대 五帝의 하나. 有虞氏. 姓은 姒氏, 이름은 重華. 虞舜으로도 부름.

堯임금으로부터 천하를 물려받아 帝位에 오름. 瞽瞍의 아들로 孝誠이 뛰어났던 분으로 널리 알려져 있으며 儒家에서 聖人으로 추앙함.《十八史略》(1)에 "帝舜有虞氏: 姚姓, 或曰名重華, 瞽瞍之子, 顓頊六世孫也. 父惑於後妻, 愛少子象, 常欲殺舜. 舜盡孝悌之道, 烝烝乂不格姦"이라 함.

【堯】 전설상 上古시대 五帝의 하나. 陶唐氏. 唐堯로도 부름. 祁姓이며 이름은 放勳. 帝嚳의 아들.《十八史略》(1)에 "帝堯陶唐氏: 伊祁姓, 或曰名放勛, 帝嚳子也. 其仁如天, 其知如神, 就之如日, 望之如雲, 都平陽. 茆茨不剪, 土階三等. 有草生庭, 十五日以前, 日生一葉, 以後日落一葉, 月小盡, 則一葉厭而不落, 名曰蓂莢, 觀之以知旬朔"이라 함.《史記》五帝本紀를 볼 것.

【禹】 中國 최초의 왕조 夏나라의 시조. 夏后氏 부락의 領袖였으며 姒姓. 大禹, 夏禹 등으로도 불리며 이름은 文命. 鯀의 아들. 鯀이 물을 막는 방법으로 治水에 실패하여 죽임을 당한 뒤 禹는 물을 소통시키는 방법으로 성공을 거둔 다음 舜임금으로부터 천하를 물려받아 夏王朝를 세움. 뒤에 천하를 순시하다가 會稽에서 생을 마침. 그는 益에게 천하를 물려주려 하였으나 아들 啓의 무리가 난을 일으켜 益을 죽이고 世襲王朝를 시작함. 이로부터 禪讓(公天下)의 제도가 마감되고 世襲(家天下)의 역사가 시작됨. 이를 "傳子而不傳賢"이라 함.《史記》에서는 五帝本紀 다음 첫 왕조로 夏本紀가 시작됨.《十八史略》(1)에 "夏后氏禹: 姒姓, 或曰名文命, 鯀之子, 顓頊孫也. 鯀堙洪水, 舜擧禹代鯀, 勞身焦思, 居外十三年, 過家門不入"이라 함.

【湯】 원래 夏나라 때의 諸侯. 亳을 근거로 발전하여 夏나라 末王 桀의 무도함을 제거하고 伊尹을 등용하여 殷(商)을 세운 개국군주. 儒家에서 聖人으로 받듦.《史記》殷本紀를 참조할 것.《十八史略》(1)에는 "殷王成湯: 子姓, 名履. 其先曰契, 帝嚳子也. 母簡狄, 有娀氏女, 見玄鳥墮卵呑之, 生契. 爲唐虞司徒, 封於商, 賜姓"이라 함.

【桀】 夏나라 末王. 이름은 癸. 妹喜에게 빠져 무도한 짓을 저질렀으며 殷의 湯王에게 망함. 殷나라 末王 紂와 함께 '桀紂'라 하여 폭군의 전형으로 거론됨.《史記》夏本紀를 참조할 것.《十八史略》(1)에 "孔甲之後, 歷王皐·王發·王履癸. 號爲桀, 貪虐, 力能伸鐵鉤索. 伐有施氏, 有施以末喜女焉, 有寵, 所言皆從, 爲傾宮瑤臺, 殫民財. 肉山脯林, 酒池可以運船, 糟堤可以望十里, 一鼓而牛飲者三千人, 末喜以爲樂. 國人大崩, 湯伐夏, 桀走鳴條而死"라 함.

【武王】 姬發. 文王(姬昌, 西伯)의 아들. 殷末 周民族의 領袖. 아버지의 뜻을 이어 庸, 蜀, 羌 등 부족과 연합하여 殷의 紂를 멸하고 西周의 封建王朝를 건립함.

周公(姬旦)의 형이며 成王(姬誦)의 아버지. 周初의 文物制度를 완비하여 儒家
에서 흔히 三代의 개국시조 夏禹, 商湯, 周文武로 칭하며 추앙받기도 함.

【紂】 殷의 末王. 폭군으로 널리 알려짐. 帝辛, 商辛으로도 부르며 帝乙의 아들.
妲己에게 빠져 '炮烙之刑'과 '酒池肉林' 등의 악한 고사를 가지고 있으며
周 文王(姬昌)을 羑里(牖里)에 가두는 등 周나라와 맞서다가 武王(姬發)에게 망함.

【度其行】 '度'은 '탁'으로 읽음. 忖度의 뜻.

【廣措】 '措'는 施設. 세력이나 토지, 백성을 확장시킴.

【田成子】 田常. 田恆. 田恒. '恆'은 '恒'의 異體字. 田常, 陳恒, 陳成子, 田成子 등
으로 널리 불림. 시호는 成. 簡公을 유폐시켜 시살한 인물. '陳恆'으로도 표기
하며 '恆'은 '恒'의 異體字. 원래 그의 선조 陳完(田完, 敬仲)은 陳나라 출신으로
齊나라에 옮겨와 정착하여 田氏로 성을 바꾸었으며 차츰 세력을 키워 卿에
오른 다음, 그 후손이 뒤에 姜氏(姜太公의 후손)의 齊나라를 차지하여 戰國시대
田氏齊를 세움.《史記》田敬仲完世家 참조.

【司城子罕】 宋나라 黃喜의 사건을 말함. 전국시대 宋나라 簒逆 신하. 자는 子罕.
宋나라 司城(司空)을 지냈으며 戴驩과 정권 다툼 속에 宋 桓侯를 시해하고
宋나라 정권을 탈취함. 667을 볼 것.

【太宰欣】 欣은 鄭나라 태재를 지낸 인물. 구체적으로는 알 수 없음. 顧廣圻의
《韓非子識誤》에 "未詳, 下文云: 太宰欣取鄭"이라 함. 역시 667을 볼 것.

【單氏】 單荼의 사건을 말함. 周나라 畿內의 侯를 지낸 卿士.《國語》와《左傳》
등에 周나라 卿士로써 單襄公, 單靖公, 單獻公, 單穆公 등이 있어 이들의 후손
으로 주나라에 실권을 잡고 횡포를 부린 인물로 여겨짐. '單'은 '선'으로 읽음.
667을 볼 것.

【易牙】 齊 桓公의 주방장. 환공이 진기한 요리는 모두 먹어보았으나 사람
고기는 먹어보지 못하였다고 하자 그에게 환심을 사기 위해 자신의 아들을
죽여 요리해서 바쳤다 함. 한편 본문의 "易牙之取衛"는 사실에 맞지 않음.
松皐圓의《定本韓非子纂聞》에는 "子南勁取衛"라 하여 '子南勁이 衛나라를
취하다'로 고쳐져 있음. 이에 陳奇猷《韓非子集釋》에는 "上有易牙·衛子南勁,
疑此當作「易牙取齊, 子南勁之取衛.」此脫「取齊, 子南勁」五字耳. 所謂取者,
非必亡之也, 蓋取其權勢也"라 함. 667을 볼 것.

【分晉】 春秋 후반기 晉나라 六卿, 즉 知氏(智氏), 韓氏, 魏氏, 趙氏, 范氏, 中行氏
들이 晉나라를 할거하다가 최강의 智氏가 먼저 范氏와 中行氏를 멸하고
趙氏를 멸하려 하자 韓氏와 魏氏가 智氏를 배반, 趙氏와 결탁하여 智氏를

멸하고 저마다 晉나라를 三分하여 三晉이 되었으며 이들이 戰國시대 七雄으로 발전함.

【此六人】 '此上八人'의 오류. 세로로 쓴 '上八'자를 合字하여 '六'자로 잘못 인식한 것.

【蹶然擧耳】 벌떡 일어나 귀를 한쪽으로 기울임.

【攄巷族】 '攄'는 '舒', '伸'과 같은 뜻. 손을 펴서 호적들을 포섭함.

【矯易】 무리하게 바꿔치기함. 易은 變改의 뜻.

【隱正道】 〈乾道本〉에는 '隱敦適'로 되어 있음. 〈集解〉에 "顧廣圻云: 〈今本〉「敦適」作「正道」, 未詳. 先愼按: 作「正道」是也. 「正道」, 謂法度, 與下「私曲」對文"이라 함.

【周宣王】 西周 때의 천자. 姬靜. 厲王(姬胡)의 아들로 共和시기를 거쳐 西周를 中興시킨 천자. B.C.827~B.C.782년까지 46년간 재위함. 그 뒤를 幽王(姬宮涅)이 이었으나 褒姒를 총애하여 伯服을 낳자 幽王은 申后와 태자 宜臼를 폐위하는 등 혼란을 조성함. 이에 申后가 犬戎과 결탁하여 幽王을 죽이고 宜臼(東周 平王)가 다시 나라를 재건하여 洛邑으로 천도함. 이것이 東周이며 春秋戰國을 거치면서 많은 제후국들이 明滅하는 상황이 벌어짐.

【轉身易位】 임금이 나라를 잃고 신하의 위치로 전락함. 나라를 잃었으나 죽임을 당하지 않고 신하가 되어 살아남음을 뜻함. 쉽지 않은 경우임을 뜻함. 〈集解〉에는 '轉身法易位'로 되어 있으나 兪樾은 "「法」字衍文"이라 하여 이를 따름.

【全衆傳國】 군주로써 나라가 망하였으나 백성을 온전히 하여 나라를 빼앗은 이에게 물려줌. 역시 쉽지 않은 경우를 뜻함. 일부 판본에는 '傳'자가 '傅'자로 되어 있으나 의미가 통하지 않음. 兪樾은 "「傅」當作「傳」"이라 함.

【病】 그러한 경우는 가장 이루어지기가 매우 어렵다는 뜻. 《論語》雍也篇 "子貢曰:「如有博施於民而能濟衆, 何如? 可謂仁乎?」子曰:「何事於仁! 必也聖乎! 堯舜其猶病諸! 夫仁者, 己欲立而立人, 己欲達而達人. 能近取譬, 可謂仁之方也已.」"의 集註에 "病, 心有所不足也. 言:「此何止於仁, 必也聖人能之乎! 則雖堯舜之聖, 其心猶有所不足於此也.」"라 함. 한편 王先愼 〈集解〉에 "此所謂「轉身易位, 全衆傳國」者, 則晉靜公·齊康公之類, 是以其不能死而反見屈於臣, 故曰「最其病也」"라 함.

672(44-10)
군주가 쾌락에 빠지면

군주 된 자가 진실로 신하가 말한 바를 밝게 알아차린다면 비록 그물이나 주살을 가지고 말을 달려 사냥이나 하고 종을 울리며 무녀舞女들과 춤을 추며 즐긴다 해도 나라는 오히려 계속 존속될 것이지만 신하가 말한 바를 밝게 알아차리지 못한다면 비록 절약하고 힘써 일하며 베옷을 입고 거친 음식을 먹는다 해도 나라는 오히려 저절로 망할 것이다.

조趙나라의 선군 경후敬侯는 덕행을 닦지 않고 멋대로 욕망을 채우기만 좋아하였으며, 제 몸의 안락과 이목의 즐거움만을 추구하였다.

그리하여 겨울이면 사냥을 즐기고 여름이면 뱃놀이에 빠졌으며 긴 밤을 지새우며 며칠을 쉬지 않고 술잔을 돌렸으며, 술을 마시지 못하는 자는 대롱으로 그 입에 술을 부어 넣기도 하고, 진퇴에 정숙하지 못하거나 응대에 공손치 못한 자는 그 앞에서 목을 베어 버렸다.

거처나 음식이 이처럼 절도가 없었으며 형벌과 살육이 이처럼 무도하였지만 그럼에도 경후는 나라를 누리는 수십 년 동안 군대가 적에게 패한 적도 없었고 토지가 사방 이웃에게 깎인 적도 없었으며, 안으로 신하들이나 백관들의 반란이 없었고 밖으로는 다른 제후나 이웃나라의 환란이 없었으니 이는 신하를 임명하는 데에 밝았기 때문이었다.

그에 비해 연燕나라 임금 자쾌子噲는 소공邵公 석奭의 후예로써 영토가 사방 수천 리나 되었고 창을 든 병사가 수십만이나 되었으며, 게다가 여자를 좋아하는 즐거움에 안주하지 않았고 악기 연주 소리도 듣지 않았으며,

안으로는 연못이나 높은 누대도 짓지 않고, 밖으로 새를 잡는 것이나 짐승 사냥도 나가지 않았으며, 나아가 몸소 쟁기나 호미를 들고 밭고랑을 일구었다.

자쾌는 자신의 몸을 고생시키며 백성을 걱정하기가 이와 같이 심하였으니 비록 옛날 성왕, 명군이라 일컬어주는 자라 할지라도 그 몸을 고생하며 세상을 걱정한 것이 이보다 더 심하지는 않았을 것이다.

그럼에도 자쾌 자신은 죽고 나라가 망하여 자지子之에게 나라를 빼앗겨 천하의 웃음거리가 되었으니 이는 무슨 까닭이겠는가? 신하를 임용하는 데에 밝지 못하였기 때문이었다.

爲人主者, 誠明於臣之所言, 則雖畢弋馳騁, 撞鐘舞女, 國猶且存也; 不明臣之所言, 雖節儉勤勞, 布衣惡食, 國猶自亡也.

趙之先君敬侯, 不修德行, 而好縱慾, 適身體之所安, 耳目之所樂.

冬日畢弋, 夏浮淫, 爲長夜, 數日不廢御觴, 不能飮者以筩灌其口, 進退不肅·應對不恭者斬於前.

故居處飮食如此其不節也, 制刑殺戮如此其無度也, 然敬侯享國數十年, 兵不頓於敵國, 地不虧於四鄰, 內無群臣百官之亂, 外無諸侯鄰國之患, 明於所以任臣也.

燕君子噲, 邵公奭之後也, 地方數千里, 持戟數十萬, 不安子女之樂, 不聽鍾石之聲, 內不湮汙池臺榭, 外不畢弋田獵, 又親操耒耨以修畎畝.

子噲之苦身以憂民, 如此其甚也, 雖古之所謂聖王明君者, 其勤身而憂世不甚於此矣.

然而子噲身死國亡, 奪於子之, 而天下笑之, 此其何故也? 不明乎所以任臣也.

【畢弋】 畢은 자루가 긴 새 잡는 그물. 弋은 줄 달린 화살. 둘 모두 새나 토끼 등을 사냥할 때 쓰는 기구.《國語》齊語 "田狩畢弋"의 注에 "畢, 掩雉兎之網也"라 함.

【敬侯】 전국시대 趙나라 군주. 이름은 章. 烈侯의 아들이며 B.C.386~B.C.375년까지 12년간 재위하고 그 뒤를 成侯(種)가 이음.

【浮淫】 배를 띄워 물놀이를 함. '淫'은 '游'자의 오기가 아닌가 함.

【不頓】 '頓'은 '困頓'의 뜻. 곤액을 당하여 패함.《國語》周語 "而王幾頓乎?"의 韋昭 注에 "頓, 敗也"라 함.

【子噲】 燕王 噲. 易王을 이어 왕위에 올랐으나 諡號는 없으며 B.C.320~B.C.312년까지 9년간 재위하고 堯가 현인 許由에게 양위하려고 한 일을 훌륭하다고 동경하여 군주자리를 신하인 子之에게 물려주었다가 나라를 큰 혼란에 빠뜨림. 그 뒤를 昭王이 이음.

【邵公奭】 '邵'는 '召'와 같음. 周 文王의 庶子로 이름은 姬奭. 召(지금의 陝西 岐山縣 서남쪽)에 봉해져 召公이라 불렸음. 武王이 紂를 멸하고 그를 연(北燕, 지금의 河北 北京 일대)에 봉하여 燕나라의 시조가 됨. 成王 때 三公이 되어 陝西를 나누어 周公과 함께 다스리기도 하였음. 시호는 康.《史記》燕召公世家를 볼 것.

【子女之樂】 '子女'는 '女子'와 같음. 여자들과의 향락을 뜻함.

【堙汙池】 堙은 治자와 같은 뜻. 汙는 汚자와 같음. 웅덩이를 막아 물이 괴도록 함.

【湮】 '抑'과 같은 뜻이며 '抑'은 '治'와 같은 뜻임. 그러나 이는 '堙'자의 오기이며 堙은 左傳 襄公 6년 "堙之環城傅于堞"의 注에 "堙, 土山也"라 하였음.

【汙池】 놀이터로 삼기 위해 물을 가두어 못을 만든 것.〈王先愼本〉에는 '汗池'로 잘못 표기되어 있음.

【子之】 燕나라 재상. 蘇代와 혼인관계를 맺고 蘇代로 하여금 燕王 噲에게 나라를 물려주면 堯舜과 같은 聖人으로 추앙받을 것이라 유혹하여 왕의 자리를 자기에게 물려주도록 하였음. 이로 인해 연나라는 큰 혼란에 빠졌으며 뒤에 제나라의 공격을 받아 죽임을 당함.《戰國策》燕策 및《史記》燕世家 참조.

673(44-11)
신하의 다섯 가지 간악함

그러므로 "신하에게 다섯 가지 간악함이 있어도 임금은 알지 못한다"라고 말하는 것이다.

남의 신하된 자들로써 재물을 많이 쓰며 뇌물로써 명예를 사는 자가 있고, 포상과 상금을 주기에 힘써 이로써 많은 사람들을 움직이는 자가 있으며, 붕당朋黨을 지어 지능에 따라 사람을 높이기에 힘써 이로써 하고 싶은 대로 하는 자가 있고, 부역을 면해주고 죄를 용서해 주기에 힘을 기울여 이로써 위엄을 세우는 자가 있으며, 아랫사람의 시비를 받들어 괴이한 말과 화려한 복장, 아름다운 칭찬을 하기에 힘을 기울여 이로써 백성의 이목을 현혹시키는 자가 있다.

이 다섯 가지는 현명한 임금이라면 의심해야 하는 것이며 성왕이라면 금지해야 하는 것이다.

이 다섯 가지가 제거되면 말 많고 거짓을 떠벌이는 사람이 감히 조정에 나타나 신하인 척 담론을 펼 수 없을 것이며, 꾸밈말이 많고 실제 행동이 적으며 법에 타당하지도 않는 자가 감히 사실을 속여 가며 말만을 많이 할 수 없게 될 것이다.

이로써 신하들은 평소에는 자신을 수양하고 움직일 때면 맡은 임무에 힘을 기울일 것이며, 임금의 명령이 아니면 감히 제멋대로 하거나 마구 지껄여 사실을 속이려들지 않게 될 것이니 이것이 성왕이 신하를 기르는 방법이다.

저 성왕이나 현명한 군주는 앞의 다섯 가지 의심스러운 사안으로써 신하를 엿볼 뿐만 아니라 의심스러운 사안을 보고서도 책임을 묻지 않은 군주란 천하에 드물었다.

故曰:「人臣有五姦, 而主不知也.」

爲人臣者, 有侈用財貨賂以取譽者, 有務慶賞賜予以移衆者, 有務朋黨徇智尊士以擅逞者, 有務解免赦罪獄以事威者, 有務奉下直曲·怪言·偉服·瑰稱以眩民耳目者.

此五者, 明君之所疑也, 而聖主之所禁也.

去此五者, 則諛詐之人不敢北面談立;文言多·實行寡而不當法者, 不敢誣情以談說.

是以群臣居則修身, 動則任力, 非上之令不敢擅作疾言誣事, 此聖王之所以牧臣下也.

彼聖主明君, 不適疑物以闚其臣也;見疑物而無反者, 天下鮮矣.

【擅逞】함부로 날뛰며 거들먹거리는 행위. '逞'은 하고 싶은 대로 마구 행동함. 또는 '분풀이를 하다'의 뜻도 있음.

【奉下直曲】아래 사람이 평하는 시비에 따라 행동하거나 처신함. '曲直'은 '是非'와 같은 뜻. 아래 사람의 뜻을 잘 들어주는 척함.

【偉服】아름다운 복장. '偉'는 '瑋'와 같음.

【瑰稱】아름다운 칭송. '瑰'는 '아름답다'의 뜻. '稱'은 칭송.

【北面談立】군주를 향하여 진언함. 北面은 南面의 대칭으로 신하를 뜻함.

【適疑物】王先愼은 "適, 疑作道"라 하였으나 邵增樺의 《韓非子今註今譯》에는 "適, 借爲啻"라 하여 '不啻'는 '~뿐만 아니라'의 뜻으로 해석하였으며 이를 따름.
【無反】'反'은 책임을 물음. 《荀子》修身篇 "失之己反之人"의 注에 "反, 責人也"라 하였고, 《禮記》學記 注에도 "自反, 求諸己也"라 함.

674(44-12)
나라를 위태롭게 하는 네 가지 유형

그러므로 "서얼 가운데에는 적자와 필적할 만한 자식이 있고, 짝 가운데에는 본처와 필적할 만한 첩이 있으며 조정에는 재상과 필적할 만한 신하가 있고 신하 가운데에는 임금과 서로 맞설 만한 총신이 있으니 이 네 가지 유형의 사람들은 나라를 위태롭게 하는 자들이다"라고 말하는 것이다.

그러므로 "안으로 총애하는 첩들이 후비와 함께 병립하거나 밖으로 총신이 정사치를 맞서서 하거나, 서자가 적자와 맞서거나 대신이 임금처럼 하는 경우가 있다면 이는 나라가 어지러워지는 지름길이다"라고 하는 것이다.

그 때문에 《주기周記》에 "첩을 높여 처를 낮추지 말 것이며, 적자를 서자 대하듯이 하여 서자를 높이지 말 것이며, 폐신嬖臣을 높여 상경上卿과 맞서게 하지 말 것이며, 대신을 높여 군주와 비슷하게 하지 말 거이니라"라 한 것이다.

네 가지 대등하게 맞설 것들을 깨뜨려 없애버린다면 위에서는 의심할 것이 없게 되고 아래로서는 괴이히 여길 일이 없게 되지만 이 네 가지 맞설 것들을 깨뜨려 없애버리지 못한다면 자신의 몸도 죽고 나라도 멸망하고 말 것이다.

故曰:「孼有擬適之子, 配有擬妻之妾, 廷有擬相之臣, 臣有擬主之寵, 此四者國之所危也.」

故曰:「內寵並后, 外寵貳政, 枝子配適, 大臣擬主, 亂之道也.」

故《周記》曰:「無尊妾而卑妻, 無孼適子而尊小枝, 無尊嬖臣而匹上卿, 無尊大臣以擬其主也.」

四擬者破, 則上無意下無怪也; 四擬不破, 則隕身滅國矣.

【孼】'孽'과 같으며 같은 문장에 두 글자를 혼용하여 쓰고 있음.《說文》에 "孽, 庶子也"라 함.

【並, 貳, 配, 擬】네 글자 모두 '대등하게 여겨 상대하도록 하다'의 뜻으로 '匹敵'과 같음.《左傳》哀公 7년 "君之貳也"의 注에 "貳, 敵也"라 함.

【亂之道也】이상의 구절은《左傳》桓公 18년과 閔公 2년 辛伯이 周 桓公에게 한 말임. 참고란을 볼 것.

【周記】《周書》,《逸周書》, 또는《汲冢周書》라고도 하며 晉나라 때 汲縣의 무덤에서 발견된 것.《漢書》藝文志에《周書》71편이 저록되어 있으며 注에 "周史記. 師古曰: 劉向云「周時誥誓號令也.」蓋孔子所論百篇之餘, 今之存者四十五篇矣"라 함. 지금은 汲冢에서 발견된 60편이 있음. 淸代 朱右曾이 집일한《逸周書集訓校釋》이 있음. 어떤 사람은《陰符經》과 비슷한 글이라 보고 있음. 周 왕조 때의 古書로써 文王, 武王으로부터 靈王, 景王까지를 기록함. 한편 이 구절은《穀梁傳》僖公 9년에도 "讀書加于牲上, 壹明天子之禁, 曰:「毋雍泉, 毋訖糴, 毋易樹子, 毋以妾爲妻, 毋使婦人與國事.」"라 하였음.

【無意】'意'는 '疑'와 같음.《漢書》晁錯傳 注에 "意, 疑也"라 함.

【隕身】목숨을 잃음.

1.《左傳》桓公 18年 傳

周公欲弑莊王而立王子克. 辛伯告王, 遂與王殺周公黑肩. 王子克奔燕. 初, 子儀
有寵於桓王, 桓王屬諸周公. 辛伯諫曰: 「幷后·匹嫡·兩政·耦國, 亂之本也.」
周公弗從, 故及.

2.《左傳》閔公 2年 傳

大子將戰, 狐突諫曰: 「不可. 昔辛伯諗周桓公云: 『内寵並后, 外寵二政, 嬖子
配適, 大都耦國, 亂之本也.』周公弗從, 故及於難. 今亂本成矣, 立可必乎? 孝而
安民, 子其圖之! 與其危身以速罪也.」

45. 궤사詭使

'궤詭'는 서로 다름, 또는 서로 어긋남의 뜻이며, '사使'는 행사行使
함을 뜻한다.

군주의 욕구는 실제로 정치와 서로 어긋남을 비판한 것이다.

결론적으로 "道私者亂, 道法者治"의 법치를 강조한 내용이다.

675(45-1)
군주의 치도 세 가지

성인이 치도治道로 삼는 것은 세 가지였다.

첫째는 이利, 둘째는 위威, 셋째는 명名이다.

무릇 '이'란 민심을 얻기 위한 것이요, '위'란 법령을 행사하기 위한 것이며, '명'이란 위아래가 함께 하기 위한 것이다.

이 세 가지가 아니면 비록 다른 것이 갖추어져 있다 해도 급하지 않다.

지금 '이'가 없는 것은 아니지만 백성이 윗사람에게 감화되지 못하고 있으며, '위'가 없는 것은 아니지만 아래 사람이 듣고 따라주지 않고 있으며, 관官에 법이 없는 것은 아니지만 정치가 명분이 맞지 않고 있다.

이처럼 세 가지가 없지 않은데도 세상이 일치일란一治一亂하는 것은 무슨 까닭인가?

무릇 윗사람이 귀하게 여기는 것과 그가 다스림의 소이所以로 삼는 것이 서로 어긋나기 때문이다.

聖人之所以爲治道者三:

一曰「利」, 二曰「威」, 三曰「名」.

夫利者, 所以得民也; 威者, 所以行令也; 名者, 上下之所同道也.

非此三者, 雖有不急矣.

今利非無有也, 而民不化上; 威非不存也, 而下不聽從; 官非無法也, 而治不當名.

三者非不存也, 而世一治一亂者, 何也?

夫上之所貴, 與其所以爲治相反也.

【利】 직접적인 이익이 되는 賞이나 封地, 利祿, 官爵 및 財物 등.

【威】 威勢. 威嚴. 權威. 職位에 따른 秩序.

【名】 名分이나 名目. 法律, 職務, 言論 등도 이에 해당함.

【一治一亂】 治世와 亂世가 無時로 바뀜. '或亂或治'와 같음.

676(45-2)
명名과 실實

무릇 명호名號를 세우는 것은 높이기 위한 것이건만 지금은 '명'을 천시하고 실實을 경시하는 자가 있어 세상에서는 그러한 자를 '고高'라 일컫는다.

작위를 설정함은 귀천의 기준을 삼기 위한 것이건만 윗사람에게 광간狂簡하게 굴면서 나타나려 하지도 않는 자를 세상에서는 그를 일러 '현賢'이라 한다.

위威와 이利는 법령을 실행하기 위한 것이건만 '이'를 무시하고 '위'를 경시하는 자를 세상에서는 그를 일러 '중重'이라 한다.

법과 명령은 다스리기 위한 것이건만 법령에 따르지 않고 사사롭게 잘하는 자를 세상에서는 그를 '충忠'이라 말한다.

관작은 백성을 권장하기 위한 것이건만 명분과 의義만을 좋아한답시고 벼슬길에 나가지 않는 자를 세상에서는 일러 '열사烈士'라 한다.

형벌은 마음 놓고 위세 부리기 위한 것이건만 법을 경시하고 형벌과 죽음의 죄도 피하지 않는 자를 세상에서는 일러 '용부勇夫'라 한다.

백성은 명분에 다급해함이 이익을 추구하는 것보다 심하니, 이와 같다면 선비들 가운데 굶주리고 궁핍한 자로써 어찌 바위틈에 살며 제몸을 고생시키며 이름을 천하에 다투려 들지 않을 자가 있겠는가?

그러므로 세상이 다스려지지 않는 까닭은 아랫사람의 죄가 아니라 윗사람이 그 치도를 잃고 있기 때문이다.

언제나 어지러워질 요인을 귀히 여기면서 다스려질 요인을 천대하고 있으니 이 때문에 아랫사람이 바라는 바는 늘 윗사람이 다스리는 바와 서로 엇갈리고 있는 것이다.

夫立名號, 所以爲尊也; 今有賤名輕實者, 世謂之「高」.

設爵位, 所以爲賤貴基也; 而簡上不求見者, 世謂之「賢」.

威利, 所以行令也; 而無利輕威者, 世謂之「重」.

法令, 所以爲治也; 而不從法令爲私善者, 世謂之「忠」.

官爵, 所以勸民也; 而好名義不進仕者, 世謂之「烈士」.

刑罰, 所以擅威也; 而輕法不避刑戮死亡之罪者, 世謂之「勇夫」.

民之急名也, 甚其求利也; 如此, 則士之飢餓乏絶者, 焉得無巖居苦身以爭名於天下哉?

故世之所以不治者, 非下之罪, 上失其道也.

常貴其所以亂, 而賤其所以治, 是故下之所欲, 常與上之所以爲治相詭也.

【名號】칭호. 각기 관직이나 신분 등에 따른 호칭.

【高】고상함. 높은 지조를 가진 자. 伯夷와 같은 경우.

【簡】簡은 狂簡함. 지위나 질서를 인정하지 않고 독선적인 태도를 지님.

【見】'現'과 같음. 나타나 자신을 드러내는 것.《荀子》賦篇 注에 "見, 猶顯也"라 함. 그러나 出仕의 뜻으로 보는 것이 타당할 듯함.《論語》泰伯篇 "天下有道則見"의 皇侃 疏에 "見, 謂出仕也"라 함.

【私善】사사로운 선행.

【名義】겉으로 내세울 이름. 대의명분을 가리킴.

【急名】명예를 간절하게 바라고 좋아함.

【詭】서로 어긋남. 어그러짐.

677(45-3)
다섯 가지 잘못

지금 아랫사람이면서 윗사람의 말을 들어야 하는 것은 윗사람이 급히 여기기 때문이다.

그런데는 돈각惇愨하고 순신純信하며 마음 씀씀이의 말에 겁이 많은 경우를 일러 '구窶'라 한다.

법을 고집스럽게 지키기만 하고 명령을 이리저리 따져서 듣는 경우라면 이를 일러 '우愚'라 한다.

윗사람을 존경하면서 죄를 두려워한다면 이를 일러 '겁怯'이라 한다.

말이 때에 맞고 행동이 일에 적중하면 이를 일러 '불초不肖'라 한다.

두 마음으로 사사롭게 배우지 않으며 관리의 말만 들어 가르침에 따르는 것을 일러 '누陋'라 한다.

今下而聽其上, 上之所急也, 而惇愨純信, 用心怯言, 則謂之「窶」.

守法固, 聽令審, 則謂之「愚」.

敬上畏罪, 則謂之「怯」.

言時節, 行中適, 則謂之「不肖」.

無二心私學, 聽吏從敎者, 則謂之「陋」.

【惇慤】 돈후하고 성실함. 敦은 厚, 慤은 謹과 같은 뜻임.

【寠】 구부정함. 자신감을 보이지 못하는 모습을 뜻함.《釋名》에 "寠數, 猶局縮"
이라 함.

【二心私學】 두 마음을 품고 사사로운 학문을 익힘.

678(45-4)
정치인 양 잘못 여기는 것들

불러도 오지 않는 자를 일러 '정正'이라 한다.

주어도 받지 않는 자를 일러 '염廉'이라 한다.

금해도 듣지 않는 자를 일러 '제齊'라 한다.

명령을 해도 듣지도 따르지도 않는 자를 일러 '용勇'이라 한다.

윗사람에게 이익을 주지 않는 자를 일러 '원愿'이라 한다.

너그러워 혜택을 베풀며 덕을 실행하는 것을 일러 '인仁'이라 한다.

중후하게 하여 스스로를 높이는 것을 일러 '장자長者'라 한다.

사사로운 학문으로 무리를 이루는 것을 일러 '사도師徒'라 한다.

한가하며 조용히 지내는 것을 일러 '유사有思'라 한다.

어짊을 덜어버리고 이익을 쫓는 것을 일러 '질疾'이라 한다.

음험하고 급하며 말을 줏대없이 되풀이하는 것을 일러 '지智'라 한다.

남을 앞세워 위하고 자신을 뒤로하며 이름과 호를 서로 부르며, 천하를 고루 사랑하는 것을 일러 '성聖'이라 한다.

말의 근본이 너무 커서 그에 맞추려면 쓸 수가 없고, 실행하려 하면 세상과 어긋나는 것을 일러 '대인大人'이라 한다.

작록 따위는 천히 여기며 윗사람에게 꺾이지 않는 것을 일러 '걸傑'이라 한다.

아래로 점점 번져 가는 것이 이와 같아 들어와서는 백성을 혼란스럽게 하고 나가서는 불편하게 하고 있으니 이러한 경우 위에서는 의당 그

욕구를 금하고 그 행적을 끊어야 하나 막지 못하고 있으며, 다시 그러한 자들을 좇아가 존중하고 있으니 이는 아랫사람으로 하여금 윗사람을 혼란스럽게 하는 것을 정치인 양 여기는 것이다.

難致, 謂之「正」.

難予, 謂之「廉」.

難禁, 謂之「齊」.

有令不聽從, 謂之「勇」.

無利於上, 謂之「愿」.

寬惠·行德, 謂之「仁」.

重厚自尊, 謂之「長者」.

私學成群, 謂之「師徒」.

閒靜安居, 謂之「有思」.

損仁逐利, 謂之「疾」.

險躁佻反覆, 謂之「智」.

先爲人而後自爲, 類名號, 言汎愛天下, 謂之「聖」.

言大本, 稱而不可用, 行而乖於世者, 謂之「大人」.

賤爵祿, 不撓上者, 謂之「傑」.

下漸行如此, 入則亂民, 出則不便也.

上宜禁其欲, 滅其迹, 而不止也; 又從而尊之, 是敎下亂上以爲治也.

【難致】불러와서 그에게 임무를 맡기고자 하나 응하지 않음.

【齊】의기가 대단함. '齊'는 '壯'과 雙聲으로 互訓됨.

【師徒】스승과 그 제자들의 집단. 일종의 학파를 가리킴.

【險躁佻】말만 시끄럽고 조리가 없이 경박함. '佻'는 경박하고 방정맞음을 뜻함.

【類名號言】이름이나 신분상의 호칭을 가리지 않고 똑같이 평등하게 지칭함.

【言大本】말이 지나치게 根本만을 과장함. 《中庸》에 "中也者, 天下之大本也"라 함. 그러나 陳奇猷와 梁啓雄 등은 '本'을 '不'자로 보아야 한다고 여겼음.

【撓】꺾임. 屈從함.

【漸行】풍조에 서서히 빠져들어 물들어감. '漸染'과 같음.

679(45-5)
본本과 말末

무릇 윗사람이 다스리는 수단이란 형벌이건만 지금 사사로이 의義를 행하는 자가 있으면 그를 존경하고 있다.

사직이 존립하는 근본은 안정과 평온함이건만 시끄럽게 떠벌이고 음험하여 남을 헐뜯으며 아첨하는 자가 임용되고 있다.

사방 영토 안이 잘 듣고 따르도록 하는 근본은 신의와 은덕이건만 비뚤어진 지식을 가지고 나라를 뒤집어엎을 자가 쓰이고 있다.

명령이 실행되는 이유와 위엄이 세워지는 까닭은 공손과 검약으로 윗사람을 따르도록 하는 것이건만 바위틈에 살며 세상을 비난하는 자가 이름을 드러내고 있다.

곡식 창고가 채워지는 이유는 농사가 본本이기 때문이건만 뜨개질·자수·조각·그림 등의 말末을 하는 자가 부자가 되고 있다.

명성이 이루어지는 까닭과 영토가 넓혀지는 이유는 싸우는 병사들에 의한 것이건만 지금 죽은 병사의 고아가 굶주려 길에서 구걸하고 있어도 광대나 술 시중드는 이들은 수레를 타고 비단옷을 입고 있다.

상과 봉록은 백성들로 하여금 힘을 다하도록 하고 아랫사람들로 하여금 목숨과 바꾸도록 하기 위한 것이건만 지금 전투에 나가서 승리를 거둔 전사는 노고롭기만 하고 상이 고루 돌아가지 않은 채 점치고 손금보며 여우처럼 남을 고혹蠱惑하게 하면서 그 앞에서 원하는 대로 말을 해주는 자는 날마다 사하품을 받고 있다.

윗사람이 법도를 쥐고 있음은 살리고 죽이는 칼자루 역할을 하기 위한 것이건만 지금 법도를 지키고 받드는 선비가 윗사람에게 충성을 다하고 있다 해도 알현할 수가 없으며, 도리어 교언과 말솜씨만으로 간궤한 짓을 하며 세상의 요행을 얻는 자는 자주 임금을 모시고 있다.

법을 근거로 직언을 말하며, 명분과 드러난 형태가 맞아 떨어지도록 하고 승묵繩墨을 따라 간악한 자를 처벌하는 것은 윗사람을 위하여 나라를 다스리는 근본으로써 그러한 자들을 더욱 멀리하고자 하는 것이건만 아첨하고 뜻에 순응하며 욕심대로 해주어 세상을 위태롭게 하는 자가 도리어 임금 가까이 친숙한 자가 되고 있다.

세금을 널리 거두어 백성들로 하여금 온힘을 다 쏟도록 하는 것은 재난에 대비하여 창고를 채워두기 위한 것이건만 사졸들은 힘든 일을 피하여 몸을 숨기고 위세 있는 가문에 의탁하여 요역을 피하고 있음에도 위에서 잡지 못하고 있는 자가 수만 명을 헤아린다.

무릇 좋은 전답이나 훌륭한 주택을 벌여놓은 것은 사졸들을 독려하기 위한 것이건만 전장에서 머리가 잘리고 배가 갈라지며 해골이 광야에 내팽개쳐진 이들은 몸 둘 집도 없이 몸은 죽고 논밭은 약탈당하고 있으나 도리어 여자들로써 미색이 뛰어난 자나 대신과 측근들로써 아무런 공도 없으면서 집을 골라서 받고 논밭을 선택하여 식록을 받고 있다.

상과 이득이 오로지 임금 한 곳에서 나오는 것은 아랫사람들을 제어하기에 편하도록 한 것이건만 갑옷 입은 전사들은 관직을 얻지 못하고 한가하게 사는 이들만 이름이 높여지고 명성이 드러나고 있다.

윗사람이 이로써 가르침을 삼는다면 명성이 어찌 낮아지지 않을 수 있겠으며 자리가 어찌 위태롭지 않을 수 있겠는가?

무릇 명성을 낮추어버리고 자리를 위태롭게 하는 것은 틀림없이 아랫사람이 명령에 따르지 않거나 다른 두 마음을 가지고 사사로운 자신들의 학문을 내세우며 세상을 거역하는 자들 때문이건만 그런데도 그러한 행동을 금하지 않고 있고, 그 무리들을 파괴하여 그 당파를 해산시키지 않은 채 도리어 그들을 따르며 존경하고 있으니 이는 일을 맡은 자의 과실이다.

윗사람이 염치廉恥를 세우는 것은 아랫사람을 복속시키기 위한 것이건만 지금 사대부들은 더럽고 추한 욕을 조금도 부끄러워하지 않은 채 벼슬하며, 여자를 내세우거나 사사로운 의를 실행하는 가문에서는 차례를 기다리지 않고 벼슬자리를 얻고 있다.

포상과 하사는 존중을 근본으로 하는 것이건만 전투에 나서서 공을 세운 전사는 빈한하고 천하며 도리어 윗사람을 가까이 시중드는 광대 무리들만이 직급을 뛰어넘어 대우를 받고 있다.

이름과 호가 진실로 믿음이 있도록 하는 것은 권위가 통하도록 하기 위한 것이건만 임금은 가려져 아무것도 알 수 없고 친숙한 여인들을 통해 알현이 병행하며, 백관들은 자산이 작위를 주관하며 사람들에게 자리를 옮겨주고 있으니 이는 그 일을 맡은 자의 과실이다.

대신과 관인들이 아랫사람과 먼저 모의하여 당파를 이루어 비록 불법이 행해지고 있음에도 위세와 이권이 아래에 있게 되면 임금은 낮아지고 대신은 높아지는 것이다.

凡上所治者, 刑罰也; 今有私行義者尊.

社稷之所以立者, 安靜也; 而諜險讒諛者任.

四封之內所以聽從者, 信與德也; 而陂知傾覆者使.

令之所以行, 威之所以立者, 恭儉聽上; 而巖居非世者顯.

倉廩之所以實者, 耕農之本務也; 而綦組·錦繡·刻畫爲末作者富.

名之所以成, 城池之所以廣者, 戰士也; 今死之孤飢餓乞於道, 而優笑酒徒之屬乘車衣絲.

賞祿, 所以盡民力易下死也; 今戰勝攻取之士勞而賞不霑, 而卜筮·視手理·狐蠱爲順辭於前者日賜.

上握度量, 所以擅生殺之柄也; 今守度奉量之士欲以忠嬰上而不得見, 巧言利辭行姦軌以倖偸世者數御.

據法直言, 名形相當, 循繩墨, 誅姦人, 所以爲上治也, 而愈疏遠; 諂施順意從欲以危世者近習.

悉租稅, 專民力, 所以備難充倉府也; 而士卒之逃事伏匿·附託有威之門, 以避徭賦, 而上不得者萬數.

夫陳善田利宅, 所以屬戰士也; 而斷頭裂腹·播骨乎平原野者, 無宅容身, 身死田奪, 而女妹有色, 大臣左右無功者, 擇宅而受, 擇田而食.

賞利一從上出, 所以善劑下也; 而戰介之士不得職, 而閒居之士尊顯.

上以此爲教, 名安得無卑, 位安得無危?

夫卑名危位者, 必下之不從法令·有二心務私學, 反逆世者也; 而不禁其行, 不破其群以散其黨, 又從而尊之, 用事者過矣.

上之所以立廉恥者, 所以屬下也; 今士大夫不羞汙泥醜辱而宦, 女妹私義之門不待次而宦.

賞賜, 所以爲重也; 而戰鬪有功之士貧賤, 而便辟優徒超級.

名號誠信, 所以通威也; 而主揜障, 近習女謁並行, 百官主爵遷人, 用事者過矣.

大臣官人, 與下先謀比周, 雖不法行, 威利在下, 則主卑而大臣重矣.

【私行義】사사롭게 의로운 일을 행함.

【陂知】비뚤어진 지혜나 잘못된 지식.

【巖居】巖穴之士를 가리킴.

【綦組】매듭이나 장식으로 쓰이는 일.

【錦繡】비단 자수.

【末作】本務, 즉 농사에 상대되는 末業. 고대는 상공업을 末作으로 여겼음.

【手理】手相과 같음. 손금을 통해 길흉화복을 판단하는 것.

【狐蟲】여우처럼 홀림. 蟲는 蠱惑의 줄인 말. 일부 다른 판본에는 ‘狐蠱’으로 되어
있으나 俞樾의 〈諸子平議〉에 “蟲, 乃蠱之誤”라 함.

【嬰上】위와 접촉함. 맞부딪침. 侍奉의 뜻.

【姦軌】‘姦宄’와 같음.《左傳》成公 7년에 “臣聞亂在外爲姦, 在內爲軌”라 함.

【名形相當】명분과 겉으로 드러난 형태. ‘形’은 구본에는 ‘刑’으로 되어 있음.

【繩墨】원래 먹줄을 뜻함. 여기서는 법도와 기준.

【諂施】‘施’는 ‘斜’와 같음. 잘못된 것에도 아첨을 함.

【陳】상으로 줄 농지와 가옥을 펼쳐 놓고 전쟁에 승리할 것을 유도함.

【播骨】뼈가 흩어져 밖으로 드러남.

【擇田而食】좋은 전답만을 골라서 치지하여 생계수단으로 삼음.

【剬】칼로 가르듯이 마음대로 지배함.

【汙泥】‘汚泥’와 같음. 더러운 진흙탕.

【用事者】임금을 보좌하는 담당자.

【女謁】궁중에서 임금을 가까이 하면서 뇌물을 받고 만남을 주선하는 嬖幸.

【主爵】자리를 도맡아 구분하여 마음대로 인사를 단행함.

【威利在下】상벌의 권한이 아랫사람에게 있음.

〈牛耕圖〉(魏晉) 磚畫 1972 嘉峪關 戈壁灘 출토

680(45-6)
법法과 사私

무릇 법령을 세우는 것은 사사로움을 폐하기 위한 것으로써 법령이 행해지면 사사로운 길이 사라지게 된다.

사사로움이란 법을 어지럽히는 것이다.

그러나 선비로써 두 마음을 품고 사사로운 학문을 하며 암혈巖穴에 살면서 밖에 나와 보지도 않고, 엎드려 깊은 생각이나 하면서 크게는 세상을 비난하고 작게는 아랫사람들을 미혹하게 하고 있건만, 위에서는 이를 막지도 않고 도리어 그를 좇으며 존중하여 명성을 키워주고, 재물을 주어 채워주고 있으니 이는 공이 없는데도 현달하는 것이요 노고로움이 없는데도 부유하게 해 주는 것이다.

이와 같다면 선비들로써 두 마음을 품고 사사로운 자신들의 학문을 하는 자가 어찌 생각을 깊이 하면서 남을 속일 꾀를 힘써 찾아내어 법령을 비방하는 것으로써 세상과 서로 어긋나는 이론을 찾으려 하지 않을 수 있겠는가?

무릇 위를 어지럽히고 세상에 반대로 나가는 자란 언제나 선비들로써 다른 마음을 가지고 사사롭게 자신의 학문을 닦고 있는 자이다.

그러므로 《본언本言》에 "다스리는 수단이란 법이요, 어지럽히는 수단이란 사사로움이다. 법이 서면 사사로운 짓을 할 수가 없다"라 한 것이다.

그러므로 "사사로움을 도로 삼으면 혼란이 다가오고, 법을 도로 삼으면 통치가 이루어진다"라고 하는 것이다.

위에 그 도가 없으면 지자智者는 사사로운 말로 행세하고 현자賢者는 사사로운 생각을 갖게 된다.

위에서 사사로운 은혜를 베풀면 아래는 사사로운 욕심을 갖게 된다.

성인과 지자라고 하는 자들이 무리를 이루어 이런 말 저런 말을 조작하여 옳지 않은 법으로써 위를 조종하고 있음에도 위에서는 이들을 막지 않고 있으며 도리어 그들을 좇아 존중하고 있으니 이는 아랫사람들로 하여금 윗사람의 말을 듣지 말 것이며 법도 따르지 말도록 가르치는 셈이다.

이런 까닭으로 현자는 이름을 드날리며 살고 있고 간악한 자들은 상을 의지하여 부자가 되고 있으니 이 때문에 윗사람의 지위를 가졌음에도 아랫사람을 이겨내지 못하는 것이다.

夫立法令者, 以廢私也, 法令行而私道廢矣.

私者, 所以亂法也.

而士有二心私學, 巖居窩路·託伏深慮, 大者非世, 細者惑下; 上不禁, 又從而尊之以名, 化之以實, 是無功而顯, 無勞而富也.

如此, 則士之有二心私學者, 焉得無深慮·勉知詐與誹謗法令, 以求索與世相反者也?

凡亂上反世者, 常士有二心私學者也.

故《本言》曰:「所以治者, 法也; 所以亂者, 私也. 法立則莫得爲私矣.」

故曰:「道私者亂, 道法者治.」

上無其道, 則智者有私詞, 賢者有私意.

上有私惠, 下有私欲.

聖智成群, 造言作辭, 以非法措於上; 上不禁塞, 又從
而尊之, 是教下不聽上·不從法也.
　是以賢者顯名而居, 姦人賴賞而富.
　賢者顯名而居, 姦人賴賞而富, 是以上不勝下也.

【窩路】동굴 속에서 거처함. 담(窩)은 작은 구덩이. 그러나 〈藏本〉에는 '窩處'로
되어 있음. 顧廣圻는 "今本路作處, 誤"라 함. '路'는 '露'와 같음. 자신을 겉으로
드러냄을 뜻함.
【託伏】몸을 붙임. 세상에 나타나지 않은 채 숨어서 사는 것.
【化之以實】'化'는 '貨'의 가차.《尙書》益稷篇에 "懋遷有無化居"의 '化'와 같음.
'實'은 실질적인 이득인 벼슬자리를 줌을 뜻함.
【勉知詐】지혜로써 남을 속이려는 일에 힘을 쏟음.
【本言】전국시대 유행하던 法家의 서적으로 여겨짐.
【措於上】군주를 상대함. 措는 措置함. 조종함.

46. 육반六反

'반反'은 이치理致에 위배되며 정도正道에 어긋남을 뜻한다.

이에 따라 백성의 이익에 위배되는 여섯 가지 사례를 들어 법치를 이룰 것을 주장한 내용이다.

681(46-1)
위배되는 것들 여섯 가지

죽음이 두려워 어려움을 멀리 피하는 것은 항복하거나 달아날 사람임에도 세상에서는 그를 높여 '귀생지사貴生之士'라 불러주고 있다.

도를 배워 방법을 세우는 것은 법을 어기는 사람임에도 세상에서는 그를 높여 '문학지사文學之士'라 불러주고 있다.

놀기만 하면서 후한 대접을 받아 잘 먹고 사는 것은 식량을 탐내는 사람임에도 세상에서는 그를 높여 '유능지사有能之士'라 불러주고 있다.

말은 교묘하며 아는 척하는 것은 속임수를 쓰는 사람임에도 세상에서는 그를 높여 '변지지사辯智之士'라 불러주고 있다.

칼을 휘둘러 사람을 치고 죽이는 것은 난폭하고 격동적인 사람임에도 세상에서는 그를 높여 '염용지사磏勇之士'라 불러주고 있다.

적을 살려주고 간악한 자를 숨겨 주는 것은 죽을죄에 해당되는 사람임에도 세상에서는 그를 높여 '임예지사任譽之士'라 불러주고 있다.

이들 여섯 부류의 사람들은 세상에서 칭찬을 받고 있다.

위험에 달려가 정성을 바치며 죽는 것은 절의를 죽음으로 갚는 사람임에도 세상에서는 그를 폄훼하여 '실계지민失計之民'이라 부르고 있다.

견문이 적지만 명령에 잘 따르는 것은 법을 온전히 지키는 사람임에도 세상에서는 그를 폄훼하여 '박루지민樸陋之民'이라 부르고 있다.

농사일에 힘써서 먹고 사는 것은 이익을 만들어내는 사람임에도 세상에서는 그를 폄훼하여 '과능지민寡能之民'이라 부르고 있다.

아름답고 온후하며 순수한 정곡整穀한 사람임에도 세상에서는 그를 폄훼하여 '우당지민愚戇之民'이라 부르고 있다.

명령을 중히 여기고 일을 시킨 일을 두려워하는 것은 윗사람을 존경하는 사람임에도 세상에서는 그를 폄훼하여 '겁섭지민怯懾之民'이라 부르고 있다.

적賊을 꺾고 간악한 자를 막아내는 것은 윗사람을 명찰하게 해 주는 사람임에도 세상에서는 그를 폄훼하여 '첨참지민讇讒之民'이라 부르고 있다.

이상 여섯 부류의 사람들은 세상에서 폄훼를 당하고 있다.

간악함과 거짓만 일삼아 이득이 되지 않는 사람들이 여섯 부류이건만 세상에서는 칭찬해주는 것이 저와 같으며, 농사짓고 전투하여 이익을 가져다주는 사람들이 여섯 부류이건만 세상에서는 그들을 폄훼함이 이와 같다. 이것을 일러 '여섯 가지 어긋나는 것'이라 한다.

포의布衣를 사사로운 자신의 이익에 따라 칭찬하고 있음에도 세상의 군주들은 헛된 명성만을 듣고 그들을 예우하고 있으며 그러한 예우가 있는 데는 반드시 이득이 가해지고 있다.

백성을 사사로운 자신의 손해에 따라 헐뜯고 있음에도 세상 군주들은 세속의 판단에 막혀 그를 천시하고 있으며 그러한 천시가 있는 곳에는 반드시 손해가 가해진다.

그러므로 명예나 포상은 사사로운 개인의 뜻에 의해 의당 죄를 받아야 할 사람에게 주어지고, 폄훼는 공의公議에 의해 의당 상을 받아야 할 선비에게 씌워지고 있으니 이렇게 하고서도 나라의 부강을 찾는다할지라도 그렇게 될 수가 없는 것이다.

畏死遠難, 降北之民也, 而世尊之曰「貴生之士」.
學道立方, 離法之民也, 而世尊之曰「文學之士」.
遊居厚養, 牟食之民也, 而世尊之曰「有能之士」.
語曲牟知, 偽詐之民也, 而世尊之曰「辯智之士」.

行劍攻殺, 暴憿之民也, 而世尊之曰「磏勇之士」.

活賊匿姦, 當死之民也, 而世尊之曰「任譽之士」.

此六民者, 世之所譽也.

赴險殉誠, 死節之民, 而世少之曰「失計之民」也.

寡聞從令, 全法之民也, 而世少之曰「樸陋之民」也.

力作而食, 生利之民也, 而世少之曰「寡能之民」也.

嘉厚純粹, 整穀之民也, 而世少之曰「愚戇之民」也.

重命畏事, 尊上之民也, 而世少之曰「怯懾之民」也.

挫賊遏姦, 明上之民也, 而世少之曰「讇讒之民」也.

此六者, 世之所毀也.

姦僞無益之民六, 而世譽之如彼; 耕戰有益之民六, 而世毀之如此; 此之謂「六反」.

布衣循私利而譽之, 世主聽虛聲而禮之, 禮之所在, 利必加焉.

百姓循私害而訾之, 世主雍於俗而賤之, 賤之所在, 害必加焉.

故名賞在乎私惡當罪之民, 而毀害在乎公善宜賞之士, 索國之富强, 不可得也.

【貴生】'重生'과 같음. 생명을 귀히 여김.《呂氏春秋》貴生篇에 "全生爲上, 不以天下易其生"이라 함.

【學道立方】'道'는 '法'과 대립되는 儒·墨의 학술을 가리킴. '方'은 세상의 일을 해결하는 처방, 대책.

【牟食】'牟'는 '蟊'의 가차로 보기도 하며 탈취의 뜻으로 보기도 함.

【語曲牟知】 '語曲'은 '교언'과 같은 뜻. '牟'는 '侔'와 같음. 지식이 많은 척함을 뜻함.

【暴憿】 포악하고 오만한 성격. '憿'는 '儌'와 같은 뜻. 그러나 '激'의 가차로 쓰인 것으로 보아 激한 성격을 뜻함.

【磏勇】 磏은 원래 거친 숫돌을 가리키나 '날카롭고 모나다'의 뜻을 가지고 있음. '磏'은 '稜'과 같음.

【任譽】 임협과 명예를 중시함.

【赴險殉誠】 위험한 상황에 달려가 誠信을 지키려다 죽음을 당하는 예.

【少】 경시하여 비방함. 폄훼함. 앞의 '尊'에 상대하여 쓴 말.

【寡聞】 見聞이 적어 판단력이 모자람.

【樸陋】 質朴하고 鄙陋함.

【整穀】 '穀'은 '慤'의 뜻. '端慤'과 같음. 端整하고 誠信함.

【愚戇】 어리석고 변통이 없는 유형.

【怯懾】 겁이 많고 두려움을 느낌. 疊韻連綿語.

【挫賊遏姦】 賊臣을 꺾고 간악한 자를 막음.

【諂讇】 '諂讒'과 같음. 雙聲連綿語. 윗사람에게는 아첨하고 아랫사람은 헐뜯음. '讇'은 '諂'과 같음. 《莊子》 漁父篇에 "希意道言謂之諂. ……好言人之惡謂之讒"이라 함.

【世主】 세속의 일반 군주를 가리킴.

【壅於俗】 세속적인 평가에 막혀 바른 판단을 하지 못함.

682(46-2)
정치는 머리 감는 것과 같다

옛날 속담에 "정치하는 것은 마치 머리 감는 것과 같다. 비록 머리카락이 빠지더라도 반드시 감아야 한다"라고 하였다.

머리카락을 잃는 손실이 아까워 머리카락이 자라는 이익을 잊는다면 권權을 모르는 자이다.

古者, 有諺曰:「爲政猶沐也, 雖有棄髮, 必爲之.」
愛棄髮之費而忘長髮之利, 不知權者也.

【費】소모됨. 비용을 들이게 됨으로써 손해를 봄.
【長】머리카락이 그 때문에 다시 나서 자람.
【權】무게의 경중을 저울질함. 정확한 판단을 내림. 정치의 득실을 판단하는 추상적인 大權.

참고 및 관련 자료

1. 《意林》(1)
古諺曰: 政若沐, 雖有棄髮, 而長髮之利也.

683(46-3)
종기는 터뜨려야

무릇 종기를 터뜨리는 것은 아프며, 약을 마시는 일은 쓰지만 괴롭고 힘들다는 이유로 종기를 터뜨리지도 않고 약도 마시지 않는다면 몸을 살려낼 수 없을뿐더러 병을 고치지도 못한다.

夫彈痤者痛, 飮藥者苦, 爲苦憊之故不彈痤飮藥, 則身 不活, 病不已矣.

【彈痤】 '痤'는 腫氣, 膿瘡, 痤疽. '彈'은 砥石, 石鍼 등으로 찔러서 터뜨림. 본《韓非子》 外儲說右上(541)에 "夫痤疽之痛也, 非刺骨髓, 則煩心不可支也; 非如是, 不能 使人以半寸砥石彈之"라 함.

684(46-4)
행의行義

지금 임금과 신하 사이의 접촉에는 부자 사의의 은택은 없음에도 행의
行義라는 덕목을 가지고 신하를 금지시키고자 한다면 그 교류는 틀림없이
틈이 벌어지고 말 것이다.

게다가 부모가 자식에 대해서도 아들을 낳으면 서로 축하하지만 딸을
낳으면 죽여 버린다.

이들이 모두가 똑같은 부모의 품안에서 나왔건만 아들은 축하를 받고
딸은 죽임을 당하는 것은 그 뒷날의 편의를 염려하여 먼 이득을 계산하기
때문이다.

그러므로 부모가 자식에 대해서도 오히려 계산하는 마음으로 서로 대하
거늘 하물며 부자 사이와 같은 은택도 없음에랴?

今上下之接, 無子父之澤, 而欲以行義禁下, 則交必有
郤矣.

且父母之於子也, 産男則相賀, 産女則殺之.

此俱出父母之懷袵, 然男子受賀, 女子殺之者, 慮其後便,
計之長利也.

故父母之於子也, 猶用計算之心以相待也, 而况無父子
之澤乎?

【上下之接】군신간의 접촉하는 관계를 뜻함.
【子父】父子와 같음. 王先愼은 "依下文,「子父」當作「父子」"라 함.
【澤】恩澤.
【行義禁下】行義는 도덕적인 실행을 요구함을 뜻함. 즉 군주는 법술이라는
  도구를 써야 하며 品德을 근거로 신하나 백성들을 대해서는 되지 않음을
  강조한 것.
【有郤】郤은 '郄', '隙'과 같음. 間隙이 벌어짐.
【産女則殺之】고대 女兒賤視 사상에 의해 딸을 낳으면 버리거나 물에 빠뜨려
  죽이는 잘못된 습속이 있었다 함.
【長利】아들을 낳을 경우 뒷날 勞動力, 戰鬪, 徭役, 傳家 등의 이익이 있을 것이
  라는 계산을 함.

685(46-5)
임금이 어질지 않아야

지금 학자가 군주를 설득하되 일체 이득을 구하는 마음을 버리고 서로 사랑하는 방법을 내도록 한다면 이는 임금에게 부모보다 더 친밀할 것을 요구하는 것이니 이것은 은애를 논하기에 익숙지 않은 것이며 거짓과 속임수에 불과한 것이므로 그 때문에 명석한 군주라면 이러한 논리를 받아들이지 않는다.

성인의 정치는 법률과 금하는 일을 깊이 헤아리는 것이니 법률과 금지할 일이 뚜렷이 드러나면 관직이 다스려질 것이며, 상벌을 엄격히 하되 상벌이 아곡阿曲되지 않으면 백성은 쓰임대로 움직이게 된다.

관직이 다스려지면 나라가 부유해지며, 나라가 부유해지면 병력이 강해져 패왕霸王의 업을 이룰 수 있다.

패왕이란 군주에게는 큰 이득이다.

임금이 그 큰 이득을 끼고서 정사를 듣기 때문에 그 까닭으로 관직에 임명된 자는 능력에 맞게 일할 것이며 그 상과 벌에는 사사로움이 없게 되는 것이다.

사민士民들로 하여금 이를 명확히 하여 온 힘을 다하고 목숨을 바치도록 한다면 공훈도 가히 세울 수 있고 작록도 얻을 수 있을 것이며 작록을 얻으면 부귀를 구하는 일도 이룰 수 있게 되는 것이다.

부귀란 신하된 자로서의 큰 이득이다.

신하가 되어 그 큰 이득을 끼고서 일에 종사하므로 그 까닭으로 위험을 무릅쓰고 죽음에 이르도록 힘을 다 하더라도 원망하지 않게 된다.

이를 일러 "임금은 어질지 않고 신하는 충성스럽지 않으면 가히 패왕이 될 수 있다"라는 것이다.

今學者之說人主也, 皆去求利之心, 出相愛之道, 是求人主之過於父母之親也, 此不熟於論恩, 詐而誣也, 故明主不受也.

聖人之治也, 審於法禁, 法禁明著, 則官治; 必於賞罰, 賞罰不阿, 則民用.

官治則國富; 國富, 則兵強: 而霸王之業成矣.

霸王者, 人主之大利也.

人主挾大利以聽治, 故其任官者當能, 其賞罰無私.

使士民明焉, 盡力致死, 則功伐可立而爵祿可致, 爵祿致而富貴之業成矣.

富貴者, 人臣之大利也.

人臣挾大利以從事, 故其行危至死, 其力盡而不望.

此謂「君不仁, 臣不忠, 則不可以霸王矣.」

【不熟】熟慮된 이론이 아님. 숙달된 유세가 아님. 잘못된 것임.

【不阿】阿曲됨이 없음. 공평함.

【明焉】분명히 그 취지를 이해시킴.

【君不仁, 臣不忠, 則不可以霸王矣】이 구절은 뒤의 '不可以霸王矣'가 '可以霸王矣'가 되어야 함. 王先愼〈集解〉에 "顧廣圻曰: 「不字當衍, 外儲說右下(543), 『君通

於不仁, 臣通於不忠, 則可以王矣.』此其證也"라 하였음. 이에 따라 풀이함.
임금의 仁이나 신하의 忠은 도리어 霸王이 되는데 방해가 되며 오직 法만이
통치의 최고 가치임을 강조한 것.

686(46-6)
백금을 공개된 시장에 내걸면

무릇 간악함을 저지르는 자는 틀림없이 알려지게 될 일은 대비를 할 것이요, 틀림없이 처벌을 받게 될 것이라면 중지하게 마련이다.

알려지지 않을 일에는 제멋대로 할 것이요, 처벌 받지 않을 일이라면 실행에 옮기고 말 것이다.

무릇 별것 아닌 재화라도 은밀하고 어두운 곳에 놓아두면 비록 증삼曾參이나 사추史鰍라 하더라도 의심을 품게 될 것이며, 백금을 공개된 시장에 내걸면 비록 큰 도둑이라 할지라도 취하려 들지 않을 것이다.

알려지지 않는다면 증삼이나 사추조차도 어두운 곳에서는 의심을 품게 할 수 있으나 틀림없이 알려질 일이라면 큰 도둑도 시장에 내건 금덩어리는 취하지 않을 것이다.

그러므로 현명한 군주는 나라를 다스리면서 많은 이들이 지키도록 하고 그 죄를 무겁게 하여 백성들로 하여금 법으로 금하도록 하지 청렴으로써 잘못된 일을 그치게 하지는 않는다.

어머니의 자식 사랑은 아버지의 곱절이 되지만 아버지의 명령이 자식에게 행해지는 것은 어머니의 열 배나 되며, 관리는 백성에게 사랑이 없지만 그 명령이 백성에게 부모의 만 배나 된다.

부모는 아무리 사랑을 쌓더라도 명령이 먹혀들지 않지만 관리는 위엄을 사용하기에 백성은 그의 말을 듣고 따르는 것이니 위엄과 애정의 책략은 가히 이처럼 결판을 달리 살 수 있는 것이다.

게다가 부모가 자식에게 요구하는 바는 행동에 있어서는 안전과 유리하도록 바라며, 몸가짐에 있어서는 죄를 멀리하기를 바란다.

임금이 백성에게 대해서는 어려움이 있을 경우 죽음으로써 하라 하며, 안전한 평시에는 있는 힘을 모두 다 소진하라고 하고 있다.

부모는 두터운 애정을 가지고 자식을 안전하고 유리한 처지에 관심을 두고 하는데도 자신은 이를 듣지 않으나 임금은 애정이나 이득도 주지 않으면서 죽음과 온 힘을 소진하도록 하는데도 그러한 명령이 행해진다.

현명한 군주는 이를 알기 때문에 은애의 마음으로써 백성을 기르는 것이 아니라 위엄의 권세만을 더 보태는 것이다.

그러므로 어머니의 사랑이 두터운 곳일수록 잘못된 자식이 많은 것은 사랑으로써 추진하기 때문이요, 아버지는 애정이 박하고 매질로 가르치지만 착한 자식이 많은 것은 엄격함을 사용하기 때문이다.

夫姦, 必知則備, 必誅則止; 不知則肆, 不誅則行.

夫陳輕貨於幽隱, 雖曾·史可疑也; 懸百金於市, 雖大盜不取也.

不知, 則曾·史可疑於幽隱; 必知, 則大盜不取懸金於市.

故明主之治國也, 衆其守而重其罪, 使民以法禁而不以廉止.

母之愛子也倍父, 父令之行於子者十母; 吏之於民無愛, 令之行於民也萬父母.

父母積愛而令窮, 吏用威嚴而民聽從, 嚴愛之筴亦可決矣.

且父母之所以求於子也; 動作, 則欲其安利也; 行身, 則欲其遠罪也.

君上之於民也; 有難, 則用其死; 安平, 則盡其力.

親以厚愛關子於安利而不聽, 君以無愛利求民之死力而令行.

明主知之, 故不養恩愛之心而增威嚴之勢.

故母厚愛處, 子多敗, 推愛也; 父薄愛教答, 子多善, 用嚴也.

【輕貨】 보잘것없어서 값이 싼 물건.

【曾·史】 '曾'은 孝行으로 널리 알려진 공자 제자 曾子(曾參). '史'는 公子에게 칭찬한 衛의 대부 史魚를 가리킴. 둘 모두 훌륭한 인물로 함께 並稱한 것. 史魚는 이름은 鰌(鰌). 字는 子魚. 蘧伯玉을 추천하지 못하고 彌子瑕를 퇴진시키지 못하자 죽음에 이르러 그 아들로 하여금 正堂에서 治喪하지 못하도록 한 고사로 유명함. 衛靈公이 問喪을 왔을 때 그 아들이 "臣下의 道理를 다 하지 못하여 正堂에서 治喪하지 못하게 하였다"라고 하는 말을 듣고, 蘧伯玉을 들어 쓰고 彌子瑕는 퇴진시켰으며 이를 흔히 '尸諫'이라 함.《韓詩外傳》(7)·《新序》(雜事)·《孔子家語》(困誓)·《說苑》(雜言)·《史記》(韓非子列傳)·《文選》(注)·《後漢書》(注)·《藝文類聚》·《太平御覽》·《冊府元龜》 등에 아주 널리 전재되어 있음. 한편《論語》衛靈公篇에 "子曰:「直哉史魚! 邦有道, 如矢; 邦無道, 如矢. 君子哉蘧伯玉! 邦有道, 則仕; 邦無道, 則可卷而懷之.」"라 함.

【疑】 취해도 될 것으로 유혹을 받음.

【嚴愛之筴】 위엄과 애정의 두 가지 책략. '筴'은 '策'의 이체자.

【關子】 자식에게 관여함. '關'은 '置'자와 같음.

【推】 추진함. 미루어 판단함. 기준으로 삼음.

687(46-7)
중형重刑이 죄를 주기 위한 것이 아니다

지금 집안사람이 집안 재산을 다스리면서 서로 굶주림과 추위를 참아내고 서로 억지로 노고와 고생을 하면 비록 전쟁의 어려움이나 기근의 환난을 만난다 해도 따뜻한 옷에 맛있는 음식을 누릴 수 있는 집이라면 틀림없이 이러한 집일 것이지만, 서로 불쌍히 여기면서 옷과 음식을 마구 사용하고 서로 은혜를 베푸는 것으로 즐거움을 삼는다면 흉년이 들어 아내를 시집보내고 자식을 팔아먹는 경우가 있다면 틀림없이 이렇게 살아온 집안일 것이다.

그러므로 법으로써 도를 삼으면 처음에는 고생이 되고 나중에는 긴 이득이 있을 것이지만, 어짊으로 도를 삼으면 즐겁기는 하겠지만 나중에는 궁해진다.

성인은 그 경중을 저울질하여 큰 이득이 있는 곳으로 나아가므로 법을 써서 서로 참아내도록 하며 남에게 어짊을 베풀어 서로 불쌍히 여기는 쪽을 포기한 것이다.

배움이 있다는 자들은 누구나 모두 "형벌을 가볍게 하라"고 말하지만 이는 혼란과 멸망의 술책일 뿐이다.

무릇 상벌을 기필코 이루어져야 하는 것은 권장하고 금지하기 위함이다.

상이 후하면 바라는 것을 빨리 얻을 수 있는 효과가 있고 벌이 무거우면 미워하는 바를 금지시키는 데 빠른 효과를 얻을 수 있다.

무릇 이득을 얻고자 하는 자는 반드시 손해를 싫어하는 것이니 손해란 이익의 반대이다.

바라던 바에 어긋나는 것이니 어찌 싫어하지 않을 수가 있겠는가?

다스려지기를 바라는 자는 반드시 혼란을 싫어하는 것이니 혼란이란 다스림의 반대이다.

이 까닭으로 다스려지기를 심하게 바라는 자는 그 상이 반드시 후하게 마련이며 혼란을 심하게 싫어할수록 그 벌이 반드시 무겁기 마련이다.

지금 형벌의 경감을 취하는 자는 혼란을 싫어하는 정도가 강하지 않은 것이며, 다스려지기를 바라는 마음 또한 심하지 않은 것이다.

이는 단지 술책이 없는 것일 뿐만 아니라 덕행 또한 없는 것이다.

이 까닭으로 현賢, 불초不肖, 우愚, 지智의 훌륭한 결정이란 상벌의 경중에 달려 있는 것이다.

게다가 무릇 중형重刑이 사람에게 죄를 주기 위한 것이 아니다.

현명한 군주의 법이란 살피고 헤아리게 되어 있다.

적賊을 다스림은 살핀 자만을 다스리는 것이 아니며, 살핀 자만을 다스린다는 것은 바로 죽을 사람만을 다스리는 것이다.

도둑을 처형함은 형벌을 받을 자만을 다스리는 것이 아니며, 형벌을 받은 자를 다스린다는 것은 그러한 형벌을 받을 자를 다스리는 것이다.

그러므로 "하나의 간악한 죄를 엄중히 하여 나라 안의 사악함을 막는다"라 함이니 이것이 바로 다스리는 방법이다.

중벌을 받는 자는 도적盜賊이며 이를 보고 애통해 하면서도 두려움을 느끼는 자는 양민들이다.

다스려지기를 바라는 자가 어찌 중형에 대하여 의문을 갖겠는가?

이처럼 무릇 상을 후히 하는 자란 유독 공적이 있는 자에게만 상을 주는 것이 아니라 온 나라를 권면토록 하는 것이다.

상을 받은 자는 그 이득을 달게 여기고 아직 상을 받지 못한 자는 그 업적을 따라하려 할 것이니 이는 한 사람의 공적에 보답함으로써 나라 안 많은 무리들에게 권장하는 것인데 다스려지기를 바라는 자가 어찌 상을 후하게 하는 것에 대하여 의문을 갖겠는가?

지금 정치를 알지 못하는 자들은 모두가 "형벌을 무겁게 하면 백성이

상한다. 형벌을 가볍게 하더라도 간악함을 막을 수 있는데 어찌 기필고 무겁게 할 필요가 있으리오!"라고 한다.

이는 다스림에 대하여 제대로 관찰하지 못한 자의 말이다.

무릇 중형으로 다스려야 그칠 자는 가벼운 형벌로 한다고 해서 꼭 그치는 것은 아니며, 가볍게 해도 그칠 자는 중형으로 하면 틀림없이 그만둔다.

이 까닭으로 위에서 중형을 마련하면 간악한 자들은 모두가 그칠 것이요 간악한 자들이 모두 사라질 것이니 그렇게 되면 어찌 백성에게 손상을 입히는 것이 되겠는가?

이른바 중형이란 간악한 자가 이익을 보는 것은 미세하지만 위에서 그에게 가하는 바는 크다.

백성이 작은 이득 때문에 큰 죄를 뒤집어쓰지 않도록 하는 것이니 그 때문에 간악함이 그치게 되는 것이다.

이른바 가벼운 형벌이란 간악한 자가 얻는 이익은 크고 위에서 그에게 가하는 벌은 작다.

백성은 이익만을 사모하고 죄에 대하여 오만하게 구는 것이니 그 때문에 간악함이 그치지 않게 된다.

그러므로 옛 성인의 말에 "산에서는 넘어지지 않으나 작은 개밋둑에서는 넘어진다"라고 하였던 것이다.

산이란 큰 것이므로 조심하지만 작은 개밋둑은 작으므로 사람들은 이를 쉽게 여기게 된다.

지금 형벌을 가볍게 한다면 백성들은 틀림없이 쉽게 여길 것이다.

죄를 범하여도 처벌을 하지 않으면 이는 온 나라 사람을 내몰아 포기하는 것이며 죄를 범하였다고 처벌만 한다면 이는 백성을 위해서 함정을 파놓는 것이 된다.

이러한 까닭으로 가벼운 처벌이란 백성에게 있어서 작은 둔덕과 같은 것이다.

이로써 죄를 가볍게 해 주는 것으로써 백성을 다스리는 방법으로 삼게 되면 나라를 혼란에 빠뜨리거나 백성에게 함정을 파놓은 것이 되는 것이니 이렇게 하는 것이야 말로 백성에게 상처를 입히는 하는 것이라 할 수 있도다!

今家人之治產也, 相忍以飢寒, 相強以勞苦, 雖犯軍旅之難, 饑饉之患, 溫衣美食者, 必是家也; 相憐以衣食, 相惠以佚樂, 天饑歲荒, 嫁妻賣子者, 必是家也.

故法之爲道, 前苦而長利; 仁之爲道, 偷樂而後窮.

聖人權其輕重, 出其大利, 故用法之相忍, 而棄仁人之相憐也.

學者之言皆曰「輕刑」, 此亂亡之術也.

凡賞罰之必者, 勸禁也.

賞厚, 則所欲之得也疾; 罰重, 則所惡之禁也急.

夫欲利者必惡害, 害者, 利之反也.

反於所欲, 焉得無惡?

欲治者必惡亂, 亂者, 治之反也.

是故欲治甚者, 其賞必厚矣; 其惡亂甚者, 其罰必重矣.

今取於輕刑者, 其惡亂不甚也, 其欲治又不甚也.

此非特無術也, 又乃無行.

是故決賢·不肖·愚·知之美, 在賞罰之輕重.

且夫重刑者, 非爲罪人也.

明主之法, 揆也.

治賊, 非治所揆也; 所揆也者, 是治死人也.

刑盜, 非治所刑也; 治所刑也者, 是治胥靡也.

故曰「重一姦之罪而止境內之邪」, 此所以爲治也.

重罰者, 盜賊也, 而悼懼者, 良民也.

欲治者奚疑於重刑?

若夫厚賞者, 非獨賞功也, 又勸一國.

受賞者甘利, 未賞者慕業, 是報一人之功而勸境內之衆也, 欲治者何疑於厚賞?

今不知治者皆曰:「重刑傷民, 輕刑可以止姦, 何必於重哉!」

此不察於治者也.

夫以重止者, 未必以輕止也; 以輕止者, 必以重止矣.

是以上設重刑者而姦盡止, 姦盡止, 則此奚傷於民也?

所謂重刑者, 姦之所利者細, 而上之所加焉者大也.

民不以小利蒙大罪, 故姦必止者也.

所謂輕刑者, 姦之所利者大, 上之所加焉者小也.

民慕其利而傲其罪, 故姦不止也.

故先聖有諺曰:「不躓於山, 而躓於垤.」

山者大, 故人順之; 垤微小, 故人易之也.

今輕刑罰, 民必易之.

犯而不誅, 是驅國而棄之也; 犯而誅之, 是爲民設陷也.

是故輕罪者, 民之垤也.

是以輕罪之爲民道也, 非亂國也, 則設民陷也, 此則可謂傷民矣!

【治産】 집안의 생계를 꾸려나감.
【嫁妻】 자기 아내를 남에게 넘겨주고 살 길을 찾음.
【偷樂】 일시적인 향락을 가리킴. 구차스럽게 즐김.

【無行】‘行’은 ‘德行’을 뜻함.《荀子》正名篇에 “正義而爲謂之行”이라 하였고,《大戴禮記》盛德篇에는 “能行德法者爲有行”이라 하였으며,《周禮》師氏의 “以三德敎國子”의 注에는 “德行, 內外之稱, 在心爲德, 施之爲行”이라 함.

【揆】법규에 비추어 잘 살피고 적용함.

【胥靡】이미 형이 정해져 徒刑, 徒役의 형벌을 받고 있는 죄수를 뜻함.《尙書》說命篇 “使胥靡刑人築護此道”의 疏에 “胥, 相也; 靡, 隨也. 古者相隨坐輕罪之名”이라 하였고,《莊子》庚桑楚 疏에 “胥靡, 徒役之人也”라 함.

【悼懼】처형 받은 자를 보고 애통해하면서 동시에 두려움을 느낌.

【垤】작은 둔덕. 또는 개미언덕, 개밋둑.

참고 및 관련 자료

1.《淮南子》人間訓

事者難成而易敗也, 名者難立而易廢也. 千里之隄, 以螻螘之穴漏; 百尋之屋, 以突隙之煙焚. 堯戒曰:「戰戰慄慄, 日愼一日. 人莫躓於山, 而躓於垤.」是故人皆輕小害·易微事是以多悔. 患至而後優之, 是由病者已倦而索良醫也, 雖有扁鵲·愈跗之巧, 猶不能生也.

2.《古詩源》(沈德潛)

〈堯戒〉:「戰戰慄慄, 日愼一日. 人莫躓于山, 而躓于垤.」

688(46-8)
좋은 말만 들먹일 뿐

지금 학자들은 모두가 서책書策에 적혀 있는 좋은 말만 들먹이며 지금 세상의 실제 일은 제대로 살피지 못한 채 "위에서 백성은 사랑하지 않으면서 언제나 세금만 무겁게 거두고 있어 백성들은 재용財用이 모자라 아래가 위를 원망하니 그 때문에 천하가 크게 어지러워지고 있다"고들 한다.

이것은 재용을 풍족하게 마련하여 그것을 써서 백성들에게 사랑을 더 베풀면 비록 형벌을 가볍게 하더라도 치세를 이룰 수 있다는 생각에서 비롯된 것이다.

이 말은 그렇지 않다.

대체로 사람이 중벌을 받게 되는 것은 진실로 이미 풍족해진 뒤의 일이다.

비록 재용이 풍족하고 사랑이 두텁다 해도 형벌이 가벼우면 오히려 혼란이 일어난다.

무릇 부잣집의 귀여운 자식은 재용이 풍족하며, 재용이 풍족하면 마구 쓰게 되고 마구 쓰다보면 사치가 지나치게 된다.

친애하면 차마 엄하게 하지 못하고, 차마 엄하게 하지 못하면 교만과 방자함이 나타나게 된다.

사치가 지나치면 집안이 가난해지고 교만과 방자함이 나타나면 행동이 난폭해진다.

이것은 비록 재용이 풍족하고 사랑이 두텁다 해도 형벌을 가볍게 하였으므로 나타나는 환난이다.

무릇 사람이 살아감에 있어서 재용이 풍족하면 힘을 써야 할 곳에 게을러지고, 위에서 다스림을 나약하게 하면 잘못된 짓을 마음대로 하게 된다.

재용이 풍족하였지만 힘들여 일한 자는 신농神農이며, 위에서 다스림을 나약하게 했음에도 행동을 수양한 자는 증삼曾參과 사추史鰍이다.

무릇 백성이란 신농이나 증삼·사추에 미치지 못함은 이미 분명한 사실이다.

今學者皆道書筴之頌語, 不察當世之實事, 曰:「上不愛民, 賦斂常重, 則用不足而下恐上, 故天下大亂.」

此以爲足其財用以加愛焉, 雖輕刑罰, 可以治也.

此言不然矣.

凡人之取重罰, 固已足之之後也.

雖財用足而厚愛之, 然而輕刑, 猶之亂也.

夫富家之愛子, 財貨足用; 財貨足用, 則輕用; 輕用, 則侈泰.

親愛之, 則不忍; 不忍, 則驕恣.

侈泰, 則家貧; 驕恣, 則行暴.

此雖財用足而愛厚, 輕利之患也.

凡人之生也, 財用足則墮於用力, 上治懦, 則肆於爲非.

財用足而力作者, 神農也; 上治懦而行修者, 曾·史也.

夫民之不及神農·曾·史亦已明矣.

【學者】法家 이외의 그 무렵 여러 학파를 가리킴.

【書筴】筴은 策과 같음. 簡策. 고대 기록물을 뜻함.

【頌語】옛 성인들이 칭송하였던 좋은 말.

【行修】행동을 조심함. '修'는 '愼'의 뜻으로 雙聲互訓함.

【隳】惰의 가차자. 나태해짐.

【神農】고대 성왕. 炎帝, 烈山氏. 산과 들을 태워 농사법을 처음 제정하여 神農氏
(烈山氏)라 부름.《呂氏春秋》愛類篇에 "《神農之敎》
曰:「士有當年而不耕者, 則天下或受其饑矣; 女有
當年而不績者, 則天下或受其寒矣.」라 하였고,《文子》
上義篇에는 "《神農之法》曰:「丈夫丁壯不耕, 天下有受
其飢者; 婦人當年不織, 天下有受其寒者.」故身親耕,
妻親織, 以爲天下先. 其導民也, 不貴難得之貨, 不重無用
之物, 是故耕者不强, 無以養生; 織者不力, 無以衣形.
有餘不足, 各歸其身, 衣食饒裕, 奸邪不生, 安樂無事,
天下和平, 智者無所施其策, 勇者無所錯其威"라 함.

〈炎帝 神農氏〉《三才圖會》

【曾·史】'曾'은 孝行으로 널리 알려진 공자 제자 曾子(曾參). '史'는 公子에게 칭찬한
衛의 대부 史魚를 가리킴. 둘 모두 훌륭한 인물로 함께 並稱한 것. 史魚의
이름은 鰌(鰍). 字는 子魚. 蘧伯玉을 추천하지 못하고 彌子瑕를 퇴진시키지 못하자
죽음에 이르러 그 아들로 하여금 正堂에서 治喪하지 못하도록 한 고사로
유명함. 衛靈公이 問喪을 왔을 때 그 아들이 "臣下의 道理를 다 하지 못하여
正堂에서 治喪하지 못하게 하였다"라고 하는 말을 듣고, 蘧伯玉을 들어 쓰고
彌子瑕는 퇴진시켰으며 이를 흔히 '尸諫'이라 함.《韓詩外傳》(7)·《新序》
(雜事)·《孔子家語》(困誓)·《說苑》(雜言)·《史記》(韓非子列傳)·《文選》(注)·
《後漢書》(注)·《藝文類聚》·《太平御覽》·《冊府元龜》등에 아주 널리 전재되어
있음. 한편《論語》衛靈公篇에 "子曰:「直哉史魚! 邦有道, 如矢; 邦無道, 如矢.
君子哉蘧伯玉! 邦有道, 則仕; 邦無道, 則可卷而懷之.」"라 함.

689(46-9)
제왕의 정치

노담老聃의 말에 "만족을 알면 욕을 당하지 아니하고 그칠 줄 알면 위태롭지 않다"라 하였다.

무릇 위태로움과 치욕의 이유 때문에 만족 밖의 것은 찾지 않은 자는 노담뿐이다.

지금 백성을 만족시켜야 가히 다스릴 수 있다고 여긴다면 이는 백성을 모두 노자와 같이 사람으로 여기는 것이 된다.

그러므로 걸桀은 귀한 천자 자리에 있으면서도 그 높은 자리에 만족해 하지 않았고 사해四海의 부를 모두 가졌으면서도 그 보물에 만족해 하지 않았다.

군주 된 자가 비록 백성을 만족시키더라도 그것으로써 천자만큼 풍족하게 해 줄 수 없으나 그럼에도 걸이 결코 천자된 것으로도 만족해 하지 않았으니 그렇다면 비록 백성을 만족시킨다고 해서 어찌 가히 다스림이 될 수 있겠는가?

그러므로 현명한 군주는 나라를 다스림에 있어서 그 계절의 일을 알맞게 함으로써 재물을 끌어들이고, 세금과 부역을 논의함으로써 빈부를 고르게 하며, 작록을 후하게 함으로써 현능함을 다 바치도록 하며, 형벌을 엄중히 함으로써 사악함을 금하며, 백성으로 하여금 힘을 써서 부를 얻도록 하고, 일로써 귀한 신분이 되도록 하며, 잘못이 있으면 죄를 받도록 하고, 공적이 있으면 상을 받도록 하되 자혜慈惠로움을 내려주리라는 것은 염두에 두지 않도록 해야 한다.

이것이 제왕의 정치이다.

老聃有言曰:「知足不辱, 知止不殆.」

夫以殆辱之故而不求於足之外者, 老聃也.

今以爲足民而可以治, 是以民爲皆如老聃也.

故桀貴在天子而不足於尊, 富有四海之內而不足於實.

君人者雖足民, 不能足使爲天子, 而桀未必以天子爲足也, 則雖足民, 何可以爲治也!

故明主之治國也, 適其時事以致財物, 論其稅賦以均貧富, 厚其爵祿以盡賢能, 重其刑罰以禁姦邪; 使民以力得富, 以事致貴, 以過受罪, 以功致賞, 而不念慈惠之賜.

此帝王之政也.

【老聃】老子. 李耳. 道家의 창시자. 자는 伯陽. 시호는 聃. 楚나라 苦縣 사람으로 뒤에 은거하러 函谷關을 나설 때 關尹喜가 그의 말을 구하여 《老子》81장 5천여 言이 전함. 뒤에 道敎의 經典이 되어 《道德經》으로도 불림. 《史記》老莊申韓列傳 참조.

【桀】夏나라 末王. 이름은 癸. 妹喜에게 빠져 무도한 짓을 저질렀으며 殷의 湯王에게 망함. 殷나라 末王 紂와 함께 '桀紂'라 하여 폭군의 전형으로 거론됨. 《史記》夏本紀를 참조할 것. 《十八史略》(1)에 "孔甲之後, 歷王皐·王發·王履癸. 號爲桀, 貪虐, 力能伸鐵鉤索. 伐有施氏, 有施以末喜女焉, 有寵, 所言皆從, 爲傾宮瑤臺, 殫民財. 肉山脯林, 酒池可以運船, 糟堤可以望十里, 一鼓而牛飮者三千人, 末喜以爲樂. 國人大崩, 湯伐夏, 桀走鳴條而死"라 함.

【慈惠之賜】임금의 자혜로움을 아랫사람에게 베풂.

> 참고 및 관련 자료

1. 《老子》44장

名與身孰親? 身與貨孰多? 得與亡孰病? 是故甚愛必大費, 多藏必厚亡. 知足不辱, 知止不殆, 可以長久.

690(46-10)
모두가 눈을 감고 있으면

사람들이 모두 눈을 감고 잠자고 있으면 누가 장님인지 알 수 없고, 사람들이 모두 입을 다물고 있으며 누가 벙어리인지 알아낼 수 없다.

잠을 깨워 그로 하여금 보게 하고 물어서 대답하도록 하면 벙어리나 장님은 대응을 하지 못하고 궁해질 것이다.

그 말을 들어보지 않으면 술術을 익히지 못한 자인지를 알아낼 수 없고, 그 일을 스스로 맡아 보지 않으면 누가 불초한 자인지 알아낼 수 없다.

그 말을 들어보고 나서 그것이 마땅한지를 요구하고 그 자신에게 일을 맡겨 보고 그에게 공을 책임 지운다면 술을 익히지 못한 자나 불초한 자는 해내지 못하고 궁해질 것이다.

무릇 힘센 역사力士를 찾으면서 그 스스로 나서는 하는 말만 듣는다면 비록 용렬한 사람일지라도 오획鳥獲과 구별할 수가 없지만 그에게 솥과 도마를 주어보면 약함과 건장함의 여부를 확인할 수 있을 것이다.

그러므로 관직이란 유능한 사람에게 있어서의 솥과 도마이니 그에게 일을 맡겨보면 우지愚智의 여부가 분명해질 것이다.

따라서 술을 익히지 못한 자는 임금이 그의 말을 채택조차 하지 않은 것에서 뜻을 얻고, 불초한 자는 임금이 자신에게 일을 맡겨보지도 않은 것에서 뜻을 얻는다.

말을 채택하지도 않으니 스스로 말을 꾸며 말 잘하는 척하는 것이며 자신이 실제 맡아 보지도 않으니 스스로를 꾸며 높은 척하는 것이다.

세속의 군주들은 그의 말에 현혹되고 그의 높은 명성에 넘쳐 그를 존중하고 귀히 여기는 것이니 이는 모름지기 자세히 보지도 않고 밝다고 단정하는 꼴이며, 상대하여 마주해 보지도 않고 벙어리가 아니라고 하는 것이니 그래서는 벙어리와 장님을 밝혀내지 못하는 것이다.

현명한 군주라면 그 말을 듣고 나서 반드시 그 쓰임을 따지며, 그 행동을 보고 반드시 그의 공적을 요구하는 것이니 그렇게 하면 허황되고 낡은 학문으로는 담론을 늘어놓을 수 없고, 자랑과 속임수의 행동은 더 이상 꾸며댈 수가 없게 될 것이다.

人皆寐, 則盲者不知; 皆嘿, 則喑者不知.

覺而使之視, 問而使之對, 則喑盲者窮矣.

不聽其言也, 則無術者不知; 不任其身也, 則不肖者不知.

聽其言而求其當, 任其身而責其功, 則無術不肖者窮矣.

夫欲得力士而聽其自言, 雖庸人與烏獲不可別也; 授之以鼎俎, 則罷健效矣.

故官職者, 能士之鼎俎也, 任之以事而愚智分矣.

故無術者得於不用, 不肖者得於不任.

言不用而自文以爲辯, 身不任而自飾以爲高.

世主眩其辯·濫其高而尊貴之, 是不須視而定明也, 不待對而定辯也, 喑盲者不得矣.

明主聽其言必責其用, 觀其行必求其功, 然則虛舊之學不談, 矜誣之行不飾矣.

【嘿】 '嘿'은 '默'과 같음. 말하지 않고 입을 다물고 있음.

【喑】 '啞'와 같음.

【烏獲】 전국시대 秦 武王의 力士. 周나라에 이르러 九鼎을 들다가 구정의 발을 부러뜨렸다 함. 그러나 《商君書》에 이미 '烏獲'이라는 사람이 등장하는 것으로 보아 고대부터 있었으며 力士의 대명사로 쓰였음을 알 수 있음.

【鼎俎】 鼎은 음식 담는 그릇. 俎는 장방형의 큰 도마. 모두 금속으로 된 무거운 물건을 상징하는 뜻으로 쓰였음.

【罷健】 '罷'는 '疲'와 같음. 健은 굳셈. 强弱의 다른 표현.

【得於不用】 그의 말을 채택하지 않음. 실제 사실여부를 확인하지 않음. 그러한 상황을 이용하여 더욱 뜻을 얻고 날뜀. '得'은 '得志'의 줄인 말.

【濫其高】 濫은 실제 정도보다 넘쳐나게 過信함.

【虛舊之學】 공허하고 고루한 이론. 儒家와 墨家 등의 학설을 가리킴.

【矜誣】 뽐내면서 거짓으로 자신의 능력을 부풀림.

47. 팔설八說

  법치에 어긋나는 여덟 가지 인간상을 나누어 거론한 것으로,
세속의 평가에 어긋나게 군주에게는 그 이해가 뒤바뀔 수 있는
사례를 설명하고 있다.

상반되는 여덟 가지 인간상

오랜 친구라 하여 사사롭게 행동하는 것을 일러 '불기不棄'라 하고, 공공의 재물을 마구 나누어주는 것을 일러 '인인仁人'이라 하며, 봉록은 가벼이 여기면서 제 자신만 중히 여기는 것을 일러 '군자君子'라 하며, 법을 굽혀 친한 사람에게 아곡阿曲하는 것을 일러 '유행有行'이라 하며, 관직을 버리고 사귀는 무리에게 총애를 얻고자 하는 것을 일러 '유협有俠'이라 하며, 세상과 격리되어 윗사람을 피하는 것을 일러 '고오高傲'라 하며, 서로 다투고 명령을 어기는 것을 일러 '강재剛材'라 하며, 혜택을 베풀어 무리를 끌어 모으는 것을 일러 '득민得民'이라 하고 있다.

'불기'에 해당하는 자는 관리로서 간악한 짓을 하는 자이며, '인인'에 해당하는 자는 공공의 재물을 손상시키는 자이며, '군자'에 해당하는 자는 백성 가운데 부리기 어려운 자이며, '유행'에 해당하는 자는 법과 제도를 허물어뜨리는 자이며, '유협'에 해당하는 자는 관직을 아무렇게나 여기는 자이며, '고오'에 해당하는 자는 백성 가운데 남을 섬길 줄 모른 자이며, '강재'에 해당하는 자는 명령을 실행하지 않는 자이며, '득민'에 해당하는 자는 군주를 고립시키는 자이다.

이 여덟 가지는 필부들로서 사사롭게는 영예가 될 수 있으나 군주에게는 큰 패악을 안겨주는 이들이다.

그와 상반된 여덟 가지 부류의 필부들은 사사롭게는 폄훼를 받지만 임금에게는 공공의 이익을 가져다주는 이들이다.

군주가 사직의 이해를 살피지 아니한 채 필부들의 사사로운 영예를 들어 쓰면서 나라에 위험이나 혼란이 없기를 바란다면 이는 그렇게 될 수 없을 것이다.

爲故人行私謂之「不棄」, 以公財分施謂之「仁人」, 輕祿重身謂之「君子」, 枉法曲親謂之「有行」, 棄官寵交謂之「有俠」, 離世遁上謂之「高傲」, 交爭逆令謂之「剛材」, 行惠取衆謂之「得民」.

不棄者, 吏有姦也; 仁人者, 公財損也; 君子者, 民難使也; 有行者, 法制毁也; 有俠者, 官職曠也; 高傲者, 民不事也; 剛材者, 令不行也; 得民者, 君上孤也.

此八者, 匹夫之私譽, 人主之大敗也.

反此八者, 匹夫之私毁, 人主之公利也.

人主不察社稷之利害, 而用匹夫之私譽, 索國之無危亂, 不可得矣.

【故人】오래 전부터 사귄 친구. 연고나 친분이 있는 대상. 故舊와 같음.
【不棄】《論語》泰伯篇에 "故舊不遺, 則民不偷"라 하였고, 微子篇에는 "故舊非大故, 則不棄也"라 하여 이러한 儒家의 논리를 韓非가 비판한 것임.
【曲親】친족들을 위하여 무리하게 阿曲한 일을 함.
【有行】行義와 같음. 정의가 두터움.
【寵交】사사로운 사귐의 무리 속에 자신이 인정받기를 바라는 행동.
【高傲】孤高하고 傲慢함. 自尊의 矜持가 매우 강함을 뜻함.
【剛材】堅剛한 재목감.
【曠】텅 비어 황폐해짐. '曠'은 '空'과 같음.
【不事】임무에 충실하지 못함. 또는 남을 섬길 줄 모름.

692(47-2)
존망과 치란

사람에게 일을 맡기는 것은 존망과 치란이 계기이다.

術이 없이 사람에게 맡기면 맡겼다가 실패하지 않은 경우가 없다.

임금이 맡기는 것은 변지辯智가 아니면 수결修潔이다.

사람에게 맡긴다는 것은 권세를 갖도록 하는 것이다.

지혜 있는 사람이라고 해서 반드시 믿음이 가는 것은 아니며 그가 가진 지혜가 많으므로 그 믿음에 혹하게 된다.

지혜 있는 사람의 계략으로써 권세를 타는 바탕을 삼고 사사로운 욕심을 채우기 위해 급하게 굴면 임금은 틀림없이 그에게 속임을 당하고 말 것이다.

지혜 있는 자를 믿을 수 없다 하여 그 때문에 수사修士에게 맡겨 일을 판단하도록 한다.

그러나 수사라고 해서 반드시 지혜가 있는 것은 아니며 그가 자신을 청렴하게 하므로 도리어 그 지혜로 인해 혹하게 된다.

그는 어리석어 아무것도 모르는데 나랏일을 처리하는 관직을 맡겨 그가 하는 대로 허용하면 일은 틀림없이 혼란을 빚고 말 것이다.

그러므로 임용하는 방법을 터득하지 않고 사람을 쓸 경우 지혜가 있다고 여겨 맡겼다가는 임금이 속임을 당하고 수양이 잘 된 사람에게 맡겼다가는 임금의 일이 혼란을 빚고 마니 이것이 임용하는 방법을 모르는 데서 빚어 지는 환난이다.

현명한 군주의 치도는 천한 자가 귀한 자를 두고 논의할 수 있도록 하며, 아랫사람과 윗사람을 연좌시켜 어떤 사안의 결정에 참증參證을 댈 수 있도록 하며, 문호門戶를 열어 들어주므로 지혜롭다는 자가 속임수를 쓸 수 없게 하는 것이다.

공적을 계산하여 상을 내리고 능력의 정도를 살펴 일을 주며, 단정함의 여부를 관찰하고 실책의 여부를 살펴 과실이 있으면 죄를 주고 능력이 있으면 자리를 주므로 어리석은 자가 일을 맡는 경우가 없는 것이다.

지혜 있는 자가 감히 속이지 못하고 어리석은 자가 결정하는 일이 없게 되면 정사에 실패가 없게 될 것이다.

任人以事, 存亡治亂之機也.

無術以任人, 無所任而不敗.

人君之所任, 非辯智則修潔也.

任人者, 使有勢也.

智士者未必信也, 爲多其智, 因惑其信也.

以智士之計, 處乘勢之資而爲其私急, 則君必欺焉.

爲智者之不可信也, 故任修士者, 使斷事也.

修士者未必智, 爲潔其身, 因惑其智.

以愚人之所惛, 處治事之官而爲其所然, 則事必亂矣.

故無術以用人, 任智則君欺, 任修則君事亂, 此無術之患也.

明君之道, 賤得議貴, 下必坐上, 決誠以參, 聽無門戶, 故智者不得詐欺.

計功而行賞, 程能而授事, 察端而觀失, 有過者罪, 有能者得, 故愚者不任事.

智者不敢欺, 愚者不得斷, 則事無失矣.

【所任】 벼슬자리를 주어 임명하여 일을 맡겨봄.

【辯智】 辯舌이 능하면서 지혜도 있는 부류.

【修潔】 수신이 잘 되어 능력보다는 도덕적 청렴성을 지닌 부류.

【智士】 辯智之士의 줄인 말.

【修士】 修潔之士의 줄인 말.

【其所然】 그 하는 바대로 허용함.

【賤得議貴】 원문에는 '賤德義貴'로 되어 있으나 顧廣圻는 "按「德義」當作「得議」, 形近之誤. 〈七術篇〉韻「夫不使賤議貴, 下必坐上」云云"이라 하여 이에 따라 교정함.

【坐上】 행정 조직의 위아래가 함께 連坐하여 책임을 짐.

【決誠以參】 사실 판단과 결정에 지위의 높낮이보다는 참증을 우선함.

【聽無門戶】 문호를 개방하여 어떤 의견도 널리 청취함.

693(47-3)
백성들이 모두 명찰한 것은 아니기 때문

명찰明察한 선비이고 나서야 능히 알 수 있다고 해서 그의 판단을 명령으로 삼을 수 있는 것은 아니다. 왜냐하면 백성들이 모두 명찰한 것은 아니기 때문이다.

현자賢者인 다음에야 능히 행할 수 있다고 해서 그의 행동을 법으로 삼을 수 있는 것은 아니니 무릇 백성이 모두 현명한 것은 아니기 때문이다.

양주楊朱와 묵적墨翟은 천하가 명찰한 인물이라고 여기지만 세상 어지러움에 간여하였으나 끝내 해결하지 못하였으니 비록 명찰하다 하더라도 그러한 자를 관직의 우두머리로 삼을 수는 없다.

포초鮑焦와 화각華角은 천하가 현자라 인정하는 인물이지만 포초는 마른 나무를 껴안고 죽었고, 화각은 물에 뛰어들어 죽고 말았으니 비록 현자라 하더라도 그러한 자를 농사짓고 전투하는 사람으로 삼을 수는 없다.

그러므로 군주가 명찰히 해야 할 바는 지사가 변설을 끝까지 하도록 해 보는 것이며, 군주가 존중해야 할 바는 능력 있는 자가 끝까지 실행해 보도록 하는 것이다.

지금의 세속의 군주들은 쓸데없는 변설을 명찰하다고 여기며, 공적 따위는 멀리 하는 행동을 존귀하게 여기고 있으니 이렇게 하고서도 나라가 부강하기를 구한다면 그렇게 될 수가 없다.

박습博習과 변지辯智가 공자孔子나 묵적과 같더라도 그 공자나 묵적 같은 자가 농사도 지을 수 없다면 나라에 무슨 이득이 되겠는가?

수효修孝와 과욕寡欲이 증삼曾參이나 사추史鰍와 같더라도 그 증삼이나 사추 같은 자가 전쟁에 나갈 수 없다면 나라에 무슨 이익이 되겠는가?

필부에게는 사사로운 편의가 있으며 군주에게는 공공의 이득이 있다.

일을 하지 않아도 자신과 가족의 양육에 풍족하며 벼슬하지 않아도 이름을 드러내는 것은 사사로운 편의이며, 학문을 종식시키고 법도를 밝히며 사사로운 편의를 막아 한결같이 공을 세우기에 힘쓰도록 하는 것, 이는 공공의 이익이다.

법을 설정함은 백성을 이끌기 위한 것인데도 다시 학문을 귀하게 여긴다면 백성이 스승으로 여길 법에 대해 의혹을 가질 것이며, 공을 이룬 자에게 상을 주는 것은 백성을 권면하기 위한 것인데도 다시 수행이 잘 되었다는 이유로 그러한 자를 존대한다면 백성은 이익을 만들어내는 산업에 대하여 게을러질 것이다.

무릇 학문을 귀하게 여겨 법에 의혹을 갖도록 하고, 자신만을 수양한 자를 존대하여 공에 대하여 두 마음을 갖게 하고서도 나라가 부강하기를 구한다면 이루어질 수 없을 것이다.

察士然後能知之, 不可以爲令, 夫民不盡察.

賢者然後能行之, 不可以爲法, 夫民不盡賢.

楊朱·墨翟, 天下之所察也, 干世亂而卒不決, 雖察而不可以爲官職之令.

鮑焦·華角, 天下之所賢也, 鮑焦木枯, 華角赴河, 雖賢不可以爲耕戰之士.

故人主之所察, 智士盡其辯焉; 人主之所尊, 能士盡其行焉.

今世主察無用之辯, 尊遠功之行, 索國之富强, 不可得也.

博習辯智如孔·墨, 孔·墨不耕耨, 則國何得焉?

修孝寡欲如曾·史, 曾·史不戰攻, 則國何利焉?

匹夫有私便, 人主有公利.

不作而養足, 不仕而名顯, 此私便也; 息文學而明法度, 塞私便而一功勞, 此公利也.

錯法以道民也, 而又貴文學, 則民之所師法也疑; 賞功以勸民也, 而又尊行修, 則民之産利也惰.

夫貴文學以疑法, 尊行修以貳功, 索國之富强, 不可得也.

【楊朱】자는 子居. 춘추시대 衛나라 사람. 爲我派의 대표적 인물. 莊子는 그를 老子의 제자라 하였으며 달리 저술은 없으나 《列子》에 楊朱篇이 있고 《莊子》와 《孟子》에도 일부 그의 사적과 어록이 실려 있음. 孟子는 儒家의 입장에서 그를 매우 심하게 비판하였음.

【墨翟】諸子百家 가운데 墨家의 대표적 인물. B.C.501~B.C.416년 생존함. 孟子보다 앞선 사상가로 兼愛, 非攻, 尙賢, 尙同, 節用, 非樂, 天志, 非命 등을 주장함. 《墨子》71편(현존 53편)이 있음.

【鮑焦】周나라 때의 隱者. 세상이 그르다 하여 고목을 껴안고 죽음.

【華角】顧廣圻의 《韓非子識誤》에는 "未詳"이라 하였고, 尹桐陽의 《韓非子新釋》에는 "《列士傳》有羊角, 疑卽此人"이라 함. 본문 내용으로 보아 결백증으로 인해 물에 빠져 자살한 사람으로 보임.

【曾·史】'曾'은 孝行으로 널리 알려진 공자 제자 曾子(曾參). '史'는 公子에게 칭찬한 衛의 대부 史魚를 가리킴. 둘 모두 훌륭한 인물로 함께 並稱한 것. 史魚의 이름은 鰌(鰍). 字는 子魚. 蘧伯玉을 추천하지 못하고 彌子瑕를 퇴진시키지 못하자 죽음에 이르러 그 아들로 하여금 正堂에서 治喪하지 못하도록 한 고사로 유명함. 衛靈公이 問喪을 왔을 때 그 아들이 "臣下의 道理를 다 하지 못하여 正堂에서 治喪하지 못하게 하였다"라고 하는 말을 듣고, 蘧伯玉을 들어 쓰고 彌子瑕는 퇴진시켰으며 이를 흔히 '尸諫'이라 함. 《韓詩外傳》(7)·《新序》(雜事)·《孔子家語》(困誓)·《說苑》(雜言)·《史記》(韓非子列傳)·《文選》(注)·

《後漢書》(注)·《藝文類聚》·《太平御覽》·《冊府元龜》등에 아주 널리 전재되어 있음. 한편《論語》衛靈公篇에 "子曰:「直哉史魚! 邦有道, 如矢; 邦無道, 如矢. 君子哉蘧伯玉! 邦有道, 則仕; 邦無道, 則可卷而懷之.」"라 함.

【干世亂】난세에 간여함.

【博習】널리 학문을 익힘. 博學과 같음.

【修孝】효성이 지극함.

【文學】法度와 대립되는 법가 이외의 諸子 學問.

【錯法】법을 마련해둠. 착은 '措', '施', '置'와 같은 뜻임.

【貳功】공적에 대하여 의혹을 가지고 망설임. '貳'는 '疑'와 같으며 두 마음을 가짐.

참고 및 관련 자료

1.《韓詩外傳》(1)

鮑焦衣弊膚見, 挈畚持蔬, 遇子貢於道. 子貢曰:「吾子何以至於此也?」鮑焦曰:「天下之遺德教者, 衆矣. 吾何以不至於此也! 吾聞之: 世不己知而行之不己者, 爽行也; 上不己用而干之不止者, 是毀廉也. 行爽毀廉, 然且弗舍, 惑於利者也.」子貢曰:「吾聞之: 非其世者, 不生其利; 汙其君者, 不履其土. 非其世而持其蔬, 詩曰:『溥天之下, 莫非王土.』此誰有之哉?」鮑焦曰:「於戲! 吾聞賢者, 重進而輕退, 廉者易愧而輕死.」於是棄其蔬而立槁於洛水之上. 君子聞之, 曰:「廉夫! 剛哉! 夫山銳則不高, 水徑則不深, 行磏者德不厚, 志與天地擬者, 其爲人不祥. 鮑焦可謂不祥矣! 其節度淺深, 適至於是矣!」詩云:「亦已焉哉! 天實爲之, 謂之何哉!」

2.《莊子》盜跖篇

世之所謂賢士, 莫若伯夷叔齊. 伯夷叔齊辭孤竹之君而餓死於首陽之山, 骨肉不葬. 鮑焦飾行非世, 抱木而死. 申徒狄諫而不聽, 負石自投於河, 爲魚鼈所食. 介子推至忠也, 自割其股以食文公, 文公後背之, 子推怒而去, 抱木而燔死. 尾生與女子期於梁下, 女子不來, 水至不去, 抱梁柱而死. 此六子者, 无異於磔犬流豕操瓢而乞者, 皆離名輕死, 不念本養壽命者也.

3.《新序》節士篇

鮑焦衣弊膚見, 挈畚將蔬, 遇子贛將於道. 子贛曰:「吾子何以至此也?」焦曰:

「天下之遺德敎者衆矣! 吾何以不至於此也? 吾聞之, 世不己知, 而行之不己者,
是爽行也; 上不己知, 而干之不止者, 是毁廉也. 行爽廉毁, 然且不舍, 惑於利
者也.」子贛曰:「吾聞之, 非其世者, 不生其利, 汙其君者, 不履其土. 今吾子汙
其君而履其土, 非其世而將其蔬, 此誰之有哉?」鮑焦曰:「嗚呼! 吾聞賢者重
進而輕退, 廉者易醜而輕死.」乃弃其蔬而立, 槁死於洛水之上. 君子聞之曰:
「廉夫剛哉! 夫山銳則不高, 水狹則不深, 行特者其德不厚, 志與天地擬者, 其爲
人不祥. 鮑子可謂不祥矣, 其節度深淺, 適至而止矣.」詩曰:『己焉哉! 天實爲之,
謂之何哉?』

4. 《新序》雜事篇

今人主沈於諂諛之辭, 牽於褙墻之制, 使不羈之士, 與牛驥同緯, 此鮑焦之所以
忿於世, 而不留於富貴之樂也. 臣聞:「盛飾以朝者, 不以私麻義; 砥礪名號者,
不以利傷行.」故里名勝母, 而曾子不入; 邑號朝歌, 墨子回車.

694(47-4)
추거椎車

진홀搢笏과 간척干戚은 추모酋矛나 철섬鐵銛에 상대가 되지 못하며, 등강
登降과 주선周旋의 행동은 정오까지 백리를 달리는 데에는 미치지 못하며,
〈이수貍首〉의 활쏘기 예禮는 강한 쇠뇌로 급히 쏘아대는 것을 당해낼 수
없으며, 간성干城과 거충距衝은 인혈堙穴이나 복고伏櫜만큼 효과 있는 전투
방법에는 미치지 못한다.

옛 사람은 덕德을 갖추기를 급히 여겼고, 중세中世에는 지智를 쫓기에
급급했으나 지금은 모든 경쟁에 힘을 가장 앞세우고 있다.

옛날에는 일이 적어서 장비가 간단하며 질박하고 누추하여 모든 것을
갖추지 못하였으므로 큰 조개껍질로 호미를 삼고 대강 만든 추거椎車
정도였을 뿐이었다.

옛날에는 사람은 적고 서로 친하며 물자도 많아 이익을 가볍게 여기고
양보하기를 쉽게 여겼으므로 읍양揖讓하여 천하를 전해 왔다.

그렇다면 읍양의 예를 행하고 사랑과 은혜를 높이 여기며 인후仁厚함을
도덕으로 여겨 모두가 소박한 정치를 하였던 것이다.

일이 많은 시대에 처하여 일이 적을 때의 도구를 쓴다면 이는 지혜로운
자의 대비가 아니며, 크게 다투는 세상에서 읍양하는 규칙을 따른다면
이는 성인의 다스림이 아니다.

그러므로 지혜로운 자는 추거를 타지 않으며 성인은 소박한 정치를
행하지 않는다.

揗笏干戚, 不適有方鐵銛; 登降周旋, 不逮日中奏百; 〈狸首〉射侯, 不當强弩趨發; 干城距衝, 不若堙穴伏櫜.

古人亟於德, 中世逐於智, 當今爭於力.

古者, 寡事而備簡, 樸陋而不盡, 故有珧銚而椎車者.

古者, 人寡而相親, 物多而輕利易讓, 故有揖讓而傳天下者.

然則行揖讓, 高慈惠, 而道仁厚, 皆椎政也.

處多事之時, 用寡事之器, 非智者之備也; 當大爭之世, 而循揖讓之軌, 非聖人之治也.

故智者不乘椎車, 聖人不行椎政也.

【揗笏】관리들이 조회 때 허리띠에 꽂는 홀.

【干戚】武舞를 출 때 손에 드는 干(방패)과 戚(도끼). 고대 樂舞, 文舞, 武舞가 있었으며 文舞는 羽毛를, 武舞는 干戚을 잡고 춤을 추었음. 실제 전투용이 아님을 뜻함.

【有方】'酋矛'와 같음. 자루가 긴 창. 孫詒讓《札迻》에 "有方當爲酋矛, 酋有音近, 矛方形近, 因而致誤"라 하여 '有'는 '酋'와 疊韻이며 '方'은 '矛'자와 형태가 비슷하여 오류를 일으킨 것. 酋矛는 《周禮》考工記 廬人 "酋矛常有四尺"의 注에 "八尺曰尋, 倍尋曰常"이라 하여 길이 2丈의 창을 가리킴.

【鐵銛】삽처럼 생긴 병기의 하나. 《說文》에 "銛, 鍤屬"이라 하였으며 혹 지금의 鏢槍과 같은 무기라고도 함. 여기서는 전투 효과가 뛰어난 무기임을 예로 든 것.

【登降周旋】조정에서 계단을 오르내리고 몸을 돌리는 동작 등을 말하며 古禮의 하나. 《禮記》樂記에 "昇降上下, 周還裼襲, 禮之文也"라 함. 여기서는 실제 효과는 없으나 형식과 의전을 위한 움직임을 뜻함.

【奏百】'奏'는 '走'의 뜻. 고대 武士의 선발과 훈련 과목으로 아침부터 정오까지 백리를 뛰어야 함. 《荀子》議兵篇에 "魏氏之武卒, 以度取之, 衣三屬之甲, 操十二石之弩, 負服矢五十個, 置戈其上, 冠軸帶劍, 贏三日之糧, 日中而趨百,

中試, 則復其戶, 利其田宅. 是數年而衰, 而未可奪也, 改造則不易周也. 是故, 地雖大, 其稅必寡, 是危國之兵也"라 함.

【狸首射侯】살쾡이 머리를 그린 과녁을 두고 활쏘기를 하던 古禮. 원래 '狸首'는 《詩》의 제목이었으나 지금은 전하지 않음.《禮記》射義에 "其節, 天子以〈騶虞〉爲節, 諸侯以〈狸首〉爲節, 卿大夫以〈采蘋〉爲節, 士以〈采繁〉爲節"이라 하였고, 鄭玄 注에 "〈騶虞〉, 〈采蘋〉, 〈采繁〉, 毛詩篇名. 〈狸首〉逸"이라 함. '侯'는 표적, 과녁. 箭靶.《儀禮》射鄕禮에 "凡侯, 天子熊侯, 白質; 諸侯麋侯, 赤質; 大夫布侯, 畫以虎豹; 士布侯, 畫以麓豕"라 하여 신분에 따라 射禮의 표적이 저마다 달랐음.

【干城距衝】'干'은 '扞'과 같으며 '距'는 '拒'와 같음. 모두 성벽을 수비할 때의 여러 장비나 장치를 뜻함. 距衝은 성을 부수고 들어오는 적을 막아내는 무기이며 장비.《戰國策》齊策에 "百尺之衝, 折之衽席之上"이라 함.

【堙穴】적의 공격을 막기 위한 지하 동굴.

【伏橐】橐는 탁(櫜)자가 아닌가 함. 櫜는 활집이며 橐은 풀무로 서로 다른 물건임. 王先愼〈集解〉에 "王渭曰: 強國篇楊注引「櫜」作「橐」. 按「櫜」字是"라 함. 풀무를 성벽 밑에 숨겨 불을 질러 적을 막는 방법.

【古人】古世의 帝王들. 즉 堯, 舜, 禹, 湯, 文王, 武王의 三代 三王. 儒家에서 德으로 왕도를 실천했던 이상적인 시대로 여김.

【中世】周나라 禮樂이 무너지고 제후들이 분열하던 東周의 春秋時代를 가리킴.

【當今】當世. 韓非가 살았던 東周의 戰國時代. 각 나라들이 오직 무력으로만 각축을 벌이던 시대.

【珧銚】'요요'로 읽으며 珧는 江珧라는 큰조개(蚌)의 하나로 이를 호미 대신 썼음을 말함.〈乾道本〉注에 "以蜃爲銚也. 上古摩蜃而耨也"라 함.

【椎車】본 장의 '椎車', '椎政'은 모두 '推車', '推政'으로 되어 있으나 '推'는 '椎'의 가차자. '椎'는 '樸陋하다'의 뜻. '椎車'는 '椎輪'과 같으며 대강 만든 거친 수레.

【揖讓】공경과 겸양의 표시로 두 손을 겹쳐 모아 올리는 예절.

【傳天下】禪讓時代를 말함. 上古시대부터 舜임금까지는 公天下의 개념으로 禪讓時代였으며 夏禹로부터는 家天下의 世襲時代로 바뀌어 첫 왕조가 세워진 것임.

【椎政】원문에는 '推政'으로 되어 있음. 樸陋한 정치를 뜻함.

695(47-5)
법은 공적을 이루기 위한 것

법은 일을 제정하기 위한 수단이며 일은 공적을 이루기 위한 것이다.

법이 세워지고 나서 어려움이 있고, 그 어려움을 저울질 하고 나서 일을 이룰 수 있다면 법은 세워져야 하며, 일이 이루어지고 손해가 있고 그 손해를 저울질 하여 성과가 많이 난다면 그렇게 해야 하는 것이다.

어려움이 없는 법이나 손해 없는 공적이란 천하에 있을 수 없다.

이런 까닭으로 천 장 길이의 도성을 빼앗고 십만의 군사를 쳐부수다 보면 죽거나 다치는 자가 수두룩할 것이며, 갑옷과 무기가 부러지고 꺾이며 사졸들이 죽거나 다치게 될 것이지만 그래도 싸워 이겨 토지를 얻은 것을 좋아하는 것은 작은 손해를 넘어 큰 이득을 계산하기 때문이다.

무릇 머리를 감다보면 머리카락이 빠지기도 하고 치료를 하다보면 피와 살을 상하게 할 수도 있다.

사람이 어려움을 보고 그 할 일을 그만둔다면 이는 아무런 술術도 없는 사람이 사는 짓이다.

옛 성인의 말에 "규척規尺을 너무 써서 닳아버렸고 수평을 재는 기구가 흔들려 제대로 맞지 않는구나. 내 그런 기구는 버리려 해도 어쩔 수가 없구나!"라 하였다.

이는 권權에 통하는 말이다.

이 까닭으로 논설에 논리가 서더라도 사실과 너무 차이가 나는 것이 있고, 언론에 말이 서투르지만 실용에는 긴급한 것이 있다.

그러므로 성인은 폐해가 없는 말만을 요구하지 않았고, 바꿀 수 없는 일에만 힘을 기울였던 것이다.

사람이 저울이나 곡식 되는 말에 매달리지 않는 것은 곧고 청렴하여 이득 따위는 멀리하기 때문이 아니라, 말이란 누구를 위해 다소多少를 달리 하지 않으며, 저울은 누구를 위해 경중輕重을 달리 하는 것이 아닐 뿐더러 그렇게 해주었으면 하고 요구한다고 해도 그렇게 되지 않으므로 사람이 믿고 그에 매달리지 않는 것일 뿐이다.

현명한 군주가 다스리는 나라는 관에서는 굳이 법을 굽히지 않고, 관리는 감히 사리를 탐낼 수 없어 뇌물이 행하여지지 않으니 이는 국내의 일들이 모두 저울이나 말과 같기 때문이다.

이는 신하들 가운데 간악한 자가 있으면 반드시 알려지고, 알려진 자는 반드시 처벌되기 때문이다.

이로써 도를 터득한 군주는 청렴결백한 관리를 찾으려 하지 않고 다만 모름지기 알아내는 술術이 무엇인가에만 힘을 쓰면 될 뿐이다.

法所以制事, 事所以名功也.

法立而有難, 權其難而事成, 則立之; 事成而有害, 權其害而功多, 則爲之.

無難之法, 無害之功, 天下無有也.

是以拔千丈之都, 敗十萬之衆, 死傷者軍之垂, 甲兵折挫, 士卒死傷, 而賀戰勝得地者, 出其小害計其大利也.

夫沐者有棄髮, 除者傷血肉.

爲人見其難, 因釋其業, 是無術之事也.

先聖有言曰:「規有摩而水有波, 我欲更之, 無奈之何!」

此通權之言也.

是以說有必立而曠於實者, 言有辭拙而急於用者.

故聖人不求無害之言, 而務無易之事.

人之不事衡石者, 非貞廉而遠利也, 石不能爲人多少, 衡不能爲人輕重, 求索不能得, 故人不事也.

明主之國, 官不敢枉法, 吏不敢爲私, 貨賂不行, 是境內之事盡如衡石也.

此其臣有姦者必知, 知者必誅.

是以有道之主, 不求清潔之吏, 而務必知之術也.

【權】저울로 손익이나 경중을 따져 실천에 옮김.

【千丈之都】성벽의 길이가 천 장이나 되는 큰 도읍. 흔히 大夫 정도의 家邑을 뜻함.

【軍之垂】'垂'는 원문에 '乘'으로 되어 있으며 흔히 '반'으로 해석하고 있으나 王先愼〈集解〉에는 "「乘」, 無半義. 「乘」當作「垂」, 形近之誤"라 함. 이 경우 '垂'는 낙엽이나 꽃잎이 떨어지듯 수두룩함을 뜻하는 말, 또는 '삼분의 일'로 풀이할 수 있음.《管子》地員篇에 "不無有三分而去其乘"의 注에 "乘亦三分之一也"라 하였으며 이 경우 '乘' 또한 '垂'의 오류로 여겨짐.

【除者】종기의 患部를 잘라냄.

【規有靡】'規'는 圓을 그리는 제도기의 하나. '靡'는 '磨'와 같음.

【水有波】'水'는 水準器(水平器). '波'는 '搖'와 같아 너무 오래 쓰거나 磨耗되어 제 기능을 하지 못함. 이 때문에 이러한 기구를 버리고자 하나 그래도 어쩔 수 없이 도구로 씀을 뜻함.

【更之】'更'은 같은 기구의 새 것으로 바꾸는 것이 아니라 다른 기구를 쓰고자 함을 뜻함.

【曠於實】'曠'은 空虛함을 뜻함. 실질과 거리가 멂.

【衡石】衡은 秤과 같음. 저울. 石은 量器. 열 말들이 섬. "十斗爲石"이라 함. 우리는 '섬'으로 중국은 현재 '단(dàn)'으로 읽음.

696(47-6)
자애로운 어머니와 연약한 자식

　자애로운 어머니의 약한 자식에 대한 애정은 그 어떤 것도 그에 앞설 수 없다.

　그러나 어린 자식이 잘못된 행동이 있으면 스승을 따르게 하고 악한 병이 있으면 의원을 섬기도록 한다.

　스승을 따르지 않으면 형벌에 떨어지고 의원을 섬기지 않으면 죽을지도 모른다고 여기기 때문이다.

　자애로운 어머니가 비록 사랑할지라도 형벌을 면하게 하거나 죽음에서 구제하는 데에는 도움이 되지 않으니 그렇다면 자식을 생존하도록 하는 것은 사랑이 아니다.

　자식과 어머니의 본성은 애정이요, 신하와 군주 사이의 저울대는 책략이다.

　아무리 어머니라 해도 애정만으로는 집안을 보존할 수 없는데 군주가 어찌 애정을 가지고 나라를 지탱해낼 수 있겠는가?

　현명한 군주가 부강해지는 방법에 통달하면 바라는 것을 얻어 낼 수 있다.

　그러므로 정치 듣기를 신중히 하는 것이니 이것이 부강해지는 방법이다.

　그 법과 금지 사항을 명확히 하고 그 모책과 계산을 살펴야 한다.

　법령이 명확하면 안으로는 변란에 대한 근심이 없을 것이요, 계산이 맞아떨어지면 밖으로 죽거나 포로가 될 재앙은 없게 될 것이다.

　그러므로 나라를 보존하는 것은 인의仁義가 아니다.

　어짊이란 자애로운 혜택을 베풀어 재물을 가볍게 여기는 것이요, 난폭함이란 마음이 거칠어 죽이는 일도 쉽게 여기는 것이다.

자애로운 혜택을 베풀면 차마 하지 못하는 일이 있게 되고, 재물을 가볍게 여기면 남에게 주기를 좋아하게 된다.

마음이 거칠면 증오하는 마음이 아랫사람에게 드러나게 되고, 죽이는 일을 쉽게 여기면 사람에게 마구 죽이는 일을 가하게 된다.

차마 하지 못하는 마음이 있으면 형벌에 사면이 많아지고, 주기를 좋아하게 되면 상이 공이 없는 이들에게도 많이 주어지게 된다.

증오하는 마음이 드러나면 아랫사람이 윗사람을 원망하게 되고, 마구 죽이는 일이 있으면 백성들이 앞으로 배반하게 될 것이다.

그러므로 어진 자가 윗자리에 있으면 아랫사람들이 마구 행동하여 금지하는 법을 가볍게 볼 것이며 요행을 바라며 윗사람에게 기대를 걸게 된다. 그러나 포악한 자가 자리에 있으면 법령이 마구 행해지고 신하와 군주가 괴리되어 백성들은 원망하면서 난을 일으킬 마음을 품게 될 것이다.

그러므로 "어짊과 포악함이란 두 가지 모두가 나라를 망하게 하는 것"이라 말하는 것이다.

慈母之於弱子也, 愛不可爲前.

然而弱子有僻行, 使之隨師; 有惡病, 使之事醫.

不隨師則陷於刑, 不事醫則疑於死.

慈母雖愛, 無益於振刑救死, 則存子者非愛也.

子母之性, 愛也; 臣主之權, 筴也.

母不能以愛存家, 君安能以愛持國?

明主者通於富强, 則可以得欲矣.

故謹於聽治, 富强之法也.

明其法禁, 察其謀計.

法明則內無變亂之患, 計得則外無死虜之禍.

故存國者, 非仁義也.

仁者, 慈惠而輕財者也; 暴者, 心毅而易誅者也.

慈惠, 則不忍; 輕財, 則好與.

心毅, 則憎心見於下; 易誅, 則妄殺加於人.

不忍, 則罰多宥赦; 好與, 則賞多無功.

憎心見, 則下怨其上; 妄誅, 則民將背叛.

故仁人在位, 下肆而輕犯禁法, 偸幸而望於上; 暴人在位, 則法令妄而臣主乖, 民怨而亂心生.

故曰:「仁暴者, 皆亡國者也.」

【不可爲前】 그보다 더 앞설 것이 없음. 어머니의 사랑이 가장 강함.
【僻行】 僻은 邪僻한 행동. 非行.
【振刑救死】 형벌에서 건져내고 죽음에서 구제해냄. '振'은 '拯'과 같음.
【筴】 '策'의 異體字. 策略, 計策의 뜻.
【心毅】 '毅'는 기질이 강하여 거친 성격을 말함. 부정적 의미로 쓰였음.
【宥赦】 죄를 너그럽게 용서함.

697(47-7)
공허한 옛 성인의 말

국조차 갖출 수 없으면서 굶주린 사람에게 밥을 먹으라 권한다면 이는 굶주린 자를 살리는 것이 될 수 없고, 초지를 개간하여 곡식을 생산할 수 없으면서 빌려 주고 상을 내리라고 권한다면 백성을 부유하게 하는 것이 될 수 없다.

지금의 학자들이 하는 말은 근본인 농사에 힘쓰지 않고 말업末業을 좋아하도록 하여 도를 꾀로 여기고 공허한 옛 성인의 말로써 백성을 즐겁게 하고 있으니 이는 밥 먹으라 권하는 논리이다.

이러한 밥을 먹으라는 논리는 현명한 군주라면 받아들이지 않는다.

不能具美食而勸餓人飯, 不爲能活餓者也; 不能辟草生粟而勸貸施賞賜, 不爲能富民者也.

今學者之言也, 不務本作而好末事, 知道虛聖以說民, 此勸飯之說.

勸飯之說, 明主不受也.

【美食】‘美’는 ‘羹’의 오류이거나 생략형으로 쓰인 것. 吳汝綸의《點勘韓非子讀本》에 “美」, 當作「羹」”이라 함.

【辟草】농토를 넓힘. 辟은 闢과 같음.

【知道】‘知’는 ‘智’와 같음. 자신의 꾀로써 옛 성인들의 말을 풀이하여 씀.

【虛聖】儒家에서 言必稱 내세우는 堯, 舜, 禹, 湯, 文王, 武王, 周公을 韓非는 부정적으로 본 것.

698(47-8)
지혜나 염려를 쓰지 않아야

글이 너무 간약簡約하면 제자들이 말다툼을 하게 되며, 법이 너무 생략되어 있으면 백성들이 소송을 벌이게 된다.

이 까닭으로 성인의 책은 반드시 논리가 드러나게 하며, 현명한 군주의 법은 반드시 사례를 상세하게 한다.

생각과 염려를 다하여 득실을 헤아렸기에 지혜가 있다는 자들도 어렵게 여기는 바이며, 생각도 없고 염려도 없이 앞의 말을 붙들고 뒤의 공적을 책임 지우는 방법이란 어리석은 자라 해도 쉽게 할 수 있을 것이다.

현명한 군주는 어리석은 자라도 하기 쉽도록 고려하여 지혜롭다는 자들이 어렵다고 여기는 바에 책임을 갖도록 한다.

그러므로 지혜나 염려를 쓰지 않아야 나라가 다스려진다.

書約而弟子辯, 法省而民訟簡, 是以聖人之書必著論, 明主之法必詳事.

盡思慮, 揣得失, 智者之所難也; 無思無慮, 挈前言而責後功, 愚者之所易也.

明主慮愚者之所易, 以責智者之所難, 故智慮不用而國治也.

【弟子辯】제자들이 서로 자신의 해석이 옳다고 논쟁을 벌임.

【民訟簡】이는 '民萌訟'이어야 함. '民萌'은 '民氓'과 같음. 顧廣圻는 "「簡」, 當作「萌」, 在「訟」字上. 萌, 氓也. 「民萌訟」與「弟子辯」相對. 「訟」猶「辯」也"라 함.

【智慮不用】〈乾道本〉에는 "智慮力勞不用"으로 되어 있음. 이에 의해 顧廣圻는 '智不勞, 力不勇'으로 보아 '정신적 머리도 쓰지 않고 육체적 노력도 쓰지 않고 법에 있는 대로 해야 나라가 다스려진다'라고 보았음.

699(47-9)
밥이나 얻어먹는 지위

시고 달고 짜고 싱거운 맛을 임금이 직접 입으로 감별하지 않고 재윤宰尹에게 결정을 맡기면 주방 사람들이 임금을 가볍게 보고 재윤을 중히 여길 것이다.

높고 낮고 맑고 탁한 소리를 자신의 귀로 판단하지 않고 악정樂正에게 결정토록 하면 악사들이 임금을 가볍게 보고 악정을 중히 여길 것이다.

나라를 다스리면서 옳고 그름을 자신의 술術로써 판단하지 않고 총애하는 사람에게 결정을 맡기면 신하들이 임금을 가볍게 여기고 총애하는 사람을 중히 여길 것이다.

임금이 직접 보고 듣지 아니한 채 아랫사람에게 제압하고 판단하도록 맡긴다면 임금은 나라에 밥이나 부탁하여 먹는 지위가 되고 말 것이다.

酸甘鹹淡, 不以口斷而決於宰尹, 則廚人輕君而重於宰尹矣.

上下淸濁, 不以耳斷而決於樂正, 則瞽工輕君而重於樂正矣.

治國是非, 不以術斷而決於寵人, 則臣下輕君而重於寵人矣.

人主不親觀聽, 而制斷在下, 託食於國者也.

【宰尹】 '宰'는 궁중 요리를 맡은 직책. 尹은 長, 우두머리를 뜻함. 膳夫와 같음.
【樂正】 악사의 우두머리.
【瞽工】 악사를 가리킴. 고대에는 장님이 귀가 밝아 대부분 악사가 되었음.
【託食】 밥을 부탁하여 얻어먹음. 아무런 작위를 하지 못함.

좌: 〈婦女滌器〉(宋) 雕磚. 우: 〈婦女剖魚〉雕磚

700(47-10)
죽음을 싫어하지 않는다면

만약 사람이 입지 않고 먹지 않아도 배가 고프지 않고 춥지 않다거나 또는 죽는 것이 싫은 것이 아니라면 윗사람을 섬길 생각을 하지 않게 될 것이다.

그리고 임금에게 제재를 받고 싶지 않은 뜻을 가지고 있다면 그러한 자는 부릴 수가 없을 것이다.

지금 죽이고 살리는 칼자루가 대신들에게 있는데도 임금의 명령이 행해지는 경우란 일찍이 있어본 적이 없다.

호랑이나 표범이 발톱과 어금니를 전혀 쓰지 않는다면 그 위력이 생쥐와 같을 것이며, 만금을 가진 부잣집이 그 재물을 전혀 쓰지 않는다면 그 재력이란 감문監門 정도의 집안과 같을 것이다.

영토를 가진 군주가 사람을 즐겁게 해 준다면서 이로움을 줄 수 없다거나, 사람을 미워하면서 그에게 해로움을 줄 수 없다면 자신을 두려워하고 존중해 줄 사람을 찾는다 해도 그렇게 될 수가 없을 것이다.

使人不衣不食而不飢不寒, 又不惡死, 則無事上之意.

意欲不宰於君, 則不可使也.

今生殺之柄, 在大臣, 而主令得行者, 未嘗有也.

虎豹必不用其爪牙而與鼷鼠同威, 萬金之家必不用其富厚而與監門同資.

有土之君, 說人不能利, 惡人不能害, 索人欲畏重己, 不可得也.

【事上】윗사람을 섬김. 또는 윗사람에게 봉사하거나 出仕함.
【宰】지배를 당함.
【鼷鼠】생쥐.
【監門】문지기. 미천하고 가난한 직책을 말함.

701(47-11)
협俠, 난亂, 교驕, 포暴

남의 신하가 되어 제 뜻대로 마구하고 욕심을 펼치면 이를 '협俠'이라 하고, 임금이 되어 제 뜻대로 마구하고 욕심을 펼치면 이를 '난亂'이라 하며, 신하가 윗사람을 가벼이 여기는 이를 '교驕'라 하고, 임금이 신하를 얕잡아 보면 이를 '포暴'라 한다.

행동이나 이유는 같건만 아랫사람이 그렇게 하면 칭송을 받고 위가 그렇게 하면 비난을 받는다.

이러한 경우는 신하에게는 득이 되지만 군주에게는 망실亡失이 된다.

人臣肆意陳欲曰「俠」, 人主肆意陳欲曰「亂」, 人臣輕上曰「驕」, 人主輕下曰「暴」.

行理同實, 下以受譽, 上以得非.

人臣大得, 人主大亡.

【肆意陳欲】 의욕을 제멋대로 펼 수 있음. 자기 생각대로 마음껏 행동함.
【驕】 "八尺馬曰驕"라 함. 거만함. 교만함.
【行理同實】 행동 절차가 실제로 똑같음. 行理는 조리가 서는 행동, 즉 行義를 말함.
【非】 '誹'와 같음.
【亡】 亡失. '得'에 상대하여 쓴 말.

702(47-12)
귀신貴臣과 중신重臣

현명한 군주의 나라에는 귀신貴臣은 있어도 중신重臣은 없다.

귀신이란 작위가 높고 관직이 큰 자이며, 중신이란 말이 받아들여지고 세력이 많은 자이다.

현명한 군주의 나라에서는 자리를 옮기거나 직급을 이어받거나 하며 관작은 공적에 따라 주어지므로 귀신이 있는 것이다.

말만 있고 행동을 헤아리지 않으며 거짓이 있으면 반드시 처벌하므로 중신이 없는 것이다.

明主之國, 有貴臣, 無重臣.

貴臣者, 爵尊而官大也; 重臣者, 言聽而力多者也.

明主之國, 遷官襲級, 官爵受功, 故有貴臣.

言不度行而有僞, 必誅, 故無重臣也.

【遷官襲級】遷官은 벼슬이 나아짐. 영전함을 뜻함. 襲級은 앞사람의 직급을 이어받음. 승진을 뜻함.

【不度行】하는 말이 실제 행동과 들어맞지 않음. '度'은 '탁'으로 읽음. 忖度함.

48. 팔경八經

경經이란 사물의 본질, 즉 상도常道, 상법常法, 정리定理를 뜻한다.
본편에서는 군주가 유념해야 할 8가지 통치술을 거론한 것이다.
인정因情, 주도主道, 기란起亂, 입도立道, 주밀周密, 참언參言, 임법任法,
유병類柄 등을 부제로 삼아 논리를 펴고 있으나 내용과 제목이 뒤바뀌
기도 하고 앞뒤가 맞지 않아 많은 문제를 내포하고 있다.
이에 고광기顧廣圻의 《한비자지오韓非子識誤》에는 "此篇多不可通"이라
하였고, 문무자門無子의 《한자우평韓子迂評》에는 "篇內多怪句譌字.
……八經每篇逐段爲支節, 意不相屬, 詞不照應, 非一片起伏首尾之文也"
라 하였다.

703(48-1)
인정因情

인정因情(1)

　무릇 천하의 다스림은 반드시 사람의 감정을 근거로 해야 한다.

　사람의 감정이란 좋고 싫음이 있으므로 상벌을 쓸 수 있는 것이니 상벌을 쓸 수 있으면 금지의 법령을 세워 통치의 길을 구비할 수 있는 것이다.

　군주는 자루를 잡아 위세의 자리에 처하므로 명령이 행해지고 금지한 것이 그쳐진다.

　자루란 죽이고 살리는 제도이며, 위세란 무리들을 이겨낼 수 있는 바탕이다.

　관리의 폐치廢置에 법도가 없으면 권위가 더럽혀지고 상벌을 아래와 함께 행하면 위세가 분할된다.

　이 까닭으로 현명한 군주는 애정을 품지 않은 채 의견을 들으며, 기쁨을 남기지 않은 채 계획을 세운다.

　그러므로 말을 들어보되 참증하지 않으면 권력이 간악한 자에게 분할되고, 지력智力을 쓰지 않으면 임금은 신하들로부터 궁지에 몰리게 된다.

　따라서 현명한 군주의 행동과 제재는 하늘과 같으며 사람을 쓰는 것은 귀신과 같아야 한다.

　하늘과 같으면 비난을 받지 않고 귀신과 같으면 곤궁에 처하지 않는다.

　위세가 행사되고 교화가 엄격하면 거슬러도 위배됨이 없으며 훼예毁譽가 행동과 맞으면 남이 입방아를 찧지 않는다.

　그러므로 현인에게는 상을 주고 포악한 자에게는 벌을 주는 것은 착한 자를 거용하는 최상의 방법이며, 포악한 자에게 상을 주고 현인에게 벌을 주는 것은 악한 자를 들어 쓰는 가장 잘못된 것이니 이를 맞장구를 치는 이에게는 상을 주고 의견을 달리하는 자에게는 벌을 준다는 것이다.

상을 줄 때는 후하게 주어 백성들로 하여금 그것을 이익으로 느끼도록 하느니만 못하고, 칭찬은 아름답게 하여 백성들로 하여금 그것을 영예로 여기도록 하느니만 못하며, 처벌은 엄하게 하여 백성들로 하여금 두려움을 느끼도록 하느니만 못하고, 훼멸은 악하게 하여 백성들로 하여금 치욕을 느끼도록 하느니만 못하다.

그런 다음 그 법을 실행함이 한결같아 사가私家는 처벌에 관여하지 못하도록 금하여 공적과 죄의 판단에 해가 없도록 하여야 한다.

상벌은 반드시 알려지도록 하여 그것을 알게 되면 치도治道는 모두 갖추어진 것이다.

이것이 인지상정에 근거를 둔다는 것이다.

因情一:

凡治天下, 必因人情.

人情者, 有好惡, 故賞罰可用, 賞罰可用, 則禁令可立而治道具矣.

君執柄以處勢, 故令行禁止.

柄者, 殺生之制也; 勢者, 勝衆之資也.

廢置無度則權瀆, 賞罰下共則威分.

是以明主不懷愛而聽, 不留說而計.

故聽言不參, 則權分乎姦; 智力不用, 則君窮乎臣.

故明主之行制也天, 其用人也鬼.

天則不非, 鬼則不困.

勢行敎嚴, 逆而不違, 毀譽一行而不議.

故賞賢罰暴, 擧善之至者也; 賞暴罰賢, 擧惡之至者也; 是謂賞同罰異.

賞莫如厚, 使民利之; 譽莫如美, 使民榮之; 誅莫如重, 使民畏之; 毀莫如惡, 使民恥之.

然後一行其法, 禁誅於私家, 不害功罪.

賞罰必知之, 知之, 道盡矣.

因情.

【因人情】人之常情에 따름.

【制】制御. 統治, 支配의 뜻.

【廢置】黜陟, 昇降, 任免과 같음.

【下共】아랫사람과 상벌의 결정을 공유함.

【不參】참증하지 아니함.

【一行】법이나 규정을 偏頗되거나 歪曲하지 않고 일률적으로 집행함.

【禁誅於私家】家는 卿大夫의 집. 어떤 죄인이라 해도 경대부가 임의로 처벌할 수 없으며 오직 군주만이 그 권한을 장악함.

【因情】맨 끝의 이 두 글자는 본 장의 제목에 해당하며 고대에는 흔히 표제를 맨 끝에 표기하기도 하였음.

704(48-2)
주도主道

주도主道(2)

힘으로는 많은 사람을 당하지 못하며 지혜로도 모든 사물을 다 알아낼 수가 없다.

한 사람을 쓰는 것은 온 나라 사람을 다 쓰는 것만 못하므로 지혜와 힘이 서로 대등하면 수가 많은 쪽이 이기게 마련이다.

계략이 맞아떨어진다 해도 자신만 사사롭게 힘이 드는 것이요, 맞지 않으면 자신만 책임을 지고 허물을 뒤집어쓰게 된다.

낮은 등급의 군주는 자신의 능력만을 다하고, 중간급의 군주는 다른 사람의 힘을 다 쓰고 상급의 군주는 다른 사람의 지혜를 모두 쓴다.

이로써 일이 닥쳐오면 지혜를 모아 제안을 하나씩 취하여 이를 공론 公論에 부친다.

하나씩 들어보지 않으면 뒤의 일이 앞의 말과 어긋나게 되고 뒤의 일이 앞 말과 어긋나면 어리석은 자와 지혜 있는 자가 구분되지 않으며, 공론에 부치지 않으면 망설이기만 하면서 결단을 내릴 수 없게 되고, 결단을 내리지 못하면 일이 유보된다.

스스로 하나씩의 제안을 들어보게 되면 골짜기로 떨어지는 잘못은 저지르지 않게 된다.

그러므로 그로 하여금 간언을 하도록 하여 그 의견에 따라 정해지면 그에게 이 책임을 물어야 한다.

이 때문에 진술한 날짜를 반드시 책적笑籍에 기록으로 남겨두어야 한다.

지혜를 모았을 경우에는 일이 시작되면서 실지로 겪어 보아야 하며, 능력을 모았을 경우에는 성과가 드러나면 그에 따라 모책을 짜야 한다.

성패에 증거가 드러나면 상벌이 그에 따라야 한다.

일이 이루어지면 군주가 그 성과를 거두어들이는 것이요, 계획이 실패하면 신하가 그 죄를 짊어져야 하는 것이다.

군주란 부절符節을 다시 맞추어보는 일조차도 오히려 직접 하지 않거늘 하물며 힘들이는 일에 있어서랴?

지혜를 쓰는 일도 오히려 직접 하지 않거늘 하물며 안달하는 일에 있어서랴?

그러므로 그러한 일은 하지 않는 것이다.

사람을 쓸 때에는 임금과 같은 의견을 취하지 않는 것이니 같은 의견을 썼다면 임금은 그 책임을 그에게 뒤집어씌워야 한다.

사람들로 하여금 서로를 이용하도록 하면 군주는 신명스러워지며, 임금이 신령스러워지면 아랫사람들은 힘을 모두 바치게 된다.

아랫사람들이 힘을 모두 바치게 되면 신하는 위로 임금에게 의존하지 않게 되어 임금으로써의 치도는 그것으로 모두 갖춘 셈이 되는 것이다.

主道二：

力不敵衆, 智不盡物.

與其用一人, 不如用一國, 故智力敵而群物勝.

揣中則私勞, 不中則任過.

下君盡己之能, 中君盡人之力, 上君盡人之智.

是以事至而結智, 一聽而公會.

聽不一則後悖於前, 後悖於前則愚智不分; 不公會則猶豫而不斷, 不斷則事留.

自取一聽, 則毋隨墮壑之累.

故使之諷, 諷定而怒.

是以言陳之日, 必有筴籍.

結智者事發而驗, 結能者功見而謀.

成敗有徵, 賞罰隨之.

事成則君收其功, 規敗則臣任其罪.

君人者合符猶不親, 而況於力乎?

事智猶不親, 而況於懸乎?

故非.

用人也不取同, 同則君怒.

使人相用則君神, 君神則下盡.

下盡, 則臣上不因君, 而主道畢矣.

【主道】 군주로서의 통치술. 〈宋本〉 注에는 "一曰結智"로 되어 있음.
【敵衆】 '敵'은 '대등함'. '대등하게 맞섬'의 뜻.
【盡物】 모든 사물을 두루 다 알아낼 수 있음.
【揣中】 추측이 적중함. 揣는 推자와 같은 뜻으로 미루어서 헤아려봄.
【任過】 책임이나 허물을 그가 뒤집어 씀.
【結智】 여러 신하들의 지혜를 결집시킴. '結'은 '聚'와 같음.
【公會】 공개된 모임에서 토의함. 조정의 의제로 삼음. 公論에 부침.
【後悖於前】 陳奇猷의 《韓非子集釋》에 "謂不先一一聽之卽行公會辯難, 則後言
　之人必參考前人之言而反前人之說, 立異以邀功, 故愚智不分也"라 함.
【諷】 諷諫, 諫言과 같음. 돌려서 간언함.
【定而怒】 의견이 채택된 뒤 그 실적에 대하여 추궁함. '怒'는 '責'과 같음.《廣雅》
　釋詁에 "怒, 責也"라 함.
【筴籍】 '策籍'과 같음. '筴'은 '策'과 같음. 書札, 즉 문서에 기록해 두었다가
　증거로 삼음.
【合符】 쪼개어 나누어 가졌던 부절을 다시 합해 확인함.

【懸】 '掛念'과 같음. 마음속에 걸어둠. 애를 태우며 안쓰러워함. 懸案을 고민함.
【故非】 그 때문에 合符도 事智도 하지 않음. 다른 주석본에는 모두 아래에 잇고
'非'를 '其'자의 오류로 보았으나 여기서는 〈全譯本〉을 따름. 그러나 〈今註今
譯本〉에는 '非'자를 아예 없애고 그 아래로 이었으나 근거를 제시하지 않았음.

705(48-3)
기란起亂

기란起亂(3)

신하와 군주의 이익이 서로 다름을 아는 자는 왕이 되고, 같다고 여기는 자는 위협을 받으며, 일을 공유하는 자는 살해를 당하게 된다.

그러므로 현명한 군주는 공과 사의 구분을 헤아리며, 이해의 소지를 살피기에 간신이 나타날 수가 없다.

난이 일어나는 바는 여섯 가지가 있으니 주모主母, 후희后姬, 자성子姓, 형제兄弟, 대신大臣, 그리고 이름난 현인들이다.

관리를 임명하여 신하에게 책임을 물으면 주모는 방음放淫한 짓을 할 수 없으며, 예를 등급에 달리하여 시행하면 후희가 맞설 수 없으며, 세勢를 분산시켜 둘로 하지 않으면 서출과 적자가 다투지 않게 되며, 권병과 자리를 잃지 않으면 형제들이 침범하지 않을 것이며, 아랫사람들이 한 가문으로 모여들지 못하도록 하면 대신들이 임금을 옹폐하지 못할 것이며, 금지할 사상과 포상을 틀림없도록 행하면 이름난 현자들이 혼란을 조성하지 못할 것이다.

신하가 승세를 타고 오름에는 두 가지 근거가 있으니 이를 밖과 안을 말한다.

밖이란 두려워함을 말하고 안이란 총애함을 말하는 것이니 두려워하는 바의 요구가 받아들여지거나 총애하는 바의 말을 들어주는 것으로써 이것이 난신들이 근거로 삼는 바이다.

외국의 힘에 의해 배치된 관리들의 경우 그 친인척이나 중한 뇌물을 쓴 자는 힐책하여 죄를 준다면 밖의 외국에 기대지 못할 것이며, 작록을 공적에 따라 주고 청탁을 일삼는 자에게는 벌을 준다면 안에서 기댈 데가 없게 될 것이다.

밖에서 기댈 데가 없고, 안에서 의지할 곳이 없게 되면 간악한 짓은 막히게 될 것이다.

관리가 차례를 거듭하고 승진하여 대임을 맡는 지위에 이르는 것은 지혜이다.

그 자리가 높아져서 임무도 커진 자에게는 세 가지 절목으로 제압할 수 있을 것이니 인질質, 누름鎭, 고정固이다.

친척과 처자는 인질이요, 작록을 후하게 하면서 틀림없이 하는 것은 누름이요, 참증하여 책임을 묻는 것이 고정이다.

현자는 인질만으로도 억제할 수 있으나 탐도貪饕한 자는 누름으로써 고쳐지고, 간악하고 사악한 자는 고정으로 궁지에 몰아넣어야 한다.

차마 제압하지 못하면 아래가 뒤로 솟구쳐 오르고, 작은 것을 없애지 못하면 큰 벌을 주어야 하며 명분과 실질이 맞으면 곧장 실행해야 한다.

살려두었다가는 일에 해가 되고 죽이면 명분에 손상이 간다면 독약을 먹여야 하며, 그렇게 할 수 없을 경우에는 원수에게 넘겨주어야 하는 것이니 이를 일러 몰래 간악한 자를 없애는 방법이라 한다.

그림자에 가려지듯 하는 것을 궤詭라 하고 그러한 궤를 바꿈易이라 한다.

공적이 드러나 상을 주고 죄악이 드러나 처벌하면 속임수는 바로 그쳐야 한다.

시비에 대한 논의가 누설되지 않고, 논의나 간언이 통하지 않으면 바꾸는 일도 쓰지 말아야 한다.

부형과 어진 인재를 멀리 내보내는 것을 일러 '유화'遊禍라 하며, 그러한 환난은 이웃 적들에게 많은 자료가 된다.

형벌을 받은 이를 측근으로 삼는 것을 일러 '압적'狎賊이라 하며, 그 해악은 격분과 치욕의 마음을 낳게 한다.

노여움을 감추고 죄를 발견하고 잡고서도 터뜨리지 않는 것을 일러 '증란'增亂이라 하며, 그 해악은 요행을 바라고 망동하는 자가 나타나는 계기가 된다.

대신 두 사람의 권세를 저울질해 보아도 기울지 않는 것을 일러 '권화'
卷禍라 하며, 그 해악은 그들의 가문을 융성하게 하여 임금을 겁살하는
난을 일어나게 한다.

가볍게 처신하여 스스로 신령함을 지켜내지 못하는 것을 일러 '탄위'
彈威라 하며, 그 해악은 역적이 짐독酖毒을 쓰는 난이 일어나도록 하는
계기가 된다.

이 다섯 가지 환난에 대하여 임금이 알지 못한다면 겁살당하는 일을
만나게 될 것이다.

관리에 대한 폐치廢置의 사안이 안에서 생기도록 하면 나라가 다스려
지지만 밖에서 그 실권이 생성되도록 하면 나라는 어지러워진다.

이 까닭으로 현명한 군주는 공적으로써 안에서 논하고, 이득으로써
밖에서 자료를 얻은 것이니 그 때문에 그 나라는 다스려지고 적은 혼란
스러워지는 것이다.

난을 일으키도록 하는 방법은 신하가 미우면 그로 하여금 밖에서 난을
일으켜 현혹되도록 하고, 신하가 사랑스러우면 안에서 난을 일으켜 마치
독약에 걸려들 듯이 해야 한다.

起亂三:

知臣主之異利者王, 以爲同者劫, 與共事者殺.

故明主審公私之分, 審利害之地, 姦乃無所乘.

亂之所生六也; 主母, 后姬, 子姓, 弟兄, 大臣, 顯賢.

任吏責臣, 主母不放; 禮施異等, 后姬不疑; 分勢不貳,
庶適不爭; 權籍不失, 兄弟不侵; 下不一門, 大臣不擁;
禁賞必行, 顯賢不亂.

臣有二因, 謂外內也.

外曰畏, 內曰愛; 所畏之求得, 所愛之言聽, 此亂臣之

所因也.

　外國之置諸吏者, 詰誅親暱重帑, 則外不籍矣; 爵祿循功, 請者俱罪, 則內不因矣.

　外不籍, 內不因, 則姦宄塞矣.

　官襲節而進, 以至大任, 智也.

　其位至而任大者, 以三節持之; 曰質, 曰鎮, 曰固.

　親戚妻子, 質也; 爵祿厚而必, 鎮也; 參伍責怒, 固也.

　賢者止於質, 貪饕化於鎮, 姦邪窮於固.

　忍不制則下上, 小不除則大誅, 而名實當則徑之.

　生害事, 死傷名, 則行飲食; 不然, 而與其讎; 此謂除陰姦也.

　翳曰詭, 詭曰易.

　見功而賞, 見罪而罰, 而詭乃止.

　是非不泄, 說諫不通, 而易乃不用.

　父史賢良播出曰遊禍, 其患鄰敵多資.

　傖辱之人近習曰狎賊, 其患發忿疑辱之心生.

　藏怒持罪而不發曰增亂, 其患徼幸妄舉之人起.

　大臣兩重提衡而不踦曰卷禍, 其患家隆劫殺之難作.

　脫易不自神曰彈威, 其患賊夫酖毒之亂起.

　此五患者, 人主之不知, 則有劫殺之事.

　廢置之事, 生於內則治, 生於外則亂.

　是以明主以功論之內, 而以利資之外, 故其國治而敵亂.

　卽亂之道: 臣憎, 則起外若眩; 臣愛, 則起內若藥.

【共事】 신하와 함께 상벌에 대한 일의 권한을 함께 공유함.

【主母】 나이 어린 군주의 어머니. 太后, 母后를 가리킴.

【放】 방자하고 음란함. 放淫의 뜻.

【后姬】 后妃와 妻妾.

【疑】 '擬'와 같음. 맞섬. 대등하게 여김.

【子姓】 여러 자손.《禮記》喪大記 "卿大夫父兄子姓立於東方"의 注에 "子姓, 謂衆子孫也, 姓之言生也"라 함.

【顯賢】 이름이 드러난 현자. 비판이나 의견이 많은 학자.

【不貳】 대등하게 양립시키지 않음. 貳는 擬자와 같음.

【權籍】 권력을 행사하는 자리. '籍'은 '藉'와 같으며 勢位를 뜻함.

【一門】 특정한 私家를 중심으로 모여 세력이 커지거나 작당을 함.

【外國之置】 외국의 압력이나 청탁에 의하여 관리를 임명함.〈集解〉에 "謂隣國之爲內臣求官者, 戰國時往往有之"라 함.

【詰誅】 죄를 엄중히 물어 처벌함.〈건도본〉에는 '結誅'로,〈于評本〉에는 '誅其'로 되어 있으나 孫詒讓은 "結, 當作詰, 同聲叚借字"라 함. 禮記 月令篇 "詰誅暴慢"의 注에 "詰謂問其罪窮治之也"라 함.

【親暱重帑】 '親暱'은 아주 가까이 친한 자. '重帑'은〈集解〉에는 "重帑, 謂厚幣. 敵所親暱重賂爲反間者, 則詰而誅之"라 함.

【姦宄】 간악한 무리. 못된 짓을 하는 자.

【襲節】 '節'은 '級'과 같음. 등급을 가리킴. 襲은 거듭하거나 되풀이함을 뜻함.

【三節】 '節'이란 제압하거나 조종할 수 있는 방법. 억제력을 뜻함.《荀子》榮辱篇 "是注錯習俗之節異也"의 注에 "節, 限制之也"라 함.

【參伍】 '參'은 '三'과 같으며 '伍'는 '五'와 같음. 셋씩 다섯씩 서로 묶여 뒤섞인 상태를 표현하는 말. 그러나 參은 參證과 같으며 伍는 서로 뒤섞인 事物에서 짝을 이루는 것끼리 묶어 사실 여부를 판단함을 뜻함.〈乾道本〉注에 "參, 比驗也; 伍, 偶會也"라 함.

【責怒】 책임을 추궁하여 몰아세움. '怒' 역시 '責'의 뜻.

【貪饕】 '貪慾'과 '饕餮'을 합한 雙聲連綿語. 탐욕이 매우 심함을 뜻함.

【下上】 아래에서 위로 솟구침.

【俓之】 俓行과 같음. 생각한 그대로 지체 없이 실행에 옮김.

【行飮食】 음식물에 독약을 넣음. 行은 用자와 같음.

【陰姦】 죽일 명분이 제대로 드러나지 않은 죄악.

【翳】 사실을 알 수 없게 가로막음. 눈을 가림. 어둡게 만듦.

【易】 '變'과 같음. 바꾸거나 변화시킴.

【播出】 '播越'과 같음. 국외로 망명함. 흩어짐. 《國語》晉語 "隱悼播越"의 注에 "播, 散也"라 함.

【遊禍】 떠돌아 다니는 재앙.

【僇辱之人】 刑餘, 즉 형을 받아 불구가 된 자. 환관.

【狎賊】 자신을 적해하던 자를 친압함.

【提衡】 저울질 함.

【卷禍】 '卷'은 '捲'과 같음. 災殃을 둘둘 말아 가지고 있음. 그러나 孫詒讓《札迻》에는 "卷當作養, 謂養成禍亂也. 養卷形近誤"라 함.

【脫易】 경솔하게 들떠서 행동함. '脫'은 '輕'과 같음.

【彈威】 위엄을 튕기며 거두지 못함. 그러나 王先愼은 "彈, 疑殫, 形近而誤"라 함.

【酖毒】 '酖'은 '鴆'과 같음. 鴆毒과 같음. 鴆鳥의 독. 그 깃털로 술을 젓기만 해도 사람이 죽을 정도라 하여 독살용으로 씀.

【廢置】 黜陟, 任免과 같음.

【卽亂】 '卽'은 '就'와 같으며 유도함. 〈集解〉에 "王先謙曰:「卽, 就也. 卽亂, 猶《左傳》言卽死, 謂去安就危也.」"라 함.

【若藥】 藥은 酖毒. 독극물에 걸려들 듯 하도록 함. 〈集解〉에 "王先謙曰:「不當憎而憎 則亂臣起外, 若楚伍員之類; 不當愛而愛, 則亂臣起內, 若吳宰嚭之類. 眩不自持, 形骸之疾; 飮藥致斃, 心腹之疾.」"이라 함.

> 참고 및 관련 자료

1.《論衡》非韓篇

夫執不仕者, 未必有正罪也, 太公誅之. 如出仕未有功, 太公肯賞之乎? 賞須功而加, 罰待罪而施. 使太公不賞出仕未有功之人, 則其誅不仕未有罪之民, 非也; 而韓子是之, 失誤之言也. 且不仕之民, 性廉寡欲; 好仕之民, 性貪多利. 利欲不存於心, 則視爵祿猶糞土矣. 廉則約省無極, 貪則奢泰不止. 奢泰不止, 則其所欲, 不避其主. 案古篡畔之臣, 希淸白廉潔之人. 貪, 故能立功; 憍, 故能輕生. 積功以取大賞, 奢泰以貪主位. 太公遺此法而去, 故齊有陳氏劫殺之患. 太公之術, 致劫殺之法也. 韓子善之, 是韓子之術亦危亡也.

706(48-4)
입도立道

입도立道(4)

증거를 찾아 참증하는 방법은 계획을 세웠을 때에 비해 공적이 많은
가를 증거를 찾아 재어 보고, 책임에 비해 잃은 것이 있는지 따져 보는
것이다.

증거를 맞추어 반드시 확인하고 증거를 헤아려 반드시 추궁해야 한다.

확인하지 않으면 윗사람을 모독하게 되고, 책임을 추궁하지 않으면 서로
작당하게 된다.

증거를 확인하면 많고 적음을 족히 알 수 있고, 미리 추궁하면 그들이
무리를 이루는 데까지 일이 커지지 않는다.

보고 듣는 자세에 있어 그 증거가 한 패거리 안에 있으면 다른 쪽에게
상을 주고 알려주지 않은 자를 주벌하되 함께 죄를 물어야 한다.

언론은 많은 단서를 함께 모아 반드시 장소의 이로움을 헤아려 보고 천시
로써 모책을 짜며 사물로써 증험을 만들고 사람의 정서에 맞추어야 한다.

이 네 가지 증거가 잘 부합되면 그제야 바르게 볼 수 있게 된다.

말을 참증하여 그 진실을 알아내고 시각을 바꾸어 그 꾸밈을 고치며,
견문을 굳게 잡고 평소와 다른 것을 터득하고 있어야 한다.

한 가지 일만을 힘써서 가까운 자들에게 정성을 쏟으며, 말을 거듭하여
멀리 있는 심부름꾼이 두려움을 느끼도록 해야 한다.

지나간 일을 거론하여 앞으로 일을 모두 추궁하여 가까이 오도록 하고
속내를 알아내며, 멀리 두어 보고 그 밖을 알아내어야 한다.

분명한 것을 파악하여 분명치 않은 것을 질문하고, 속임수를 써서 그로 하여금 마구 행동하지 못하도록 해야 한다.

말을 거꾸로 하여 의문 나는 바를 시험하고, 논의를 반대로 하여 숨겨진 간악함을 살펴야 한다.

간언하는 자를 두어 홀로 처리하는 일을 바로잡고, 바르게 처리하여 간악한 행동을 관찰해야 한다.

명확하게 설명하여 잘못을 피해 나가도록 유도하고, 나를 낮추어 그에게 맞추어줌으로써 정직과 아첨을 가려내어야 한다.

소문을 널리 퍼뜨려 아직 드러나지 않은 것을 알아내어야 하며, 일부러 싸움을 시켜 패거리를 해산시켜야 한다.

한 가지 일을 깊이 따져 많은 이들의 마음을 경계시키고, 다른 말을 누설하여 그들의 생각을 바꾸도록 해야 한다.

비슷하여 알아낼 수 없으면 증거를 가지고 참증해 보며, 잘못을 진술하면 근본을 명확하게 해야 한다.

죄를 알아내었으면 벌을 주어 그 위세를 억제하고, 몰래 사람을 시켜 그 때마다 그 속마음을 살피도록 해야 한다.

차츰 바꾸어가면서 서로 통하고 있는 당파들을 이간시켜야 하며, 아래로부터 틀어쥐고 그 위를 파고들어야 한다.

상실相室은 그 조정 신하들을 틀어쥐고, 조정 신하는 그 관속들을 틀어쥐며, 병사兵士는 그 군리軍吏를 틀어쥐고, 파견 임무를 띤 사신은 그 행개行介를 틀어쥐며, 현령縣令은 그 벽리辟吏를 틀어쥐고, 낭중郎中은 임금 측근 좌우를 틀어쥐고, 후희后姬는 그 궁원宮媛들을 틀어쥐도록 해야 한다.

이를 일러 조달條達의 방법이라 하며 말이 새 나가거나 일이 누설되면 그러한 술책은 행해질 수 없다.

立道四:
參伍之道: 行參以謀多, 揆伍以責失.

行参必折揆伍必怒.

不折則瀆上, 不怒則相和.

折之徵足以知多寡, 怒之前不及其眾.

觀聽之勢, 其徵在比周而賞異也, 誅毋謁而罪同.

言會眾端; 必揆之以地, 謀之以天, 驗之以物, 參之以人.

四徵者符, 乃可以觀矣.

參言以知其誠, 易視以改其澤, 執見以得非常.

一用以務近習, 重言以懼遠使.

舉往以悉其前, 卽邇以知其內, 疏置以知其外.

握明以問所闇, 詭使以絕黷泄.

倒言以嘗所疑, 論反以得陰姦.

設諫以綱獨爲, 舉錯以觀姦動.

明說以誘避過, 卑適以觀直諂.

宣聞以通未見, 作鬪以散朋黨.

深一以警眾心, 泄異以易其慮.

似類則合其參, 陳過則明其固.

知罪辟罪以止威, 陰使時徇以省衰.

漸更以離通比, 下約以侵其上.

相室, 約其廷臣; 廷臣, 約其官屬; 兵士約其軍吏, 遣使約其行介; 縣令約其辟吏; 郎中, 約其左右; 後姬, 約其宮媛.

此之謂條達之道, 言通事泄, 則術不行.

【參伍】 ‘參’은 ‘三’과 같으며 ‘伍’는 ‘五’와 같음. 셋씩 다섯씩 서로 묶여 뒤섞인 상태를 나타내는 말. 그러나 參은 參證과 같으며 伍는 서로 뒤섞인 事物에서 짝을 이루는 것끼리 묶어 사실 여부를 판단함을 뜻함. 〈乾道本〉注에 “參, 比驗也; 伍, 偶會也”라 함.

【揆伍】 ‘伍’는 서로 뒤섞인 상태를 뜻하며 ‘揆’는 揆度과 같음.

【必折】 ‘折’은 ‘析’과 같음. 사실을 分析하여 면밀히 따져봄.

【怒】 ‘責’과 같음. 책임을 추궁함.

【相和】 같은 패거리끼리 친화함. 부화뇌동하는 상태.

【毋謁】 ‘謁’은 ‘告’와 같음. 간악한 일을 고발하지 않음.

【其澤】 신하가 겉으로 드러내는 표정. 陳奇猷는 “視事之美惡, 若就一面觀之, 不能必其全美, 若易地而視, 皆不改其澤, 是爲美矣”라 함.

【一用】 한 가지 업무만을 하도록 함. 겸직을 금함.

【悉其前】 앞으로의 일을 낱낱이 따짐.

【卽邇】 가까이 접근하도록 함. 아주 가까이 두고 그의 행동을 살핌.

【疏置】 內職이 아닌 외무를 맡김. 멀리 두고 그의 하는 일을 살핌.

【黷泄】 媟汚. 親狎하여 버릇없이 구는 것.

【嘗所疑】 의문 나는 바를 시험하여 확인함. ‘嘗’은 ‘試’와 같음.

【綱】 기강을 세움. 분명한 잣대를 세움.

【舉錯】 ‘錯’은 ‘措’와 같음. 黜陟, 任免, 昇降, 進退 등과 같은 뜻임. 《論語》 爲政篇에 “舉直錯諸枉則民服, 舉枉錯諸直則民不服”이라 함.

【卑適】 임금이 스스로를 낮추어 상대편에 영합하는 듯이 함.

【辟罪】 죄에 대하여 벌을 내림. ‘辟’은 ‘刑’과 같음.

【省衷】 속내를 잘 살펴봄. 衷은 일의 실정. 〈乾道本〉에는 ‘衰’로 되어 있으나 조본에 의해 수정함.

【離通比】 ‘比’는 ‘比周’의 줄인 말. 作黨하여 자신들끼리 소통하는 무리들을 離間시킴.

【約】 묶어 단속함. 통제함. 틀어쥠.

【兵士約其軍吏】 蒲坂圓은 이 문장은 “軍吏約其兵士”로 되어야 한다고 보았음.

【行介】 使節의 임무를 띤 正使를 수행하는 副使.

【辟吏】 ‘辟’은 ‘旁側’의 뜻. 지방 장관이 직접 임용한 관리. ‘椽’, ‘掾’과 같음.

【條達】 나뭇가지가 차례로 줄기대로 퍼나가듯이 질서와 통제가 이루어짐을 뜻함.

【相室】춘추 말 晉나라 六卿의 家臣 大夫로써 그 가운데 三晉(韓, 魏, 趙)이 諸侯로 승격하고 나서 그들의 相國을 여전히 相室로 불렀음. 여기서는 재상을 말함.

707(48-5)
참언參言

참언參言(5)

　명석한 군주가 힘써야 할 일은 비밀을 철저히 지키는 데에 있으니 이 때문에 좋아하는 기색을 드러나면 자신이 베풀 은덕이 남이 가로채게 되고, 노한 기색이 드러나면 권위가 분산된다.

　그러므로 명석한 군주라면 하는 말은 가로 막아 새 나가지 않도록 하여 비밀을 지켜 겉으로 드러나지 않게 한다.

　그 때문에 하나를 가지고 열 가지를 잡는 것은 아래의 방법이며 열 가지를 가지고 하나를 잡는 것은 위의 방법이다.

　현명한 군주는 아래와 위를 겸행하므로 간악함을 놓치는 경우가 없는 것이다.

　오伍·여閭·연連·현縣이 이웃하여 서로 과실을 고발하면 상을 주고 잘못을 놓치면 벌을 내린다.

　위가 아래에 대하여 그렇게 하듯이 아래가 위에 대해서도 또한 그렇게 한다.

　이 까닭으로 상하 귀천이 서로 두려워하며 법을 지키게 되고 서로 이익으로써 깨우치게 되는 것이다.

　백성의 정서란 실제 삶이라는 것이 있고, 살아 있다는 명분이 있다.

　임금된 자는 현명하고 지혜가 있다는 명분을 가지고 있으면서 또한 상과 벌의 실권을 가지고 있어야 한다.

　이처럼 명분과 실권이 모두 갖추어지게 되면 그로 인해 복을 주고 훌륭한 일을 한다는 평판이 들리게 되는 것이다.

参言五:

明主, 其務在周密, 是以喜見則德償, 怒見則威分.

故明主之言隔塞而不通, 周密而不見.

故以一得十者, 下道也; 以十得一者, 上道也.

明主兼行上下, 故姦無所失.

伍·官·連·縣而鄰, 謁過賞, 過誅失.

上之於下, 下之於上, 亦然.

是故上下貴賤相畏以法, 相誨以和.

民之性, 有生之實, 有生之名.

爲君者有賢知之名, 有賞罰之實.

名實俱至, 故福善必聞矣.

【參言】 본장의 제목을 '參言'이라 하였으나 내용상 參言과는 관련이 없음. 太田方의 《韓非子翼毳》에 '참언'은 다음 장의 제목이며 본장의 제목은 알 수 없으나 마땅히 '周密'이어야 한다고 하였음. 그러나 梁啓雄은 7절 '類柄'이 본장의 제목이어야 한다고 여겼음.

【周密】 일처리를 빈틈없이 치밀하게 함. 누설됨이 없음.《管子》人國篇 "人主 不可不周"의 注에 "周, 謂謹密也"라 하였고,《漢書》黃霸傳 "屬令周密"의 注에는 "周密, 不泄漏"라 함.

【德償】 군주가 베푸는 은덕을 신하가 먼저 대신함. 그러나 顧廣圻는 "償, 當作瀆" 이라 하여 '임금의 덕을 모독한다'는 뜻으로 보았음.

【以一得十】 한 사람의 감시자를 내세워 열 사람의 악을 폭로 고발하도록 함. 이 구절의 '上'과 '下'는 倒置된 것으로 보임.〈集解〉에 "先愼曰:「上下」二字互誤" 라 함. 그러나 高亨의《韓非子補箋》에는 "以一得十者, 恃一人之智察, 欲得十人 之姦也. 以十得一者, 用十人之相窺, 以得一人之姦也"라 함.

【伍闔連縣】 지역 행정조직. 이웃끼리 감시하도록 하는 가구 단위의 통제 기능을 말함.《國語》齊語와《管子》小匡篇에 "五家爲軌, 十軌爲里, 四里爲連, 十連

爲鄕"이라 함. 閭는 里와 같음. 한편《史記》商君列傳에는 "令民爲什伍, 而相
收司連坐, 不告姦者腰斬. 告姦者與斬敵首同賞, 匿姦者與降敵同罰"이라 함.
【失過誅】'失'자는 연문. 〈集解〉에 "先愼曰:「失」字衍"이라 함.
【相誨以和】'和'는 '利'자의 오류. 〈集解〉에 "先愼曰:「和」, 當作「利」"라 함.

708(48-6)
청법聽法

청법聽法(6)

듣기만 하고 참증해 보지 않으면 아랫사람에게 책임을 물을 근거가 없게 되고, 말의 실제 용도를 감별해 보지 않으면 사악한 말들이 윗사람을 가리게 된다.

말의 속성이란 같은 말을 자꾸 하면 믿게 되며, 논리에 닿지 않는 사물도 열 사람은 의심을 나타내고, 백 사람은 그렇다 하게 되면 천 사람은 감을 잡을 수 없게 된다.

어눌한 자의 말에는 의심을 나타내지만 말솜씨 뛰어난 자의 말은 믿게 된다.

간악한 자의 말이 임금의 마음속을 파고들 수 있는 것은 여러 사람의 도움을 받고 변설에 믿음을 심고, 비슷한 예를 끌어다 사사롭게 떠벌리기 때문이다.

군주가 분을 참고 증거를 맞추어 보기를 기다리지 않았다가는 그 기세는 아랫사람에게 도움을 주는 꼴이 된다.

도를 터득한 군주라면 말을 듣고 그 실용을 추궁하며 공적을 따져보아 공적이 매겨지면 그에 따라 상벌이 생겨나게 되는 것이니 그 때문에 쓸모 없는 변설은 조정에 머물지 못하게 되는 것이다.

일을 맡긴 자로써 그의 지혜가 직무를 충분히 해내지 못하면 관직에서 내쫓고 직인을 거두어들인다.

변설이 지나치게 크기만 하여 과장되면 끝까지 추궁하므로 간악함이 드러나 책망을 받게 되는 것이다.

이유 없이 부당한 짓을 하면 거짓말을 한 것이 되며 거짓말을 하면 그 신하에게 죄를 준다.

거론한 말에는 반드시 응보가 있으며 주장한 말에는 그 효용에 따른 책임이 따르므로 작당한 자들의 말은 임금에게 들려질 수 없게 되는 것이다.

무릇 신하의 말을 듣는 방법은 신하로써는 충성스러운 논의를 통해 간악한 자를 알려주도록 해야 하며, 폭넓은 논법임에도 한 사람의 말만 받아들이게 되면 임금으로서 지혜롭지 못할 경우 간악한 자가 그 틈을 탈 여지가 생기고 만다.

명석한 군주의 방법은 자신이 좋다고 여겼다면 말하는 자가 그것이 채택되기를 바라던 것인가를 찾아보고, 자신이 화를 냈다면 말하는 자가 다시 더 얽어 꾸미려는 것인가를 살펴보고 나서, 이윽고 자신의 태도가 바뀐 뒤에 논의하여 그 속에 훼예毁譽와 공사公私의 징조가 있었는지를 터득해야 한다.

많은 무리가 온갖 교묘한 지혜를 다 짜내어 간언하는 것은 군주로 하여금 그 중 하나를 취함으로써 자신은 죄를 피하려고 하는 것이므로 많은 무리가 간언할 때는 실패하더라도 그것을 선택한 군주에게 책임이 돌아가게 된다.

말을 하여 임금에게 책임을 붙여 앞으로 그렇게 될 일을 대비하지 못하게 할 때에는 그로 하여금 한 말이 뒷날 부합해야 하며, 그 때 거짓인지 진실인지 알 수 있게 될 것이라 일러주어야 한다.

현명한 군주의 방법은 신하는 두 가지를 함께 간언할 수 없도록 하고 반드시 한 가지에만 책임을 지도록 하며, 그가 한 말을 제멋대로 행할 수 없도록 하여 반드시 증거를 참증하도록 해야 하는 것이니, 그럼으로써 간악한 자가 승진할 길이 없게 되는 것이다.

聽法六:
聽不參, 則無以責下; 言不督乎用, 則邪說當上.

言之爲物也以多信, 不然之物, 十人云疑, 百人然乎, 千人不可解也.

吶者言之疑, 辯者言之信.

姦之食上也, 取資乎衆籍, 信乎辯, 而以類飾其私.

人主不饜忿而待合參, 其勢資下也.

有道之主聽言, 督其用, 課其功, 功課而賞罰生焉, 故無用之辯不留朝.

任事者知不足以治職, 則放官收.

說大而誇則窮端, 故姦得而怒.

無故而不當爲誣, 誣而罪臣.

言必有報, 說必責用也, 故朋黨之言不上聞.

凡聽之道, 人臣忠論以聞姦, 博論以內一人, 主不智則姦得資.

明主之道, 已喜, 則求其所納; 已怒, 則察其所搆; 論於已變之後, 以得毀譽公私之徵.

衆諫以效智故, 使君自取一以避罪, 故衆之諫也敗君之取也.

無副言於上以設將然, 今符言於後以知謾誠語.

明主之道, 臣不得也兩諫, 必任其一語; 不得擅行, 必合其參, 故姦無道進矣.

【聽法】 신하나 유세가의 말을 듣는 방법. 그러나 일부 학자는 '聽法'은 다음 장의 제목이어야 하며 이곳은 앞의 '參言'이 제목이어야 한다고 여겼음.

【當上】‘當’은 ‘蔽’와 같음.

【食上】陳啓天은 “食, 蝕也”라 함.

【麠忿】‘麠’은 눌러서 가라앉힘. ‘忍忿’과 같음.

【放官收】陳啓天은 “宜增一璽字. 放, 放黜也. 放官, 猶言免職也”라 함.

【內一】여러 의견 가운데 하나를 택하여 받아들임. ‘內’은 ‘納’과 같음.

【已變之後】마음의 평정을 기다린 뒤에 일을 결정함.

【衆諫以效智故】간교한 지혜를 짜냄. ‘智故’는《淮南子》原道訓 “不設智故” 注에 “巧飾也”라 하였고, 覽冥訓 “道德上通而智故消滅也”의 注에는 “巧詐”라 함.

【今符言於後以知謾誠語】〈集解〉에 “盧文弨曰: 今疑令. 顧廣圻云: 藏本同, 今本 無語字, 按句有誤. 未詳. 先愼曰: 今, 當作令, 語字衍. 言能符於後, 則爲誠, 不符 則爲謾. 符, 猶合也”라 함. 따라서 ‘語’자는 없어야 함.

유병類柄

유병類柄(7)

관리가 중해지는 것은 법을 무시하기 때문이요, 법이 제구실을 못하는 것은 군주가 우매하기 때문이다.

군주는 우매하고 절도도 없으며 관리는 제멋대로 일을 처리하므로 봉록은 그보다 앞설 자가 높아지며, 봉록이 이처럼 높아지면 세금을 많이 거두어야 하며, 세금이 많아지면 그 때문에 그들만 부유하게 된다.

관리가 부유해지고 권한이 커지는 것은 난이 일어나는 원인이 된다.

현명한 군주의 치도는 임무를 맡을 자를 찾아 쓰고, 관직의 일을 잘한 자를 현능하다고 인정하며 공이 있는 자에게 상을 내린다.

제안이 법도에 맞아 군주가 좋아하면 틀림없이 모두가 이득을 보게 될 것이나, 맞지 않아 군주가 노여워하면 틀림없이 모두가 해를 입게 될 것이니, 그렇게 되면 사람들은 사사롭게 부형父兄의 편을 들지 않을 것이며 원수라고 해도 진달시키게 될 것이다.

세勢가 족히 법을 행할 수 있고, 봉록은 일을 처리하기에 충분하다면 사심이 생길 까닭이 없으므로 백성은 노고롭더라도 관리를 별것 아닌 것으로 여기게 될 것이다.

일을 맡더라도 권한이 중해지지 않고 은총도 반드시 그 작위에만 한정하도록 하며, 관직에 처해도 사심이 없고 이득도 반드시 봉록에 한정하도록 하므로 백성들은 작위를 존중하며 봉록도 중히 여기게 된다.

작위와 봉록은 상을 내리기 위한 수단이며, 백성은 상을 내리는 수단을 중히 여기게 되면 나라는 다스려질 것이다.

형벌이 번거로움은 명분이 잘못되었기 때문이니, 포상과 명예가 정당하지 않으면 백성은 의혹을 느끼게 되며, 백성으로써 명분을 중히 여기는 것과 상을 중히 여기는 것은 한결같다.

상이란 그것을 받은 자가 비방을 당하면 그러한 일을 권할 수 없고, 벌이란 그것을 받은 자가 칭송을 받으면 그러한 잘못을 금지시킬 수 없는 것이니 명석한 군주라면 상은 반드시 공리公利에서 나오도록 하고, 명분이란 반드시 윗사람을 위하는 데에 있도록 한다.

포상과 칭찬은 같은 기준이어야 하며 비난과 처벌은 같은 잣대로 함께 행해져야 한다.

그렇다면 백성에게 포상 밖의 영예란 있을 수 없고 중벌을 받은 자에게는 반드시 악명이 있게 되므로 백성이 두려워하게 되는 것이다.

벌이란 금지시키기 위한 수단이니 백성이 그 금지하기 위한 수단을 두려워하게 되면 나라는 다스려질 것이다.

類柄七:

官之重也, 毋法也; 法之息也, 上闇也.

上闇無度, 則官擅爲; 官擅爲, 故奉重無前; 奉重無前, 則徵多; 徵多故富.

官之富重也, 亂功之所生也.

明主之道, 取於任, 賢於官, 賞於功.

言程, 主喜, 俱必利; 不當, 主怒, 俱必害; 則人不私父兄而進其讐讎.

勢足以行法, 奉足以給事, 而私無所生, 故民勞苦而輕官.

任事者毋重, 使其寵必在爵; 處官者毋私, 使其利必在祿, 故民尊爵而重祿.

爵祿, 所以賞也; 民重所以賞也, 則國治.

刑之煩也, 名之繆也, 賞譽不當則民疑, 民之重名與其重賞也均.

賞者有誹焉, 不足以勸; 罰者有譽焉, 不足以禁, 明主之道, 賞必出乎公利, 名必在乎為上.

賞譽同軌, 非誅俱行.

然則民無榮於賞之內, 有重罰者必有惡名, 故民畏.

罰, 所以禁也; 民畏所以禁, 則國治矣.

【類柄】 본장의 제목은 '任法'이어야 함. '類柄'은 5장으로 옮겨져야 함.

【奉重無前】 '奉'은 '俸'과 같으며 俸祿을 뜻함. '前'은 陳奇猷는 '剪'으로 보아 '裁'의 뜻으로 여겼으나 '그에 앞서다'의 동사로 보아야 할 듯함.

【亂功】 혼란이나 변란이 생겨남. '功'을 '事'자의 뜻으로 보기도 하나 〈集解〉에는 "王先謙曰: 亂功無義, 功字當衍"이라 하여 연문으로 보았음.

【言程】 言은 추천하는 말이나 의견 제시. '程'은 過程과 格式에 맞음.

【父兄】 군주의 삼촌뻘에 해당하는 叔父, 伯父, 季父들. 흔히 중신의 지위에 있게 됨.

【輕官】 관리들로부터 큰 영향을 받지 않으므로 관리를 별것 아닌 것으로 가벼이 여김. 관리로부터 부담을 느끼지 않음. 위압을 의식하지 못함.

【繆】 '謬'와 같음. 誤謬, 錯誤를 범함.

【然則民無榮於賞之內】 이 문장은 오류가 있으며 〈集解〉에 "王渭曰: 句有誤脫"이라 하였고 "然則民無榮於賞之外, 有非於罰之內"가 되어야 한다고 여겼음. 즉 상을 받는 방법 외에는 그 어떤 영예도 있을 수 없으며 벌을 받은 자만이 비난이 있어야 한다는 뜻.

710(48-8)
주위主威

주위主威(8)

의를 행하여 이를 보이면 군주의 권위는 분산되고, 남의 의견을 인자하게 들어주면 법제가 무너진다.

백성은 규제 때문에 윗사람을 두려워하는 것이며, 윗사람은 세勢로써 아랫사람을 낮추어 볼 수 있는 것이므로 아랫사람들이 멋대로 굴고 마구 법을 저촉하여 군주를 깔보는 풍조를 영예로 여긴다면 군주의 권위는 분산되고 만다.

백성은 법 때문에 윗사람을 범하지 못하는 것이며, 윗사람은 법으로써 인자한 마음을 비틀어버리는 것이므로 아랫사람들이 드러내놓고 사랑을 베풀며 뇌물을 받는 것으로써 정치를 하기에 힘쓰므로 법령은 깨어지고 마는 것이다.

사사로운 행위를 존중하는 것은 군주의 권위를 둘로 갈라놓은 것이요, 뇌물을 받는 것으로써 행정을 펴는 것은 법에 대하여 맞서려 할 것이다.

그러한 것을 들어주면 정치가 문란해질 것이요, 들어주지 않으면 군주가 비방을 당할 것이니, 그 때문에 임금은 그 자리가 가벼워지고 법은 관리들에게서 어지럽혀지고 말 것이니 이를 일러 법이 없는 나라라고 한다.

현명한 군주의 치도는 신하가 도의를 행하는 것으로 영예를 이룰 수 없어야 하고 자신 가문의 이득으로써 공적을 삼을 수 없게 되어야 한다.

공적과 명성은 반드시 관의 법령으로부터 나와야만 하는 것이다.

법 밖의 일은 비록 실행하기 어려움이 있더라도 이를 현창해서는 안 될 것이므로 백성은 사사로운 일로 명예를 얻는 일이 없도록 해야 한다.

　법도를 마련하여 백성을 하나로 통제하고 상벌에 믿음을 주어 자신들의 능력을 다하도록 하며, 비방과 칭찬을 뚜렷이 하여 권하거나 저지시키도록 해야 한다.

　명호名號와 상벌, 법령 세 가지가 서로 짝을 이루도록 하므로 대신들은 행동하면 군주를 높이는 것이어야 하고, 백성들은 공적을 세우면 위에 이득이 되어야 하는 것이니 이를 일러 도가 있는 나라라 한다.

主威八:

　行義示則主威分, 慈仁聽則法制毀.

　民以制畏上, 而上以勢卑下, 故下肆很觸而榮於輕君之俗, 則主威分.

　民以法難犯上, 而上以法撓慈仁, 故下明愛施而務賕紋之政, 是以法令墮.

　尊私行以貳主威, 行賕紋以疑法.

　聽之則亂治, 不聽則謗主, 故君輕乎位而法亂乎官, 此之謂無常之國.

　明主之道, 臣不得以行義成榮, 不得以家利爲功,

　功名所生, 必出於官法.

　法之所外, 雖有難行, 不以顯焉, 故民無以私名.

　設法度以齊民, 信賞罰以盡能, 明誹譽以勸沮.

　名號·賞罰·法令三隅, 故大臣有行則尊君, 百姓有功則利上; 此之謂有道之國也.

【主威】본장의 제목은 〈乾道本〉에는 없음. 〈集解〉에 "〈乾道本〉脫此二字, 今依 〈拾補〉增. 盧文弨曰: 末一行脫「主威」二字"라 함. 한편 〈今註今譯本〉본에는 도리어 《韓非子纂聞》과 太田方의 《韓非子翼毳》의 "威之與法, 人主之所執. 今尊 私行以貳主威, 行賕紋以疑法令, 是皆人臣之擬上柄者也, 故曰類柄. 此目當屬 第八節"을 근거로 본장의 제목이 '類柄'이어야 한다고 보았음.

【行義】道義 실천을 말함. 行은 道자와 같음.

【很觸】법에 저촉됨. '很'은 '狠'과 같음. 거칠고 지독하게 위배함. 《國語》吳語 "今吳將很天而伐齊"의 注에 "很, 違也"라 함. 〈凌本〉에는 '很'자가 '狼'자로 되어 있음.

【賕紋】뇌물을 받음. '紋'은 孫詒讓은 "紋, 宜當作納"이라 함.

【隳】무너짐. 일그러짐. 頹敗함.

【貳】둘로 나뉨. 하나로 專一할 수 없음.

【疑法】'疑'는 '擬'와 같음. 뇌물을 주는 것은 법과 같은 효과가 있다고 여김. 그러나 본의대로 "법을 의심하다"로 풀이할 수도 있음.

【無常】'常'은 법을 뜻함. 《國語》越語 "無忘國常"의 注에 "常, 典法也"라 함.

【勸沮】善을 勸勉하고 惡을 沮止함. 賞罰의 효능을 뜻함.

【名號】名聲과 같음. 여기서는 誹譽, 毁譽와 같은 뜻임.

【三隅】'隅'는 '偶'의 오류로 보임. 짝을 이룸. 劉文典의 《韓非子簡端記》에 "隅, 疑 當爲偶字之誤也. 《爾雅》釋詁: 「偶, 合也.」 謂名號·賞罰·法令, 三者相合也"라 함. 한편 王先愼은 〈集解〉에 "此下當有脫文"이라 하여 이 구절 다음에 탈문이 있는 것으로 보았음.

49. 오두五蠹

'두蠹'는 나무속을 파먹는 좀벌레蛀蟲로, 나라를 갉아먹는 해로운 자들을 비유한 것이다.

즉 學者(儒家), 言談者(說客, 縱橫家), 帶劍者(遊俠과 墨家의 한 지파), 患御者(군주의 측근, 幸佞者), 商工人(末作)에 종사하는 자들의 다섯 부류를 들고 있다.

이에 "論世之事, 因爲之備", "時異則事異, 事異則備變", "以法爲敎, 以吏爲師"의 원칙을 내세우며 "尊耕戰之士, 除五蠹之民"으로 결론을 맺고 있다. 특히 '反儒家', '斥墨家', '排遊俠', '滅幸佞', '崇實益'을 앞세우며 법치만을 강하게 주장하여 유묵儒墨과 심한 대립을 보이고 있다.

도가道家의 염담恬淡이나 합종合縱 연횡連衡 설도 아울러 비판 대상이 되고 있다.

711(49-1)
수주대토守株待兎

상고上古 시대에는 사람은 적고 날짐승, 길짐승이 많았으며 사람들이 날짐승, 길짐승, 벌레, 뱀을 이겨내지 못하였다.

어느 성인이 일어나 나무를 얽어 둥지를 지어 여러 가지 해악을 피하도록 하자 사람들이 그를 기꺼워하여 천하의 왕으로 삼고 호를 유소씨有巢氏라 하였다.

백성들은 과일, 나무열매, 조개를 먹었으나 비린내가 나고 악한 냄새로 인해 배와 위가 상해를 입어 많은 질병을 앓았다.

어느 성인이 일어나 부싯돌로 불을 취하여 비린내를 없앨 수 있도록 하자 백성들이 그를 기꺼워하여 천하의 왕으로 삼았으며 호를 수인씨燧人氏라 하였다.

중고中古시대에는 천하에 큰 홍수가 나서 곤鯀과 우禹가 물길을 텄다.

근고近古시대에는 걸桀과 주紂가 포악하게 혼란을 일으켜 탕湯과 무왕武王이 정벌하였다.

지금 하후씨夏后氏의 시대에 나무를 얽어 둥지를 짓거나 부싯돌을 비벼 불을 취하는 자가 있다면 틀림없이 곤과 우에게 비웃음을 당했을 것이며, 은殷·주周 시대에 물길을 트는 자가 있다면 틀림없이 탕과 무왕에게 비웃음을 샀을 것이다.

그렇다면 지금 시대에 요堯·순舜·우·탕·문왕文王·무의 도를 찬미하는 자가 있다면 틀림없이 새로 나타난 성인聖人으로부터 비웃음을 사게 될 것이다.

이 까닭으로 성인은 옛것을 따르기만을 기필하지 않으며, 불변의 법칙만 고집하지 않으며, 세태의 일을 논하여 그것을 근거로 대비책을 세운다.

송宋나라 어떤 사람이 농사일을 하고 있었는데 밭 가운데 나무 그루터기에 달아나던 토끼가 그에 부딪쳐 목이 부러져 죽는 것이었다. 그는 쟁기를 내던지고 그 그루터기를 지키며 다시 그러한 토끼를 얻기를 바랐지만 토끼는 가히 더 얻을 수 있는 것도 아니었고 그 자신은 송나라 사람들의 웃음거리가 되고 말았다.

지금 선왕이 하던 정치로써 지금 당대의 백성들을 다스리고자 하는 것은 모두가 그루터기를 지키는 그러한 유이다.

上古之世, 人民少而禽獸衆, 人民不勝禽獸蟲蛇.

有聖人作, 搆木爲巢以避群害, 而民悅之, 使王天下, 號之曰有巢氏.

民食果蓏蚌蛤, 腥臊惡臭而傷害腹胃, 民多疾病.

有聖人作, 鑽燧取火以化腥臊, 而民說之, 使王天下, 號之曰燧人氏.

中古之世, 天下大水, 而鯀・禹決瀆.

近古之世, 桀・紂暴亂, 而湯・武征伐.

今有搆木鑽燧於夏后氏之世者, 必爲鯀・禹笑矣; 有決瀆於殷・周之世者, 必爲湯・武笑矣.

然則今有美堯・舜・湯・武・禹之道於當今之世者, 必爲新聖笑矣.

是以聖人不期脩古, 不法常可, 論世之事, 因爲之備.

宋人有耕田者, 田中有株, 兔走觸株, 折頸而死, 因釋
其耒而守株, 冀復得兔, 兔不可復得, 而身爲宋國笑.
今欲以先王之政, 治當世之民, 皆守株之類也.

【有巢氏】 인류 문명 발전 단계에 있어서 최초로 나무를 얽어 둥지를 만들었던
집단.
【果蓏】 '果'는 나무에 달리는 열매나 과실. '라'(蓏)는 풀에 달리는 열매나 과일.
【蜂蛤】 '蜂'은 '蜯'과 같음. 조개류를 뜻함.
【腥臊】 동물의 살코기에서 나는 비린내와 누린내.
【鑽燧】 '鑽'은 나무를 비벼 뚫어 만드는 불씨. '燧'는 부싯돌을 부딪쳐 내는
불씨나 혹은 나무를 비벼 내는 불씨.
【燧人氏】 역시 인류 문명 발전 단계에 있어서 火食을 시작한 집단.
【中古】 상고 시대 이후 堯(唐), 舜(虞) 시대. 禹(夏)나라 이전까지의 시기를 말함.
【鯀】 '鮌'으로도 표기하며 禹의 부친. 唐堯 때 四嶽의 추천을 받아 치수를 담당
하였으나 물을 막는 방법으로 대처하였다가 실패하여 羽山에서 舜에게 죽임을
당하고 아들 禹가 이어받아 물길을 터서 흐르도록 하는 방법으로 치수에 성공
하여 舜으로부터 천하를 물려받아 夏나라를 건국함.《史記》夏本紀를 참조할 것.
【禹】 中國 최초의 왕조 夏나라의 시조. 夏后氏 부락의 領袖였으며 姒姓. 大禹,
夏禹 등으로도 불리며 이름은 文命. 鯀의 아들. 鯀이 물을 막는 방법으로
治水에 실패하여 죽임을 당한 뒤 禹는 물을 소통시키는 방법으로 성공을 거둔
다음 舜임금으로부터 천하를 물려받아 夏王朝를 세움. 뒤에 천하를 순시하다가
會稽에서 생을 마침. 그는 益에게 천하를 물려주려 하였으나 아들 啓의 무리가
난을 일으켜 益을 죽이고 世襲王朝를 시작함. 이로부터 禪讓(公天下)의 제도가
마감되고 世襲(家天下)의 역사가 시작됨. 이를 '傳子而不傳賢'이라 함.《史記》
에서는 五帝本紀 다음 첫 왕조로 夏本紀가 시작됨.《十八史略》(1)에 "夏后氏禹:
姒姓, 或曰名文命, 鯀之子, 顓頊孫也. 鯀湮洪水, 舜擧禹代鯀, 勞身焦思, 居外
十三年, 過家門不入"이라 함.
【近古】 夏(禹), 殷(湯), 周(文武) 三代를 뜻함.
【桀】 夏나라 末王. 이름은 癸. 妺喜에게 빠져 무도한 짓을 저질렀으며 殷의 湯王
에게 망함. 殷나라 末王 紂와 함께 '桀紂'라 하여 폭군의 전형으로 거론됨.《史記》

夏本紀를 참조할 것.《十八史略》(1)에 "孔甲之後, 歷王皐·王發·王履癸, 號爲桀, 貪虐, 力能伸鐵鉤索. 伐有施氏, 有施以末喜女焉, 有寵, 所言皆從, 爲傾宮瑤臺, 殫民財. 肉山脯林, 酒池可以運船, 糟堤可以望十里, 一鼓而牛飮者三千人, 末喜以爲樂. 國人大崩, 湯伐夏, 桀走鳴條而死"라 함.

【紂】殷의 末王. 폭군으로 널리 알려짐. 帝辛, 商辛으로도 부르며 帝乙의 아들. 姐己에게 빠져 '炮烙之刑'과 '酒池肉林' 등의 악한 고사를 가지고 있으며 周 文王(姬昌)을 羑里(牖里)에 가두는 등 周나라와 맞서다가 武王(姬發)에게 망함.

【湯】원래 夏나라 때의 諸侯. 亳을 근거로 발전하여 夏나라 末王 桀의 무도함을 제거하고 伊尹을 등용하여 殷(商)을 세운 개국군주. 儒家에서 聖人으로 받듦. 《史記》殷本紀를 참조할 것.《十八史略》(1)에는 "殷王成湯: 子姓, 名履. 其先曰契, 帝嚳子也. 母簡狄, 有娀氏女, 見玄鳥墮卵呑之, 生契. 爲唐虞司徒, 封於商, 賜姓"이라 함.

【武】周 武王. 姬發. 文王(姬昌, 西伯)의 아들. 殷末 周民族의 領袖. 아버지의 뜻을 이어 庸, 蜀, 羌 등 부족과 연합하여 殷의 紂를 멸하고 西周의 封建王朝를 건립함. 周公(姬旦)의 형이며 成王(姬誦)의 아버지. 周初의 文物制度를 완비하여 儒家에서 흔히 三代의 개국시조 夏禹, 商湯, 周文武로 칭하며 추앙받기도 함.

【夏后氏】중국 최초의 世襲 왕조 夏를 가리킴. 上古에 대한 中古를 뜻함.《史記》夏本紀에 "帝舜薦禹於天, 爲嗣. 十七年而帝舜崩. 三年喪畢, 禹辭辟舜之子商均於陽城. 天下諸侯皆去商均而朝禹. 禹於是遂卽天子位, 南面朝天下, 國號曰夏后, 姓姒氏"라 함.

【堯】전설상 上古시대 五帝의 하나. 陶唐氏. 唐堯로도 부름. 祁姓이며 이름은 放勳. 帝嚳의 아들.《十八史略》(1)에 "帝堯陶唐氏: 伊祁姓, 或曰名放勛, 帝嚳子也. 其仁如天, 其知如神, 就之如日, 望之如雲, 都平陽. 茆茨不剪, 土階三等. 有草生庭, 十五日以前, 日生一葉, 以後日落一葉, 月小盡, 則一葉厭而不落, 名曰蓂莢, 觀之以知旬朔"이라 함.《史記》五帝本紀를 볼 것.

【舜】고대 五帝의 하나. 有虞氏. 姓은 姒氏, 이름은 重華. 虞舜으로도 부름. 堯임금으로부터 천하를 물려받아 帝位에 오름. 瞽瞍의 아들로 孝誠이 뛰어났던 분으로 널리 알려져 있으며 儒家에서 聖人으로 추앙함.《十八史略》(1)에 "帝舜有虞氏: 姚姓, 或曰名重華, 瞽瞍之子, 顓頊六世孫也. 父惑於後妻, 愛少子象, 常欲殺舜. 舜盡孝悌之道, 烝烝乂不格姦"이라 함.

【新聖】새로운 성인. 시대의 흐름에 따라 새롭게 나타날 성인을 想定한 것.

【脩古】'脩'는 '修'와 같음. 옛 제도나 문물을 그대로 지켜 학습하여 통치함.

《左傳》疏에 "脩者, 治舊之名"이라 함. '脩'는 '循'과 雙聲互訓이며 뜻으로는 '法古'와 같음.

【宋人】宋나라는 周初 微子 啓를 봉하여 殷나라 제사를 잇도록 異姓 제후국. 商丘에 도읍을 두었었음. 여기서 宋나라는 임의로 거론한 것이며 실제 있었던 일은 아님. 이 고사는 '守株待兔'의 원전임.

참고 및 관련 자료

1. 《藝文類聚》(95)

《韓子》曰: 宋人有耕者, 田中有株, 兔走觸, 折頸而死. 因釋耕守株, 冀復得兔, 爲宋國所笑.

2. 기타 《太平御覽》(78, 499, 832, 907) 및 《事類賦》(23)를 볼 것.

712(49-2)
상고시대

옛날에는 남자가 농사를 짓지 않아도 초목의 열매가 먹을거리로 채워졌으며, 여자가 길쌈을 하지 않아도 날짐승, 길짐승의 가죽으로 옷을 해입기에 넉넉하였다.

힘들여 일하지 않아도 생활이 넉넉하였으며 사람은 수가 적고 물자는 여유가 있어 그 때문에 백성들이 다투지 않았다.

이로써 후한 상을 내리지 않고 중벌을 쓰지 않아도 백성이 저절로 다스려졌다.

지금은 한 사람에게 다섯 자식이 있어도 많다고 여기지 않으며, 그 자식이 또 다섯 자식을 낳게 되니 조부가 아직 죽지 않았을 때 이미 스물다섯 명의 손자가 있게 된다.

이런 까닭으로 사람은 수가 많아지고 재화는 적어지며 힘써 지치게 해도 먹고 살기에 빈약하므로 백성들이 다투게 된 것이며 비록 상을 곱절로 늘이고 벌을 누적시키더라도 혼란에서 벗어날 수가 없게 된 것이다.

古者, 丈夫不耕, 草木之實足食也; 婦人不織, 禽獸之皮足衣也.

不事力而養足, 人民少而財有餘, 故民不爭.

是以厚賞不行, 重罰不用, 而民自治.

今人有五子不爲多, 子又有五子, 大父未死而有二十五孫.

是以人民衆而貨財寡, 事力勞而供養薄, 故民爭, 雖倍賞累罰而不免於亂.

【丈夫】成人 남자. 丈은 남자의 평균 신장. 周나라 때 길이 단위로 8寸이 1尺, 10尺이 1丈이었음.
【大父】祖父를 뜻함.
【供養】일상생활에 필요한 衣食의 수요를 뜻함.

참고 및 관련 자료

1. 《淮南子》氾論訓
古者人醇工龐, 商樸女重, 是以政敎易化·風俗易移也. 今世德益衰, 民俗益薄, 欲以樸重之法, 治旣弊之民, 是猶無鏑銜橛策錣而御駻馬也.

713(49-3)
요堯임금 시대

요堯임금이 천하에 왕 노릇할 때는 띠로 이은 처마 끝을 자르지도 않고 통나무 서까래를 깎지 않았으며, 현미나 기장밥을 먹고, 명아주나 콩잎 국을 먹었으며, 겨울에 새끼사슴 갓옷을 입고 여름에 갈포 옷을 입었는데 비록 문지기의 복장과 먹을거리일지라도 이보다 덜하지 않았다.

우禹임금이 천하에 왕 노릇할 때도 몸소 쟁기나 삽을 잡고 백성들보다 앞장서서 일을 하여 다리에 흰 살이 없었고 정강이에는 털이 날 겨를이 없었으며, 비록 신하나 노예의 노동이라 해도 이보다 더 고생스럽지는 않았다.

이로써 말하건대 무릇 옛날에 천자의 지위를 물려준다는 것은 바로 문지기 생활을 떠나는 것이요, 신하나 노예 같은 노동에서 벗어나는 것이었 으므로 천하를 양보해서 전해주는 것이 찬미할 일이 아니었다.

그러나 지금의 현령縣令 정도만 되어도 어느 날 자신이 죽으면 자손이 몇 대를 거쳐 수레를 타게 되므로 사람들은 그러한 자리를 중히 여기는 것이다.

이로써 사람들이 자리를 양보함에 있어서 옛날의 천자를 그만두기는 쉬워도 오늘날의 현령을 버리기가 어려운 것은 그 박하고 후한 실익이 다르기 때문이다.

무릇 산에 살면서 골짜기 물을 길어 먹는 자는 섣달 제사 때 물을 서로 보내 주지만 늪가에 살면서 물이 넘쳐 고통 받는 자는 품을 사서 물길을 튼다.

그러므로 흉년이 든 이듬해 봄에는 나이 어린 아우에게조차도 식사 대접을 하지 않지만 풍년이 든 해는 그해 가을에도 소원한 손님이라 해도 반드시 식사를 대접하는 것은 골육을 멀리하고 소원한 손님을 사랑해서가 아니라 많고 적은 실질이 다르기 때문이다.

이로써 옛날에 재물을 가볍게 여긴 것은 어질어서가 아니라 재화가 많았기 때문이며 오늘의 다투고 빼앗는 것은 야비해서가 아니라 재물이 적기 때문이며, 천자 자리를 가볍게 사양하는 것은 고상해서가 아니라 권세가 박한 것이었기 때문이며, 벼슬자리를 중시하여 다투는 것은 저급해서가 아니라 권세가 중하기 때문일 뿐이다.

그러므로 성인은 많고 적음을 논의하고, 박하고 후함을 따져서 정치를 행하는 것이다.

따라서 벌이 가볍더라도 자비해서가 아니며, 처형이 엄하다고 해서 지독한 것이 아니며 세속에 맞추어 행할 뿐이다.

그러므로 일은 시대에 따라야 하며 대비는 일에 맞추어야 하는 것이다.

堯之王天下也, 茅茨不翦, 采椽不斲; 糲粢之食, 藜藿 之羹; 冬日麑裘, 夏日葛衣, 雖監門之服養, 不虧於此矣.

禹之王天下也, 身執耒臿以爲民先, 股無胈, 脛不生毛, 雖臣虜之勞, 不苦于此矣.

以是言之, 夫古之讓天子者, 是去監門之養, 而離臣虜之 勞也, 古傳天下而不足多也.

今之縣令, 一日身死, 子孫累世絜駕, 故人重之.

是以人之於讓也, 輕辭古之天子, 難去今之縣令者, 薄厚 之實異也.

夫山居而谷汲者, 膢臘而相遺以水; 澤居苦水者, 買庸而決竇.

故饑歲之春, 幼弟不饟; 穰歲之秋, 疏客必食, 非疏骨肉愛過客也, 多少之實異也.

是以古之易財, 非仁也, 財多也; 今之爭奪, 非鄙也, 財寡也; 輕辭天子, 非高也, 勢薄也; 重爭士橐, 非下也, 權重也.

故聖人議多少·論薄厚爲之政.

故罰薄不爲慈, 誅嚴不爲戾, 稱俗而行也.

故事因於世, 而備適於事.

【堯】전설상 上古시대 五帝의 하나. 陶唐氏. 唐堯로도 부름. 祁姓이며 이름은 放勳. 帝嚳의 아들.《十八史略》(1)에 "帝堯陶唐氏: 伊祁姓, 或曰名放勛, 帝嚳子也. 其仁如天, 其知如神, 就之如日, 望之如雲, 都平陽. 茅茨不剪, 土階三等. 有草生庭, 十五日以前, 日生一葉, 以後日落一葉, 月小盡, 則一葉厭而不落, 名曰蓂莢, 觀之以知旬朔"이라 함.《史記》五帝本紀를 볼 것.
【茅茨不翦】지붕을 띠로 만든 이엉으로 덮되 처마 끝을 가지런히 자르지 않음. 소박한 생활을 말함. '茅茨'는 '茆茨'로도 표기함.
【采椽不斲】껍질을 벗기지 않은 나무를 그대로 서까래로 씀. '采'는 '棌'와 같음. '斲'은 '斬'과 같으며 '砍'의 뜻.
【糲粢】'糲'는 搗精을 하지 않은 곡물. '粢'는 기장, 혹은 穀物의 총칭.
【藜藿】'藜'는 명아주. 거친 채소를 뜻함. '藿'은 콩잎. 거친 탕을 끓이는 재료.
【麑裘】어린 사슴 가죽으로 만든 외투.
【葛衣】칡의 섬유로 짠 조악한 옷.
【監門】문지기. 낮은 직책의 벼슬아치.
【服養】옷과 먹을거리. 의식주 일상생활을 뜻함. 그러나 '養'은 물질생활을 뜻하기도 함.
【禹】中國 최초의 왕조 夏나라의 시조. 夏后氏 부락의 領袖였으며 姒姓. 大禹,

夏禹 등으로도 불리며 이름은 文命. 鯀의 아들. 鯀이 물을 막는 방법으로 治水에 실패하여 죽임을 당한 뒤 禹는 물을 소통시키는 방법으로 성공을 거둔 다음 舜임금으로부터 천하를 물려받아 夏王朝를 세움. 뒤에 천하를 순시하다가 會稽에서 생을 마침. 그는 益에게 천하를 물려주려 하였으나 아들 啓의 무리가 난을 일으켜 益을 죽이고 世襲王朝를 시작함. 이로부터 禪讓(公天下)의 제도가 마감되고 世襲(家天下)의 역사가 시작됨. 이를 "傳子而不傳賢"이라 함.《史記》에서는 五帝本紀 다음 첫 왕조로 夏本紀가 시작됨.《十八史略》(1)에 "夏后氏禹: 姒姓, 或曰名文命, 鯀之子, 顓頊孫也. 鯀湮洪水, 舜擧禹代鯀, 勞身焦思, 居外 十三年, 過家門不入"이라 함.

【耒耜】 쟁기와 가래 삽. 고대 농기구.

【無胈】 '胈'은 하얀 살갗.《莊子》在宥篇 "堯舜於是乎股無胈, 脛無毛"의 疏와 《史記》司馬相如列傳 "躬胝無胈"의 〈索隱〉에 모두 "胈, 白肉也"라 함. 살결이 햇볕에 노출되어 흰 살이 없음을 뜻함.

【臣虜】 '臣'과 '虜' 모두 천한 신분의 노예를 뜻함.

【古傳天下而不足多也】 '古'는 '故'와 같음. 〈集解〉에 "先愼曰: 古, 張榜本·趙本 作故. 古·故字通"이라 함. '多'는 '칭송하다, 贊美하다'의 뜻. '不足多'는 '칭송 하거나 찬미할 것이 못되다'의 뜻.

【絜駕】 '絜'은 '繫, 約'과 같음. 수레에 말을 맴. 집에 수레가 있을 정도로 부귀함을 뜻함.

【腹臘】 腹는 원래 2월의 제사 이름. 또는 新穀을 먹음을 뜻하기도 함.《說文》에 "楚俗以二月祭飮食也. 一曰祈穀新曰腹"라 함. '臘'은 원래 12월에 지내던 제사 이름(臘祭). 그 뒤 음력 12월을 가리키는 말로 굳어짐.《新唐書》曆志 二) 夏나라는 '嘉平', 殷나라는 '淸祀', 周나라는 '사'(蜡), 秦나라는 '랍'(臘)이라 불렀으며 漢나라는 秦나라 풍습을 이은 것임.

【買庸】 '庸'은 '傭'과 같음. 일꾼까지 사서 구멍을 내어 물을 흘려보냄.

【竇】 '瀆'의 가차로 쓰인 것으로 보고 있음. 물길.

【不饟】 '饟'은 '餉'과 같음. 음식을 보내줌.

【重爭土橐】 〈乾道本〉에는 '重'자가 없음. '土'는 '士'의 오기이며 '仕'의 뜻. '橐'은 '託'과 같으며 '仕託', 즉 관리로서 의탁하여 살아감. 〈集解〉에 "先愼曰: 〈乾道本〉 無「重」字. 顧廣圻云: 〈今本〉「爭」上有「重」字. 案未詳. 先愼按:「爭」上有「重」字是. 「輕辭天子」·「重爭土託」相對爲文.「土」當作「士」, 形近而誤.「士」與「仕」同.「橐」 與「託」通.《淮南子》修武·說林「項託」,《漢書》董仲舒傳孟康注作「項橐」, 是橐·

託通用之證.「士橐」卽「仕託」, 古今字. 外儲說左上篇「晉國之辭仕託者國之錘」, 又云「晉國之辭仕託慕叔向者國之錘」, 彼云「辭仕託」, 此云「爭仕託」, 可見「仕託」之義'라 함.

참고 및 관련 자료

1.《史記》太史公自序

墨者亦尙堯舜道, 言其德行曰:「堂高三尺, 土階三等, 茅茨不翦, 采椽不刮. 食土簋, 啜土刑, 糲粱之食, 藜霍之羹. 夏日葛衣, 冬日鹿裘.」其送死, 桐棺三寸, 擧音不盡其哀. 敎喪禮, 必以此爲萬民之率. 使天下法若此, 則尊卑無別也. 夫世異時移, 事業不必同, 故曰「儉而難遵」. 要曰彊本節用, 則人給家足之道也. 此墨子之所長, 雖百長弗能廢也.

2.《史記》秦始皇本紀

二世曰:「吾聞之韓子曰:『堯舜采椽不刮, 茅茨不翦, 飯土塯, 啜土形, 雖監門之養, 不觳於此. 禹鑿龍門, 通大夏, 決河亭水, 放之海, 身自持築臿, 脛毋毛, 臣虜之勞不烈於此矣.』凡所爲貴有天下者, 得肆意極欲, 主重明法, 下不敢爲非, 以制御海內矣. 夫虞·夏之主, 貴爲天子, 親處窮苦之實, 以徇百姓, 尙何於法? 朕尊萬乘, 毋其實, 吾欲造千乘之駕, 萬乘之屬, 充吾號名. 且先帝起諸侯, 兼天下, 天下已定, 外攘四夷以安邊竟, 作宮室以章得意, 而君觀先帝功業有緖. 今朕卽位二年之閒, 群盜並起, 君不能禁, 又欲罷先帝之所爲, 是上毋以報先帝, 次不爲朕盡忠力, 何以在位?」下去疾·斯·劫吏, 案責他罪. 去疾·劫曰:「將相不辱.」自殺. 斯卒囚, 就五刑.

3.《史記》李斯列傳

二世責問李斯曰:「吾有私議而有所聞於韓子也, 曰『堯之有天下也, 堂高三尺, 采椽不斲, 茅茨不翦, 雖逆旅之宿不勤於此矣. 冬日鹿裘, 夏日葛衣, 粢糲之食, 藜藿之羹, 飯土匭, 啜土鉶, 雖監門之養不觳於此矣. 禹鑿龍門, 通大夏, 疏九河, 曲九防, 決淳水致之海, 而股無胈, 脛無毛, 手足胼胝, 面目黎黑, 遂以死于外, 葬於會稽, 臣虜之勞不烈於此矣』. 然則夫所貴於有天下者, 豈欲苦形勞神, 身處逆旅之宿, 口食監門之養, 手持臣虜之作哉? 此不肖人之所勉也, 非賢者之所務也. 彼賢二之有天下也, 專用天下適己而已矣, 此所以貴於有天下也. 夫所謂賢人者, 必能安天下而治萬民, 今身且不能利, 將惡能治天下哉! 故吾願賜志廣欲,長享天下而無害, 爲之奈何?」

4.《十八史略》(1)

帝堯陶唐氏: 伊祁姓, 或曰名放勛, 帝嚳子也. 其仁如天, 其知如神, 就之如日, 望之如雲, 都平陽. 茆茨不剪, 土階三等.

5.《淮南子》氾論訓

昔者, 神農無制令而民從, 唐‧虞有制令而無刑罰, 夏后氏不負言, 殷人誓, 周人盟. 逮至當今之世, 忍詢而輕辱, 貪得而寡羞, 欲以神農之道治之, 則其亂必矣. 伯成子高辭爲諸侯而耕, 天下高之. 今之時人, 辭官而隱處, 爲鄕邑之下, 豈可同哉! 古之兵, 弓劍而已矣, 槽矛無擊, 修戟無刺. 晚世之兵, 隆衝以攻, 渠幨以守, 連弩以射, 銷車以鬥. 古之伐國不殺黃口, 不獲二毛, 於古爲義, 於今爲笑. 古之所以爲榮者, 今之所以爲辱也. 古之所以爲治者, 今之所以爲亂也.

6.《意林》(1)

饑歲之春, 從弟不讓(一作:從弟不饟); 穰歲之秋, 疎客必食(一作: 過客必養), 非疎骨肉多少之心異也.

714(49-4)
인의仁義로 가능했던 시대

옛날에 문왕文王은 풍豐·호鎬 사이에 처할 때는 사방 백 리의 작은 땅이었지만 인의를 실행하여 서융西戎을 품에 안아 드디어 천하의 왕이 되었다.

서徐 언왕偃王은 한수漢水 동쪽에 살면서 사방 오백 리의 땅으로 인의를 행하자 땅을 베어 조공을 오는 자가 서른여섯 나라나 되었다.

초楚 문왕文王은 언왕이 자신을 해칠까 두려워 군사를 일으켜 서나라를 쳐서 마침내 멸망시키고 말았다.

그러므로 문왕은 인의를 행하여 천하의 왕이 되었으나, 언왕은 인의를 행하다가 나라를 잃었으니 이는 인의가 옛날에는 통용되었으나 지금은 소용이 없었던 것이다.

그러므로 "세상이 달라지면 일도 달라진다"라고 하는 것이다.

순舜의 시대에 유묘씨有苗氏가 복종하지 않아 우禹가 치고자 하였다.

그러자 순이 말하였다.

"안 된다. 윗사람의 덕이 후하지 않으면서 무력을 행하는 것은 도가 아니다."

이에 3년 동안 교화시켜 간척干戚을 잡고 춤을 추자 유묘씨가 이에 복종하였다.

공공씨共工氏와의 싸움에는 철섬鐵銛이라는 무기가 길게 해야 적을 찌를 수 있었고 갑옷이 견고하지 않으면 몸에 상처를 입었다.

이는 간척의 춤은 옛날에는 통용되었으나 지금은 소용이 없다는 것이다. 그 때문에 "일이 다르면 변화에 대처해야 한다"라고 하는 것이다.

상고上古에는 도덕道德으로 다투었으나, 중세中世에는 지모智謀로써 각축하였고, 지금은 기력氣力으로 다투고 있다.

古者, 文王處豐·鎬之間, 地方百里, 行仁義而懷西戎, 遂王天下.

徐偃王處漢東, 地方五百里, 行仁義, 割地而朝者三十有六國.

荊文王恐其害己也, 擧兵伐徐, 遂滅之.

故文王行仁義而王天下, 偃王行仁義而喪其國, 是仁義用於古不用於今也.

故曰:「世異則事異.」

當舜之時, 有苗不服, 禹將伐之.

舜曰:「不可. 上德不厚而行武, 非道也.」

乃修敎三年, 執干戚舞, 有苗乃服.

共工之戰, 鐵銛矩者及乎敵, 鎧甲不堅者傷乎體.

是干戚用於古不用於今也.

故曰:「事異則備變.」

上古競於道德, 中世逐於智謀, 當今爭於氣力.

【文王】周나라 건국의 聖王. 姬昌. 后稷(姬棄)의 후손으로 季歷의 아들이며 古公亶甫의 손자. 商나라 말 紂임금 때 西伯이 되어 인정을 베풀었으며 紂의 미움을 받아 姜里(牖里, 지금의 河南 湯陰縣)의 감옥에 갇히는 등 고초를 겪기도 하였

으며 그 아들 武王(姬發)에 이르러 紂를 牧野에서 멸하고 周나라를 일으킴.
《史記》周本紀 참조.

【豐·鎬】豐邑과 鎬京. 둘 모두 주(周)왕조 창건 때의 도읍으로 岐山에서 豐으로
옮겼으며 武王 때 豐에서 鎬로 천도함. 지금의 陝西 西安 서남쪽 일대.

【西戎】중국 고대 소수민족으로 黃河 上流 일대 서북지역에 분포하고 있었음.

【徐偃王】고대 徐나라 君主.《史記》秦本紀에는 周 穆王 때라 하였으나 여기서는
楚 文王 때라 함. 徐偃王에 대한 전설은 널리 전하고 있으나 구체적 시기는
맞지 않음. 그는 仁義를 실행하여 주위 나라의 지지를 얻자 王을 참칭하였으며
江淮 일대를 차지하고 있었음. 지금의 安徽 泗縣 북쪽. 참고란을 볼 것.

【荊文王】荊은 楚의 별칭. 文王은 武王(熊通)의 아들이며 이름은 熊貲.
B.C.689~B.C.677년까지 13년간 재위함.《竹書紀年》에 "穆王六年春, 徐子誕
來朝, 錫命爲伯. 十四年, 王帥楚子伐徐戎, 克之"라 하여 徐나라는 周王室과
楚나라에 의해 망한 것은 사실이나 이때의 楚나라 군주는 文王(熊貲)이 아니라
熊勝, 또는 熊楊이어야 함.

【舜】고대 五帝의 하나. 有虞氏. 姓은 姒氏, 이름은 重華. 虞舜으로도 부름.
堯임금으로부터 천하를 물려받아 帝位에 오름. 瞽瞍의 아들로 孝誠이 뛰어났던
분으로 널리 알려져 있으며 儒家에서 聖人으로 추앙함.《十八史略》(1)에 "帝舜
有虞氏: 姚姓, 或曰名重華, 瞽瞍之子, 顓頊六世孫也. 父惑於後妻, 愛少子象,
常欲殺舜. 舜盡孝悌之道, 烝烝乂不格姦"이라 함.

【有苗】有苗氏, 長江 유역의 부족. 三苗라고도 부르며 오늘날 苗族의 선대.

【禹】中國 최초의 왕조 夏나라의 시조. 夏后氏 부락의 領袖였으며 姒姓. 大禹,
夏禹 등으로도 불리며 이름은 文命. 鯀의 아들. 鯀이 물을 막는 방법으로
治水에 실패하여 죽임을 당한 뒤 禹는 물을 소통시키는 방법으로 성공을 거둔
다음 舜임금으로부터 천하를 물려받아 夏王朝를 세움. 뒤에 천하를 순시하다가
會稽에서 생을 마침. 그는 益에게 천하를 물려주려 하였으나 아들 啓의 무리가
난을 일으켜 益을 죽이고 世襲王朝를 시작함. 이로부터 禪讓(公天下)의 제도가
마감되고 世襲(家天下)의 역사가 시작됨. 이를 "傳子而不傳賢"이라 함.《史記》
에서는 五帝本紀 다음 첫 왕조로 夏本紀가 시작됨.《十八史略》(1)에 "夏后氏禹:
姒姓, 或曰名文命, 鯀之子, 顓頊孫也. 鯀湮洪水, 舜擧禹代鯀, 勞身焦思, 居外
十三年, 過家門不入"이라 함.

【干戚】방패와 큰 도끼를 손에 들고 추는 춤. 전투 出征이나 승리 뒤 귀환하고
나서 추던 의식용 춤. 고대에는 文舞와 武舞가 있었으며 文舞는 羽旄를 들고,

武舞는 干戚을 들고 추었음.

【共工】 고대 토목 공사를 담당하던 씨족. 顓頊 때 패권을 잡으려 하자 顓頊이
辛侯(高辛)로 하여금 정벌하도록 하였으며 帝堯 때 幽州로 몰아 추방시켰고,
禹 때 다시 정벌하는 등 여러 차례 朝廷과 마찰을 일으켰던 집단.

【鐵銛】 철(구리)로 만든 무기의 하나. 銛은 작살 형태로 만든 것이라 함.

【矩】 '鉅'와 같으며 '巨'의 가차.《文選》注에 "矩, 通巨"라 함. 여기서는 '손잡이
자루나 무기의 길이가 길다'의 뜻.

【鎧甲】 호신용 갑옷. 가죽으로 만든 것을 '甲', 鐵材를 더하여 만든 것을 '鎧'라 함.

【上古】 古代부터 夏, 殷, 西周 시대까지 仁義가 통하던 시대.

【中世】 春秋시대. 朝覲會同을 명분으로 霸者들에 의해 겨우 질서가 유지되던
시대.

【當今】 戰國시대. 攻戰과 合倂으로 武力의 우세함이 없이는 살아남을 수 없던
시대.

참고 및 관련 자료

1.《搜神記》(14)

古徐國宮人, 娠而生卵, 以爲不祥, 棄之水濱. 有犬名'鵠蒼', 銜卵以歸, 遂生兒,
爲徐嗣君. 後鵠蒼臨死, 生角而九尾, 實黃龍也. 葬之徐里中. 見有狗壟在焉.

2.《博物志》(7)

《徐偃王志》云: 徐君宮人娠而生卵, 以爲不祥, 棄之水濱. 獨孤母有犬名鵠蒼,
獵於水濱, 得所棄卵, 銜以來歸. 獨孤母以爲異, 覆暖之. 遂烰成兒, 生時正偃,
故以爲名. 徐君宮中聞之, 乃更錄取. 長以仁智, 襲君徐國, 後鵠蒼臨死, 生角
而九毛, 實黃龍也. 偃王又葬之徐界中, 今見有狗壟. 偃王旣襲其國, 仁義著聞,
欲舟行上國, 乃通溝陳·蔡之間, 得朱弓矢, 而己得天瑞, 遂人名爲號, 自稱徐
偃王. 江淮諸侯皆伏從, 伏從者三十六國. 周王聞, 遣使乘馹, 一日至楚, 使伐之.
偃王仁, 不忍鬪害, 其民爲楚所敗, 逃走彭城武原縣東山下, 百姓隨之者以萬數,
後遂名其山爲徐山. 山上立石室, 有神靈, 民人祈禱. 今皆見存.

3.《水經注》(8)

劉成國《徐州地理志》云: 徐偃王之異言. 徐君宮人, 娠而生卵, 以爲不祥, 棄之
於水濱. 獨孤母有犬, 名曰「鵠蒼」. 獵于水側, 得其卵, 銜以來歸. 獨孤母以爲異,

覆煖之, 遂成兒. 生時偃. 故以爲名徐君. 宮中聞之, 乃更錄取. 長以仁智, 襲君徐國後, 鵠蒼臨死, 生角而九尾, 實黃龍也. 偃王葬之徐中, 今見有狗壟焉. 偃王治國, 仁義著聞. 欲舟行上國, 乃通溝陳蔡之間, 得朱弓矢, 以得天瑞, 遂因名爲號, 自稱徐偃王. 江淮諸侯服從者, 三十六國. 周王聞之, 遣使至楚令伐之, 偃王愛民, 不鬪, 遂爲楚敗. 北走彭城武原縣東山下, 百姓隨者萬數, 因名其山爲徐山. 山上立石室, 廟有神靈, 民人請禱焉. 依文卽事, 似有符驗. 但置代綿遠, 難以詳矣. 今徐城外, 有徐君墓. 昔延陵季子解劍于此, 所爲不遠心許也.

715(49-5)
힘이 필요한 시대

제齊나라가 앞으로 노魯나라를 치려 하자 노나라는 자공子貢을 사신으로 하여 제나라에 보내어 달래도록 하였다.

제나라가 말하였다.

"그대 말은 뛰어나지 않은 것은 아니지만 우리가 바라는 것은 토지이지 그대가 말하는 그런 것은 아니오."

그리고는 드디어 군사를 일으켜 노나라를 쳐들어가 성문에서 10 리 거리를 두고 경계를 정하였다.

그러므로 언왕偃王은 인의를 행하였으나 서徐나라는 망하였고, 자공은 변설과 지모를 부렸으나 노나라 국토는 깎이고 말았다.

이로써 말하건대 무릇 인의나 변설, 지모는 나라를 지탱하는 수단이 될 수 없다.

언왕의 인을 버리고 자공의 지모를 그만두고 서나라와 노나라로 하여금 힘을 길러 만승의 나라를 대적하도록 한다면 제나라와 초나라의 욕망도 두 나라에게 어찌해 볼 수가 없었을 것이다.

齊將攻魯, 魯使子貢說之.

齊人曰:「子言非不辯也, 吾所欲者土地也, 非斯言所謂也.」

　遂擧兵伐魯, 去門十里以爲界.

　故偃王仁義而徐亡, 子貢辯智而魯削.

　以是言之, 夫仁義辯智, 非所以持國也.

　去偃王之仁, 息子貢之智, 循徐・魯之力使敵萬乘, 則齊・
荊之欲不得行於二國矣.

【子貢】端木賜. 孔子 제자. 춘추시대 衛나라 출신으로 言辯과 理財에 뛰어났었
　으며 한 때 魯나라 재상을 지내기도 하였음.
【去門十里】성 문밖에서부터 십 리 떨어진 지점까지 들어와 그곳을 국경으로
　삼음.
【偃王】徐偃王. 앞장 참조.

716(49-6)
고금이속古今異俗

무릇 고금의 풍속이 다르고 새 것과 옛 것에 대한 대비는 달라야 한다.

만약 너그럽고 느슨한 정책을 가지고 급박한 세상의 백성을 다스리고자 한다면 마치 고삐나 채찍도 없이 사나운 말을 부리려는 것과 같으니 이는 실질을 알지 못하는 환난이다.

지금 유가儒家나 묵가墨家는 모두가 "선왕은 천하를 겸애兼愛로 하여 백성을 마치 부모 보듯이 하였다"라고 칭하고 있다.

"무엇으로써 선왕이 그렇게 하였음을 증명할 수 있는가?"라고 물으면 그들은 이렇게 말한다.

"사구司寇가 형을 집행하면 임금은 음악을 즐기지 않았고 사형을 집행했다는 보고를 들으면 임금은 눈물을 흘렸다."

이것이 그들이 선왕을 높이 받드는 바이다.

무릇 임금과 신하 사이를 부자와 같이 생각하면 반드시 다스려지며 이 말을 미루어 보면 부자 사이는 혼란이 없다는 것이다.

사람의 타고난 정이란 부모보다 더 앞서는 것이 없어 부모가 모두 사랑을 드러내어 보인다고 해서 반드시 나라가 다스려지는 것은 아니며, 임금이 비록 후한 사랑을 베푼다고 해서 어찌 갑자기 혼란이 사라지겠는가?

지금 선왕의 백성 사랑함은 부모가 자식 사랑함을 넘어설 수 없는데 그 자식이 반드시 난을 일으키지 않는다고 볼 수는 없을 것이니, 그렇다면 백성이 어찌 갑자기 다스려지겠는가?

게다가 무릇 법으로써 형을 집행하면서 임금이 눈물을 흘렸다는 것은 인자함에는 효율이 있을 것이지만 그것을 다스림으로 여길 수는 없다.

무릇 눈물을 흘리면서 형을 집행하지 않고자 하는 것은 인자함이지만, 그럼에도 형을 집행하지 않을 수 없는 것은 법이다.

선왕이라 해도 법을 우선하였으며 자신의 울음 나는 심정을 따르지 않은 것이니 그렇다면 인자함이란 다스림의 수단이 될 수 없음은 명백한 것이다.

夫古今異俗, 新故異備.

如欲以寬緩之政, 治急世之民, 猶無轡策而御駻馬, 此不知之患也.

今儒·墨皆稱「先王兼愛天下, 則視民如父母.」

「何以明其然也?」曰:「司寇行刑, 君爲之不擧樂; 聞死刑之報, 君爲流涕.」

此所擧先王也.

夫以君臣爲如父子則必治, 推是言之, 是無亂父子也.

人之情性莫先於父母, 父母皆見愛而未必治也, 君雖厚愛, 奚遽不亂?

今先王之愛民, 不過父母之愛子, 子未必不亂也, 則民奚遽治哉?

且夫以法行刑, 而君爲之流涕, 此以效仁, 非以爲治也.

夫垂泣不欲刑者, 仁也; 然而不可不刑者, 法也.

先王勝其法, 不聽其泣, 則仁之不可以爲治亦明矣.

【駻馬】길이 들지 않아 날뛰는 말.《淮南子》氾論訓 高誘 注에 "駻馬, 突馬也" 라 함.

【兼愛】儒家의 仁愛와 墨家의 兼愛를 묶어서 거론한 것.

【司寇】刑法을 담당한 최고 관직.

【不擧樂】음악을 연주하지 못하게 함.

【效仁】仁을 드러내어 널리 밝히고 교화시키는 效率.

【勝其法】법을 우선으로 함.

【不聽其泣】울음이 나올 정도의 아픈 심정을 따르지 않음. 슬프고 안타깝지만 그래도 형을 집행함. 聽은 受容, 聽用, 聽從의 뜻.

717(49-7)
공자孔子의 인仁

게다가 백성이란 본래 세勢에 복종하며 의義를 가슴에 품고 따를 수 있는 자는 적은 법이다.

중니仲尼는 천하의 성인으로 명도明道를 수행修行하여 해내를 돌아다녔지만 해내에서 그의 인仁을 기꺼워하고 그가 주창하는 의義를 찬미하여 그를 위해 일을 한 자들은 70명밖에 되지 않았다.

대체로 인을 귀히 여기는 자가 적었고 의는 행하기가 어려웠기 때문이었을 것이다.

그러므로 천하에 그렇게 큰 것으로써 했건만 그를 위해 나섰던 자들은 70명 뿐이었고 인의를 실행한 자는 한 사람 뿐이었다.

노魯 애공哀公은 낮은 급의 임금이었음에도 남면하여 나라의 임금이 되자 그의 경내 백성들은 감히 그에게 신복申復하지 않을 수가 없었다.

백성이란 본래 세에 굴복하게 되어 있고, 세는 진실로 사람을 쉽게 복종시킬 수 있는 도구이므로 중니도 도리어 그의 신하가 되었던 것이며 애공은 도리어 임금이 될 수 있었던 것이다.

중니는 가슴에 의를 품고 한 것이 아니라 그의 세에 굴복한 것이다.

따라서 의로써 한다면 중니는 애공에게 복종하지 않을 수 있지만 세에 의존한다면 애공은 중니를 신하로 삼을 수 있다.

지금 학자들이 임금을 설득하면서 필승의 세에 의존하지 않고 인의에만 힘을 쏟으면 왕도를 펼 수 있다고 떠들고 있으나, 이는 임금은 중니처럼 되고, 세상 평범한 백성은 모두가 그 제자들처럼 되기를 바라는 것이니 이는 결코 될 수 없는 논리이다.

　且民者固服於勢, 寡能懷於義.

　仲尼, 天下聖人也, 修行明道以遊海內, 海內說其仁·美其義而爲服役者七十人.

　蓋貴仁者寡, 能義者難也.

　故以天下之大, 而爲服役者七十人, 而仁義者一人.

　魯哀公, 下主也, 南面君國, 境內之民莫敢不臣.

　民者固服於勢, 勢誠易以服人, 故仲尼反爲臣而哀公顧爲君.

　仲尼非懷其義, 服其勢也.

　故以義則仲尼不服於哀公, 乘勢則哀公臣仲尼.

　今學者之說人主也, 不乘必勝之勢, 而務行仁義則可以王, 是求人主之必及仲尼, 而以世之凡民皆如列徒, 此必不得之數也.

【服役者】제자가 되어 스승을 섬기는 이들. 그 아래의 列徒와 같음.

【學者】五蠹의 하나로 儒·墨을 가리킴.

【列徒】평범한 문인들. 여기서는 공자의 제자들을 말하며 韓非는 그 수가 적었음을 지적한 것임.

【一人】공자 한 사람을 가리킴.

【哀公】孔子와 같은 시대의 魯나라 군주. 定公(宋)의 아들이며 이름은 蔣.《史記》魯周公世家에는 이름을 '將'이라 하였음. 어머니는 定姒. B.C.494~B.C.468년

까지 27년간 재위함. 梁玉繩의 《史記志疑》에는 "人表於魯悼公下注云「出公子」, 是哀公亦有出公之稱, 以孫于越故也"라 함. 〈諡法〉에 "恭仁短折曰哀"라 함.

【顧】副詞로 '도리어'의 뜻. '反'과 같음.

山東 曲阜 孔子墓

718(49-8)
말을 듣지 않는 자식

지금 만약 재능이 없는 자식이 있어 부모가 화를 내어도 행실을 고치려 하지 않고, 향인鄕人이 꾸짖어도 움직이려 하지 않으며, 사장師長이 가르쳐도 변화가 없다고 하자.

무릇 부모의 사랑, 마을 사람의 지도, 스승과 어른의 지혜라는 세 가지 훌륭함이 더해졌건만 끝내 움직이지 않고 다리의 털끝만큼도 고치지 않던 자가, 주부州部의 관리가 관병官兵을 움직여 공법公法을 내세워 간악한 사람을 색출하겠다고 나선 뒤에야 그 두려움 때문에 하던 짓을 고치고 그 행동을 고친다.

그러므로 부모의 사랑이라 해도 자식을 가르치기에 족하지 못하다가 반드시 주부의 엄한 형벌을 기다린 다음에야 고칠 수 있다는 것은 백성이란 본래 사랑에는 교만하고 위엄은 좇기 때문이다.

따라서 열 길 성곽만 되어도 누계樓季가 넘을 수 없는 것은 가파르기 때문이요, 천 길 높은 산에서 절름발이 어미양도 쉽게 칠 수 있는 것은 평평하기 때문이다.

그러므로 현명한 왕이라면 법을 험준하게 하고 형벌을 엄격하게 하는 것이다.

베나 비단은 얼마 되지 않더라도 보통 사람이라면 그대로 버려두지 않고 줍지만 황금이 백 일鎰이면 도척盜跖도 줍지 않는다.

꼭 해가 되는 것이 아니라면 작은 것도 버려두지 않고 줍지만 틀림없이 자신의 손에 해가 되는 것이라면 백 일의 값진 것이라 해도 줍지 않는다.

그러므로 현명한 군주는 처벌을 엄하게 행하는 것이다.

이 까닭으로 상은 후하게 하면서 믿음이 있도록 하여 백성으로 하여금 이익이 되도록 하느니만 못하고, 벌은 무겁기도 하려니와 틀림없이 실행되도록 하여 백성들로 하여금 두렵게 여기도록 하느니만 못하며, 법은 일정하고 확고하여 백성들로 하여금 이를 알도록 하느니만 못하다.

따라서 임금이 상을 베풂에 변경함이 없고 처벌을 행함에 용서가 없으며, 칭찬은 상을 이끌어오고 비방은 벌이 그 뒤를 따르게 한다면 어진이나 불초한 자가 모두 자신의 힘을 다하게 될 것이다.

今有不才之子, 父母怒之弗爲改, 鄉人誰之弗爲動, 師長教之弗爲變.

夫以父母之愛·鄉人之行·師長之智, 三美加焉, 而終不動, 其脛毛不改; 州部之吏, 操官兵, 推公法, 而求索姦人, 然後恐懼, 變其節, 易其行矣.

故父母之愛不足以教子, 必待州部之嚴刑者, 民固驕於愛, 聽於威矣.

故十仞之城, 樓季弗能踰者, 峭也; 千仞之山, 跛牂易牧者, 夷也.

故明主峭其法而嚴其刑也.

布帛尋常, 庸人不釋; 鑠金百溢, 盜跖不掇.

不必害, 則不釋尋常; 必害手, 則不掇百溢.

故明主必其誅也.

是以賞莫如厚而信, 使民利之; 罰莫如重而必, 使民畏之; 法莫如一而固, 使民知之.

故主施賞不遷, 行誅無赦, 譽輔其賞, 毀隨其罰, 則賢·不肖俱盡其力矣.

【不才之子】 불량한 행동을 하는 자식.

【鄕人】 鄕은 고대 행정 단위. 鄕人은 행정 단위마다 있던 鄕大夫. 禮敎와 風俗, 敎化 등을 담당함.

【師長】 스승과 어른.

【脛毛】 정강이의 털. 아무런 효용이 없음을 뜻함.

【州部】 州와 部. 《周禮》 大司徒에 "五黨爲州"라 하였고, 《左傳》 僖公 25년 "晉於是作州兵"의 注에 "州, 二千五百家也, 使州長各繕甲兵"이라 함. '部'는 각 신분이나 생업별로 모여 살도록 한 聚落. 部落을 뜻함.

【十仞】 仞은 길이나 높이를 재는 단위로 8尺. 여기서는 높은 산에 비해 그리 높지 않은 성곽임을 비유한 것.

【樓季】 전국 초 魏 文侯의 아우로 매우 발이 빠르고 높이뛰기에 능했던 용사로 알려짐. 《史記》 李斯列傳 裴駰 〈集解〉에 許愼의 말을 인용하여 "樓季, 魏文侯之弟"라 함.

【跛牂】 '跛'는 절름발이. '牂'은 암양. 어미양.

【夷】 평탄함. 陵遲와 같음. 《韓非子翼毳》에 "夷, 漸平也"라 함.

【尋常】 尋은 여덟 자, 常은 尋의 두 배를 뜻함. 《國語》 周語 韋昭 注에 "八尺爲尋, 倍尋爲常"이라 함. 여기서는 그리 대단치 않은 물건, 일상 있을 수 있는 물건임을 비유한 것.

【庸人】 보통 사람.

【鑠金】 鑠은 爍과 같음. 잘 녹여 精製한 黃金을 뜻함.

【溢】 '溢'은 '鎰'의 가차. 고대 20兩을 1鎰로 삼았음.

【盜跖】 춘추시대의 大盜. 跖은 그의 이름. 고대 惡行과 造反의 대표적 인물로 늘 거론됨. 《莊子》 盜跖篇 참조. 柳下季(惠)의 아우라 하였으나 이는 寓言에 등장시키기 위한 것으로 보임.

1.《論衡》非韓篇

《韓子》曰:「布帛尋常, 庸人不擇; 爍金百鎰, 盜跖不搏.」以此言之, 法明, 民不敢犯也. 設明法於邦, 有盜賊之心, 不敢犯矣; 不測之者, 不敢發矣. 姦心藏於胸中, 不敢以犯罪法, 罪法恐之也. 明法恐之, 則不須考姦求邪於下矣. 使法峻, 民無姦者; 使法不峻, 民多爲姦. 而不言明王之嚴刑峻法, 而云求姦而誅之. 言求姦, 是法不峻, 民或犯之也. (世)不專意於明法, 而專心求姦, 韓子之言, 與法相違.

2.《史記》李斯列傳

是故《韓子》曰「布帛尋常, 庸人不釋, 鑠金百溢, 盜跖不搏」者, 非庸人之心重, 尋常之利深, 而盜跖之欲淺也; 又不以盜跖之行, 爲輕百鎰之重也. 搏必隨手刑, 則盜跖不搏百鎰; 而罰不必行也, 則庸人不釋尋常. 是故城高五丈, 而樓季不輕犯也; 泰山之高百仞, 而跛牂牧其上. 夫樓季也而難五丈之限, 豈跛牂也而易百仞之高哉?

719(49-9)
공공의 이익

   지금은 그렇지 못하여, 공로가 있기에 주는 작위이건만 그러한 벼슬살이를 천하게 여기고, 경작에 힘쓰기에 상을 내렸건만 그러한 직업은 생계를 잇기에 부족하다고 여기며, 부름에 응하지 않기에 소외시켰건만 그러한 자를 고결하다고 세상을 경멸하며, 금지한 법령을 어겼기에 죄를 준 것인데도 그러한 자를 용기 있는 자라 찬양하고 있다.

   비방과 칭찬, 상과 벌을 더해지는 것이 서로 어그러져 맞지 않으므로 법과 금령이 무너지고 백성은 더욱 혼란에 빠지게 된 것이다.

   형제가 침해를 입었을 때 반드시 공격하여 보복하는 것을 염廉이라 하고, 아는 벗이 모욕을 당했을 때 그 뒤따라 앙갚음을 하는 것을 정貞이라 한다.

   염과 정이 행동으로 이루어지면 임금이 만든 법은 어기게 된다.

   임금이 정렴한 행위를 높이 평가하고 금지하는 법을 어긴 죄는 까맣게 잊기에 백성들이 용맹을 하고싶은 대로 해도 관리가 이를 이겨낼 수가 없는 것이다.

   힘써 일하지 않고서도 입고 먹는 것을 일러 능能이라 하고, 전투에 공을 세우지 않아도 존중받는 것을 일러 현賢이라 한다.

   현능의 행위가 이루어지면 군대는 약해지고 토지는 황폐하게 된다.

   임금이 현능의 행위를 좋아하면서 군대가 약해지고 토지가 황폐해지는 화는 잊고 산다면 사사로운 행동이 성행하고 공공의 이익은 소멸되고 말 것이다.

今則不然; 其有功也爵之, 而卑其士官也; 以其耕作也賞之, 而少其家業也; 以其不收也外之, 而高其輕世也; 以其犯禁也罪之, 而多其有勇也.

毀譽・賞罰之所加者, 相與悖繆也, 故法禁壞而民愈亂.

今兄弟被侵, 必攻者, 廉也; 知友被辱, 隨讐者, 貞也.

廉貞之行成, 而君上之法犯矣.

人主尊貞廉之行, 而忘犯禁之罪, 故民程於勇, 而吏不能勝也.

不事力而衣食, 則謂之能; 不戰功而尊, 則謂之賢.

賢能之行成, 而兵弱而地荒矣.

人主說賢能之行, 而忘兵弱地荒之禍, 則私行立而公利滅矣.

【士官】仕宦과 같음. 관직에 나아감
【家業】家는 稼와 같은 뜻임. 열심히 벌어들이는 일. 생계. 농사로 인한 소득.
【不收】巖血之士의 행동을 뜻함. '不收'는 스스로 거부하는 암혈지사를 임금이 거두어들이지 않음.
【悖繆】어그러짐. 엇갈려 모순됨. 繆는 얽힘, 交錯됨.
【隨仇】복수를 곧바로 함. 바로 뒤따라 앙갚음을 함.
【程於勇】'程'은 '逞'의 오기. '逞'은 용맹을 통해 하고 싶은 대로 분풀이를 함. 快意로 삼음. 《左傳》隱公 9년 등을 볼 것. 그러나 '용맹을 헤아리다'의 뜻으로도 풀이함. 《禮記》儒行 "不程勇"의 注에 "程, 猶量也"라 함.
【不能勝】'勝'은 '제압하다'의 뜻.

유가는 문으로써 법을 어지럽히고

유가儒家는 문文으로써 법을 어지럽히고 유협遊俠은 무武로써 금지된 법령을 어기고 있는데도 임금은 이들을 모두 예우하고 있으니 이것이 혼란의 이유이다.

무릇 법에 걸리는 것은 죄가 되지만 여러 학자들은 학문을 가지고 채용되고, 금지된 법령을 어기면 처벌을 받아야 하지만 여러 협객들은 사사로운 검술로써 양성된다.

그러므로 법으로 그르다고 하는 바를 임금이 취하는 바가 되고, 관리가 처벌해야 할 대상이 위에서는 양성하는 꼴이다.

법, 취향, 위, 아래 이 네 가지가 서로 어긋나고 있음에도 정해진 바가 없으니 비록 황제黃帝 같은 이가 열 명이 있더라도 다스려 낼 수 없는 것이다.

그러므로 인의를 행하는 자는 칭찬할 바가 아닌데도 칭찬하면 공적을 해치게 되고, 학문에 공교한 자는 등용할 바가 아닌데도 등용하면 법을 어지럽히게 된다.

초楚나라에 자신을 정직하게 사는 사람이라 여기는 자가 있었는데 그 아버지가 양을 훔치자 관리에게 그것을 알렸다.

영윤令尹이 말하였다.

"죽이라!"

임금에 대해서는 정직하지만 아버지에 대하여는 옳지 않다고 여겨 보고를 받고 이렇게 아들에게 죄를 주었던 것이다.

이로써 보건대 무릇 군주에게 정직한 신하는 아버지에게는 포악한 자식이어야 하는 것이다.

노魯나라 사람이 임금을 따라 전투에 나섰다가 세 번 싸워 세 번 달아난 자가 있었다.

중니仲尼가 그 까닭을 묻자 그는 이렇게 대답하였다.

"나에게는 늙으신 아버지가 계시기에 내가 죽으면 봉양할 수 없기 때문입니다."

중니는 이를 효孝라 여겨 그를 추천하여 위로 올렸다.

이로써 보건대 무릇 아버지에게 있어서의 효자는 군주에게는 배신背臣일 수 있는 것이다.

그러므로 영윤이 그 아들을 죽임으로써 간악한 짓을 해도 위로 알리지 않게 되었고, 중니가 그런 신하에게 상을 주자 노나라 백성들은 항복하고 달아나는 것을 아무렇지 않은 일로 여기게 되었다.

아래위의 이익이 이와 같이 다른데도 임금이 필부의 행동까지 함께 들어서 사직의 복을 구하려 한다면 틀림없이 기대할 수 없는 일일 것이다.

儒以文亂法, 俠以武犯禁, 而人主兼禮之, 此所以亂也.

夫離法者罪, 而諸先生以文學取; 犯禁者誅, 而群俠以私劍養.

故法之所非, 君之所取; 吏之所誅, 上之所養也.

法·趣·上·下, 四相反也, 而無所定, 雖有十黃帝, 不能治也.

故行仁義者非所譽, 譽之則害功; 工文學者非所用, 用之則亂法.

楚之有直躬, 其父竊羊, 而謁之吏.

令尹曰:「殺之!」

以爲直於君而曲於父, 報而罪之.

以是觀之, 夫君之直臣, 父之暴子也.

魯人從君戰, 三戰三北.

仲尼問其故, 對曰:「吾有老父, 身死莫之養也.」

仲尼以爲孝, 擧而上之.

以是觀之, 夫父之孝子, 君之背臣也.

故令尹誅而楚姦不上聞, 仲尼賞而魯民易降北.

上下之利, 若是其異也, 而人主兼擧匹夫之行, 而求致
社稷之福, 必不幾矣.

【離法】법에 저촉됨. 離는 罹자의 뜻과 같음.《楚辭》離騷의 王逸 注에 "離, 遭也"
라 함. 그러나 글자 그대로 법을 떠남, 즉 '법에 違離됨'을 뜻하는 것으로 보는
것이 타당할 듯함.

【先生】儒·墨을 포괄하는 학자들의 일반 통칭.

【黃帝】중국 상고시대의 帝王. 中原 각 부족의 共同 先祖. 公孫氏이며 姬水 가에
살아 姬姓으로도 부름. 軒轅의 언덕을 근거지로 발전하여 軒轅氏로도 불리여
나라를 有熊이라 하여 有熊氏로도 부름. 姜姓의 炎帝(神農氏)와 九黎族의 受領
蚩尤를 물리치고 각 부락의 聯盟 首領이 되었으며 土德으로 왕이 되었다 하여
黃帝로 칭함. 衣裳, 宮室, 器用, 文字, 音樂, 醫藥 등 문물제도를 발명하거나 처음
고안한 자로 널리 칭송을 받기도 함. 道家의 시조로 여겨 黃老術의 원조가
되기도 함.

【直躬】정직함을 가장 높이 여기는 사람. 허구로 내세운 사람.《論語》子路篇에
"葉公語孔子曰:「吾黨有直躬者, 其父攘羊, 而子證之.」孔子曰:「吾黨之直者異
於是: 父爲子隱, 子爲父隱. 直在其中矣.」"라 함.

【令尹】초나라 고유의 관직 이름. 다른 제후국의 卿, 相과 같음. 재상.

【殺之】아버지를 고발한 아들 直躬을 죽이라고 명을 내린 것.

【報】보고를 받고 범죄에 대한 판결 문서에 결재를 함.

【暴子】포악한 자식. 불효한 자식.《呂氏春秋》至忠篇 "何其暴而不敬也?"의
注에 "下陵其上謂之暴"라 함.

【三戰三北】汪繼培는 이는 卞莊子의 고사를 말하는 것이라 하였음.
【背臣】군주를 배반하는 신하.
【匹夫之行】사사로운 개인의 이익을 위해 행동하는 일반 백성들. 부정적으로 본 것임.
【不幾】기대를 걸 수 없음. 幾는 期자와 같은 뜻.

참고 및 관련 자료

1. 《史記》遊俠列傳

《韓子》曰:「儒以文亂法, 而俠以武犯禁」二者皆譏, 而學士多稱於世云. 至如以術取宰相卿大夫, 輔翼其世主, 功名俱著於春秋, 固無可言者. 及若季次·原憲, 閭巷人也, 讀書懷獨行君子之德, 義不苟合當世, 當世亦笑之. 故季次·原憲終身空室蓬戶, 褐衣疏食不厭. 死而已四百餘年, 而弟子志之不倦. 今游俠, 其行雖不軌於正義, 然其言必信, 其行必果, 已諾必誠, 不愛其軀, 赴士之阨困, 旣已存亡死生矣, 而不矜其能, 羞伐其德, 蓋亦有足多者焉.

2. 《韓詩外傳》(10)

傳曰: 卞莊子好勇, 母無恙時, 三戰而三背. 交游非之, 國君辱之, 卞莊子受命, 顏色不變. 及母死三年, 魯興師, 卞莊子請從. 至, 見於將軍. 曰:「前猶與母處, 是以戰而背也. 辱吾身. 今母沒矣, 請雪責.」遂走敵而鬪, 獲甲首而獻之,「請以此雪一背」又獲甲首而獻之,「請以此雪再背」將軍止之曰:「足.」不止, 又獲甲首而獻之, 曰:「請以此雪三背.」將軍止之曰:「足, 請爲兄弟.」卞莊子曰:「夫背, 以養母也. 今母歿矣, 吾責雪矣. 吾聞之: 節士不以辱生.」遂奔敵, 殺七十人而死. 君子聞之, 曰:「三背已雪, 又滅世斷宗. 國家義不衰, 而神保有所歸, 是子道也. 士節小具矣, 而於孝未終也.」《詩》曰:『靡不有初, 鮮克有終.』

3. 《新序》義勇篇

卞莊子好勇, 養母, 戰而三北, 交遊非之. 國君辱之, 及母死三年, 冬與魯戰, 卞莊子請從, 見於魯將軍曰:「初與母處, 是以三北, 今母死, 請塞責而神有所歸」遂赴敵, 獲一甲首而獻之. 曰:「此塞一北」又入, 獲一甲首而獻之. 曰:「此塞再北」又人, 獲一甲首而獻之. 曰:「此塞三北」將軍曰:「毋沒爾家, 宜止之, 請爲兄弟.」莊子曰:「三北以養母也, 是子道也, 今士節小具而塞責矣. 吾聞之節士不以辱生.」遂反敵殺十人而死. 君子曰:「三北又塞責, 滅世斷家, 於孝不終也.」

4. 기타 《太平御覽》(496)을 볼 것.

721(49-11)
창힐蒼頡이 문자를 만들 때

옛날 창힐蒼頡이 글자를 만들 때에 자신이 자신을 둘러싸는 글자 모양을 만들어 이를 사私, 厶라 하였고, 사厶자에 등을 돌린 것八을 넣어 이를 공公자라 하였으니 공과 사가 서로 어긋남을 창힐도 알고 있었던 것이다.

지금 그 공사가 이익이 똑같다고 여기는 것은 자세히 살피지 않아 생기는 환난이다.

그렇다면 필부의 계산이란 것은 인의를 수행하고 학문을 익히는 것만한 것이 없다고 여기고 있다.

의를 행하여 수행하면 신임을 얻고 신임을 얻으면 일을 받게 되며, 학문을 익히면 고명한 스승이 되고 고명한 스승이 되면 영예가 드러나는 것이니 이것이 필부들이 아름답게 여기는 것이다.

그렇게 되면 공이 없이도 일을 맡게 되고 작위가 없이도 영예가 드러나는 것이니 만약 정치가 이와 같다면 나라는 틀림없이 어지러워질 것이요, 군주는 틀림없이 위태로워질 것이다.

그러므로 서로가 용납되지 않는 일은 양립할 수가 없다.

그런데 적의 벤 자가 상을 받으면서도 자혜慈惠로운 행동을 높이 여기고, 성을 함락시킨 자가 작록을 받으면서도 겸애설兼愛說을 신봉하며, 견고한 갑옷과 예리한 무기로 재난에 대비하면서도 천신薦紳의 장식을 찬미하며, 농사일로 나라를 부유하게 하고 병졸들에 의해 적을 막아내면서도 학문하는 선비를 귀히 여기며, 윗사람을 공경하고 법을 두려워하는 백성은 폐기하고 오히려 유협이나 사사롭게 검술을 쓰는 무리들은 양성하고 있다.

행동거지가 이와 같으면서 강한 다스림이란 이룰 수가 없다.

나라가 태평하다고 유자나 협객을 기르다가, 국난이 닥쳐야 병사를 사용하니 이득이 되는 것은 쓰일 바가 없고, 쓰이는 것은 이득이 되는 바가 없다.

이런 까닭으로 일에 복무하는 자는 자신의 본업을 소홀히 하며, 유협이나 학자는 날로 많아지고 있으니 이것이 세상이 어지러워지는 이유이다.

古者, 蒼頡之作書也, 自環者謂之私, 背私謂之公, 公私之相背也, 乃蒼頡固以知之矣.

今以爲同利者, 不察之患也.

然則爲匹夫計者, 莫如脩行義而習文學.

行義脩則見信, 見信則受事; 文學習則爲明師, 爲明師則顯榮, 此匹夫之美也.

然則無功而受事, 無爵而顯榮, 有政如此, 則國必亂, 主必危矣.

故不相容之事, 不兩立也.

斬敵者受賞, 而高慈惠之行; 拔城者受爵祿, 而信廉愛之說; 堅甲厲兵以備難, 而美薦紳之飾; 富國以農, 距敵恃卒, 而貴文學之士; 廢敬上畏法之民, 而養遊俠私劍之屬.

擧行如此, 治强不可得也.

國平養儒俠, 難至用介士, 所利非所用, 所用非所利.

是故服事者簡其業, 而遊學者日衆, 是世之所以亂也.

【蒼頡】'倉頡'로도 표기하며 黃帝 때의 史官. 문자를 처음 만들었다고 전해짐. 그러나 전설에 지나지 않으며 문자는 여러 단계와 시간을 거쳐 이루어진 것임.《荀子》解蔽篇에 "好書者衆矣 而倉頡獨傳者壹也"라 함.

〈倉頡(蒼頡)〉畫像

【自環爲私】'私'는 'ㅿ'와 같음. 동그라미를 그려 자신을 안으로 보호하는 형상의 글자. 즉 'ㅿ'은 '私'의 初文이며 처음 指事字로 圓의 형태였음.《說文》에 "自營爲ㅿ"라 함. 形訓으로 풀이한 것.

【背私爲公】'ㅿ'자에 등을 돌리는 형상이라는 뜻. '公'자의 '八'은 '나누다, 등을 돌리다'의 뜻으로 會意字임.《說文》에 "公, 從八ㅿ, 八猶背也"라 함. 역시 形訓으로 풀이한 것.

【爲匹夫計】일반 사람들 개인의 손익 계산.

【慈惠之行】儒家의 가르침을 뜻함. 인의 도덕의 실천.

【廉愛之說】'廉'은 '兼'이어야 함. 墨家의 주장인 兼愛說을 가리킴.

【厲兵】利兵과 같음. '厲'는 '礪'와 같으며 '利'의 뜻. 兵은 무기, 병기.

【薦紳之飾】薦은 搢자와 같음. '薦紳'은 '搢紳'과 같음. 笏을 큰 띠에 꽂는 고급 관리나 儒家의 복식.

【距敵】'距'는 '拒'와 같음.

【儒游】儒家와 游俠. 韓非는 둘 모두 부정적으로 보았음.

【介士】무장한 전사. 甲士를 말함.

〈屯墾圖〉(魏晉) 磚畫 1972 嘉峪關 戈壁灘 출토

722(49-12)
상지上智조차도 알기 어려운 것

게다가 세상에 소위 현賢이란 곧고 정신貞信한 행동을 뜻하며, 소위 지智란 미묘微妙한 말을 뜻하는 것이다.

미묘한 말은 상지上智조차도 알기 어려운 것이다.

지금 많은 사람이 지킬 법을 만들면서 상지조차 알기 어렵게 한다면 백성들은 그것을 어디에 알아 볼 곳조차 없게 된다.

그러므로 조강糟糠조차도 배불리 못 먹는 자는 고량진미를 먹는다는 것은 엄두도 내지 못하며, 단갈短褐도 온전히 입지 못한 자는 비단 무늬옷 따위는 기대도 하지 않는다.

무릇 세상을 다스리는 일에 급한 것을 해내지 못하면서 천천히 해도 될 일에 힘을 쏟을 필요는 없다.

지금 다스리고 있는 정치에서 민간의 일로써 누구나 잘 알고 있는 이론은 쓰지 않고, 상지의 이론만을 쓴다면 정치는 거꾸로 가고 말 것이다.

그러므로 미묘한 말은 백성들을 위해 힘쓸 바가 아니다.

만약 정신한 행위를 현량賢良하다고 한다면 이는 틀림없이 앞으로 남을 속이지 않는 선비를 귀히 여기게 될 것이며, 남을 속이지 않는 선비를 귀히 여기는 것은 속임을 당하지 않을 술책이 없기 때문일 것이다.

포의布衣들은 서로 사귀면서 서로 이득이 될 부후富厚함도 가지지 않았고, 서로에게 두려움을 줄 위세威勢도 없어야 하므로 속임이 없는 자를 찾게 되는 것이다.

지금 남의 군주가 된 자라면 제압하는 권세의 자리에 있고, 온 나라의 많은 부를 가지고 있으며, 두터운 상과 엄격한 처벌을 내릴 수 있는 권병을 잡고 있으니 비추는 곳마다 밝은 법술을 닦아두기만 한다면 비록 전상田常이나 자한子罕 같은 신하가 있더라도 감히 속이지 못할 것인데 어찌 속이지 않는 선비를 기다릴 필요가 있겠는가?

지금 정신한 선비는 열 사람도 제대로 차지 않으나 국내의 벼슬자리는 백을 헤아리고 있으니 반드시 정신한 선비만을 찾아 임용한다면 사람이 벼슬자리에 부족할 것이다.

사람이 벼슬자리에 부족하다면 다스려지는 일은 적고 혼란스러워 질 일은 많아질 것이다.

그러므로 현명한 군주의 도리란 법을 일정하게 하여 지智를 요구하지 말 것이며, 술術을 견고히 하여 신信을 사모하지 말아야 하는 것이니 그렇게 하면 법은 실패함이 없어 여러 관직들도 간악한 속임수를 쓰지 않게 될 것이다.

且世之所謂賢者, 貞信之行也; 所謂智者, 微妙之言也.

微妙之言, 上智之所難知也.

今爲衆人法, 而以上智之所難知, 則民無從識之矣.

故糟糠不飽者不務粱肉, 短褐不完者不待文繡.

夫治世之事, 急者不得, 則緩者非所務也.

今所治之政, 民間之事, 夫婦所明知者不用, 而慕上知之論, 則其於治反矣.

故微妙之言, 非民務也.

若夫賢良貞信之行者, 必將貴不欺之士; 貴不欺之士者, 亦無不欺之術也.

布衣相與交, 無富厚以相利, 無威勢以相懼也, 故求不
欺之士.

今人主處制人之勢, 有一國之厚, 重賞嚴誅, 得操其柄,
以修明術之所燭, 雖有田常·子罕之臣, 不敢欺也, 奚待
於不欺之士?

今貞信之士不盈於十, 而境內之官以百數, 必任貞信
之士, 則人不足官.

人不足官, 則治者寡而亂者眾矣.

故明主之道, 一法而不求智, 固術而不慕信, 故法不敗,
而群官無姦詐矣.

【貞信】 바르고 신의가 두터움. 儒家, 墨家의 주의주장을 뜻함.

【微妙】 玄微하고 巧妙하여 제대로 알 수 없음.

【上智】 지혜가 최상급인 부류. 下愚의 대칭. 아래 "慕上知之論"의 '上知'도 역시
'上智'의 뜻임. 한편《論語》陽貨篇에 "子曰:「唯上知與下愚不移.」"라 함.

【糟糠】 술지게미나 쌀겨. 아주 가난하여 먹을 것이 없음을 뜻함.《後漢書》
宋弘傳에 "糟糠之妻不下堂, 貧賤之交不可忘"라 함.

【梁肉】 膏粱珍味의 좋은 음식.

【短褐】 기장을 짧게 만든 천한 사람이 입는 옷. '短'은 '裋'와 같음.

【夫婦】 匹夫匹婦. 일반 백성을 뜻함.

【富厚】 財富를 뜻함. 아래의 "一國之厚"의 '厚'도 같음.

【田常】 田恆. 田恒. '恆'은 '恒'의 異體字. 田常, 陳恒, 陳成子, 田成子 등으로 널리
불림. 簡公을 유폐시켜 시살한 인물. '陳恆'으로도 표기하며 '恆'은 '恒'의 異體字.
원래 그의 선조 陳完(田完, 敬仲)은 陳나라 출신으로 齊나라에 옮겨와 정착하여
田氏로 성을 바꾸었으며 차츰 세력을 키워 卿에 오른 다음, 그 후손이 뒤에
姜氏(姜太公의 후손)의 齊나라를 차지하여 戰國시대 田氏齊를 세움.《史記》

田敬仲完世家 참조.

【子罕】黃喜. 전국시대 宋나라 簒逆 신하. 자는 子罕. 宋나라 司城(司空)을 지냈
으며 戴驩과 정권 다툼 속에 宋 桓侯를 시해하고 宋나라 정권을 탈취함.

___참고 및 관련 자료___

1. 《太平御覽》(854)을 볼 것.

723(49-13)
농사짓고 공부하는 이유

지금 군주는 언론에 대해서는 말 잘하는 것만 기꺼워할 뿐, 그것이
합당한 것인가에 대해서는 찾아보지 아니하고, 행동에 대해서는 명성만
찬미할 뿐, 공적에는 책임을 묻지 않고 있다.

이로써 천하의 많은 무리들 가운데 담론하는 자는 말 잘하기에만
힘쓸 뿐, 실용에는 두루 미치지 못하며 그 때문에 선왕을 들먹이며 인의를
내세우는 자가 조정에 가득 차있건만 그럼에도 정치는 혼란을 면치 못하고
있는 것이며, 몸가짐을 닦는 자는 고결하기만을 다툴 뿐, 공적에는 합치되지
않으며, 그 때문에 지혜로운 선비는 암혈嚴穴에 물러나 살면서 봉록을 준다
해도 받지 않기에 병력이 약세를 면치 못하고 있는 것이다.

병력이 약세를 면치 못하고 정치가 어지러움을 면치 못하는 까닭이 무엇
이겠는가?

백성이 칭찬하는 것과 군주가 예우하는 것이 나라를 어지럽히는 술術
이기 때문이다.

지금 나라 안의 백성이라면 모두가 정치를 말하고 상앙商鞅이나 관중
管仲의 법을 소장하는 자가 집집마다 있건만 나라가 더욱 가난해지는 것은
농사일을 말하는 자는 많아도 직접 쟁기를 손에 드는 자는 적기 때문이며,
나라 안 누구나 모두 병법을 거론하며 손무孫武나 오기吳起의 병서를 소장
하는 자가 집집마다 있건만 병력이 더욱 약해지는 것은 전쟁을 입에 올리는
자는 많아도 갑옷을 입는 자는 적기 때문이다.

그러므로 현명한 군주는 그 힘을 들어 쓸 뿐 그 언론은 듣지 않으며, 공적에 대해 상을 줄 뿐 무용無用한 것은 반드시 금하므로 백성은 죽을 힘을 다해 윗사람에게 복종하는 것이다.

무릇 농사짓는 일은 노고롭지만 백성이 그것을 하는 것은 "가히 부유해질 수 있기 때문"이라고 말한다.

전투에 나서는 일은 위험하지만 백성이 그것을 하는 것은 "가히 귀한 신분이 될 수 있기 때문"이라고 말한다.

지금 만약 학문만을 닦고 말재주만을 익혀 농사짓는 노고로움 없이도 재부의 실리를 얻고, 전투의 위험이 없이도 귀한 신분의 높은 지위를 얻을 수 있다면 어느 누가 그렇게 하지 않겠는가?

이 까닭으로 백 사람이 지혜를 일로 삼고 한 사람만이 일하게 된다.

지혜를 일로 삼는 자가 많으면 법이 무너지고, 일을 하는 자가 적으면 나라가 가난해지는 것이니 이것이 세상이 어지러워지는 까닭이다.

今人主之於言也, 說其辯而不求其當焉; 其用於行也, 美其聲而不責其功焉.

是以天下之衆, 其談言者務爲辯而不周於用, 故擧先王言仁義者盈廷, 而政不免於亂; 行身者競於爲高而不合於功, 故智士退處巖穴, 歸祿不受, 而兵不免於弱.

兵不免於弱, 政不免於亂, 此其故何也?

民之所譽, 上之所禮, 亂國之術也.

今境內之民皆言治, 藏商·管之法者家有之, 而國愈貧, 言耕者衆, 執耒者寡也; 境內皆言兵, 藏孫·吳之書者家有之, 而兵愈弱, 言戰者多, 被甲者少也.

故明主用其力, 不聽其言; 賞其功, 必禁無用, 故民盡死力以從其上.

　夫耕之用力也勞, 而民爲之者, 曰: 可得以富也.

　戰之爲事也危, 而民爲之者, 曰: 可得以貴也.

　今修文學, 習言談, 則無耕之勞而有富之實, 無戰之危而有貴之尊, 則人孰不爲也?

　是以百人事智而一人用力.

　事智者衆, 則法敗; 用力者寡, 則國貧: 此世之所以亂也.

【說】'悅'과 같음.

【不周】두루 합치하지 않음. '周'는 '合'과 같음.

【巖穴】賢能하나 초야의 바위나 굴에 묻혀 고고하게 살면서 벼슬을 거부하는 부류들을 뜻함.

【歸祿】봉록을 내려줌. '歸'는 '饋' 또는 '贈'자와 뜻이 같음.

【商鞅】公孫鞅. 戰國시대 衛나라의 庶孼 公子로 衛鞅으로도 불림. 성은 公孫, 이름은 鞅. 刑名法術을 익혀 秦 孝公을 섬겨 法治의 공으로 商, 오(於) 땅에 봉을 받은 商鞅. 뒤에 車裂刑을 당함. 商君으로도 불리며《商君書》가 전함.《史記》商君列傳 참조.

【管仲】春秋시대 齊나라 인물. 管夷吾. 仲은 그의 字. 齊 桓公을 첫 霸者로 성취시킨 인물. 처음 齊나라에 난이 일어나 公子들이 뿔뿔이 흩어질 때 管仲은 公子 糾를 모시고 魯나라로 피신하였으며 鮑叔은 小白을 모시고 거나라로 피신함. 뒤에 난이 끝나고 먼저 귀국하는 자가 왕위에 오르게 되어 있었으며 이 때 管仲은 小白 일행이 오는 길목을 지키다가 활로 小白을 쏘았으나 小白이 허리띠 고리에 맞고 죽은 척 쓰러져 있다가 지름길로 들어가 먼저 왕위에 올랐으며 이가 환공임. 이에 공자 규와 관중 일행은 귀국하지 못하고 처벌을 기다렸으나 鮑叔의 추천으로 환공의 재상이 되어 제나라를 부강하게 만들었으며 재상에 오름. 환공이 그를 높여 仲父라 칭하였음.《史記》管晏列傳 및 《列子》등을 참조할 것. '管鮑之交' 등의 많은 고사를 남겼으며 그의 사상과 언행을 기록한《管子》가 전함.

【孫子】 孫武와 孫臏 둘 모두 '孫子'라 불렀으며 모두가 뛰어난 병법가. 孫武는 春秋시대 齊나라 사람으로 최초의 병법서 《孫子兵法》 13편이 전하고 있으며, 孫臏은 戰國시대 역시 齊나라 사람으로 孫武의 후대라 함. 그의 《孫臏兵法》은 실전 되었다가 1974년 山東 臨沂縣 銀雀山 漢墓에서 殘簡 440여 枚가 발견되었으며 이를 文物出版社에서 30편으로 정리, 출간하여 널리 전하고 있음.

〈孫武〉

【吳起】 孫子(孫臏)와 더불어 대표적인 병법가. 戰國時代 衛나라 左氏(지금의 山東 曹縣) 출신으로 용병과 병법에 뛰어나 처음 魯나라 장수를 거쳐 魏 文侯의 장수가 되어 中山을 정벌하고 秦나라 5개성을 점령하여 西河太守가 되기도 함. 그러나 武侯가 즉위하여 미움을 받자 楚나라로 달아나, 楚 悼王을 도와 개혁정책을 실현하고 令尹에 오름.

《孫子兵法》

그러나 悼王이 죽고 宗室의 亂에 枝解(支解)의 형을 당하여 생을 마침. 병법서 《吳子》 6편을 남김. 《孫子》와 더불어 宋나라 때 이르러 「武經七書」에 列入됨. 《史記》 吳起列傳 참조.

【事智】 지혜를 쓰는 것을 일로 삼음.

참고 및 관련 자료

1. 《藝文類聚》 (55)

《韓子》曰: 夫耕之用力也勞, 而民爲之者何? 得以富; 戰之爲事也危, 而民爲之者何? 得以貴. 今脩文學, 習談論, 則無耕之勞, 而有富之實, 無戰之危, 而有貴之尊, 則人孰不爲也?

2. 기타 《太平御覽》 (607)을 볼 것.

724(49-14)
법이 있어야

　그러므로 현명한 군주의 나라에는 책에 쓰인 글 따위는 없고 법을 가르침으로 삼으며, 선왕의 말은 없고 관리를 스승으로 삼으며, 개인의 사사롭게 표독함을 보이며 칼을 쓰는 일이란 없고 적군의 목을 베는 것만을 용맹으로 삼는다.

　이로써 나라 안의 백성들로써 담론을 하는 자는 반드시 법에 따라 참수하고, 행동을 짓는 자는 그 공적에 따라 결과를 귀속시키며, 용맹을 부리는 자는 군대에서 그것을 발휘하도록 한다.

　이 까닭으로 일이 없을 때면 나라가 부유해지고, 일이 있으면 군대가 강하게 되는 것이니 이를 일러 '왕의 밑천'王資이라 한다.

　미리 왕의 밑천을 길러 적국의 틈을 타는 것이니 오제五帝를 넘어서고 삼왕三王과 같이 되려면 반드시 이러한 법이어야 하는 것이다.

　故明主之國, 無書簡之文, 以法爲敎; 無先王之語, 以吏爲師; 無私劍之捍, 以斬首爲勇.

　是境內之民, 其言談者必斬於法, 動作者歸之於功, 爲勇者盡之於軍.

　是故無事則國富, 有事則兵强, 此之謂王資.

　旣畜王資而承敵國之釁, 超五帝侔三王者, 必此法也.

【先王之語】고대 왕도정치를 폈던 이들에 대한 이야기. 그러나 顧廣圻는 '先王'은 '先生'이어야 한다고 보았음. 先生은 儒家와 墨家의 이론들.

【私劍之捍】사사로운 일로 칼을 휘두르는 횡포. '捍'은 '悍'과 같음. 표독스러움.

【王資】군주의 통치에 밑천이 되는 자료들.《史記》留侯世家〈集解〉에 "資, 藉也"라 함.

【釁】'釁'은 '隙'과 같음. 틈새.《後漢書》鄧禹傳에 "欲乘釁幷關中"이라 함.

【五帝】고래로 여러 설이 있으나《史記》五帝本紀에 의해 흔히 黃帝, 顓頊, 帝嚳, 堯, 舜을 들고 있음. 禪讓시대 이상적인 정치를 폈던 事例로 美化하여 거론함.

【三王】夏, 殷, 周 三代의 開國 군주들. 禹(夏)·湯(商)·文王·武王(周)을 가리키며 王道政治를 폈던 이들로 美化하여 거론함.

【侔】'齊'와 같음. 나란히 함. 닮음. 같음.

725(49-15)
합종合縱과 연횡連橫

지금은 그렇지 못하여 사민土民은 안에서 제멋대로 방자하게 굴고, 담론하는 자들은 밖에서 세를 펴면서 안팎이 악한 짓을 하면서 강한 적을 기다리고 있으니 또한 위태롭지 않겠는가?

그러므로 여러 신하들로써 나라 밖의 일을 논하는 자는 합종合從과 연횡連衡의 당을 이루어 분열되어 있지 않으면 사사로운 원한을 갚을 속마음을 가진 채 나라의 힘을 빌리려 하고 있다.

종從이란 약한 여러 나라가 합쳐 하나의 강한 나라를 공격하는 것이며, 횡衡이란 하나의 강한 나라를 섬겨 여러 약한 나라들을 공격하는 것으로 모두가 나라를 지탱하는 방법은 아니다.

지금 신하들 가운데 연횡을 주장하는 자들은 모두가 "사대事大하지 않으면 적을 만나 화를 입을 것"이라고 떠벌이고 있다.

그러나 사대를 한다고 해서 반드시 실리가 있는 것도 아니라면 지도를 들고 가서 나라를 맡기고, 국새國璽를 바치며 군사를 청하는 꼴이 되는 것이다.

지도를 바치면 영토가 깎이고 국새를 바치면 이름이 낮아지는 것이며, 영토가 깎이면 나라가 깎이는 것이요, 이름이 낮아지면 정치가 혼란에 빠진다.

사대하여 연횡을 이룬다 해도 미처 그 이익을 보기도 전에 영토를 잃고 정치는 혼란에 빠지고 마는 것이다.

신하들 가운데 합종을 주장하는 자들은 모두가 "작은 나라를 구원하고 큰 나라를 치지 않으면 천하를 잃게 되고, 천하를 잃게 되면 나라가 위태롭게 되고, 나라가 위태로워지면 임금이 비천해질 것"이라고 떠벌이고 있다.

작은 나라를 구한다 해도 반드시 실익이 있는 것이 아니라면 전쟁만 일으켜 큰 나라를 적대하는 꼴이 된다.

작은 나라를 구한다 해도 반드시 능히 존속시켜 줄 수 있는 것도 아니요, 큰 나라를 친다고 해서 반드시 소원해지지 않는 것이 아니지만 소원해지면 나라는 강한 나라에게 제압당하고 마는 것이다.

그렇다고 병력을 동원하면 군사가 패배할 것이요, 물러서 지키겠다고 하면 성이 무너진다.

작은 나라를 구원하여 합종을 이루더라도 미처 그 이득을 보기도 전에 영토를 잃고 군사는 패하고 마는 것이다.

이 까닭으로 강한 나라를 섬기면 신하들은 외세를 등에 업고 나라 안에서 벼슬을 할 것이며, 작은 나라를 구원하면 나라 안의 권력을 등에 업고 밖에서 이익을 취할 것이다.

나라의 이익이 미처 이루어지기도 전에 봉토와 후한 작록이 몰려들어 임금의 지위가 비록 낮아진다 해도 신하의 지위는 높여지며, 나라의 영토가 비록 깎이고 있다 해도 사가私家는 부유해 질 것이다.

일이 성사되면 권세를 가지고 오래 존중받을 것이요, 일이 실패해도 부유함을 가진 채 물러나 편히 살게 될 것이다.

임금이 그러한 신하의 주장을 들어주어 일이 미처 성사되기도 전이라면 작록이 이미 높아지는 것이요, 일이 실패하였는데도 처벌을 하지 않으면 격하게 유세하는 자들로써 그 누가 주살로 새를 잡는 뛰어난 말재주로써 그 뒤의 요행을 바라지 않을 자가 있겠는가?

그러므로 나라가 깨어지고 임금이 망하게 되는 것은 담론하는 자들의 허황한 논리 때문인 것이다.

이는 무슨 까닭이겠는가?

바로 임금이 공과 사의 이해를 분명히 하지 못하고 언론이 합당함 여부를 살피지 못하며, 처벌이 반드시 뒤를 따르지 않기 때문이다.

모두가 "외사外事에 힘쓰면 크게는 왕도를 펼 수 있고, 작게는 나라를 안정시킬 수 있다"라고 한다.

무릇 왕도란 능히 남을 칠 수 있는 것이지만 상대 나라가 안정되어 있으면 칠 수 없는 것이요, 강함이란 능히 남을 칠 수가 있으나 그 나라가 잘 다스려지고 있으면 칠 수 없다.

치治와 강强은 밖에서 책임을 물을 수 있는 것이 아니며 내정內政에서 그것을 취해야 하는 것이다.

지금 만약 안으로 법술을 행하지 않은 채 밖으로 지모만을 일삼는다면 '치'와 '강'은 다가오지 않을 것이다.

今則不然, 士民縱恣於內, 言談者爲勢於外, 外內稱惡, 以待强敵, 不亦殆乎?

故群臣之言外事者, 非有分於從衡之黨, 則有讐讎之忠, 而借力於國也.

從者, 合衆弱以攻一强也; 而衡者, 事一强以攻衆弱也; 皆非所以持國也.

今人臣之言衡者, 皆曰:「不事大, 則遇敵受禍矣.」

事大未必有實, 則擧圖而委, 效璽而請兵矣.

獻圖則地削, 效璽則名卑, 地削則國削, 名卑則政亂矣.

事大爲衡, 未見其利也, 而亡地亂政矣.

人臣之言從者, 皆曰:「不救小而伐大, 則失天下, 失天下則國危, 國危而主卑.」

救小未必有實, 則起兵而敵大矣.

救小未必能存, 而交大未必不有疏, 有疏則爲强國制矣.

出兵則軍敗, 退守則城拔.

救小爲從, 未見其利, 而亡地敗軍矣.

是故事强, 則以外權士官於內; 救小, 則以內重求利
於外.

國利未立, 封土厚祿至矣; 主上雖卑, 人臣尊矣; 國地
雖削, 私家富矣.

事成, 則以權長重; 事敗, 則以富退處.

人主之聽說於其臣, 事未成則爵祿已尊矣; 事敗而弗誅,
則激遊說之士, 孰不爲用矰繳之說而徼倖其後?

故破國亡主以聽言談者之浮說.

此其故何也?

是人君不明乎公私之利, 不察當否之言, 而誅罰不必
其後也.

皆曰:「外事, 大可以王, 小可以安.」

夫王者, 能攻人者也; 而安, 則不可攻也; 强, 則能攻
人者也; 治, 則不可攻也.

治·强不可責於外, 內政之有也.

今不行法術於內, 而事智於外, 則不至於治·强矣.

【士民】 고대 四民 가운데 士의 집단. 《穀梁傳》 成公 元年에 "古者有四民: 有士民,
有商民, 有農民, 有工民"이라 함.
【縱恣】 방자하게 제멋대로 행동함. 儒家와 游俠의 무리들을 가리킴.
【稱惡】 惡을 드러내어 행함. 蒲坂圓은 "稱, 擧也"라 함.
【從衡】 縱橫, 從橫과 같음. 戰國시대 가장 풍미했던 外交術. 從은 合從說. 즉 山東

六國(燕, 韓, 魏, 趙, 齊, 楚)이 세로로 연합전선을 구축하여 강한 秦나라에 맞서는 국제적 외교 전략. 蘇秦의 주장이었음. 衡은 橫과 같으며 連橫說(連衡說). 즉 산동 육국이 저마다 진나라와 외교관계를 맺어 事大함으로써 자신의 안전을 꾀하는 各個 정책. 張儀의 주장이었음.《戰國策》,《史記》 등을 참조할 것.

【讐讎之忠】개인적인 복수를 위한 사사로운 속마음. '忠'은 '衷'과 같음.《淮南子》說山訓의 高誘 注에 "忠, 中心也"라 함.

【一強】'一强六弱'의 줄인 말. 전국시대 후기 七雄은 강한 秦나라 하나와 나머지 약한 山東 6국으로 구분되었으며 이를 두고 말한 것.

【交大】큰 나라 상대로 싸움을 함. '敵大', '伐大'와 같은 뜻임.

【有疏】작은 나라들 사이의 관계가 벌어져 서로 소원해짐.

【矰繳之說】'矰'은 '弋'과 같은 사냥법으로 화살 끝에 실을 매어 새를 잡는 것. 여기서는 맞기만 하면 사냥감을 놓치지 않고 반드시 획득할 수 있는 것을 뜻함. 그러한 요행을 바라면서 변설을 늘어놓음. 요행수를 노리는 말솜씨를 뜻함.

【外事】외교의 사안을 말함. 連衡과 合從의 외교정책 선택을 가리킴.

【內政之有】'有'는 '取'와 같음.《廣雅》釋詁에 "有, 取也"라 함.

726(49-16)
소맷자락이 길면

비루한 속담에 "소맷자락이 길면 춤을 잘 추게 되고, 돈이 많으면 장사를 잘 하게 된다"라고 하였다.

이는 자본이 많아야 일을 쉽게 잘 할 수 있다는 말이다.

그러므로 치治와 강强이 이루어지면 쉽게 모책을 꾸밀 수 있으나, 약弱과 난亂이면 계책을 세우기가 어려운 것이다.

따라서 진秦나라에 등용된 자는 열 번 바꾸어도 모책이 실패하는 경우가 드물지만 연燕나라에 등용된 자는 한 번만 바꾸어도 계략이 성사되는 경우가 드문 것이니, 진나라에 등용된 자가 반드시 지혜롭고 연나라에 등용된 자가 반드시 어리석어서가 아니며 대체로 치란의 밑천이 다르기 때문이다.

그러므로 주周나라가 진나라를 버리고 합종하였으나 1년 만에 멸망하였던 것이며, 위衛나라가 위魏나라를 떠나 연횡 정책을 펴자 반 년 만에 망하였던 것이다.

이는 주나라는 합종으로 멸하고 위나라는 연횡으로 망한 예이다.

만약 주나라와 위나라로 하여금 합종과 연횡의 계략을 늦추어 국내의 정치를 엄격하게 하고 법령과 금제를 분명히 하며, 상과 벌을 반드시 행하며, 지력地力을 다하여 축적을 많이 하며, 백성들로 하여금 죽기를 각오하고 그 성을 견고히 하도록 하였다면 천하가 그 나라 토지를 차지하게 되면 이득이 적고, 그 나라를 치더라도 손상이 클 것이므로 만승의 나라라도 감히 그 견고한 성 밑에 스스로 쓰러져서 강적으로 하여금 지친 자신을 제압하도록 하지는 않았을 것이니, 이것이 결코 망하지 않을 수 있는 술책이다.

결코 망하지 않을 술책은 버려둔 채 반드시 멸망할 일을 길로 삼았으니 이는 나라 다스리는 자의 과오이다.

지혜가 밖으로 곤핍하고 정치가 안으로 어지럽다면 망하더라도 구제해 낼 수가 없다.

鄙諺曰:「長袖善舞, 多錢善賈.」

此言多資之易爲工也.

故治强易爲謀, 弱亂難爲計.

故用於秦者十變而謀希失; 用於燕者一變而計希得, 非用於秦者必智, 用於燕者必愚也, 蓋治亂之資異也.

故周去秦爲從, 期年而擧; 衛離魏爲衡, 半歲而亡.

是周滅於從, 衛亡於衡也.

使周·衛緩其從衡之計, 而嚴其境內之治, 明其法禁, 必其賞罰, 盡其地力以多其積, 致其民死以堅其城守, 天下得其地, 則其利少, 攻其國, 則其傷大; 萬乘之國, 莫敢自頓於堅城之下, 而使强敵裁其弊也, 此必不亡之術也.

舍必不亡之術而道必滅之事, 治國者之過也.

智困於內而政亂於外, 則亡不可振也.

【爲工】 '工'은 工巧함. 잘 해냄. 尹桐陽은 "工, 善也"라 함.
【希失】 실수가 거의 없음. '希'는 '稀'와 같음.

【秦】戰國七雄의 하나로 전국 中後期 法家思想을 수용하여 富國强兵을 이룬
다음 張儀의 連橫說을 적극 원용, 强國으로 발전하였으며 결국 秦始皇에
이르러 천하를 통일함. 도읍은 咸陽. 지금의 陝西
西安市.

【燕】지금의 北京, 河北, 遼寧 일대에 있던 戰國
七雄의 하나. 周 武王이 아우 召公(姬奭)을 薊에
봉하여 西周, 東周(春秋, 戰國)를 거쳐 존속하다가
秦始皇에게 망함.《史記》燕召公世家 참조.

〈秦始皇〉《三才圖會》

【周去秦而從】《史記》周本紀에 의하면 周 赧王 59년 諸侯와 合縱을 체결,
정예부대를 이끌고 伊闕을 경유하여 秦나라 공격에 나섰음. 그러자 秦 昭王이
크게 노하여 將軍 摎를 파견, 西周를 공격. 赧王은 秦나라에 가서 죄를 빌고
토지를 모두 헌납하였으며 이해에 난왕이 죽음. 그러자 周나라 백성들은 모두
東周로 귀속되었고 그로부터 7년 뒤 呂不韋가 東周조차 멸망시킴.

【衛】周나라 초기부터 있었던 제후국. B.C.660년 翟의 공격을 받아 楚丘(지금의
河南 滑縣)로 옮긴 뒤 小國으로 전락함. 뒤에 帝丘(지금의 河南 濮陽)로 천도하여
줄곧 魏나라에 복속됨. B.C.241년 秦나라가 이들을 野王(지금의 河南 沁陽)으로
강제 이주시켜 秦나라에 복속되었다가 B.C.209년 秦始皇 통일작전이 끝나고
망하였음. 한편《史記》六國年表에 의하면 秦始皇 6년 五國이 秦나라를 공격
하자 秦나라가 魏나라 朝歌를 함락시키고 그에 동조한 衛나라를 濮陽에서
野王으로 강제 이주시킨 것으로 되어 있음. 따라서 일부는 역사적 사실과 맞지
않아 全祖望은 "六國盡亡而衛尙存, 韓子之言謬矣"라 함.

【地力】농사짓는 일. 그 토지의 생산력. 그 영토 안에서 생산되는 물자들.

【自頓】지쳐서 기세가 꺾임. 스스로 좌절함. '頓'은 '頓躓'의 뜻.

【智困於內而政亂於外】'內'자와 '外'자는 서로 자리를 바꾸어야 뜻이 맞음.
顧廣圻는 "內, 外, 當互易"이라 함.

【可振】'振'은 '救'와 같음.

공민公民과 사인私人

    백성들의 본래 생각은 모두가 안정되고 유리한 쪽으로 나가며 위험과 궁지는 피하게 되어 있다.

    지금 만약 전쟁이 터지게 되었다면, 나아가면 적에게 죽고 물러서면 처벌로 죽으므로, 위태롭다.

    사가私家의 일을 버리고 한마汗馬의 노고를 다하느라 집안이 곤궁해졌음에도 위에서 이를 논의조차 해주지 않는다면 이는 궁해지는 것이다.

    궁함과 위험함이 있는 곳을 백성들에게 어찌 피하지 말라고 할 수 있겠는가?

    그러므로 사가의 집에 종사하여 완전히 위험과 궁함에서 풀려날 수 있다면 전쟁을 멀리하고 전투를 멀리하게 될 것이요, 전투를 멀리하면 안전하게 될 것이다.

    뇌물을 써서라도 길을 막고 있는 권력자에게 빌붙는 자는 바라는 것을 얻고, 바라는 것을 얻기만 하면 자신은 안전하며, 사사롭지만 자신만 안전하면 이익이 그곳에 있게 되는 것인데 어찌 그길로 가지 말라고 할 수 있겠는가?

    이 까닭으로 공민公民은 적어지고 사인私人은 많아지는 것이다.

民之政計, 皆就安利如辟危窮.

今爲之攻戰, 進則死於敵, 退則死於誅, 則危矣.

棄私家之事而必汗馬之勞, 家困而上弗論, 則窮矣.

窮危之所在也, 民安得勿避?

故事私門而完解舍, 解舍完則遠戰, 遠戰則安.

行貨賂而襲當塗者則求得, 求得則私安, 私安則利之所在, 安得勿就?

是以公民少而私人衆矣.

【政計】 '政'은 '正'과 같음. 尹桐陽은 "政, 同正"이라 함. 일반적인 보통 사람들의 이해타산. 그러나 王先愼은 "政, 當作自"라 하여 '政'자는 마땅히 '自'자여야 한다고 보았음.

【如辟】 '如'는 '而'와 같으며, '辟'는 '避'와 같음.

【汗馬之勞】 싸움터에서 말 달리는 수고. 전투에서의 고통과 勞役을 뜻함.

【事私門】 권세 있는 가문에 빌붙어서 일함. 私門은 私家의 권력자 문벌.

【解舍】 '舍'는 '捨'와 같음. 위험과 궁함으로부터 벗어남. 또는 조세나 兵役으로부터 면제를 받음. 그러나 顧廣圻는 '解'를 '廨'로 보았으며 '廨舍'는 官府의 건물. 즉 '관리들의 사무실'을 뜻하는 것이라 하였고, 陳奇猷는 '兵役義務를 피하여 사사롭게 숨어있는 집'이라 하였음. 그러나 俞樾은 "完解舍, 三字 衍文也"라 하여 의견이 분분함.

【遠戰】 전투를 멀리함. 전투를 피함. '避戰'과 같음.

【襲當塗】 요직을 맡은 이에게 의존하여 빌붙음. '襲'은 '因'의 뜻. '當塗'는 길을 가로막고 있는 要路, 권력자를 뜻함.

【公民】 임금과 나라를 위해 목숨을 바치는 충직한 백성.

【私民】 私家에 빌붙어 자신의 안전만을 도모하는 사람들.

본업本業과 말업末業

무릇 현명한 왕이 나라를 다스리는 정치는 장사꾼과 기술자와 무위 도식하는 백성을 줄이며, 그 명예도 낮추는 것이니 이유는 본업인 농사를 저버리고 모두가 상공의 말단 직업으로 내달리기 때문이다.

오늘날 측근들이 청탁을 행하면 관작官爵을 살 수가 있고, 관작을 살 수가 있으면 상공에 종사하는 자들도 미천해 지지 않는다.

간악한 재물과 장사꾼들이 시장에서 통용되면 상인의 수는 줄어들지 않을 것이다.

그들이 벌어들이는 것이 농사일의 갑절이나 되고, 존중을 받는 것이 농사일이나 전투에 참가하는 사람을 뛰어넘는다면 경개耿介의 선비들은 줄어들고, 상고商賈에 종사하는 백성들은 많아질 것이다.

夫明王治國之政, 使其商工遊食之民少而名卑, 以寡趣本務而趨末作.

今世近習之請行, 則官爵可買, 官爵可買, 則商工不卑也矣.

姦財貨賈得用於市, 則商人不少矣.

聚歛倍農而致尊過耕戰之士, 則耿介之士寡而商賈之民多矣.

【商工】상업과 공업. 고대에는 本業인 農業에 비해 末業이라 하여 천하게 여겼음.
【遊食】놀고 먹음.
【以寡趣本務而趨末作】'以'는 '이유는, 까닭은'의 뜻. '趣'와 '趨'는 모두 뜻이 같음.
'달려가다, 그곳으로 향하다'의 뜻. '趨末作' 앞에 '多'자가 추가되어야 뜻이
온전해짐. 그러나 〈集解〉에는 "先愼曰:《拾補》趨作外. 盧文弨云:「趨譌, 舊人改」
先愼按: 張榜本作減, 較舊義爲近"이라 하였고, 《韓非子今註今譯》에는 "以趣
本務而外末作"이라 하여 '寡'자를 빼고 '趨'자를 '外'자로 바꾸어 "本務로 달려
가고 末作은 멀리하도록 하기 위함"으로 풀이하였음.
【姦財貨買】상품을 賣買하면서 財利를 騙取함.
【耕戰】'耕'은 농사일. '戰'은 전투에 참가하여 兵役의 의무를 다하는 일.
【耿介】광명정대하며 지조를 지키는 사람.
【商賈】'상고'로 읽으며 상업을 뜻함. '商'은 行商, '賈'는 座商으로 구분하기도 함.

참고 및 관련 자료

1.《文選》(〈廣絶交論〉注) 및 《群書拾補》를 볼 것.

729(49-19)
다섯 부류의 좀벌레

이 까닭으로 혼란한 나라의 풍속에는 학자들은 선왕의 도를 칭송하고 인의를 빙자하며, 용모와 옷차림을 성대히 하고 말솜씨를 꾸며 당대의 법을 의심토록 하여 군주의 마음을 혼란시킨다.

담론을 펴는 자는 거짓을 세워 속여 말하고, 밖의 힘을 빌려 사욕을 성취시키며 사직의 이익 따위는 빠뜨리고 있다.

칼을 차고 다니는 자는 무리들을 모아 절조를 내세워 이름을 드러냄으로써 오관五官에서 정한 금지 법령을 범하고 있다.

임금 가까이 친한 자는 사문私門과 친히 하며 온갖 뇌물을 써서 중요한 권세를 가진 자를 알현시키기에 이를 써서 한마汗馬의 노역에서 물러나 있다.

상공商工에 종사하는 백성들은 찌그러진 그릇을 만들고 쓸데없이 비용만 드는 물건을 만들면서도 재물을 모아 쌓아둔 채 때를 노려 농부와 똑같은 이익을 취하고 있다.

이 다섯 부류는 나라의 좀벌레이다.

임금이 이 다섯 부류의 좀벌레를 없애지 않거나 경개耿介한 선비를 기르지 못한다면 해내海內에 비록 파망破亡하는 나라나 삭멸削滅하는 조정이 있다 해도 또한 괴이히 여길 것이 못된다.

是故亂國之俗, 其學者, 則稱先王之道以籍仁義, 盛容服而飾辯說, 以疑當世之法, 而貳人主之心.

其言古者, 爲設詐稱, 借於外力, 以成其私, 而遺社稷之利.

其帶劍者, 聚徒屬, 立節操, 以顯其名, 而犯五官之禁.

其患御者, 積於私門, 盡貨賂, 而用重人之謁, 退汗馬之勞.

其商工之民, 修治苦窳之器, 聚弗靡之財, 蓄積待時, 而侔農夫之利.

此五者, 邦之蠹也.

人主不除此五蠹之民, 不養耿介之士, 則海內雖有破亡之國, 削滅之朝, 亦勿怪矣.

【籍仁義】‘籍’은 ‘藉’와 같음.

【盛容服】儒生들을 가리킴.

【貳】專一하지 못하게 함. 혼미하게 함. 미혹을 느끼도록 함.

【言古者】合縱과 連橫을 거론하는 논객 유세가들. ‘古’는 ‘談’자여야 함. 顧廣圻는 “古, 當作談”이라 함.

【爲設】논법에 가설을 설정함. ‘爲’는 ‘僞’의 뜻으로도 봄.

【帶劍者】허리에 두른 띠에 칼을 차고 있는 자. 遊俠의 부류를 가리킴.

【五官】司徒·司馬·司空·司士·司寇 등 통치의 높은 부서.《禮記》曲禮에 “天子之五官, 曰司徒, 司馬, 司空, 司士, 司寇, 典司五衆”이라 함. 조정에서 정한 법을 뜻함.

【患御者】‘患’은 ‘串’자의 뜻으로 친숙함. 熟習의 뜻.《爾雅》와《詩經》皇矣篇 “串夷載路”의 〈毛傳〉에 “串, 習也”라 하였고, 盧文弨의《群書拾補》에 “患, 疑是串字”라 함. ‘御’는 임금. 임금 곁에서 시중드는 가까운 측근을 뜻함.

【積於私門】권세 私家의 門閥과 친숙하게 지냄. 積은 積習의 뜻.

【苦窳】뒤틀리거나 찌그러지는 등 瑕疵가 많은 도자기나 그릇.

【弗靡之財】精緻하지 못한 貨物, 商品. '靡'는 細緻의 뜻. 그러나 '弗'은 '費'의 略體이며 쓸데없이 돈을 들임의 뜻이며, '靡'는 浪費의 뜻으로 보아 '실질에 소용이 닿지 않는데도 많은 돈을 들여 사도록 유혹하는 물건'으로 '靡費'와 같은 用例로 풀이하기도 함.《荀子》君道篇에 "故天下諸侯無靡費之用"이라 함.

【侔】侔利, 즉 利를 취함. '侔'는 '牟'과 같으며 '取'의 뜻.

【五者】五蠹를 가리킴. 즉 본문에 거론한 學者, 言古者(言談者), 帶劍者, 患御者(串御者), 商工之民의 부류들.

50. 현학顯學

　'현학顯學'이란 세상에 뚜렷하게 알려진 학파들을 가리킨다. 즉 그 무렵 풍미하고 있던 유가儒家와 묵가墨家이다.

　이 두 학파의 주장과 그 실태에 대하여 공격적인 비판을 가함과 아울러 법가의 주장을 널리 떨치기 위한 것으로 중국학술사中國學術史에도 널리 거론되고 인용되는 내용이다.

　우선 이들 학파의 기원과 파별을 설명하고 이어서 유가의 '重家族', '重人治', '重感化'와 묵가의 '重兼愛', '重天治', '重尙同'을 비판하면서 법가의 '重國家', '重法治', '重干涉'을 강하게 주장하였고, 유묵의 '法古'에 대칭하여 법가의 '創新'을 자신있게 펼쳐 보이고 있다.

　그 외에 오두五蠹편에 거론하였던 학자, 협객 등의 문제도 다루고 있어 본편은 한비의 사상이 가장 잘 기술된 것으로 널리 평가 받고 있다.

730(50-1)
유가儒家와 묵가墨家

세상에 뚜렷이 드러난 학파는 유가儒家와 묵가墨家이다.

유가가 높이 여기는 자는 공구孔丘이며, 묵가에서 지극히 여기는 자는 묵적墨翟이다.

공자가 죽고 나서는 자장子張이 이어온 유가, 자사子思의 유가, 안씨顏氏의 유가, 맹씨孟氏의 유가, 칠조씨漆雕氏의 유가, 중량씨仲良氏의 유가, 손씨孫氏의 유가, 악정씨樂正氏의 유가 등이 있다.

묵자가 죽고 나서는 상리씨相理氏의 묵가, 상부씨相夫氏의 묵가, 등릉씨鄧陵氏의 묵가 등이 있다.

그러므로 공자와 묵자 뒤에는 유가가 갈라져 여덟 파가 되었고, 묵가는 갈라져 세 파가 되었으며, 그들의 주장이 서로 어긋나 다르지만 그래도 모두가 스스로 진정한 공자·묵자라 하고 있으니 공자·묵자가 다시 살아날 수 없는데 앞으로 누구로 하여금 후세 학설을 판정하도록 할 수 있겠는가?

공자·묵자는 함께 요堯·순舜을 칭송하지만 그 주장이 같지 않건만 모두가 자신들을 정통 요·순이라 말하고 있으나 요·순이 다시 살아날 수 없는데 앞으로 누구로 하여금 유·묵의 진실을 판정하게 할 수 있겠는가?

은殷·주周가 7백여 년이었고, 우虞·하夏가 2천여 년이나 되어도 유·묵의 정통을 판정할 수가 없건만 지금 3천년전 요·순의 도를 심의하고자 하지만 생각건대 그렇게 해낼 수가 없는 것은 틀림이 없으리로다!

참험參驗도 없이 될 수도 없는 짓을 하는 것은 어리석은 것이며, 반드시 그렇게 해낼 수도 없는 것을 근거로 하는 것은 속이는 것이다.

그러므로 선왕을 근거로 밝히거나 반드시 요·순을 단정하는 자는 어리석은 자이거나 아니면 속이는 자이다.

어리석고 속이는 학설이며 잡박하게 어긋나는 행동이니 현명한 군주는 이를 받아들이지 말아야 한다.

世之顯學, 儒·墨也.

儒之所至, 孔丘也; 墨之所至, 墨翟也.

自孔子之死也, 有子張之儒, 有子思之儒, 有顏氏之儒, 有孟氏之儒, 有漆雕氏之儒, 有仲良氏之儒, 有孫氏之儒, 有樂正氏之儒.

自墨子之死也, 有相里氏之墨, 有相夫氏之墨, 有鄧陵氏之墨.

故孔·墨之後, 儒分爲八, 墨離爲三, 取舍相反不同, 而皆自謂眞孔, 墨, 孔·墨不可復生, 將誰使定後世之學乎?

孔子·墨子俱道堯·舜, 而取舍不同, 皆自謂眞堯·舜, 堯·舜不復生, 將誰使定儒·墨之誠乎?

殷·周七百餘歲, 虞·夏二千餘歲, 而不能定儒·墨之眞; 今乃欲審堯·舜之道於三千歲之前, 意者其不可必乎!

無參驗而必不者, 愚也; 弗能必而據之者, 誣也.

故明據先王, 必定堯·舜者, 非愚則誣也.

愚誣之學, 雜反之行, 明主弗受也.

【儒】儒家.《漢書》藝文志 諸子略에 "儒家者流, 蓋出於司徒之官, 助人君順陽
陽明敎化者也. 遊文於六經之中, 留意於仁義之際, 祖述堯·舜, 憲章文·武, 宗師
仲尼, 以重其言, 於道最爲高. 孔子曰:「如有所譽, 其有所試.」唐·虞之隆, 殷·周
之盛, 仲尼之業, 已試之效者也. 然惑者旣失精微, 而辟者又隨時抑揚, 違離道本,
苟以嘩衆取寵. 后進循之, 是以《五經》乖析, 儒學浸衰, 此辟儒之患"이라 함.

【墨】墨翟을 중심으로 한 諸子百家 중의 墨家. 兼愛, 尙同, 尙賢, 非攻, 非樂, 非命,
節用, 尊天, 節葬, 事鬼 등을 主唱하여 당시 크게 성행함.《漢書》藝文志 諸子略에
"墨家者流, 蓋出於淸廟之守. 茅屋采椽, 是以貴儉; 養三老五更, 是以兼愛; 選士
大射, 是以上賢; 宗祀嚴父, 是以右鬼; 順四時而行, 是以非命; 以孝視天下, 是以
上同; 此其所長也. 及蔽者爲之, 見儉之利, 因以非禮, 推兼愛之意, 而不知別親疏"
라 함.

【孔丘】孔子(B.C.551~B.C.479년) 이름은 丘, 자는 仲尼. 魯나라 鄹邑 사람으로
春秋 말 저명한 思想家이며 敎育家, 儒家學派의 創始者.《孔子家語》및《史記》
孔子世家, 仲尼弟子列傳 등을 참조할 것.

【墨翟】이름은 翟(B.C.501? 490~B.C.416년) 맹자보다 앞선 인물이며 한때 宋나라
大夫를 지내기도 하였음. 제자가 3백여 명에 이르렀고 남의 어려움을 보면 물
불을 가리지 않고 해결하러 나섰음. 지금《墨子》는 53편이 전함. 그 뒤 墨家의
분화에 대해 梁啓楚의《墨子學說》에는 "墨派可分爲四: 相里勤·五侯之徒, 得力
於勤儉力行者多. 苦獲·己齒·鄧陵子之徒, 得力於論理學者多. 相夫氏一派, 不詳.
宋鈃·尹文一派, 得力於非攻寬恕者多"라 함.

【子張之儒】子張은 春秋시대 陳나라 출신으로 孔子 제자. 성은 顓孫, 이름은 師.
子張은 자.《論語》,《荀子》(非十二子),《史記》(仲尼弟子列傳) 등에 그의 행적이
실려 있음.

【子思之儒】子思는 孔伋. 공자 손자. 孔鯉의 아들. 자는 子思. 曾子에게 수학하였
으며 孟子에게로 그 학통이 이어짐.《漢書》藝文志에《子思》23편이 저록되어
있으며 注에 "子思二十三篇, 名伋, 孔子孫, 爲魯穆公師"라 함. 지금은 실전되고
없음.《禮記》의〈中庸〉,〈坊記〉,〈表記〉,〈緇衣〉는 子思의 저술이라 함.

【顔氏之儒】《史記》仲尼弟子列傳에 보이는 공자 제자 가운데 성이 顔氏인 자가
顔無繇, 顔回, 顔幸, 顔高, 顔祖, 顔之僕, 顔噲, 顔何 등 모두 8명이 있으며 구체적
으로 누구를 가리키는지는 알 수 없음. 그러나 孔子가 顔回를 두고 '好學', '賢'
이라 칭찬한 것으로 보아 顔回(顔淵)일 가능성이 매우 높음.

【孟氏之儒】孟軻를 가리킴. 자는 子輿(B.C.372~B.C.289년). 戰國시대 鄒(지금의
山東 鄒縣) 사람으로 子思의 再傳弟子. 공자를 이어 儒家를 대표하는 사상가로

亞聖으로도 불림. 仁義와 王道政治를 주장하였으며《孟子》7편이 전함.

【漆雕氏之儒】漆雕啓. 성은 漆雕. 자는 子開. 공자 제자로《漢書》藝文志에
《漆雕子》13편이 저록되어 있음. 그러나 그의 후손일 것으로 보고 있음.

【仲良氏之儒】仲良氏는 仲梁氏로도 표기하며 魯나라 사람.《漢書》古今人表에
'仲梁子'가 보이며 齊 襄王과 같은 시대 인물로 되어 있음.《禮記》檀弓에 그의
말이 실려 있으며《左傳》定公 5년 仲梁懷는 그의 선조일 것으로 보임.

【孫氏之儒】津田鳳卿은 '公孫氏'일 것이라 하였음.《玉海》에 인용된 이 구절에는
'公孫氏'로 되어 있음.《漢書》藝文志에《公孫尼子》29편이 저록되어 있으며
注에 "七十子之弟子"라 함.

【樂正氏之儒】曾子(曾參)의 제자에 '樂正子春'이 있고, 孟子 제자에는 '樂正子'가
있음. 구체적으로는 알 수 없으나《春秋》를 전수한 것으로 전해짐. 梁啓超는
"曾子弟子有樂正子春, 此文樂正氏, 疑卽傳曾子學者. 孟子弟子亦有樂正子, 當屬
孟氏一派也"라 함. 陶淵明의〈聖賢群輔錄〉(八儒, 三墨)을 참조할 것.

【相里氏之墨】相里子는 이름은 勤, 남방의 묵가를 대표하며 勤儉과 力行으로
유명했다 함.《莊子》天下篇을 볼 것.

【相夫氏之墨】구체적으로는 알 수 없음.

【鄧陵氏之墨】論理學에 뛰어났던 一派라 함.

【堯】전설상 上古시대 五帝의 하나. 陶唐氏. 唐堯로도 부름. 祁姓이며 이름은
放勳. 帝嚳의 아들.《十八史略》(1)에 "帝堯陶唐氏: 伊祁姓, 或曰名放勛, 帝嚳子也.
其仁如天, 其知如神, 就之如日, 望之如雲, 都平陽. 茆茨不剪, 土階三等. 有草生庭,
十五日以前, 日生一葉, 以後日落一葉, 月小盡, 則一葉厭而不落, 名曰蓂莢, 觀之
以知旬朔"이라 함.《史記》五帝本紀를 볼 것.

【舜】고대 五帝의 하나. 有虞氏. 姓은 姚氏, 이름은 重華. 虞舜으로도 부름. 堯임금
으로부터 천하를 물려받아 帝位에 오름. 瞽瞍의 아들로 孝誠이 뛰어났던
분으로 널리 알려져 있으며 儒家에서 聖人으로 추앙함.《十八史略》(1)에 "帝舜
有虞氏: 姚姓, 或曰名重華, 瞽瞍之子, 顓頊六世孫也. 父惑於後妻, 愛少子象,
常欲殺舜. 舜盡孝悌之道, 烝烝乂不格姦"이라 함.

【取舍】옳고 그름을 가리는 내용. 主義主張을 말함.

【殷周七百餘歲】《史記》殷本紀〈集解〉에 "譙周曰: 殷凡三十一世, 六百餘年.
《汲冢紀年》曰: 湯滅夏以至於受, 二十九王, 用歲四百九十六年也"라 하였고,
周本紀〈集解〉에는 皇甫謐의 말을 인용하여 "周凡三十七王, 八百六十七年"
이라 하여 왕주의 존속 기간에 대한 계산들이 각기 다름.

참고 및 관련 자료

1. 《陶淵明集》聖賢群輔錄

(1) 八儒

夫子沒後, 散於天下, 設於中國, 成百氏之源, 爲綱紀之儒. 居環堵之室, 蓽門
圭窬, 甕牖繩樞, 倂日而食, 以道自居者, 有道之儒, 子思氏之所行也. 衣冠中,
動作順, 大讓如慢, 小讓如僞者, 子張氏之所行也. 顔氏傳詩爲道, 爲諷諫之儒.
孟氏傳書爲道, 爲疎通致遠之儒. 漆雕氏傳禮爲道, 爲恭儉莊敬之儒. 仲梁氏
傳樂爲道, 以和陰陽, 爲移風易俗之儒. 樂正氏傳春秋爲道, 爲屬辭比事之儒.
公孫氏傳易爲道, 爲潔淨精微之儒.

(2) 三墨

不累於俗, 不飾於物, 不尊於名, 不忮於衆, 此宋鈃·尹文之墨. 裘褐爲衣, 跂蹻
爲服, 日夜不休, 以自苦爲極者, 相里勤·五侯子之墨. 俱稱經而背譎不同, 相謂
別墨以黑白, 此苦獲·以齒·鄧陵子之墨.

2. 《莊子》天下篇

不侈於後世, 不靡於萬物, 不暉於數度, 以繩墨自矯, 而備世之急; 古之道術有
在於是者. 墨翟禽滑釐聞其風而說之. 爲之大過, 已之大循. 作爲非樂, 命之曰
節用; 生不歌, 死无服. 墨子汎愛兼利而非鬪, 其道不怒; 又好學而博, 不異,
不與先王同, 毀古之禮樂. 黃帝有咸池, 堯有大章, 舜有大韶, 禹有大夏, 湯有
大濩, 文王有辟雍之樂, 武王周公作武. 古之喪禮, 貴賤有儀, 上下有等, 天子
棺槨七重, 諸侯五重, 大夫三重, 士再重. 今墨子獨生不歌, 死不服, 桐棺三寸
而无槨, 以爲法式. 以此敎人, 恐不愛人; 以此自行, 固不愛己. 未敗墨子道,
雖然, 歌而非歌, 哭而非哭, 樂而非樂, 是果類乎? 其生也勤, 其死也薄, 其道
大觳; 使人憂, 使人悲, 其行難爲也, 恐其不可以爲聖人之道, 反天下之心, 天下
不堪. 墨子雖獨能任, 奈天下何! 離於天下, 其去王也遠矣. 墨子稱道曰:「昔者
禹之湮洪水, 決江河而通四夷九州也, 名川三百, 支川三千, 小者无數. 禹親自
操橐耜而九雜天下之川; 腓无胈, 脛无毛, 沐甚雨, 櫛疾風, 置萬國. 禹大聖也,
而形勞天下也如此」使後世之墨者, 多以裘褐爲衣, 以跂蹻爲服, 日夜不休, 以自
苦爲極, 曰:「不能如此; 非禹之道也, 不足謂墨」相里勤之弟子, 五侯之徒, 南方
之墨子苦獲·己齒·鄧陵子之屬, 俱誦墨經, 而倍譎不同, 相謂別墨; 以堅白同
異之辯相訾, 以觭偶不仵之辭相應; 以巨子爲聖人, 皆願爲之尸, 冀得爲其後世,
至今不決. 墨翟·禽滑釐之意則是, 其行則非也. 將使後世之墨者, 必自苦以腓

无胈脛无毛, 相進而已矣. 亂之上也, 治之下也. 雖然, 墨子眞天下之好也, 將求之不得也, 雖枯槁不舍也, 才士也夫!

3. 《意林》(1)

墨子死後, 有相里氏之墨, 有相芬氏之墨, 有鄧陵氏之墨. 孔·墨之後, 儒分爲八, 墨離爲三也(案相芬氏: 韓非子顯學篇作相夫氏).

4. 기타《北堂書鈔》(96)를 볼 것.

731(50-2)
묵가墨家의 장례葬禮

묵가의 장례는 겨울에는 겨울옷을, 여름에는 여름옷을 입히며, 오동나무 관 세 치로 삼월상三月喪을 해야 한다고 주장하자 세속의 군주들은 이를 검儉이라 여겨 예우하고 있다.

반면 유가는 집 재산을 다 써서 장례를 치르고, 아들을 고용살이시켜 빚졌던 장례비를 갚으며, 삼년상三年喪으로 하느라 몸이 쇠약해져 지팡이에 의지해야 할 정도가 되어야 한다고 하자 세속 군주들은 이를 효孝라 여겨 예우하고 있다.

무릇 묵가의 검이 옳은 것이라면 공자의 치侈는 그릇된 것이며, 공자의 효가 옳은 것이라면 묵자의 여戾는 그릇된 것이 된다.

지금 효와 여, 치와 검은 모두가 유가와 묵가에 있는데도 군주는 이를 함께 하여 예라고 여기고 있다.

칠조漆雕의 논리는 표정이 일그러짐이 없어야 하고, 눈을 돌리지 않아야 한다고 하면서 행동이 굽으면 노예에게도 위배됨을 인정해야 하며, 행동이 곧으면 제후일지라도 맞서서 화를 낼 수 있어야 한다고 하자 세속의 군주들은 이를 두고 염廉이라 여겨 예우하고 있다.

송영자宋榮子의 논리는 다툼이 없어야 한다는 가설을 세워놓고 원수 갚지 않아야 한다고 하고, 감옥을 부끄러워하지 않으며, 모욕당해도 치욕으로 생각하지 않는 것인데 세속의 군주들은 이를 관寬이라 여겨 예우하고 있다.

무릇 칠조의 '염'이 옳은 것이라면 송영의 서恕는 그릇된 것이며, 송영의 '관'이 옳은 것이라면 칠조의 포暴는 그릇된 것이어야 한다.

지금 관, 염, 서, 포가 두 사람 모두에게 있건만 임금은 이를 겸하여 예우하고 있다.

어리석음과 속임의 학설, 그리고 잡박함과 어긋나는 언사가 다투기 시작한 이래로 임금은 이를 함께 들어주고 있으니 그 때문에 나라 안의 선비들이 언론에는 정해진 술책이 없게 되었고, 행동에는 일정한 기준이 사리지게 되었다.

무릇 얼음과 숯불은 같은 그릇에 담으면 오래갈 수가 없고, 추위와 더위는 같은 시기에 함께 이를 수 없으며, 잡박하고 어긋나는 학술이란 양립시켜 처리할 수가 없는 것이다.

지금 만약 잡박한 학설과 그릇된 행동, 그리고 같거나 다른 언사를 함께 듣고 있다면 어찌 혼란스럽지 않을 수가 있겠는가?

듣고 있는 행동이 이와 같다면 사람을 다스림에 있어서도 또한 틀림없이 그러할 것이다.

墨者之葬也, 冬日冬服, 夏日夏服, 桐棺三寸, 服喪三月, 世主以爲儉而禮之.

儒者破家而葬, 任子而償, 服喪三年, 大毀扶杖, 世主以爲孝而禮之.

夫是墨子之儉, 將非孔子之侈也; 是孔子之孝, 將非墨子之戾也.

今孝·戾·侈·儉俱在儒·墨, 而上兼禮之.

漆雕之議, 不色撓, 不目逃, 行曲則違於臧獲, 行直則怒於諸侯, 世主以爲廉而禮之.

宋榮子之議, 設不鬪爭, 取不隨讐, 不羞囹圄, 見侮不辱, 世主以爲寬而禮之.

夫是漆雕之廉, 將非宋榮之恕也; 是宋榮之寬, 將非漆雕之暴也.

今寬·廉·恕·暴俱在二子, 人主兼而禮之.

自愚誣之學·雜反之辭爭, 而人主俱聽之, 故海內之士, 言無定術, 行無常議.

夫冰炭不同器而久, 寒暑不兼時而至, 雜反之學不兩立而治.

今兼聽雜學繆行同異之辭, 安得無亂乎?

聽行如此, 其於治人又必然矣.

【桐棺三寸】값이 싸고 썩기 쉬운 오동나무로 관을 만들며 그 두께도 세 치쯤 으로 얇게 함.《墨子》節葬(下)에 "棺三寸, 足以朽骨; 衣三領, 足以朽肉. 掘地 之深, 下無菹漏, 氣無洩於上, 壟足以期其所, 則止矣"라 함.

【三月】喪期를 3개월쯤으로 짧게 함. 그러나《墨子》公孟篇과《北堂書鈔》및 《太平御覽》등에는 '三日'로 되어 있음. 儒家의 三年喪을 심하게 반대한 것임.

【破家】집안 재물을 파탄내면서 성대하게 장례를 치름.《墨子》節葬(下)에 "匹夫 賤人死者, 殆竭家室; 諸侯死者, 虛府庫"라 함.

【任子而償】장례를 치르느라 꾼 돈을 아들을 고용살이 시켜 번 돈으로 갚음. 이 4글자는 원본에 없으며《北堂書鈔》와《太平御覽》에 의해 補入한 것임.

【大毀扶杖】오랫동안의 喪期를 치르느라 喪主의 몸이 매우 쇠약하여 부축해야 일어설 수 있고 지팡이가 있어야 움직일 수 있을 정도임.《墨子》節葬篇에 "則毀瘠必有制矣, 使面目陷陬. 顔色黧黑. 耳目不聰明. 手足不勁强. 不可用也. 又曰: 上士之操喪也. 必扶而能起. 杖而能行. 以此共三年. 若法若言. 行若道. 使王 公大人行此. 則必不能蚤朝. 五官六府. 闢草木. 實倉廩"이라 함.

【戾】인정에 벗어남이 지독함. 심함. '戾'는 '厲'와 같음.

【色撓】 표정이 일그러짐. 남이 괴롭혀도 전혀 반응을 보이지 않고 태연함을 뜻함.

【目逃】 애써 시선을 피함.

【臧獲】 노예를 일컫는 말.《荀子》王霸 注에 "臧獲, 奴婢也.《方言》曰:「荊·淮·海·岱之間, 罵奴曰臧, 罵婢爲獲. 燕齊亡奴謂之臧, 亡婢謂之獲. 或曰: 取貨謂之臧, 擒得謂之獲, 皆謂有罪爲奴婢者.」"라 하였고,《名義考》에는《風俗通》을 인용하여 "臧, 被罪沒官爲奴婢; 獲, 逃亡獲得爲奴婢"라 함.

【宋榮子】 宋牼, 宋鈃, 宋蚙 등으로도 표기하며 孟子와 같은 시대 인물. 見侮不辱과 救世之戰을 주장한 사상가.《漢書》藝文志 小說家에《宋子》18편이 저록되어 있으며, "孫卿道宋子, 其言黃老意"라 하였고,《莊子》逍遙遊篇에는 "宋榮子猶然笑之, 且擧世譽之而不加勸, 擧世非之而不加沮, 定乎內外之分, 辯乎榮辱之竟"이라 함.

【囹圄】 감옥.

【定術】 고정된 원리.

【常議】 불변의 주의주장을 말함.

【繆行】 도리에 어긋난 행동. '繆'는 실이 얽힌 상태를 뜻하는 말.

참고 및 관련 자료

1.《墨子》節葬(下)

子墨子言曰:「仁者之爲天下度也, 闢之, 無以異乎孝子之爲親度也. 今孝子之爲親度也, 將奈何哉? 曰:『親貧則從事乎富之, 人民寡則從事乎衆之, 衆亂則從事乎治之.』當其于此也, 亦有力不足, 財不贍, 智不智, 然后已矣. 無敢舍餘力, 隱謀遺利, 而不爲親爲之者矣. 若三務者, 孝子之爲親度也, 旣若此矣. 雖仁者之爲天下度, 亦猶此也. 曰:「天下貧則從事乎富之, 人民寡則從事乎衆之, 衆而亂則從事乎治之.」當其于此, 亦有力不足, 財不贍, 智不智, 然后已矣. 無敢舍餘力, 隱謀遺利, 而不爲天下爲之者矣. 若三務者, 此仁者之爲天下度也, 旣若此矣. 今逮至昔者三代聖王旣沒, 天下失義, 后世之君子, 或以厚葬久喪以爲仁也, 義也, 孝子之事也; 或以厚葬久喪以爲非仁義, 非孝子之事也. 曰二子者, 言則相非, 行卽相反, 皆曰:『吾上祖述堯舜禹湯文武之道者也.』而言卽相非, 行卽相反, 於此乎后世之君子, 皆疑惑乎二子者言也. 若苟疑惑乎二子者言, 然則姑嘗傳而爲政乎國家萬民而觀之. 計厚葬久喪, 奚當此三利者? 我意若使法其

言, 用其謀, 厚葬久喪實可以富貧衆寡, 定危治亂乎, 此仁也, 義也, 孝子之事也,
爲人謀者, 不可不勸也. 仁者將興之天下, 誰賈而使民譽之, 終勿廢. 意亦使法
其言, 用其謀, 厚葬久喪實不可以富貧衆寡, 定危理亂乎, 此非仁非義, 非孝子
之事也, 爲人謀者不可不沮也. 仁者將求除之天下, 相廢而使人非之, 終身勿爲.
且故興天下之利, 除天下之害, 令國家百姓之不治也, 自古及今, 未嘗之有也.
何以知其然也? 今天下之士君子, 將猶多皆疑惑厚葬久喪之爲中是非利害也.」
故子墨子言曰:「然則姑嘗稽之. 今雖毋法執厚葬久喪者言, 以爲事乎國家. 此存
乎王公大人有喪者, 曰棺槨必重, 葬埋必厚, 衣衾必多, 文繡必繁, 丘隴必巨;
存乎匹夫賤人死者, 殆竭家室, 乎諸候死者, 虛車府, 然后金玉珠璣比乎身, 綸組
節約, 車馬藏乎壙, 又必多爲屋幕, 鼎鼓几梴壺濫, 戈劍羽旄齒革, 寢而埋之,
滿意. 若送從, 曰天子殺殉, 衆者數百, 寡者數十. 將軍大夫殺殉, 衆者數十, 寡者
數人. 處喪之法, 將奈何哉? 曰哭泣不秩聲翁, 縗絰垂涕. 處倚廬, 寢苫枕凷,
又相率强不食而爲飢, 薄衣而爲寒, 使面目陷陬, 顔色黧黑, 耳目不聰明, 手足
不勁强, 不可用也. 又曰上士之操喪也, 必扶而能起, 杖而能行, 以此共三年.
若法若言, 行若道, 使王公大人行此, 則必不能蚤朝, 五官六府, 辟草木, 實倉廩.
使農夫行此, 則必不能蚤出夜入, 耕稼樹藝. 使百工行此, 則必不能修舟車爲器
皿矣. 使婦人行此, 則必不能夙興夜寐, 紡績織紝. 細計厚葬, 爲多埋賦之財者也.
計久喪, 爲久禁從事者也. 財以成者, 扶而埋之; 後得生者, 而久禁之, 以此求富,
此譬猶禁耕而求獲也, 富之說無可得焉. 是故求以富家, 而旣已不可矣. 欲以衆
人民, 意者可邪? 其說又不可矣. 今唯無以厚葬久喪者爲政, 君死, 喪之三年;
父母死, 喪之三年; 妻與后子死者, 五皆喪之三年; 然後伯父·叔父·兄弟·孽子其;
族人五月; 姑姊甥舅皆有月數. 則毀瘠必有制矣, 使面目陷陬. 顔色黧黑, 耳目
不聰明, 手足不勁强, 不可用也. 又曰上士操喪也, 必扶而能起, 杖而能行, 以此
共三年. 若法若言, 行若道, 苟其飢約, 又若此矣. 是故百姓冬不仞寒, 夏不仞暑,
作疾病死者, 不可勝計也. 此其爲敗男女之交多矣. 以此求衆, 譬猶使人負劍,
而求其壽也. 衆之說無可得焉. 是故求以衆人民, 而旣以不可矣. 欲以治刑政,
意者可乎? 其說又不可矣. 今唯無以厚葬久喪者爲政, 國家必貧, 人民必寡, 刑政
必亂. 若法若言, 行若道, 使爲上者行此, 則不能聽治; 使爲下者行此, 則不能
從事. 上不聽治, 刑政必亂; 下不從事, 衣食之財必不足. 若苟不足, 爲人弟者,
求其兄而不得, 不弟弟必將怨其兄矣; 爲人子者, 求其親而不得, 不孝子必是
怨其親矣; 爲人臣者, 求之君而不得, 不忠臣必且亂其上矣. 是以僻淫邪行之民,
出則無衣也, 入則無食也, 內續奚吾, 并爲淫暴, 而不可勝禁也. 是故盜賊衆而

治者寡. 夫衆盜賊而寡治者, 以此求治. 譬猶使人三睘而毋負己也, 治之說無可得焉. 是故求以治刑政, 而旣已不可矣. 欲以禁止大國之攻小國也, 意者可邪? 其說又不可矣. 是故昔者, 聖王旣沒, 天下失義, 諸侯力征. 南有楚越之王, 而北有齊晉之君, 此皆砥礪其卒伍, 以攻伐幷兼, 爲政于天下. 是故凡大國之所以不攻小國者, 積委多, 城郭修, 上下調和. 是故大國不耆攻之; 無積委, 城郭不修, 上下不調和, 是故大國耆攻之. 今唯無以厚葬久喪者爲政, 國家必貧, 人民必寡, 刑政必亂. 若苟貧, 是無以爲積委也; 若苟寡, 是城郭溝渠者寡也; 若苟亂, 是出戰不克, 入守不固. 此求禁止大國之攻小國也, 而旣已不可矣. 欲以干上帝鬼神之福, 意者可邪? 其說又不可矣. 今唯無以厚葬久喪者爲政, 國家必貧, 人民必寡, 刑政必亂. 若苟貧, 是粢盛酒醴不淨潔也; 若苟寡, 是事上帝鬼神者寡也; 若苟亂, 是祭祀不時度也. 今又禁止事上帝鬼神爲政若此, 上帝鬼神, 始得從上撫之曰:「我有是人也, 與無是人也, 孰愈?」曰:「我有是人也, 與無是人也, 無擇也」則惟上帝鬼神降之罪厲之禍罰而棄之, 則豈不亦乃其所哉! 故古聖王制爲葬埋之法, 曰:「棺三寸, 足以朽體; 衣衾三領, 足以覆惡. 以及其葬也, 下毋及泉, 上毋通臭, 壟若參耕之畝, 則止矣. 死則旣已葬矣, 生者必無久哭, 而疾而從事, 人爲其所能, 以交相利也」此聖王之法也. 今執厚葬久喪者之言曰:「厚葬久喪, 雖使不可以富貧衆寡, 定危治亂, 然此聖王之道也」子墨子曰:「不然. 昔者堯北敎乎八狄, 道死, 葬蛩山之陰, 衣衾三領, 穀木之棺, 葛以緘之, 旣窆而后哭, 滿坎無封, 已葬, 而牛馬乘之. 舜西敎乎七戎, 道死, 葬南己之市, 衣衾三領, 穀木之棺, 葛以緘之, 已葬, 而市人乘之. 禹東敎乎九夷, 道死, 葬會稽之山, 衣衾三領, 桐棺三寸, 葛以緘之, 絞之不合, 通之不埳, 土地之深, 下毋及泉, 上毋通臭. 旣葬, 收餘壤其上, 壟若參耕之畝, 則止矣. 若以此若三聖王者觀之, 則厚葬久喪, 果非聖王之道. 故三王者, 皆貴爲天子, 富有天下, 豈憂財用之不足哉? 以爲如此葬埋之, 法. 今王公大人之爲葬埋, 則異于此. 必大棺中棺, 革闠三操, 璧玉卽具, 戈劍鼎鼓壺濫, 文繡素練, 大鞅萬領, 輿馬女樂皆具, 曰必捶涂差通, 壟雖凡山陵, 此爲輟民之事, 靡民之財, 不可勝計也, 其爲毋用若此矣」是故子墨子曰:「鄉者, 吾本言曰: 意亦使法其言, 用其謀, 計厚葬久喪, 請可以富貧衆寡, 定危治亂乎, 則仁也, 義也, 孝子之事也. 爲人謀者, 不可不勸; 意亦使法其言, 用其謀, 若人厚葬久喪, 實不可以富貧衆寡, 定危治亂乎, 則非仁也, 非義也, 非孝子之事也, 爲人謀者, 不可不沮也. 是故求以富國家, 甚得貧焉; 欲以衆人民, 甚得寡焉; 欲以治刑政, 甚得亂焉; 求以禁止大國之攻小國也, 而旣已不可矣; 欲以干上帝鬼神之福, 又得禍焉. 上稽之堯舜禹湯文武之道, 而政逆之; 下稽之桀紂幽

屬之事, 猶合節也. 若以此觀, 則厚葬久喪, 其非聖王之道也.」今執厚葬久喪者
言曰:「厚葬久喪, 果非聖王之道, 夫胡說中國之君子, 爲而不已, 操而不擇哉?」
子墨子曰:「此所謂便其習, 而義其俗者也. 昔者越之東, 有輆沐之國者, 其長
子生, 則解而食之, 謂之'宜弟'; 其大父死, 負其大母而棄之, 曰'鬼妻不可與居處'.
此上以爲政, 下以爲俗, 爲而不已, 操而不擇, 則此豈實仁義之道哉? 此所謂
便其習, 而義其俗者也. 楚之南有炎人國者, 其親戚死, 朽其肉而棄之, 然后埋
其骨, 乃成爲孝子. 秦之西有儀渠之國者, 其親戚死, 聚柴薪而焚之, 燻上, 謂之
登遐, 然后成爲孝子. 此上以爲政, 下以爲俗, 爲而不已, 操而不擇, 則此豈實
仁義之道哉? 此所謂便其習, 而義其俗者也. 若以此若三國者觀之, 則亦猶薄矣.
若以中國之君子觀之, 則亦猶厚矣. 如彼則大厚, 如此則大薄. 然則葬埋之有節矣.」
故衣食者, 人之生利也, 然且猶尙有節; 葬埋者, 人之死利也, 夫何獨無節于此乎?
子墨子制爲葬埋之法, 曰:「棺三寸, 足以朽骨; 衣三領, 足以朽肉; 掘地之深,
下無菹漏, 氣無發洩于上, 壟足以期其所, 則止矣. 哭往哭來, 反從事乎衣食之財,
佴乎祭祀, 以致孝于親.』故曰子墨子之法, 不失死生之利者, 此也.」故子墨子
言曰:「今天下之士君子, 中請將欲爲仁義, 求爲上士, 上欲中聖王之道, 下欲
中國家百姓之利. 故當若節喪之爲政, 而不可不察此者也.」

2.《淮南子》齊俗訓

夫三年之喪, 是强人所不及也, 而以僞輔情也. 三月之服, 是絶哀而迫切之性也.
夫儒·墨不原人情之終始, 而務以行相反之制, 五縗之服. 悲哀抱於情, 葬薶稱
於養, 不强人之所不能爲, 不節人之所不能已. 度量不失於適, 誹譽無所由生.

3. 기타《太平御覽》(555) 및《北堂書鈔》(92)를 볼 것.

732(50-3)
복지福祉의 허실

오늘날 세속의 학사學士들로써 정치를 거론하는 자는 흔히 "빈궁한 이에게 토지를 주어 없는 자산을 채워주어야 한다"라고 말하고 있다.

지금 무릇 다른 사람과 서로 같고 풍년이나 달리 부수입의 이득도 없으면서 그만 온전히 살 수 있는 것은 노력이 아니면 검약함 때문이다.

다른 사람과 서로 같고 기근이나 질병, 또는 죄의 재앙도 없으면서 그만 빈궁하게 사는 것은 사치가 아니면 게으름 때문이다.

사치와 게으름에 빠진 자는 가난하고, 노력과 검약한 생활을 하는 자는 부유해진다.

지금 만약 윗사람이 부자에게 세금을 거두어 가난한 집에 베풀어 준다면 이는 노력과 검약을 빼앗아 사치와 게으름을 피우는 자에게 주는 것이 되어 그렇게 하면서 백성이 힘써 일하고 절약하기를 요구한다 해도 그렇게 될 수가 없을 것이다.

今世之學士語治者, 多曰:「與貧窮地以實無資.」

今夫與人相若也, 無豐年旁入之利而獨以完給者, 非力則儉也.

與人相若也, 無饑饉·疾疢·禍罪之殃獨以貧窮者, 非侈則惰也.

侈而惰者貧, 而力而儉者富.

今上徵歛於富人以布施於貧家, 是奪力儉而與侈惰也, 而欲索民之疾作而節用, 不可得也.

【實無資】생활 물자의 모자람을 메워줌.

【相若】처지나 조건이 똑같음.

【旁入之利】농사 이외의 수입. 竹木, 畜産, 養魚 등으로 인한 부수입을 말함.

【饑饉】곡물이나 채소 따위가 제대로 되지 않음. "穀不熟曰饑, 菜不熟曰饉"이라 하였으나 실제 묶어서 雙聲連綿語임.

【惰】〈乾道本〉에는 '憻'로, 〈張榜本〉에는 '惰'로 되어 있음.

【索】찾음. 요구함. '求'와 같음.

733(50-4)
누구나 자신의 이익을 위해

지금 만약 여기에 어떤 사람이 위험한 도성에 들어가지 않으며, 군대에도 참여하지 않으며, 천하가 큰 이득을 본다 해도 정강이털 하나라도 바꾸지 않는 것을 의義로 여기는 자가 있다면 세속의 군주는 틀림없이 그를 따라 예우하며 그의 지혜를 귀히 여겨 그러한 자를 두고 외물은 가벼이 여기고 생명을 중히 여기는 자라 생각할 것이다.

무릇 윗사람이 좋은 전답과 큰 저택을 늘어놓고 작록을 설치해 놓은 것은 백성들이 그를 위해 목숨을 바꾸도록 하기 위한 것이다.

그런데 지금 윗사람이 외물을 가벼이 여기고 생명을 소중히 여기는 사람을 존귀하게 해 주면서 백성들에게 목숨을 내던지고 윗사람을 위하여 죽는 것을 소중히 여기도록 요구한다면 이는 그렇게 될 수가 없을 것이다.

서책書策을 소장하여 변론을 익히고, 무리들을 모아 학문을 닦아 논의를 늘어놓는 것을 두고 세속의 군주는 틀림없이 그를 따라 예우하면서 "현명한 사람을 존경하는 것은 선왕의 도이다"라고 할 것이다.

무릇 관리가 세금을 거두는 대상은 농민이며, 윗사람이 먹여 기르는 것이 학자이다.

농민에게 물리는 세금이 무섭고 학자에게는 내리는 상이 많으면서 백성들로 하여금 급히 서둘러 일을 하고 정치에 대한 비판은 적게 하도록 요구한다 해도 이는 그렇게 될 수 없을 것이다.

절의를 내세워 이름을 날리고 지조를 지켜 침해받지 않으며, 원망하는 말이 귀에 들린다 해서 반드시 칼을 들고 앙갚음을 하려 하는 자가 있다면 세속의 군주들은 틀림없이 그를 따라 예우하면서 호기가 넘치는 사람이라고 생각할 것이다.

무릇 적의 목 벤 노고에는 상을 내리지 않은 채 집안 사이의 싸움에 용기를 높이 여겨 드러내면서 백성으로 하여금 급히 전투에 나서서 적을 막고 사사로운 싸움은 하지 말라고 한들 이는 그렇게 될 수 없을 것이다.

나라가 평온할 때면 유가나 협객을 기르다가 어려움이 닥칠 때면 병사가 쓰이는 것이건만 길러놓은 자는 쓸모가 없고, 쓸모 있는 자는 기르지 않고 있으니 이것이 난을 조성하는 원인이다.

게다가 무릇 군주가 학자의 말을 듣되 만약 그 말이 옳다면 의당 이를 해당 관직에게 포진시켜 그 자신 등용시켜야 하지만, 만약 그 말이 잘못된 것이라면 의당 그 자신을 제거하고 그 발단을 멸식시켜야 하는 것이다.

그런데 지금은 옳은 말을 해도 해당 관직에 포진시키지 않고 그릇된 말을 해도 그 발단을 끊지 않고 있다.

옳아도 쓰지 않고 그릇되어도 끊지 않는 것은 혼란과 멸망의 길이다.

今有人於此, 義不入危城, 不處軍旅, 不以天下大利易其脛一毛, 世主必從而禮之, 貴其智而高其行, 以爲輕物重生之士也.

夫上所以陳良田大宅, 設爵祿, 所以易民死命也.

今上尊貴輕物重生之士, 而索民之出死而重殉上事, 不可得也.

藏書策, 習談論, 聚徒役, 服文學而議說, 世主必從而禮之, 曰:「敬賢士, 先王之道也.」

夫吏之所稅, 耕者也; 而上之所養, 學士也.

耕者則重稅, 學士則多賞, 而索民之疾作而少言談, 不可得也.

立節參名, 執操不侵, 怨言過於耳, 必隨之以劍, 世主必從而禮之, 以爲自好之士.

夫斬首之勞不賞, 而家鬪之勇尊顯, 而索民之疾戰距敵而無私鬪, 不可得也.

國平, 則養儒俠; 難至, 則用介士. 所養者非所用, 所用者非所養, 此所以亂也.

且夫人主於聽學也, 若是其言, 宜布之官而用其身; 若非其言, 宜去其身而息其端.

今以爲是也, 而弗布於官; 以爲非也, 而不息其端.

是而不用, 非而不息, 亂亡之道也.

【義】 의롭다고 신조로 삼는 주의주장.

【脛一毛】 정강이의 털 하나. 아주 쉽고 하찮은 것임을 뜻함. 이는 爲我派의 우두머리 楊朱를 두고 비판하는 말로 널리 쓰임.《孟子》盡心(上)에 "楊子取爲我, 拔一毛而利天下, 不爲也"라 함.

【重生】 이기적으로 자신의 생명을 중히 여김.《呂氏春秋》貴生篇에 "全生爲上, ……不以天下易其生"이라 함.

【書策】 고대의 기록물. 編簡을 策이라 함. 여기서는 儒家와 墨家들이 중시하는 경전을 뜻함.

【服文學】 '服'은 '習'과 같음.《禮記》孔子閑居 "君子之服之也"의 注에 "服, 猶習也, 習讀"이라 함. 文學은 학문, 학술. 여기서는 儒家와 墨家의 학문을 가리킴.

【參名】 〈藏本〉과 〈今本〉에는 '參明'으로, 〈集解〉에는 '參民'으로 되어 있으나 陳奇猷는 마땅히 '參名'이어야 한다고 하였음.

【介士】 전투에 참가하는 군인. 甲士와 같음.

【息】 熄과 같음. 終熄, 滅熄시킴. 끊어버림.

734(50-5)
용모와 말솜씨

담대자우澹臺子羽는 군자의 용모를 갖추고 있어 중니仲尼가 기대를 갖고 가까이 하였으나 오래도록 함께 있어 보았더니 행동이 용모와 맞지 않는 것이었다.

재여宰予는 말솜씨가 우아하고 비루하지 않아 중니가 기대를 갖고 그를 가까이 하였으나 오래도록 있어 보았더니 그의 지혜가 말솜씨에 미치지 못하는 것이었다.

그 때문에 중니는 "용모를 가지고 사람을 취했더니 자우子羽로 실수하였고, 말솜씨로써 사람을 취했더니 재여로 실수하였구나"라 한 것이다.

그러므로 공자의 지혜로도 진실을 놓치고 말았다는 소리가 들리는 것이다.

요즈음 새로운 말솜씨들은 재여보다 넘쳐나건만 세속 군주들의 듣고 있는 모습은 공자보다 더 현혹되어 있으니, 그 말이 기껍게 들린다 하여 그 해당자를 임용한다면 어찌 실수가 없을 수 있겠는가?

이 까닭에 위魏나라는 맹묘孟卯의 말솜씨에 의지하였다가 화하華下의 환난이 일어난 것이며, 조趙나라는 마복馬服의 달변을 믿다가 장평長平의 재앙을 입은 것이다.

이 두 가지는 달변만을 믿고 맡겨 벌어진 실책이다.

무릇 단련한 주석을 보되 청황靑黃의 빛깔만을 살핀다면 구야區冶라도 능히 그 칼을 판정할 수 없겠으나 물에서 기러기를 쳐보고 땅에서 망아지를 잘라본다면 노예일지라도 그 칼의 둔함과 예리함을 두고 의심하지 않게 될 것이다.

이와 입술을 벌리고 생긴 모양만을 본다면 백락白樂이라도 능히 말을 판정할 수 없으나 수레를 주고 멍에를 매어 마지막 도착하는 곳까지 본다면 노예라도 노마駑馬인지 양마良馬인지를 의심하지 않게 될 것이다.

용모와 복장을 보고 말솜씨만을 듣는다면 중니라 해도 능히 그를 선비로 판정할 수 없으나 관직을 주어 시험하고 공적을 근거로 고과를 매긴다면 보통 사람일지라도 그의 어리석음과 지혜로움을 의심하지 않게 될 것이다.

그러므로 현명한 군주가 거느린 관리로써 재상은 반드시 주부州部로부터 뽑혀 올라오고 용맹한 장수는 반드시 병졸의 대열에서 발탁되는 것이다.

무릇 공이 있는 자는 반드시 상을 받게 된다면 작록이 후할수록 더욱 더 힘을 낼 것이요, 벼슬을 옮겨 승급을 거듭한다면 관직이 클수록 더욱 더 다스려질 것이다.

대체로 작록이 커짐에 따라 관직이 잘 다스려지도록 하는 것은 왕자王者가 되는 길이다.

澹臺子羽, 君子之容也, 仲尼幾而取之, 與處久而行不稱其貌.

宰予之辭, 雅而文也, 仲尼幾而取之, 與處而智不充其辯.

故孔子曰:「以容取人乎, 失之子羽; 以言取人乎, 失之宰予.」

故以仲尼之智而有失實之聲.

今之新辯濫乎宰予, 而世主之聽眩乎仲尼, 爲悅其言, 因任其身, 則焉得無失乎?

是以魏任孟卯之辯, 而有華下之患; 趙任馬服之辯,而有長平之禍.

此二者, 任辯之失也.

夫視鍛錫而察青黃, 區冶不能以必劍; 水擊鵠雁, 陸斷駒馬, 則臧獲不疑鈍利.

發齒吻形容, 伯樂不能以必馬; 授車就駕, 而觀其末塗, 則臧獲不疑駑良.

觀容服, 聽辭言, 仲尼不能以必士; 試之官職, 課其功伐, 則庸人不疑於愚智.

故明主之吏, 宰相必起於州部, 猛將必發於卒伍.

夫有功者必賞, 則爵祿厚而愈勸; 遷官襲級, 則官職大而愈治.

夫爵祿大而官職治, 王之道也.

【澹臺子羽】공자 제자. 성은 澹臺, 이름은 滅明, 자는 子羽. 춘추시대 노나라 무성 사람으로 《史記》 仲尼弟子列傳 등에는 그의 용모가 추악하여 일어난 逸話로 되어 있어 이곳과 다름. 공자가 죽은 뒤 楚나라에 가서 활동하였음. 《史記》 儒林傳에 "自孔子卒後, 七十子之徒散游諸侯, 大者爲師傅卿相, 小者友敎士大夫, 或隱而不見. 故子路居衛, 子張居陳, 澹臺子羽居楚, 子夏居西河, 子貢終於齊. 如田子方·段干木·吳起·禽滑釐之屬, 皆受業於子夏之倫, 爲王者師"라 함.
【幾而取之】인정하여 받아들임. '幾'는 '期'의 뜻.
【宰予】宰我. 공자 제자. 자는 子我. 魯나라 사람으로 말솜씨에 뛰어났음. 《史記》 仲尼弟子列傳에 "宰予字子我. 利口辯辭. 旣受業, 問:「三年之喪不已久乎? 君子三年不爲禮, 禮必壞; 三年不爲樂, 樂必崩. 舊穀旣沒, 新穀旣升, 鑽燧改火, 期可已矣.」子曰:「於汝安乎?」曰:「安.」「汝安則爲之. 君子居喪, 食旨不甘, 聞樂不樂, 故弗爲也.」宰我出, 子曰:「予之不仁也! 子生三年然後免於父母之懷. 夫三年之喪, 天下之通義也.」宰予晝寢. 子曰:「朽木不可雕也, 糞土之牆不可圬也.」宰我問

五帝之德, 子曰:「予非其人也.」宰我爲臨菑大夫, 與田常作亂, 以夷其族, 孔子恥之"라 하여 공자는 재아에게 많은 불만을 가지고 있었음.

【孟卯】芒卯, 昭卯 등으로도 표기하며, 전국시대 齊나라 사람. 언변과 지모에 뛰어났으며 뒤에 魏나라 安釐王의 將軍이 됨.

【華下】여기서는 華陽之戰을 가리킴. 周 赧王 42년(B.C.273, 秦 昭王 34년, 魏 安釐王 4년) 孟卯가 魏나라 군대를 이끌고 韓나라 華陽(지금의 河南 新鄭)을 공격하자 秦나라가 白起를 보내어 韓나라를 구원, 魏나라 13만 군사가 몰사시키자 맹묘는 도주함. 이에 魏나라는 南陽을 秦나라에 넘겨주는 조건으로 화해를 맺음.《史記》秦本紀 및 魏世家 참조.

【馬服】馬服은 원래 지명. 지금의 河北 邯鄲市 서북. 전국시대 趙나라 장수 趙奢가 공을 세워 馬服君에 봉해짐. 그의 아들 趙括이 아버지의 작위 馬服君을 이어받아 역시 馬服君으로 불림. 趙括은 어릴 때부터 병법을 익혔으나 미치지 못하였음.

【長平】戰國시대 가장 치열했던 전투 長平之戰을 가리킴. 長平은 지금의 山西 高平縣. 周 赧王 55년(B.C.260년) 秦나라 장수 白起가 趙나라를 공격하면서 長平에서 벌어진 전투. 趙나라의 秦나라의 反間計에 걸려 廉頗를 파직하고 趙括을 대장군으로 임용하여 이 전투에서 40 군사가 생매장을 당하는 패배를 당하고 말았음.《史記》趙世家 및 廉頗藺相如列傳 참조.

【鍛錫】銅에 朱錫을 섞어 만든 청동기의 칼.《周禮》考工記 築氏에 "金有六齊: 六分其金而錫居一, 謂之鍾鼎之齊; 五分其金而錫居一, 謂之斧斤之齊; 四分其金而錫居一, 謂之戈戟之齊; 參分其金而錫居一, 謂之大刃之齊; 五分其金而錫居二, 謂之削殺矢之齊; 金錫半謂之鑒燧之齊"라 하였고, 같은 곳에 〈栗氏〉에는 "凡鑄金之狀: 金與錫, 黑濁之氣竭, 黃白次之; 黃白之氣竭, 靑白次之; 靑白之氣竭, 靑氣次之. 然後可鑄也"라 함.

【靑黃】칼의 겉에 드러난 푸른색, 또는 누런색.《呂氏春秋》에 "相劍者, 論劍色黃白堅牣"이라 함.

【區冶】歐冶, 歐冶子로도 알려져 있으며 춘추시대 越나라 사람으로 刀劍의 名匠.《淮南子》覽冥訓 "區冶生而淳鉤之劍成"이라 하였고 注에 "區, 越人, 善冶劍工也"라 함.

【水擊鵠雁, 陸斷駒馬】試劍의 여러 방법을 뜻함.《史記》蘇秦傳에 "陸斷牛馬, 水截鵠鴈"이라 함.

【臧獲】노예를 일컫는 말.《荀子》王霸 注에 "臧獲, 奴婢也.《方言》曰:「荊·淮·

海·岱之間, 罵奴曰臧, 罵婢爲獲.」或曰:「取貨謂之臧, 擒得謂之獲, 皆謂有罪爲奴婢者.」라 하였고, 《名義考》에는 《風俗通》을 인용하여 "臧, 被罪沒官爲奴婢; 獲, 逃亡獲得爲奴婢"라 함.

【伯樂】《淮南子》와 《列子》, 《莊子》 등에는 춘추시대 秦 穆公 때 사람으로 相馬에 뛰어났던 孫陽(자는 伯樂)이라 하였고, 《荀子》와 《呂氏春秋》 등에는 춘추 말 趙簡子의 마부였던 王良을 가리키는 것으로도 보았음. 그러나 뒤에 의술에 뛰어난 명의를 '扁鵲'이라 하듯이 말에 대해 아주 잘 아는 자를 일컫는 사람을 지칭하는 뜻으로 널리 쓰임. 원래는 별 이름으로 天馬를 관장하였다 함. 그 뒤 知己·知人의 뜻으로 쓰이기도 함. 韓愈의 《雜說》에 "世有伯樂, 然後有千里馬, 千里馬常有而伯樂不常有. 故雖有名馬, 祇辱於奴隸人之手, 駢死於槽櫪之間, 不以千里稱也"라 함.

【末塗】말이나 수레의 경주에서 마지막 종점. '塗'는 '途'와 같으며 '途'는 '道'와 같음.

【州部】州와 部. 《周禮》大司徒에 "五黨爲州"라 하였고, 《左傳》僖公 25년 "晉於是作州兵"의 注에 "州, 二千五百家也, 使州長各繕甲兵"이라 함. '部'는 각 신분이나 생업별로 모여 살도록 한 聚落. 部落을 뜻함.

735(50-6)
허수아비가 백만

바위 덮인 땅이 천리라 해도 부유하다고 말할 수 없고, 허수아비가 백만이라 해도 강하다고 말할 수 없다.

바위가 크지 않은 것이 아니며 허수아비 수가 많지 않은 것이 아니지만 부유하다거나 강하다고 말할 수 없는 것은 바위는 곡식을 생산해 내지 못하고 허수아비로는 적을 물리치도록 할 수 없기 때문이다.

지금 장사로 벼슬아치가 된 자나 기술을 가진 사람들이 농사를 짓지 않고도 먹고 살도록 내버려 둔다면 이는 그 땅이 개간되지 않음이 반석을 그대로 두는 것과 똑같다.

유자나 협객이 군역軍役 노고로움도 치르지 않고 이름을 드러내어 영화를 누리도록 내버려 둔다면 이는 백성을 부리지 못함이 허수아비와 똑같은 것이다.

무릇 반석이나 허수아비가 골칫거리임을 알면서 장사로 벼슬아치가 된 자나 유자, 협객이 바로 개간되지 않은 토지나 부리지 못할 백성과 같은 골칫거리임을 모르고 있으니 사물의 비슷함을 모르는 것이다.

磐石千里, 不可謂富; 象人百萬, 不可謂强.

石非不大, 數非不衆也, 而不可謂富强者, 磐不生粟,象人不可使距敵也.

今商官技藝之士亦不墾而食, 是地不墾與磐石一貫也.

儒俠毋軍勞, 顯而榮者, 則民不使與象人同事也.

夫禍知磐石象人, 而不知禍商官儒俠, 爲不墾之地·
不使之民, 不知事類者也.

【磐石】 큰 바위 덩어리만 넓게 깔려 있는 토지를 가리킴.

【象人】 사람의 형상을 본뜬 인형. 偶人, 傭人과 같음. 고대 殉葬에 쓰이는 木俑,
陶俑, 土俑 등을 가리킴. 《孟子》梁惠王(上)에 "仲尼曰: 「始作俑者, 其無後乎!」"
라 함.

【商官】 돈으로 벼슬자리를 사서 벼슬하는 자.

【顯而榮者】 王先謙은 '而顯榮者'여야 한다고 하였음.

【夫禍知磐石象人】 顧廣圻는 "「禍知」, 當作「知禍」. 此以「知禍」與下句「不知禍」
相對也"라 함.

참고 및 관련 자료

1. 《韓詩外傳》(4)

今有堅甲利兵, 不足以施敵破虜; 弓良矢調, 不足射遠中微, 與無兵等爾. 有民
不足强用嚴敵, 與無民等爾. 故盤石千里, 不爲有地; 愚民百萬, 不爲有民.
《詩》曰: 『維南有箕, 不可以簸揚; 維北有斗, 不可以挹酒漿.』

2. 기타 《太平御覽》(499)을 볼 것.

736(50-7)
덕으로는 난동을 막을 수 없다

그러므로 서로 대등한 나라의 군주는 비록 나의 주장을 좋아할지라도 내가 그로 하여금 나에게 조공을 바쳐 내 신하가 되도록 하지 않으며, 관내후關內侯라면 비록 나의 행동을 비난하는 자가 있다 해도 나는 그로 하여금 조류를 선물로 하여 나에게 머리를 숙이도록 한다.

이 까닭으로 힘이 강하면 남이 조공을 해오고 힘이 약하면 남에게 조공을 해야 하는 것이다.

그러므로 현명한 군주는 힘을 기르기에 노력하는 것이다.

무릇 엄한 집안에는 포악한 노비가 없으며 자혜로운 어머니에게는 패덕스러운 자식이 있다.

나는 이로써 위세는 가히 포악함을 금할 수 있으나 후한 덕으로는 난동을 막기에 부족하다고 알고 있다.

故敵國之君王雖說吾義, 吾弗入貢而臣; 關內之侯, 雖非吾行, 吾必使執禽而朝.

是故力多, 則人朝; 力寡, 則朝於人.

故明君務力.

夫嚴家無悍虜, 而慈母有敗子.
吾以此知威勢之可以禁暴, 而德厚之不足以止亂也.

【敵國】 힘이 서로 비슷한 필적의 상대국.
【關內之侯】 畿內 직할지 안에 작위를 받은 제후. 전국시대 작위의 하나로 권력이
    있었던 직위였음을 말함.
【執禽】 군주나 윗사람을 만날 때 상견례로 가지고 가는 예물인 조류.《左傳》
    莊公 24년에 "御孫曰:「男贄, 大者玉帛, 小者禽鳥, 以章物也. 女贄, 不過榛·栗·
    棗·脩, 以告虔也.」"라 함.《國語》魯語(上)와《列女傳》孽嬖傳「魯莊哀姜」에도
    같은 내용이 실려 있음.

┌─────────────────┐
│ 참고 및 관련 자료 │
└─────────────────┘

1.《史記》李斯列傳
故《韓子》曰「慈母有敗子而嚴家無格虜」者, 何也? 則能罰之加焉必也. 故商君
之法, 刑弃灰於道者. 夫弃灰, 薄罪也, 而被刑, 重罰也. 彼唯明主爲能深督輕罪.
夫罪輕且督深, 而況有重罪乎? 故民不敢犯也.

737(50-8)
백성은 선량하지 않다

무릇 성인은 나라를 다스림에 있어서 사람들이 나를 위해 선량해 질 것을 믿지 않고 그릇된 행동을 할 수 없는 방법을 쓴다.

사람들이 나를 위해 선량해 질 것을 믿다가는 나라 안에 열 사람을 찾을 수 없으나 사람들이 비행을 할 수 없도록 하는 방법을 쓰면 온 나라를 가지런히 할 수 있다.

다스리는 자는 많은 것을 쓰고 적은 것을 버려야 하므로 덕화에 힘쓰지 않고 법치에 힘을 쏟는다.

무릇 반드시 저절로 곧은 화살대를 찾다가는 백 년을 찾아도 화살을 구할 수 없을 것이며, 저절로 둥근 나무를 찾다가는 천 년을 찾아도 바퀴로 쓸 나무를 구할 수 없을 것이다.

저절로 곧은 화살대나 저절로 둥근 나무란 백 년에 하나도 찾을 수 없건만 그런데도 세상 사람들이 모두 수레를 타고 새와 짐승을 쏘는 것은 어찌하여 그렇겠는가?

은괄隱栝이라는 도구를 쓰기 때문이다.

비록 은괄을 쓰지 않았음에도 저절로 곧은 화살대나 저절로 둥근 나무가 있다 해도 뛰어난 공인은 이를 귀하게 여기지 않는다.

어찌 그렇겠는가?

수레를 타는 자가 한 사람이 아니며 화살을 쏘는 것이 한 발뿐이 아니기 때문이다.

상벌에 의지하지 않고 저절로 선량해지는 백성을 현명한 군주는 귀하게
여기지 않는다.

어찌 그렇겠는가?

국법은 없을 수 없는 것이며, 다스림을 받아야 할 사람이 한 사람이
아니기 때문이다.

그러므로 술術을 터득한 군주는 우연한 선善은 따르지 않고 반드시
그렇게 되어야 할 도를 실행하는 것이다.

夫聖人之治國, 不恃人之爲吾善也, 而用其不得爲非也.

恃人之爲吾善也, 境內不什數, 用人不得爲非, 一國可
使齊.

爲治者用衆而舍寡, 故不務德而務法.

夫必恃自直之箭, 百世無矢; 恃自圜之木, 千世無輪矣.

自直之箭, 自圜之木, 百世無有一, 然而世皆乘車射禽
者何也?

隱栝之道用也.

雖有不恃隱栝而有自直之箭·自圜之木, 良工弗貴也.

何則?

乘者非一人, 射者非一發也.

不恃賞罰而恃自善之民, 明主弗貴也.

何則?

國法不可失, 而所治非一人也.

故有術之君, 不隨適然之善, 而行必然之道.

【不什數】십 단위로 헤아릴 것이 안 됨. 什은 十과 같음.

【使齊】齊는 一齊의 뜻으로 모두를 그렇게 할 수 있음.

【恃】《意林》에는 모두 '待'로 되어 있음.

【隱栝】도지개. '檃栝'로도 표기하며 나무를 원하는 형태로 바로잡을 수 있는 도구. 《荀子》性惡篇에 "故枸木必將待檃栝烝矯然後直"이라 하였고, 《淮南子》 修務訓에는 "木直中繩, 揉以爲輪, 其曲中規, 檃栝之力"이라 함.

【適然之善】'適然'은 '偶然'과 같음. 〈乾道本〉注에 "適然, 謂偶然也"라 함. 뒤의 '必然之道'에 상대되는 말.

참고 및 관련 자료

1. 《意林》(1)

待自直之箭, 則百世無矢矣; 待自圜之木, 則千世無輪矣.

2. 기타 《太平御覽》(952) 및 《困學紀聞》(10)을 볼 것.

738(50-9)
천성天性과 천명天命

지금 혹 어떤 사람이 "그대로 하여금 반드시 지혜롭고 장수하도록 해 주겠소"라고 오래 한다면 세상에서는 틀림없이 사기꾼이라 여길 것이다.

무릇 지혜는 천성이며 목숨은 천명이다.

천성이나 천명은 남에게 배워서 되는 것이 아닌데도 이처럼 사람이 할 수 없는 것을 가지고 남을 즐겁게 해 주려 하고 있으니 이것이 세상이 그를 사기꾼이라 여기는 이유이다.

할 수 없는 것임을 일러준다면 이것이 바로 바르게 아는 것이다.

무릇 바르게 아는 것은 천성이다.

인의로써 남을 가르친다는 것은 바로 지혜와 장수로써 남을 즐겁게 해 주려는 것과 같은 것이니 헤아림이 있는 군주라면 받아들이지 않는다.

그러므로 모장毛嬙이나 서시西施의 미모를 좋아하더라도 나의 얼굴에는 도움이 되지 않는 것이니, 지택脂澤이나 분대粉黛를 쓰면 나의 용모는 처음의 갑절이나 아름다워질 것이다.

선왕들이 말했던 인의라는 것은 다스림에 도움이 되지 않는 것이니 나의 법도를 밝히고 내가 내리는 상벌을 틀림없이 그대로 하는 것 또한 나라의 지택과 분대의 역할을 할 뿐이다.

따라서 현명한 군주는 도움이 되는 것을 서둘러 하고 칭송은 느긋하게 미루므로 인의 따위는 거론조차 하지 않는 것이다.

今或謂人曰:「使子必智而壽」, 則世必以爲狂.

夫智, 性也; 壽, 命也.

性命者, 非所學於人也, 而以人之所不能爲說人, 此世之所以謂之爲狂也.

謂之不能, 然則是諭也.

夫諭, 性也.

以仁義敎人, 是以智與壽說人也, 有度之主弗受也.

故善毛嗇·西施之美, 無益吾面; 用脂澤粉黛, 則倍其初.

言先王之仁義, 無益於治; 明吾法度, 必吾賞罰者, 亦國之脂澤粉黛也.

故明主急其助而緩其頌, 故不道仁義.

【狂】'狂'은 '誑'과 같음. 속임수를 씀, 사기꾼의 행동.
【性】《荀子》性惡篇에 "凡性者, 天之就也. 不可學, 不可事"라 함.
【命】壽命.《論語》顔淵篇에 "生死有命"이라 함.
【毛嗇】毛廧, 毛嬙 등으로도 표기하며 春秋시대 越나라 미녀.《莊子》齊物論에 "毛嬙·西施, 人之所美也; 魚見之深入, 鳥見之高飛, 麋鹿見之決驟. 四者孰知天下之正色哉?"라 함.
【西施】역시 越나라 미녀. 越王 勾踐이 吳王 夫差에게 패하자 范蠡가 西施를 찾아 夫差에게 바쳐 화해를 얻어냈으며 뒤에 吳나라는 西施를 귀국시킨 다음 함께 太湖로 숨어들었다 함.
【脂澤粉黛】'脂澤'은 臙脂와 頭油.'粉黛'는 鉛粉과 眉[...]하기 위해 쓰는 화장품을 지칭함.

〈西施〉

1.《意林》(1)

法度賞罰, 國之脂澤粉黛也

739(50-10)
천추만세를 누리게 해 주겠소

지금 어떤 무축巫祝이 남을 위해 기도하면서 "그대를 천추만세 살도록 해 주겠다"라고 한다고 하자.

천추만세라는 소리를 귀가 시끄럽도록 떠들어댄다 해도 단 하루의 수명도 사람에게 증험이 될 것이 없으니 이것이 사람들이 무당을 간홀히 여기는 이유이다.

지금 세상의 유자들은 군주를 설득하면서 지금의 다스림이 될 방법을 거론도 하지 않은 채 이미 다스려졌던 공적만을 들먹이며, 관서나 법에 관한 일을 생각할 겨를도 주지 않고, 간악한 실정은 살피지도 않은 채, 모두가 상고대부터 전해오는 자랑거리나 선왕의 성공한 것만 말하고 있다.

유자들은 말을 꾸며 "내 말을 들으면 가히 패왕霸王이 될 수 있다"라고 한다.

이는 말하는 자들 가운데 무축에 해당하는 자이니 헤아림이 있는 군주 라면 받아들이지 않는다.

그러므로 현명한 군주는 실질을 들어 쓰고 쓸모없는 것을 버리며, 고사에서 인의를 들추어내는 것은 말하지 않으며, 학자들의 말을 듣지 않는 것이다.

今巫祝之祝人曰:「使若千秋萬歲.」

千秋萬歲之聲聒耳, 而一日之壽無徵於人, 此人所以
簡巫祝也.

今世儒者之說人主, 不言今之所以爲治, 而語已治之功;
不審官法之事, 不察姦邪之情, 而皆道上古之傳譽・先王
之成功.

儒者飾辭曰:「聽吾言, 則可以霸王.」

此說者之巫祝, 有度之主不受也.

故明主舉實事, 去無用, 不道仁義故, 不聽學者之言.

【巫祝】남을 위해 厄을 없애거나 福을 빌어주는 일을 하는 巫堂이나 祝人.

【聒】〈藏本〉에는 '括'로,〈張榜本〉에는 '聒'로 되어 있음. 귀에 시끄럽도록 떠들
어댐.《倉頡篇》에 "聒, 擾亂耳孔也"라 함.

【仁義者故】'者'는 '諸'이어야 하며 저(諸)는 '之於', '之乎'의 合音字. 俞樾은 "者字,
與古諸通"이라 함. 故는 故事. 옛것을 근거로 仁義를 들먹이며 거론하는 것.

740(50-11)
치안을 위한 네 가지

지금 정치를 모르는 자들은 반드시 "민심을 얻어야 한다"라고 말할 것이다.

민심을 얻는 것으로써 다스림을 삼고자 한다면 이윤伊尹이나 관중管仲도 아무런 쓸모가 없으며 앞으로 백서의 뜻만 들어주면 될 뿐일 것이다.

그러나 백성의 지혜만으로는 쓸 수가 없음은 마치 어린아이의 마음을 쓰겠다고 하는 것과 같다.

무릇 어린아이란 머리를 깎아주지 않으면 머리의 두창이 다시 생겨나고, 종기를 째주지 않으면 점점 더해진다.

머리를 깎거나 종기를 째려면 반드시 한 사람이 안고 자애로운 어머니가 해 주어야 하는데 그래도 울며 싫다고 보채기를 그치지 않는 것은 어린아이는 조그마한 고통이 큰 이득을 가져온다는 것을 모르기 때문이다.

만약 지금 윗사람이 밭을 갈고 초지를 개간하도록 다그치는 것은 백성들이 생산을 늘려 부유하게 하는 것이지만 백성들은 윗사람을 가혹하다고 여길 것이며, 형벌을 정비하고 벌을 엄하게 하는 것은 악을 금지하기 위한 것이건만 윗사람이 엄하다고 여길 것이며, 돈과 곡식을 거두어들이는 것은 창고를 채웠다가 기근을 구제하고, 전쟁에 대비하기 위한 것이건만 윗사람을 탐욕스럽다 여길 것이며, 나라 안 사람들은 반드시 무장을 할 줄 알아야 하며, 사사로운 면제는 없으며, 힘을 모아 서두르고 분투하게 하는 것은 적을 잡기 위한 것이건만 백성들은 윗사람을 포악하다고 여길 것이다.

이 네 가지는 치안을 위한 것이건만 백성들은 즐거워할 줄 모른다.

무릇 뛰어나게 통달한 사람을 찾는 방법은 백성들이 이를 알아 스승으로 삼도록 하기에는 족하지 못한 것이다.

옛날 우禹가 강江을 트고 하河의 바닥을 파냈더니 백성들은 그 자갈을 모았고, 자산子産이 밭두렁을 개간하여 뽕나무를 심었더니 정鄭나라 사람들은 그를 헐뜯었다.

우은 천하를 이롭게 하고 자산이 정나라를 존속시켰으나 모두 그 때문에 비방받았던 것이니 대체로 백성의 지혜란 쓰이기에 족하지 못함은 역시 분명하다.

그러므로 선비를 들어 쓰고 현인과 지자를 찾아 정치를 펴되 백성의 마음에 들어맞기를 기대한다는 것은 모두가 혼란의 발단이 되는 것이니 그와 더불어 정치를 할 수는 없는 것이다.

今不知治者必曰:「得民之心.」

欲得民之心而可以爲治, 則是伊尹·管仲無所用也, 將聽民而已矣.

民智之不可用, 猶嬰兒之心也.

夫嬰兒不剔首則腹痛, 不揊痤則寖益.

剔首·揊痤必一人抱之, 慈母治之, 然猶啼呼不止, 嬰兒子不知犯其所小苦致其所大利也.

今上急耕田墾草以厚民産也, 而以上爲酷; 修刑重罰以爲禁邪也, 而以上爲嚴; 徵賦錢粟以實倉庫, 且以救饑饉·備軍旅也, 而以上爲貪; 境內必知介而無私解, 幷力疾鬪, 所以禽虜也, 而以上爲暴.

此四者, 所以治安也, 而民不知悅也.

夫求聖通之士者, 爲民知之不足師用.

昔禹決江濬河, 而民聚瓦石; 子産開畝樹桑, 鄭人謗訾.

禹利天下, 子産存鄭, 皆以受謗, 夫民智之不足用亦明矣.

故擧士而求賢智, 爲政而期適民, 皆亂之端, 未可與爲
治也.

【伊尹】殷나라 湯王의 재상. 이름은 摯. 湯이 有莘氏의 딸을 아내로 맞을 때 滕臣
으로 따라가면서 조리기구를 짊어지고 가서 주방장이 되어 湯에게 접근하였음.
뒤에 탕에게 발탁되어 재상에 올랐으며 夏의 末王 桀을 쳐서 殷왕조를 일으
키는 데에 큰 공을 세웠음.《史記》殷本紀 및 《墨子》尙賢篇을 볼 것.
【管仲】춘추시대 齊나라 인물. 管夷吾. 仲은 그의 字. 齊 桓公을 첫 霸者로 성취
시킨 인물. 처음 齊나라에 난이 일어나 公子들이 뿔뿔이 흩어질 때 管仲은 公子
糾를 모시고 魯나라로 피신하였으며 鮑叔은 小白을 모시고 거나라로 피신함.
뒤에 난이 끝나고 먼저 귀국하는 자가 왕위에 오르게 되어 있었으며 이 때
管仲은 小白 일행이 오는 길목을 지키다가 활로 小白을 쏘았으나 小白이
허리띠 고리에 맞고 죽은 척 쓰러져 있다가 지름길로 들어가 먼저 왕위에
올랐으며 이가 환공임. 이에 공자 규와 관중 일행은 귀국하지 못하고 처벌을
기다렸으나 鮑叔의 추천으로 환공의 재상이 되어 제나라를 부강하게 만들었
으며 재상에 오름. 환공이 그를 높여 仲父라 칭하였음.《史記》管晏列傳 및
《列子》등을 참조할 것. '管鮑之交' 등의 많은 고사를 남겼으며 그의 사상과
언행을 기록한 《管子》가 전함.
【劓首】剃髮과 같음. 머리를 박박 깎음. 머리에 頭瘡이나 頭腫이 났을 때 머리를
모두 깎아 낫도록 하는 치료법. 또는 머리를 깎아 침을 놓기 쉽도록 하는 방법
이라고도 함.
【腹痛】'腹'은 '復'의 오기. 王先愼은 "腹, 乃復字之譌"라 함. '다 나아가던 두창이
다시 심해짐'을 뜻함. 그러나 '腹'은 잘못된 글자가 아니며 고대 '挑針砭刺'의
치료 방법 가운데 하나로 어린 아이가 복통과 설사를 일으킬 때 머리 정수리의
'百會穴'에 침을 놓아 복통을 그치게 하는 방법이라고도 함.
【揊痤】'揊'은 '副'의 俗字이며 '判'의 뜻. 아래의 '揊'자는 '揊'의 異體字. 종기를

째서 고름이 나오도록 함.

【嬰兒子】 '子'는 '之'의 오기.

【知介】 介는 介胄. 즉 평소 일반인도 군사훈련을 하여 유사시에 대비함을 뜻함.

【私解】 사사롭게 勞役이나 軍役을 면제함.

【禽虜】 '禽'은 '擒'과 같음. 적을 사로잡음.

【禹】 中國 최초의 왕조 夏나라의 시조. 夏后氏 부락의 領袖였으며 姒姓. 大禹, 夏禹 등으로도 불리며 이름은 文命. 鯀의 아들. 鯀이 물을 막는 방법으로 治水에 실패하여 죽임을 당한 뒤 禹는 물을 소통시키는 방법으로 성공을 거둔 다음 舜임금으로부터 천하를 물려받아 夏王朝를 세움. 뒤에 천하를 순시하다가 會稽에서 생을 마침. 그는 益에게 천하를 물려주려 하였으나 아들 啓의 무리가 난을 일으켜 益을 죽이고 世襲王朝를 시작함. 이로부터 禪讓(公天下)의 제도가 마감되고 世襲(家天下)의 역사가 시작됨. 이를 "傳子而不傳賢"이라 함.《史記》에서는 五帝本紀 다음 첫 왕조로 夏本紀가 시작됨.《十八史略》(1)에 "夏后氏禹: 姒姓, 或曰名文命, 鯀之子, 顓頊孫也. 鯀湮洪水, 舜擧禹代鯀, 勞身焦思, 居外十三年, 過家門不入"이라 함.

【決江濬河】 江과 河는 원래 고유명사로 長江과 河水를 가리켰음. 강수 둑을 터서 물을 돌리고 河水의 바닥을 파내어 홍수를 소통의 방법으로 해결함. 濬은 '浚'과 같으며 '浚渫'의 뜻.

【聚瓦石】 자갈돌을 모아 던져 일을 방해함.《呂氏春秋》樂成篇을 볼 것.

【子産】 公孫僑. 子國(公孫成)의 아들. 뒤에 鄭나라의 훌륭한 宰相이 되어 孔子가 자주 칭찬한 인물. 東里에 살아 東里子産으로도 불렸으며 簡公과 定公을 보필하여 40여년 정나라는 안정을 누렸음.《史記》鄭世家 등을 참조할 것. 한편 그가 비방을 받은 것은《左傳》襄公 30년에 "子産使都鄙有章, 上下有服; 田有封洫, 廬井有伍. 大人之忠儉者, 從而與之; 泰侈者因而斃之. 豐卷將祭, 請田焉. 弗許, 曰「唯君用鮮, 衆給而已.」子張怒, 退而徵役. 子産奔晉, 子皮止之, 而逐豐卷. 豐卷奔晉, 子産請其田·里, 三年而復之, 反其田·里及其入焉. 從政一年, 輿人誦之, 曰「取我衣冠而褚之, 取我田疇而伍之. 孰殺子産, 吾其與之」及三年, 又誦之, 曰「我有子弟, 子産誨之. 我有田疇, 子産殖之. 子産而死, 誰其嗣之?」"라 함.

【聖通】 明通과 같음. 사물에 대하여 능력이 있는 자. 이러한 사람을 찾기를 기다려 정치를 하는 것은 비효율적이라는 주장. 韓非는 儒墨의 '尙賢', '求賢', '適民' 사상에 심한 반대 의견을 내세웠음.

1.《呂氏春秋》樂成篇

禹之決江水也, 民聚瓦礫. 及其事已成, 功已立, 爲萬世利, 禹之所見者遠也,
而民莫之知.

2.《左傳》襄公 30年 傳

子産使都鄙有章, 上下有服; 田有封洫, 盧井有伍. 大人之忠儉者, 從而與之;
泰侈者因而斃之. 豐卷將祭, 請田焉. 弗許, 曰:「唯君用鮮, 衆給而已」子張怒,
退而徵役. 子産奔晉, 子皮止之, 而逐豐卷. 豐卷奔晉, 子産請其田·里, 三年而
復之, 反其田·里及其入焉. 從政一年, 輿人誦之, 曰:「取我衣冠而褚之, 取我
田疇而伍之. 孰殺子産, 吾其與之」及三年, 又誦之, 曰:「我有子弟, 子産誨之.
我有田疇, 子産殖之. 子産而死, 誰其嗣之?」

3. 기타《太平御覽》(955) 및《事類賦》(25)를 볼 것.

51. 충효忠孝

　충효忠孝란 원래 유가儒家의 덕목이다. 그러나 본편은 법가의 시각에서 이를 분석한 것으로 서로 모순되는 현상을 들어 완정한 것은 아니라는 논리를 펴고 있다.

　즉 유가에서 성인으로 받드는 요堯, 순舜, 탕湯, 무武는 법가의 입장에서 보면 불충, 불효일 뿐이라고 비난하고 있다.

　그 때문에 "廢常上賢則亂, 舍法任智則危"라 하였으며 이와 함께 도가道家의 염담恬淡, 종횡기縱橫家의 이론도 비판하고 있다.

　한편은 이 글에서 5차례나 한비 자신을 '臣'으로 칭한 것으로 보아 상서上書의 글일 것으로 보고 있으며 이에 근거하여 존칭어로 해석하였다.

741(51-1)
효제충순孝悌忠順

"천하 사람들은 모두 효제孝悌와 충순忠順의 도리를 옳은 것이라 여기지만 효제와 충순의 도를 잘 살핀 다음 이를 행해야 하는 것을 모르므로 천하가 혼란스러운 것입니다.

모두가 요堯·순舜의 도를 옳다고 여겨 이를 법으로 여기므로 임금을 시해하는 일이 일어나고 아버지를 왜곡시키는 일이 벌어지는 것입니다.

요, 순, 탕湯, 무왕武王은 혹 군신 사이의 의義를 배반하고 후세의 가르침을 혼란스럽게 한 자들일 수 있습니다.

요는 남의 군주이면서 그 자신의 신하를 군주로 받들었고, 순은 남의 신하이면서 그 군주를 신하로 삼았으며, 탕왕과 무왕은 남의 신하이면서 군주를 시해하고 그 시신을 베는 짓을 하였음에도 천하 사람들은 그것을 칭찬하여 왔으니 이것이 천하가 지금에 이르도록 제대로 다스려지지 않는 원인인 것입니다.

무릇 소위 명군이란 능히 신하를 길들일 수 있는 자이며, 소위 현신이란 능히 법을 밝히고 관직을 다스려 그 군주를 떠받드는 자입니다.

지금 요는 스스로 자신이 명석하다고 여겼으나 순舜을 길들이지 못하였고, 순은 스스로 자신이 어질다고 여겼으나 능히 요를 떠받들지 못하였으며, 탕과 무왕은 스스로 자신이 의롭다 여기면서 그 군주를 시해하였으니 이것은 명군이라면 언제나 제위를 물려주어야 하고, 현신이라면 언제나 자신이 취하여 가질 수 있다는 사례를 만든 셈입니다.

그러므로 지금에 이르기까지 사람의 아들 된 자로서 아버지의 집을 빼앗은 일이 생기게 되었고, 남의 신하 된 자로서 그 임금의 나라를 빼앗은 일이 있게 된 것입니다.

아버지가 되어 자식에게 양보하고 임금이 되어 신하에게 자리를 물려주는 것은 자리를 안정시키고 가르침을 하나로 하는 도가 될 수는 없습니다."

「天下皆以孝悌忠順之道爲是也, 而莫知察孝悌忠順之道而審行之, 是以天下亂.

皆以堯·舜之道爲是而法之, 是以有弑君, 有曲父.

堯·舜·湯·武或反君臣之義, 亂後世之敎者也.

堯爲人君而君其臣, 舜爲人臣而臣其君, 湯·武爲人臣而弑其主·刑其尸, 而天下譽之, 此天下所以至今不治者也.

夫所謂明君者, 能畜其臣者也; 所謂賢臣者, 能明法辟·治官職以戴其君者也.

今堯自以爲明而不能以畜舜, 舜自以爲賢而不能以戴堯, 湯·武自以爲義而弑其君長, 此明君且常與, 而賢臣且常取也.

故至今爲人子者有取其父之家, 爲人臣者有取其君之國者矣.

父而讓子, 君而讓臣, 此非所以定位一敎之道也.」

【堯】전설상 上古시대 五帝의 하나. 陶唐氏. 唐堯로도 부름. 祁姓이며 이름은 放勳. 帝嚳의 아들.《十八史略》(1)에 "帝堯陶唐氏: 伊祁姓, 或曰名放勛, 帝嚳子也.

其仁如天, 其知如神, 就之如日, 望之如雲, 都平陽. 茆茨不剪, 土階三等. 有草生庭, 十五日以前, 日生一葉, 以後日落一葉, 月小盡, 則一葉厭而不落, 名曰蓂莢, **觀之** 以知旬朔"이라 함.《史記》五帝本紀를 볼 것.

【舜】 고대 五帝의 하나. 有虞氏. 姓은 姒氏, 이름은 重華. 虞舜으로도 부름. 堯임금으로부터 천하를 물려받아 帝位에 오름. 瞽瞍의 아들로 孝誠이 뛰어났던 분으로 널리 알려져 있으며 儒家에서 聖人으로 추앙함.《十八史略》(1)에 "帝舜 有虞氏: 姚姓, 或曰名重華, 瞽瞍之子, 顓頊六世孫也. 父惑於後妻, 愛少子象, 常欲殺舜. 舜盡孝悌之道, 烝烝乂不格姦"이라 함. 이에 따라 堯舜은 '禪讓', 湯武는 '革命'으로 朝代를 바꾼 것이라 함.

【曲父】 舜이 아버지 瞽瞍에게 한 행동을 비판한 것임. 〈乾道本〉에는 '曲於父'로 되어 있음. 顧廣圻는 "今本無於字, 誤"라 하였으나, 王先愼은 "「弑君」・「曲父」 相對, 於字不當有. 據今本刪. 下「舜見瞽瞍, 其容造焉」, 即承「曲父」言"이라 하여 '於'자가 없어야 한다고 여겼음.

【湯】 원래 夏나라 때의 諸侯. 亳을 근거로 발전하여 夏나라 末王 桀의 무도함을 제거하고 伊尹을 등용하여 殷(商)을 세운 개국군주. 儒家에서 聖人으로 받듦. 《史記》殷本紀를 참조할 것.《十八史略》(1)에는 "殷王成湯: 子姓, 名履. 其先 曰契, 帝嚳子也. 母簡狄, 有娀氏女, 見玄鳥墮卵呑之, 生契. 爲唐虞司徒, 封於商, 賜姓"이라 함.

【武】 周 武王. 姬發. 文王(姬昌, 西伯)의 아들. 殷末 周民族의 領袖. 아버지의 뜻을 이어 庸, 蜀, 羌 등 부족과 연합하여 殷의 紂를 멸하고 西周의 封建王朝를 건립함. 周公(姬旦)의 형이며 成王(姬誦)의 아버지. 周初의 文物制度를 완비하여 儒家 에서 흔히 三代의 개국시조 夏禹, 商湯, 周文武로 칭하며 추앙받기도 함.《史記》 周本紀 참조.

【君其臣】 堯가 자신의 신하였던 舜에게 讓位하여 자신이 그의 신하가 된 일을 비판한 것. '臣其君'은 舜의 입장에서 임금이었던 堯를 신하로 삼은 것을 말함. 《史記》五帝本紀에 "堯立七十年得舜, 二十年而老, 令舜攝行天子之政, 薦之於 天. 堯辟位凡二十八年而崩. 百姓悲哀, 如喪父母"라 하여 살아 있을 때 선양한 것이므로 堯는 살아있는 동안 舜의 신하 신분이었음을 말함.

【弑其主・刑其尸】 商湯과 周武王은 자신들이 받들던 桀과 紂를 시해하고 그들의 시신을 잘라 효수하는 행동을 함. '刑'은《說文》에 "刑, 剄也"라 하여 '자르다, 베다'의 뜻임.《史記》夏本紀에 "湯修德, 諸侯皆歸湯, 湯遂率兵以伐夏桀. 桀走 鳴條, 遂放而死. 桀謂人曰:「吾悔不遂殺湯於夏臺, 使至此.」 湯乃踐天子位,

代夏朝天下"라 하였고, 〈殷本紀〉에는 "周武王於是遂率諸侯伐紂. 紂亦發兵距
之牧野. 甲子日, 紂兵敗. 紂走入, 登鹿臺, 衣其寶玉衣, 赴火而死. 周武王遂斬紂頭,
縣之(大)白旗. 殺妲己"라 하여 弑主와 刑尸의 기록이 있음.

【畜】 '길들이다, 순종하다'의 뜻.《禮記》祭統에 "孝者, 畜也, 順於道不逆於倫,
是之謂畜"이라 함.

【法辟】 법률과 형벌.

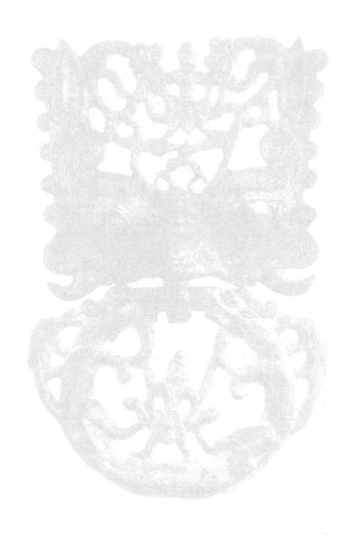

742(51-2)
법은 높이고 현자는 낮추어야

"제가 들은 바로는 '신하는 군주를 섬기고, 자식이 아버지를 섬기며, 아내는 지아비를 섬긴다. 세 가지가 순조로우면 천하가 다스려지고, 세 가지가 거슬리면 천하가 어지러워진다. 이것이 천하의 상도常道이다'라 하였습니다.

이를 명군이나 현신도 바꿀 수 없는 철칙으로 삼는다면 군주가 비록 불초하다 해도 신하로서는 감히 침해할 수 없을 것입니다.

그런데 지금 현자를 높이고 지자에게 맡기기를 상도가 없이 하고 있으니 이는 그러한 도에 역행하는 것이건만 천하는 언제나 다스려지는 것이라 여기고 있습니다.

이 까닭으로 전씨田氏는 제齊나라에서 여씨呂氏의 자리를 빼앗았고, 대씨戴氏는 송宋나라에서 자씨子氏의 자리를 빼앗았던 것입니다.

이들은 모두 어질고 지혜로웠던 자들이지 어찌 어리석고 게다가 불초한 자들이었겠습니까?

이는 상도를 폐하고 현자를 높이면 어지러워지는 것이요, 법을 버리고 지자에게 맡기면 위태롭게 된다는 뜻입니다.

그러므로 '법은 높여야 하고 현자는 높이지 말아야 한다'라고 말하는 것입니다."

「臣之所聞曰:『臣事君, 子事父, 妻事夫. 三者順, 則天下治; 三者逆, 則天下亂. 此天下之常道也.』

明王賢臣而弗易也, 則人主雖不肖, 臣不敢侵也.

今夫上賢任智無常, 逆道也, 而天下常以爲治.

是故田氏奪呂氏於齊, 戴氏奪子氏於宋.

此皆賢且智也, 豈愚且不肖乎?

是廢常上賢, 則亂; 舍法任智, 則危.

故曰:『上法而不上賢.』」

【臣】 韓非 자신을 지칭한 것. 한편 인용문을 '則天下亂'까지로 보았으나 역자는 '常道也'까지로 여겨 이에 따라 풀이하였음.

【上賢】《墨子》의 尙賢과 같음. 上은 尊과 같은 뜻임.

【田氏奪呂氏於齊】 田氏는 田常(田恆. 田恒, 陳恒, 陳成子, 田成子)을 가리킴. 簡公을 유폐시켜 시살한 인물. 呂氏는 齊나라 시조 呂尙의 성씨로 春秋시대 齊나라 군주의 성씨. 陳恒은 원래 그의 선조 陳完(田完, 敬仲)은 陳나라 출신으로 齊나라에 옮겨와 정착하여 田氏로 성을 바꾸었으며 차츰 세력을 키워 卿에 오른 다음, 도공 때 陳釐子(田乞)가 이미 권력을 잡았고 그가 죽은 뒤 아들 田常이 백성들에게 私惠를 베풀면서 지지를 확보, 簡公 4년(B.C.481) 簡公을 시해하고 平公을 옹립하여 자신이 재상에 올랐으며 마침내 姜氏(姜太公의 후손)의 呂氏의 齊나라를 대신하여 戰國시대 田氏齊를 세움.《史記》田敬仲完世家 참조.

【戴氏奪子氏於宋】 戴氏는 宋나라 太宰 戴驩. 皇喜와 실권을 다투는 과정에서 皇喜(子罕, 樂喜)는 司城(司空)으로써 宋 桓侯를 시해하고 宋나라 정권을 탈취함. 宋나라는 殷의 流民 微子 啓가 봉을 받았으며 殷나라는 子姓이었음. 뒤에 宋 戴公의 자손이 戴氏를 성으로 삼았으며 皇喜와 戴驩은 모두가 戴公의 후손이므로 皇喜가 桓侯를 죽였음에도 戴氏라 표현한 것.

743(51-3)
충효를 알지 못한 순舜과 고수瞽瞍

"기록에 '순舜이 고수瞽瞍를 보자 얼굴이 수심에 잠겼다. 중니仲尼가 「이때에는 위급하였도다! 천하가 불안하였다. 도를 가진 순과 같은 자는 고수는 아버지임에도 그를 자식으로 대할 수 없었고 순은 군주임에도 그를 신하로 대할 수 없었다」'라고 씌어있지요.

저는 '공자는 본래 효제충순의 도를 알지 못하였다'라고 말하겠습니다.

그렇다면 도를 가진 자는 나아가 군주의 신하가 될 수 없고, 물러나 아버지의 아들이 될 수 없다는 것입니까?

아버지로써 어린 자식 갖기를 바라는 까닭은 집안이 가난하면 부유하게 되고, 아버지가 괴로우면 즐겁게 해주기 때문이며, 군주가 어진 신하를 갖기를 바라는 까닭은 나라가 어지러우면 다스려 주고, 군주의 권위가 낮아지면 그것을 높여주기 때문입니다.

지금 만약 어진 자식이 있으나 그가 아버지를 위해주지 않는다면 아버지는 집안에서 있더라도 괴로울 것이요, 어진 신하가 있으나 그가 군주를 위해 주지 않는다면 군주는 자리에 있더라도 위태로울 것입니다.

그렇다면 아버지에게 어진 자식이 있고, 군주에게 어진 신하가 있는 것이 도리어 족히 해가 될 뿐, 어찌 이득이 되겠습니까?

소위 충신은 그 임금을 위험에 빠뜨리지 아니하며, 효자는 그 어버이를 거슬리지 않는 것입니다.

지금 순은 어질기 때문에 그 임금의 나라를 빼앗았고, 탕湯과 무왕武王은

의롭기 때문에 군주를 추방하고 시해한 것이니, 이는 모두가 어질기 때문에
군주를 위해危害한 자들이건만 천하는 그들을 어질다고 여기고 있습니다."

「記曰:『舜見瞽瞍, 其容造焉. 孔子曰: '當是時也, 危哉!
天下岌岌! 有道者, 父固不得而子, 君固不得而臣也.'』

臣曰:『孔子本未知孝悌忠順之道也.』

然則有道者, 進不得爲臣主, 退不得爲父子耶?

父之所以欲有賢子者, 家貧則富之, 父苦則樂之; 君之
所以欲有賢臣者, 國亂則治之, 主卑則尊之.

今有賢子而不爲父, 則父之處家也苦; 有賢臣而不爲君,
則君之處位也危.

然則父有賢子, 君有賢臣, 適足以爲害耳, 豈得利焉哉?

所謂忠臣, 不危其君; 孝子, 不非其親.

今舜以賢取君之國, 而湯·武以義放弑其君, 此皆以賢
而危主者也, 而天下賢之.」

【記】옛 기록. 陳奇猷는 구체적으로《孟子》萬章篇이라 함. 참고란을 볼 것.
【舜】고대 五帝의 하나. 有虞氏. 姓은 姒氏, 이름은 重華. 虞舜으로도 부름.
堯임금으로부터 천하를 물려받아 帝位에 오름. 瞽瞍의 아들로 孝誠이 뛰어났던
분으로 널리 알려져 있으며 儒家에서 聖人으로 추앙함.《十八史略》(1)에 "帝舜
有虞氏: 姚姓, 或曰名重華, 瞽瞍之子, 顓頊六世孫也. 父惑於後妻, 愛少子象,
常欲殺舜. 舜盡孝悌之道, 烝烝乂不格姦"이라 함.
【瞽瞍】瞽叟로도 표기하며 순임금의 아버지. 장님이었다 함. 후처에게 미혹하여
그 사이에 태어난 상과 함께 순을 죽이려 못된 일을 많이 한 것으로 널리 전해짐.
《史記》五帝本紀에 "嶽曰:「盲者子. 父頑, 母嚚, 弟傲, 能和以孝, 烝烝治, 不至姦.」"
이라 함.

【容造焉】容은 표정. '造'는 '戚', '戚, 慽'과 같으며 '수심과 두려움 등으로 인해 위축되다'의 뜻.

【臣主】王先愼은 마땅히 '主臣'이어야 한다고 하였음. '主之臣'의 줄인 말.

【不非其親】'非'는 '거역하다, 위배하다'의 뜻.《說文》에 "非, 違也"라 함.

【湯】원래 夏나라 때의 諸侯. 亳을 근거로 발전하여 夏나라 末王 桀의 무도함을 없애고 伊尹을 등용하여 殷(商)을 세운 개국군주. 儒家에서 聖人으로 받듦.《史記》殷本紀를 참조할 것.《十八史略》(1)에는 "殷王成湯: 子姓, 名履. 其先曰契, 帝嚳子也. 母簡狄, 有娀氏女, 見玄鳥墮卵吞之, 生契. 爲唐虞司徒, 封於商, 賜姓"이라 함.

【武】周 武王. 姬發. 文王(姬昌, 西伯)의 아들. 殷末 周民族의 領袖. 아버지의 뜻을 이어 庸, 蜀, 羌 등 부족과 연합하여 殷의 紂를 멸하고 西周의 封建王朝를 건립함. 周公(姬旦)의 형이며 成王(姬誦)의 아버지. 周初의 文物制度를 완비하여 儒家에서 흔히 三代의 개국시조 夏禹, 商湯, 周文武로 칭하며 추앙받기도 함.《史記》周本紀 참조.

【放弑】湯이 桀을 추방하고 武王이 紂를 시해한 것. 禪讓이 아니라 革命을 한 것을 뜻함.

참고 및 관련 자료

1.《孟子》萬章(上)

咸丘蒙問曰:「語云:『盛德之士, 君不得而臣, 父不得而子.』舜南面而立, 堯帥諸侯北面而朝之, 瞽瞍亦北面而朝之. 舜見瞽瞍, 其容有蹙. 孔子曰:『於斯時也, 天下殆哉, 岌岌乎!』不識此語誠然乎哉?」孟子曰:「否. 此非君子之言, 齊東野人之語也. 堯老而舜攝也. 〈堯典〉曰:『二十有八載, 放勳乃徂落, 百姓如喪考妣, 三年, 四海遏密八音.』孔子曰:「天無二日, 民無二王.」舜旣爲天子矣, 又帥天下諸侯以爲堯三年喪, 是二天子矣」咸丘蒙曰:「舜之不臣堯, 則吾旣得聞命矣.《詩》云:『普天之下, 莫非王土; 率土之濱, 莫非王臣.』而舜旣爲天子矣, 敢問瞽瞍之非臣, 如何?」曰:「是詩也, 非是之謂也; 勞於王事, 而不得養父母也. 曰:『此莫非王事, 我獨賢勞也.』故說詩者, 不以文害辭, 不以辭害志. 以意逆志, 是爲得之. 如以辭而已矣, 〈雲漢〉之詩曰:『周餘黎民, 靡有孑遺.』信斯言也, 是周無遺民也. 孝子之至, 莫大乎尊親; 尊親之至, 莫大乎以天下養. 爲天子父, 尊之至也; 以天下養, 養之至也.《詩》曰:『永言孝思, 孝思維則.』此之謂也.《書》曰:『祗載見瞽瞍, 夔夔齊栗, 瞽瞍亦允若.』是爲父不得而子也.」

744(51-4)
상象은 순舜의 아우였건만

"옛날 열사烈士는 군주의 신하가 되려고 나서지 않았고 물러나 집안을 위하지 않았으니 이는 나아가면 군주를 거역하고 물러서면 그 부모를 거역한 것입니다.

게다가 무릇 군주의 신하가 되려 나서지 않고 물러나 집안을 위하지 않는다는 것은 세상을 어지럽히고 후사를 끊는 것입니다.

이 까닭으로 요·순·탕·무왕을 어질다 여기거나 열사를 옳다고 하는 것은 천하를 어지럽히는 짓일 뿐입니다.

고수는 순의 아버지였건만 순은 그를 추방하였고, 상象은 순의 아우였건만 그를 죽여버렸습니다.

아버지를 추방하고 아우를 죽인 것은 인仁이라고 할 수 없고, 임금의 두 딸을 아내로 삼고 천하를 빼앗은 것은 의義라 할 수 없습니다.

이처럼 인과 의를 갖지 않았으니 명明이라 할 수 없습니다.

《시詩》에 '넓은 하늘 아래 왕의 땅이 아닌 곳이 없고, 땅 끝까지 왕의 신하 아닌 자가 없도다' 하였습니다.

진실로 《시》의 표현대로라면 순이 나아가서는 임금을 자신의 신하로 삼은 것이요, 안으로 들어와서는 자신의 아버지를 신하로 삼고 어머니를 시녀로 삼은 것이며, 임금의 딸을 아내로 삼은 것이 됩니다.

그러므로 열사는 안으로는 집안을 위하지도 않으며, 세상을 혼란스럽게 하고 후사를 끊는 것이며, 밖으로는 군주에게 뻣뻣하게 굴어 자신의 뼈가

썩고 살이 허물어져도 땅바닥에 내버려지거나, 냇물 골짜기에 흘려보내지더라도 물불을 밟기를 피하지 않은 채 천하로 하여금 자신을 본받도록 하는 자들이니 이는 천하 사람들이 두루 죽고 요절하기를 바라는 것입니다.

이는 모두가 세상을 버려둔 채 다스리려 하지 않는 자들입니다."

「古之烈士, 進不臣君, 退不爲家, 是進則非其君, 退則非其親者也.

且夫進不臣君, 退不爲家, 亂世絶嗣之道也.

是故賢堯·舜·湯·武而是烈士, 天下之亂術也.

瞽瞍爲舜父而舜放之, 象爲舜弟而殺之.

放父殺弟, 不可謂仁; 妻帝二女而取天下, 不可謂義.

仁義無有, 不可謂明.

《詩》云:『普天之下, 莫非王土; 率土之濱, 莫非王臣.』

信若《詩》之言也, 是舜出則臣其君, 入則臣其父, 妾其母, 妻其主女也.

故烈士內不爲家, 亂世絶嗣; 而外矯於君, 朽骨爛肉, 施於土地, 流於川谷, 不避蹈水火, 使天下從而效之, 是天下遍死而願天也.

此皆釋世而不治是也.」

【烈士】陳奇猷의《韓非子集釋》에 "詭使篇:「好名義不仕進者, 世謂之烈士.」 蓋好名義則以不進仕爲高, 故曰「進不臣君;」不進仕卽不受君祿, 不受君祿則家不富, 故曰「退不爲家」也. 不臣其君, 是以其君爲不善而不事之; 不爲其家, 是以其親爲不善而不富之"라 함.

【亂世絶嗣】 세상을 어지럽히고 후사를 끊음. 陳奇猷는 "外儲說右上, 太公望殺
狂矞華士曰:「彼不臣天子, 是望不得而臣也, 則望當誰爲君乎?」 故人不臣其君
則亂也. 不爲家, 家將貧困, 無以爲生, 故絶嗣也"라 함.

【堯】 전설상 上古시대 五帝의 하나. 陶唐氏. 唐堯로도 부름. 祁姓이며 이름은
放勳. 帝嚳의 아들.《十八史略》(1)에 "帝堯陶唐氏: 伊祁姓, 或曰名放勛, 帝嚳子也.
其仁如天, 其知如神, 就之如日, 望之如雲, 都平陽. 茆茨不剪, 土階三等. 有草生庭,
十五日以前, 日生一葉, 以後日落一葉, 月小盡, 則一葉厭而不落, 名曰蓂莢, 觀之
以知旬朔"이라 함.《史記》五帝本紀를 볼 것.

【舜】 고대 五帝의 하나. 有虞氏. 姓은 姒氏, 이름은 重華. 虞舜으로도 부름.
堯임금으로부터 천하를 물려받아 帝位에 오름. 瞽瞍의 아들로 孝誠이 뛰어났던
분으로 널리 알려져 있으며 儒家에서 聖人으로 추앙함.《十八史略》(1)에 "帝舜
有虞氏: 姚姓, 或曰名重華, 瞽瞍之子, 顓頊六世孫也. 父惑於後妻, 愛少子象,
常欲殺舜. 舜盡孝悌之道, 烝烝乂不格姦"이라 함.

【湯】 원래 夏나라 때의 諸侯. 亳을 근거로 발전하여 夏나라 末王 桀의 무도함을
없애고 伊尹을 등용하여 殷(商)을 세운 개국군주. 儒家에서 聖人으로 받듦.
《史記》殷本紀를 참조할 것.《十八史略》(1)에는 "殷王成湯: 子姓, 名履. 其先
曰契, 帝嚳子也. 母簡狄, 有娀氏女, 見玄鳥墮卵吞之, 生契. 爲唐虞司徒, 封於商,
賜姓"이라 함.

【武】 周 武王. 姬發. 文王(姬昌, 西伯)의 아들. 殷末 周民族의 領袖. 아버지의 뜻을
이어 庸, 蜀, 羌 등 부족과 연합하여 殷의 紂를 멸하고 西周의 封建王朝를 건립함.
周公(姬旦)의 형이며 成王(姬誦)의 아버지. 周初의 文物制度를 완비하여 儒家
에서 흔히 三代의 개국시조 夏禹, 商湯, 周文武로 칭하며 추앙받기도 함.《史記》
周本紀 참조.

【象】 瞽瞍와 그의 後妻 사이에 난 舜의 이복동생. 舜을 죽이고자 어머니와 협작
하여 온갖 악행을 저질렀음. 이곳의 구절 "象爲舜弟而殺之"에서 위의 구절
"舜放之"에 對가 되어야 하므로 '舜殺之'의 '舜'자가 더 있어야 함. 〈集解〉에
"先愼曰: 依上文,「殺」上當有「舜」字"라 함.

【帝二女】 堯의 두 딸 娥皇과 女英.《史記》五帝本紀에 "堯曰:「吾其試哉!」於是
堯妻之二女, 觀其德於二女. 舜飭下二女於嬀汭, 如婦禮"라 하였고,《尙書》堯典
에는 "帝曰:「咨四岳, 朕在位七十載, 汝能庸命, 巽朕位.」岳曰:「否德忝帝位.」
曰:「明明揚側陋.」錫帝曰:「有鰥在下, 曰虞舜.」帝曰:「兪, 予聞, 如何.」岳曰:
「瞽子, 父頑, 母嚚, 象傲, 克諧以孝, 烝烝乂, 不格姦.」帝曰:「我其試哉, 女于時,

觀厥刑于二女, 釐降二女于嬀汭, 嬪于虞.」帝曰:「欽哉!」라 하였고,《孟子》
萬章(上)에는 "帝使其子九男二女, 百官牛羊倉廩備, 以事舜於畎畝之中. 天下之
士多就之者, 帝將胥天下而遷之焉. 爲不順於父母, 如窮人無所歸"라 하였으며
이를 미화한 것으로는《列女傳》母儀篇 有虞二妃에 "有虞二妃者, 帝堯之二女也:
長娥皇·次女英. 舜父頑, 母嚚; 父號瞽叟. 弟曰象, 敖游於嫚, 舜能諧柔之; 承事
瞽叟以孝. 母憎舜而愛象; 舜猶內治, 靡有姦意. 四嶽薦之於堯, 堯乃妻以二女,
以觀厥內. 二女承事舜於畎畝之中, 不以天子之女故, 而驕盈怠嫚, 猶謙謙恭儉,
思盡婦道"라 하여 자세히 실려 있음.

【詩】《詩經》小雅 北山의 시. "陟彼北山, 言采其杞. 偕偕士子, 朝夕從事. 王事
靡盬, 憂我父母. 溥天之下, 莫非王土. 率土之濱, 莫非王臣. 大夫不均, 我從事
獨賢. 四牡彭彭, 王事傍傍. 嘉我未老, 鮮我方將. 旅力方剛, 經營四方. 或燕燕居息,
或盡瘁事國. 或息偃在牀, 或不已于行. 或不知叫號, 或慘慘劬勞. 或棲遲偃仰,
或王事鞅掌. 或湛樂飲酒, 或慘慘畏咎. 或出入風議, 或靡事不爲"라 함.

【妾】侍女, 使喚으로 삼음.《尙書》費誓 "馬牛其風, 臣妾逋逃"의 孔穎達 疏에
"役人賤者, 男曰臣, 女曰妾"이라 함.

【矯於君】'矯'는 뻣뻣함을 뜻함. "剛强而不肯低頭曰矯"라 함.

【施】죽은 시체를 햇볕에 드러내어 사람들에게 보임. 王先愼의 "施, 陳也"라 함.

【蹈水火】물에 빠지고 불속에 타 죽을 위험을 뜻함. 자신의 생명을 중시하지
않음을 말함.

745(51-5)
열사烈士

"세상에 소위 열사烈士라는 자는 무리를 떠나 혼자 행동하고 남과 다른 행동을 취하며, 염담恬淡한 학문을 닦고 황홀恍惚한 말을 이론으로 삼고 있습니다.

제 생각으로 염담이란 쓸데없는 가르침이며, 황홀함이란 법을 무시한 논리일 뿐입니다.

담백이란 실제로 쓰이지 않는 가르침이며 미묘함은 법을 무시한 이론입니다.

법에도 없는 말을 내뱉는 것을 천하에서는 명찰하다고 하고 있습니다.

제 생각으로는 사람이 태어나 살아가면서 반드시 군주를 섬기고 어버이를 봉양해야 하는 것이니 군주를 섬기고 어버이를 봉양함에는 염담으로써는 할 수가 없으며, 그 사람은 반드시 언론과 충신함, 법술로써 해야 하는 것이니 언론과 충신함, 법술로써 하려면 황홀한 것으로써는 할 수가 없습니다.

황홀한 언론과 염담의 학문은 천하에 미혹한 학술일 뿐입다.

효자가 아버지를 섬김에 아버지 집을 빼앗고자 다투지 않으며, 충신이 군주를 섬김에 군주의 나라를 빼앗고자 하지 않아야 하는 것입니다.

무릇 사람의 자식이 되어 언제나 다른 사람의 어버이를 '아무개 자식의 부모는 밤늦게 자고 아침 일찍 일어나 힘써 일하여 재물을 모아 자손과 신첩들을 먹여 살린다'라고 칭찬한다면 이는 자신의 부모를 비방하는 것이 됩니다.

마찬가지로 남의 신하가 되어 언제나 선왕의 덕을 후하다고 칭송을 하면서 자신의 군주도 그렇게 되기를 바라고 있다면 이는 자신의 군주를 비방하는 것이 됩니다.

자신의 부모를 비난하는 자를 일러 불효라 하면서 군주를 헐뜯는 자를 천하가 모두 어질다고 하니 이것이 혼란을 조성하는 원인인 것입니다.

그러므로 남의 신하가 되었다면 요堯, 순舜이 어질다고 칭송하지 않아야 하고, 탕湯과 무왕武王의 정벌을 칭찬하지 말아야 하며, 열사가 고결하다고 말하지 않아야 하며, 그저 있는 힘을 다해 법을 지키고 군주를 섬기기에만 전념하는 충신이 되어야 하는 것입니다."

「世之所爲烈士者, 雖衆獨行, 取異於人, 爲恬淡之學
而理恍惚之言.

臣以爲: 恬淡, 無用之教也; 恍惚, 無法之言也.

言出於無法, 教出於無用者, 天下謂之察.

臣以爲: 人生必事君養親, 事君養親不可以恬淡; 之人
必以言論忠信法術, 言論忠信法術不可以恍惚.

恍惚之言・恬淡之學, 天下之惑術也.

孝子之事父也, 非競取父之家也; 忠臣之事君也, 非競
取君之國也.

夫爲人子而常譽他人之親曰: 『某子之親, 夜寢早起,
强力生財以養子孫臣妾』, 是誹謗其親者也.

爲人臣常譽先王之德厚而願之, 是誹謗其君者也.

非其親者知謂之不孝, 而非其君者天下賢之, 此所以
亂也.

故人臣毋稱堯舜之賢, 毋譽湯·武之伐, 毋言烈士之高, 盡力守法, 專心於事主者爲忠臣.」

【雖衆獨行】 '雖'는 '離'의 오기. 일반 보통 사람과 동떨어져 홀로 행동함. 독행은 자신의 행동만이 옳다고 독선을 부리며 실천에 옮기는 부류. 각 正史에 '獨行傳'이 있음.

【恬淡】 '恬澹'으로도 표기하며 세상일에 전혀 관심이 없이 無慾으로 마음의 평정을 추구하는 태도. 《老子》 31장에 "兵者不祥之器, 非君子之器, 不得已而用之, 恬淡爲上. 勝而不美, 而美之者, 是樂殺人"이라 함.

【之人】 이는 〈乾道本〉과 〈藏本〉에 따른 것이며 〈迂評本〉, 〈趙本〉, 〈凌本〉. 〈今本〉 등에는 이 두 글자가 없음. 이에 顧廣圻는 "「之人」二字, 按此不當有"라 하였으나 王先愼은 "「之人」, 當作「人生」, 續下讀. 上文「人生必事君養親」, 此作「人生必言論忠信法術」, 「人生」誤作「之人」"이라 하여 '人生'의 오류라 하였음.

【恍惚】 미묘하여 알기 어려운 상태를 뜻하는 雙聲連綿語. '惚恍'으로도 표기함. 《老子》 14장에 "其上不皦, 其下不昧, 繩繩不可名, 復歸於無物. 是謂無狀之狀, 無物之象, 是謂惚恍"이라 하였고, 21장에는 "惚兮恍兮, 其中有象; 恍兮惚兮, 其中有物. 窈兮冥兮, 其中有精. 其精甚眞, 其中有信"이라 함.

【堯】 전설상 上古시대 五帝의 하나. 陶唐氏. 唐堯로도 부름. 祁姓이며 이름은 放勳. 帝嚳의 아들. 《十八史略》(1)에 "帝堯陶唐氏: 伊祁姓, 或曰名放勛, 帝嚳子也. 其仁如天, 其知如神, 就之如日, 望之如雲, 都平陽. 茆茨不剪, 土階三等. 有草生庭, 十五日以前, 日生一葉, 以後日落一葉, 月小盡, 則一葉厭而不落, 名曰蓂莢, 觀之以知旬朔"이라 함. 《史記》 五帝本紀를 볼 것.

【舜】 고대 五帝의 하나. 有虞氏. 姓은 姚氏, 이름은 重華. 虞舜으로도 부름. 堯임금으로부터 천하를 물려받아 帝位에 오름. 瞽瞍의 아들로 孝誠이 뛰어났던 분으로 널리 알려져 있으며 儒家에서 聖人으로 추앙함. 《十八史略》(1)에 "帝舜有虞氏: 姚姓, 或曰名重華, 瞽瞍之子, 顓頊六世孫也. 父惑於後妻, 愛少子象, 常欲殺舜. 舜盡孝悌之道, 烝烝乂不格姦"이라 함.

【湯】 원래 夏나라 때의 諸侯. 亳을 근거로 발전하여 夏나라 末王 桀의 무도함을 없애고 伊尹을 등용하여 殷(商)을 세운 개국군주. 儒家에서 聖人으로 받듦. 《史記》 殷本紀를 참조할 것. 《十八史略》(1)에는 "殷王成湯: 子姓, 名履. 其先

曰契, 帝嚳子也. 母簡狄, 有娀氏女, 見玄鳥墮卵吞之, 生契. 爲唐虞司徒, 封於商, 賜姓"이라 함.

【武】周 武王. 姬發. 文王(姬昌, 西伯)의 아들. 殷末 周民族의 領袖. 아버지의 뜻을 이어 庸, 蜀, 羌 등 부족과 연합하여 殷의 紂를 멸하고 西周의 封建王朝를 건립함. 周公(姬旦)의 형이며 成王(姬誦)의 아버지. 周初의 文物制度를 완비하여 儒家에서 흔히 三代의 개국시조 夏禹, 商湯, 周文武로 칭하며 추앙받기도 함.《史記》 周本紀 참조.

【臣妾】남자 종을 가리켜 臣이라 하고, 여자 종을 가리켜 妾이라 함.《尙書》費誓 "馬牛其風, 臣妾逋逃"의 孔穎達 疏에 "役人賤者, 男曰臣, 女曰妾"이라 함.

746(51-6)
옛날 백성은 어리석어

"옛날에는 검수黔首들이 만밀悗密하고 준우蠢愚하여 그 때문에서 거짓 명분으로도 끌어들일 수가 있었습니다.

그러나 오늘날의 백성들은 현형儇訓하고 지혜로워 제멋대로 하고 싶어 하며 윗사람의 말을 듣지 않습니다.

위에서 반드시 한편으로는 상으로써 권면한 뒤에야 나아가게 할 수 있고, 다시 또 벌로써 겁을 준 뒤에야 감히 물러서지 못하게 할 수 있습니다.

그럼에도 세상 사람들은 모두가 '허유許由는 천하를 사양하였으니 상으로도 권하기가 모자라고, 도척은 죄를 범하면 형벌의 위난에도 뛰어 드는 자였으니 형벌로도 금하기에 모자란다'라고들 하고 있습니다.

저는 '아직 천하를 가져보지도 않고 천하를 아무렇지도 않게 여긴 자는 허유가 그러한 자이다. 이미 천하를 가져 본 다음에 천하를 아무렇지도 않게 여긴 자는 요堯·순舜이 그러한 자이다. 염치를 훼멸시키면서 재물을 탐내며 형벌을 범하면서도 이익을 좇아 자신이 죽는 것도 잊은 자라면 도척이 그러한 자이다'라고 말하겠습니다.

이 두 가지 유형은 위험한 것입니다.

나라를 다스리고 백성을 사용하는 도는 이 두 가지로써 저울질해서는 안 됩니다.

정치란 정상적인 것을 다스리는 것이며, 도란 정상적인 것을 이끌어가는 것입니다.

위험한 사물과 교묘한 언론은 정치에 해가 됩니다.

천하에 최상의 고고한 자는 상을 내린다고 권할 수 있는 것이 아니며, 천하에 최하의 악한 자는 형벌로써 금할 수 있는 것이 아닙니다.

그러나 최상의 사람을 위해 상을 마련하지 않거나, 최하의 사람을 위해 형벌을 마련하지 않는다면 나라를 다스리고 백성을 부리는 도는 상실되고 말 것입니다."

「古者, 黔首悗密蠢愚, 故可以虛名取也.

今民儇詗智慧, 欲自用, 不聽上.

上必且勸之以賞, 然後可進; 又且畏之以罰, 然後不敢退.

而世皆曰: 『許由讓天下, 賞不足以勸; 盜跖犯刑赴難, 罰不足以禁.』

臣曰: 『未有天下而無以天下爲者, 許由是也; 已有天下而無以天下爲者, 堯·舜是也; 毀廉求財, 犯刑趨利, 忘身之死者, 盜跖是也.』

此二者, 殆物也.

治國用民之道也, 不以此二者爲量.

治也者, 治常者也; 道也者, 道常者也.

殆物妙言, 治之害也.

天下太上之士, 不可以賞勸也; 天下太下之士, 不可以刑禁也.

然爲太上士不設賞, 爲太下士不設刑, 則治國用民之道失矣.」

【黔首】 검은 맨머리라는 뜻으로 일반 백성을 이르는 말. 예전에 중국에서 일반 백성들은 검은 수건으로 머리를 싸매고 있었던 데서 비롯되었다고도 함.《史記》秦始皇 26년에 “分天下以爲三十六郡, 郡置守·尉·監. 更名民曰「黔首」”라 함. 《禮記》祭義 “子曰: 以爲黔首則”의 注에 “黔首, 謂民也”라 하였고, 疏에는 “黔, 謂黑也, 凡人以黑巾覆頭, 故謂之黔首.《史記》云「秦命民曰黔首」, 此記作在周末秦初, 故稱黔首. 此孔子言, 非當秦世, 以爲黔首, 錄記之人在後變改耳”라 함.

【悗密】 ‘만밀’, 또는 ‘문밀’로 읽으며 ‘悗謐’, ‘電勉’, ‘俋俋’ 등으로도 표기함. 聲이 같은 雙聲連綿語. 글자의 뜻보다는 음운결합으로 이루어진 二音節語. 순박하고 조용함. 영악하지 않음.

【虛名】 民心을 얻고자 거짓이나 실없이 내세운 명분. 仁義를 가리킴.

【儇詗】 ‘현형’으로 읽으며 역시 글자 原義보다는 聲이 같은 雙聲連綿語로서 음운으로 결합된 二音節語. 약삭빠르고 교활하며 奸詐함.

【許由】 고대 隱士. 許繇로도 표기하며 堯가 천하를 그에게 물려주려 하자 箕山으로 숨어 농사를 지으며 살다가 다시 九州의 長을 맡아 달라 하자 潁水에 귀를 씻었다 함.《高士傳》및《莊子》를 참조할 것.

【盜跖】 춘추시대의 大盜. 跖은 그의 이름. 고대 惡行과 造反의 대표적 인물로 늘 거론됨.《莊子》盜跖篇 참조. 柳下季(惠)의 아우라 하였으나 이는 寓言에 등장시키기 위한 것으로 보임.

【堯】 전설상 上古시대 五帝의 하나. 陶唐氏. 唐堯로도 부름. 祁姓이며 이름은 放勳. 帝嚳의 아들.《十八史略》(1)에 “帝堯陶唐氏: 伊祁姓, 或曰名放勛, 帝嚳子也. 其仁如天, 其知如神, 就之如日, 望之如雲, 都平陽. 茆茨不剪, 土階三等. 有草生庭, 十五日以前, 日生一葉, 以後日落一葉, 月小盡, 則一葉厭而不落, 名曰蓂莢, 觀之以知旬朔”이라 함.《史記》五帝本紀를 볼 것.

【舜】 고대 五帝의 하나. 有虞氏. 姓은 姒氏, 이름은 重華. 虞舜으로도 부름. 堯임금으로부터 천하를 물려받아 帝位에 오름. 瞽瞍의 아들로 孝誠이 뛰어났던 분으로 널리 알려져 있으며 儒家에서 聖人으로 추앙함.《十八史略》(1)에 “帝舜有虞氏: 姚姓, 或曰名重華, 瞽瞍之子, 顓頊六世孫也. 父惑於後妻, 愛少子象, 常欲殺舜. 舜盡孝悌之道, 烝烝乂不格姦”이라 함.

【殆物】 위험한 부류.

【量】 여기서는 저울질 함. 量衡, 衡量의 뜻.

【太上之士】 가장 상급의 인물 유형. 〈乾道本〉에는 ‘太平之士’로 되어 있으나 이는 오류임. 許由와 같은 예를 뜻함. 아래 ‘太下之士’ 또한 〈乾道本〉에는 ‘太平之士’로 되어 있으나 역시 오류임. ‘太下之士’는 盜跖과 같은 가장 낮은 유형을 가리킴. 顧廣圻는 “「平」, 當作「上」, 下「平」, 亦當作「下」”라 함.

747(51-7)
합종연횡은 거짓 논리

"그러므로 세상 사람들은 흔히 국법은 거론하지 아니한 채 합종合從과 연횡連橫만을 들먹이고 있습니다.

합종을 주장하는 자들은 '합종이 성공하면 틀림없이 패자霸者가 될 수 있다'라고 떠들고, 연횡을 주장하는 자들은 '연횡이 성공하면 틀림없이 왕자王者가 될 수 있다'라고 떠들고 있습니다.

산동山東의 합종과 연횡을 거론하기는 일찍이 단 하루도 그친 적이 없건만 그럼에도 공명功名은 이루어지지 않았고, 패자나 왕자가 된 사람이 없었으니 이러한 공허한 주장은 정치를 성공시키는 수단이 아니기 때문입니다.

왕자란 독행獨行하는 것을 일러 '왕'이라 하는 것이니, 이 까닭으로 삼왕三王은 이합집산에 힘쓰지 않았어도 바르게 된 것이요, 오패五霸는 합종·연횡을 기다리지 않았어도 명찰하게 다스려졌던 것이니, 안을 잘 다스려 밖의 일을 결단할 따름입니다."

「故世人多不言國法而言從橫.

諸侯言從者曰:『從成必霸』; 而言橫者曰:『橫成必王.』

山東之言從橫, 未嘗一日而止也, 然而功名不成, 霸王不立者, 虛言非所以成治也.

王者獨行謂之王, 是以三王不務離合而正, 五霸不待
從橫察, 治內以裁外而已矣.」

【從橫】縱橫, 縱衡(從衡)과 같으며 전국시대 蘇秦의 合縱說과 張儀의 連衡說
(連橫說). 戰國시대 가장 풍미했던 外交術의 하나로 從은 合從說. 즉 山東
六國(燕, 韓, 魏, 趙, 齊, 楚)이 세로로 연합전선을 구축하여 강한 秦나라에 맞서는
국제적 외교 전략. 蘇秦의 주장이었음. 衡은 橫과 같으며 連橫說(連衡說). 즉
산동 육국이 저마다 진나라와 외교관계를 맺어 事大함으로써 자신의 안전을
꾀하는 各個 정책. 張儀의 주장이었음. 《戰國策》,《史記》등을 참조할 것.
【山東】전국시대 山東은 戰國七雄 가운데 서쪽 秦나라를 제외한 동쪽의 韓,
魏, 趙, 楚, 齊, 燕 여섯 나라를 가리킴. '山東'은 崤山(殽山) 函谷關의 동쪽, 또는
太行山 동쪽을 일컫는 말. 尹桐陽은 "七國除秦外, 地皆在華山以至殽塞諸山之東,
故曰山東"이라 함.
【三王】夏·殷周의 개국 군주 禹·湯·文·武를 가리키며 王道政治를 편 聖人들로
추앙함. 王者(王道政治)는 仁義와 道德으로 하는 이상적인 정치를 뜻함.
【不務離合而正】다른 본에는 '正'자가 '止'자로 되어 있으나 이는 오류임. 顧廣圻는
"止字, 當衍, 卽王之形近而複誤耳"라 하였으나 王先愼은 "〈趙本〉: 「止」作「正」"
이라 하여 이에 따라 수정함.
【五霸】'五伯'으로도 표현하며 春秋五霸를 가리킴. 齊 桓公(小白), 晉 文公(重耳),
宋 襄公(玆父), 秦 穆公(任好), 楚 莊王(熊旅). 혹 宋 襄公 대신 越王 勾踐을
넣기도 함. 패자는 힘으로 제압하여 이끌어나가는 통치 형태를 뜻함.
【察】《爾雅》釋言에 "察, 淸也"라 하며 明哲(明察)하게 대처하여 이끌어나감.
【裁】裁斷함. 決裁함. 決定함. 對處해 나감.

52. 인주人主

군주가 되어 어떠한 통치술과 용인술을 쓸 것인가의 문제를 토론한 것이다.

군주로서 신하에게 권세를 잃으면 자신도 죽고 나라도 멸망하는 단계에 이르며, 권신과 법술지사는 함께 등용할 수 없으니 이를 바르게 파악해야 함을 강조하고 있다.

한편 본편은 일부 탈락된 곳이 있으며 혹 뒷사람이 55편에 맞추기 위하여 증집增輯한 것이 아닌가 의심을 받고 있다.

748(52-1)
파국신망破國身亡의 원인

군주 자신이 위태롭고 나라가 멸망하는 원인은 대신들이 너무 귀해지고 좌우가 너무 위세를 부리기 때문이다.

소위 귀함이란 법을 무시하고 제멋대로 행동하며 나라의 권력을 조종하며 사사로운 개인의 이득만을 꾀하는 것을 말한다.

소위 위세란 권세를 독차지하여 경중을 마음대로 처리하는 것을 말한다.

이 두 가지는 잘 살피지 아니할 수 없다.

무릇 말이 무거운 짐을 지고 수레를 끌어 능히 먼 곳에 이를 수 있는 이유는 근력筋力 때문이다.

만승의 군주나 천승의 임금이 천하를 제압하고 제후들을 정벌할 수 있는 것은 위세 때문이다.

위세란 군주의 근력이다.

지금 만약 대신들이 위세를 얻고 측근들이 권세를 제멋대로 부린다면 이는 군주로서 힘을 잃는 것이며 군주기 힘을 잃고도 능히 나라를 보유한 경우는 천 사람 가운데 한 사람도 없다.

호표虎豹가 능히 사람을 어기고 짐승들을 잡을 수 있는 것은 발톱과 어금니가 있기 때문이지만 만약 호표로 하여금 발톱과 어금니를 잃게 한다면 사람이 틀림없이 그를 제압할 수 있을 것이다.

지금 세가 강함이란 군주에게 발톱과 어금니인데 남의 군주가 되어 발톱과 어금니를 잃는다면 호랑이나 표범과 마찬가지가 될 것이다.

송군宋君이 자한子罕에게 그 발톱과 어금니를 잃었고, 간공簡公이 전상
田常에게 그 발톱과 어금니를 잃고서도 그것을 서둘러 다시 빼앗지 못했
으므로 자신은 죽고 나라는 망하였던 것이다.

지금 술術을 갖지 못한 군주는 모두 송군이나 간공이 당했던 화를
분명하게 알고 있으면서도 자신의 과실은 깨닫지 못하고 있으니 그 사안의
유사함을 살피지 못하는 자들이다.

人主之所以身危國亡者, 大臣太貴, 左右太威也.

所謂貴者, 無法而擅行, 操國柄而便私者也.

所謂威者, 擅權勢而輕重者也.

此二者, 不可不察也.

夫馬之所以能任重引車致遠道者, 以筋力也.

萬乘之主·千乘之君所以制天下而征諸侯者, 以其威
勢也.

威勢者, 人主之筋力也.

今大臣得威, 左右擅勢, 是人主失力; 人主失力而能
有國者, 千無一人.

虎豹之所以能勝人, 執百獸者, 以其爪牙也, 當使虎豹
失其爪牙, 則人必制之矣.

今勢重者, 人主之爪牙也, 君人而失其爪牙, 虎豹之類也.

宋君失其爪牙於子罕, 簡公失其爪牙於田常, 而不蚤
奪之, 故身死國亡.

今無術之主皆明知宋·簡之過也, 而不悟其失, 不察其
事類者也.

【便私】 자기만의 사사로운 편리를 도모함. 私利와 같음.

【當使】 '當'은 '儻', '倘'과 같음. '아마, 혹시, 만약' 등의 뜻. '嘗試'의 뜻과도 같음.

【所謂威者, 擅權勢而輕重者也】 위의 문장과 文句의 對로 보아 5자가 누락
되었음. 劉師培의 《韓非子斠補》에 "案「威者」下有脫文, 以上「無法而擅行」律之,
當有『□□而□』五字"라 함.

【子罕】 黃喜. 전국시대 宋나라 簒逆 신하. 자는 子罕. 宋나라 司城(司空)을 지냈
으며 戴驩과 정권 다툼 속에 宋 桓侯를 시해하고 宋나라 정권을 탈취함.

【過】 '過'는 '禍'와 같음. 陶小石의 《讀韓非子札記》에 "過, 當爲禍, 古通用, 禍承
上文身死國亡言"이라 함.

【簡公】 춘추 말 齊나라 군주. 이름은 壬. 悼公(陽生)을 이어 B.C.484~B.C.481년
까지 4년간 재위하고 田常(陳恒)에게 시해를 당하였으며 平公(驁)이 그 뒤를
이어 춘추시대를 마감함.

749(52-2)
법술지사法術之士와 당도지신當途之臣

게다가 법술지사法術之士와 당도지신當途之臣은 서로를 용납하지 않는다. 무엇으로 이를 증명할 수 있는가?

군주에게 술사術士가 있으면 대신들이 독단할 수가 없고, 가까이 모시는 신하가 감히 권력을 팔지 못할 것이니, 대신과 측근들의 권세가 종식되면 군주의 도가 밝아지게 될 것이다.

지금은 그렇지 못해 당도지신이 세를 얻어 마음대로 처리하면서 사사로운 영리를 취하고 있고, 좌우 측근들은 붕당朋黨과 비주比周를 만들어 자신에게 가까이 하지 않는 자들을 제압하고 있으니 그렇다면 법술지사가 어찌 때에 맞게 진용進用될 수 있겠으며, 군주가 어찌 때에 맞게 결정을 논할 수 있겠는가?

그러므로 술을 가진 자가 반드시 쓰이지 못하고 말며, 세가 양립하지 못하게 될 것이니 법술지사가 어찌 위험하지 않을 수 있겠는가?

따라서 사람의 군주가 된 자가 대신들의 논의를 물리치며 측근의 송사訟事를 거부하며, 홀로 도언道言에 맞추는 등 그렇게 하지 않는다면 법술지사인들 어찌 사망의 위험을 무릅쓰고 나아가 의견을 말하겠는가?

이것이 세상이 다스려지지 않는 이유이다.

且法術之士, 與當途之臣, 不相容也.
何以明之?

主有術士, 則大臣不得制斷, 近習不敢賣重; 大臣·左右
權勢息, 則人主之道明矣.

今則不然, 其當途之臣, 得勢擅事以環其私, 左右近習,
朋黨比周以制疏遠, 則法術之士奚時得進用? 人主奚時
得論裁?

故有術不必用, 而勢不兩立, 法術之士焉得無危!

故君人者非能退大臣之議, 而背左右之訟, 獨合乎道
言也, 則法術之士, 安能蒙死亡之危而進說乎!

此世之所以不治也.

【當途之臣】當途는 要路와 같음. 중요한 길목을 지켜 결정권을 가진 직책에
앉아 있는 權臣.

【環其私】개인의 사사로운 營利를 취함. 〈集解〉에 "先愼曰: 環, 讀爲營. 《說文》
引本書「自營爲私」. 五蠹篇作「自環爲私」, 與此同, 卽其證"이라 함. 그러나 "사사
로운 이들이 그를 둘러싸고 있다"로 풀이하기도 함.

【朋黨比周】모두 뜻이나 목적을 같이 하는 이들끼리 뭉침. '比周'는 사사로운
이익이나 편의를 위해 뭉침을 뜻함. 作黨과 같음. 《論語》爲政篇 "子曰:「君子
周而不比, 小人比而不周.」"의 孔安國 注에는 "忠信爲周, 阿黨爲比"라 하였고,
邢昺은 "言君子常行忠信, 而不私相阿黨"이라 함.

【疏遠】자신들의 파당에 동조하지 않고 멀리 떨어져 있는 자들.

【論裁】결재(결정)에 도움을 줄 많은 의견들.

【勢不兩立】중신들과 법술지사는 서로 양립할 수 없음. 서로 견제하며 수용하지
않음.

【左右之訟】서로 헐뜯는 말을 만들어 송사를 벌여 임금에게 판결을 요구함.

【道言】법술로써 주장하는 治道.

750(52-3)
관룡봉關龍逢, 비간比干, 오자서伍子胥

현명한 군주는 공적을 미루어 작록을 주고, 능력을 헤아려 일을 맡기므로 발탁된 자는 틀림없이 어질고, 등용된 자는 틀림없이 유능하다.

이렇게 어질고 유능한 자가 나아가게 되면 사사로운 문벌의 청탁은 그치게 될 것이다.

무릇 공을 세운 자가 중한 녹을 받고 능력 있는 중대한 관직에 처한다면 사사롭게 칼을 쓰는 자가 어찌 사사로운 용맹을 버리고 급히 적을 막으러 나서지 않겠으며, 벼슬을 찾아 떠도는 선비가 어찌 사사로운 문벌에게 꺾여 청렴결백하기에는 힘쓰지 않는 그런 일을 하겠는가?

이것이 어질고 능력 있는 자를 모아 사사로운 문벌을 흩어버릴 수 있는 방법이다.

지금 측근은 틀림없이 지혜롭지 못한 자들이건만 군주는 어떤 사람을 대할 때 혹 그에 대하여 아는 바가 있음에도 그것을 듣고는 들어가 측근들과 그의 의견을 논하고 나서는 측근의 말에 따라 그 자의 지혜를 계산에 넣지도 않으니 이는 어리석은 자들과 더불어 어진 자를 평가하는 것이다.

중요한 결정권을 가진 자는 틀림없이 어질지 못하건만 임금이 어떤 사람을 대할 때 또는 그의 어짊을 알고 있어 그를 예우해 놓고는 들어가 결정권을 가진 자들과 그의 행동을 논하고 나서는 그의 말을 듣고 그 어진 자를 기용하지 않으니 이는 불초한 자와 더불어 어진 자를 논하는 셈이다.

그러므로 지혜로운 자가 어리석은 자에게 책략을 올려 결재를 받고, 어진 자가 불초한 자에게 자신의 행동을 평가받는다면 어진 자와 지혜로운 자가 어찌 때맞추어 등용될 수 있겠는가?

그렇게 하기에 임금의 명석함이 막혀버리고 마는 것이다.

옛날 관룡봉關龍逢은 걸桀을 달래다가 사지四肢가 찢기는 상해를 입었고, 왕자 비간比干은 주紂에게 간언을 하다가 그 심장이 도려내어진 것이며, 자서子胥는 부차夫差에게 충직하게 하다가 속루검屬鏤劍으로 자결하게 된 것이다.

이 세 사람은 남의 신하가 되어 충성하지 않은 것이 아니며, 논리가 마땅하지 않은 것이 아니었건만 그럼에도 사망의 화를 면치 못한 것은 군주가 어질고 지혜로운 자들의 말을 살피지 아니하고, 어리석고 불초한 자들에게 가려진 때문에 일어난 화난이었던 것이다.

지금 만약 군주가 법술지사 등용을 거부하고 어리석고 불초한 신하의 말만 듣는다면 어질고 지혜로운 자로써 누가 감히 세 사람의 위험을 당해가면서 그 지혜와 능력을 바쳐올리겠는가?

이것이 세상이 혼미 속에 빠지게 된 원인이다.

明主者, 推功而爵祿, 稱能而官事, 所擧者必有賢, 所用者必有能.

賢能之士進, 則私門之請止矣.

夫有功者受重祿, 有能者處大官, 則私劍之士, 安得無離於私勇而疾距敵, 遊宦之士焉得無撓於私門而務於淸潔矣?

此所以聚賢能之士, 而散私門之屬也.

今近習者不必智, 人主之於人也, 或有所知而聽之, 入因與近習論其言, 聽近習而不計其智, 是與愚論智也.

其當塗者不必賢, 人主之於人, 或有所賢而禮之, 入因與當塗者論其行, 聽其言而不用賢, 是與不肖論賢也.

故智者決策於愚人, 賢士程行於不肖, 則賢智之士奚時得用?

而人主之明塞矣.

昔關龍逢說桀而傷其四肢, 王子比干諫紂而剖其心, 子胥忠直夫差而誅於屬鏤.

此三子者, 爲人臣非不忠, 而說非不當也, 然不免於死亡之患者, 主不察賢智之言, 而蔽於愚不肖之患也.

今人主非肯用法術之士, 聽愚不肖之臣, 則賢智之士孰敢當三子之危而進其智能者乎!

此世之所以亂也.

【推功】 공을 헤아림. '推'는 '度', '因'과 같음. 《管子》海王篇 注에 "推, 猶度也"라 하였고, 《公羊傳》召公 31년 "於是推而因之也"의 注에 "推, 猶因也"라 함.

【私劍之士】 사사로운 해결을 위해 칼을 휘두르는 협객이나 검객.

【疾距敵】 급히 나서서 외적을 막음. '距'는 '拒'와 같음.

【遊宦】 벼슬을 구하려고 널리 유세하며 떠도는 선비들.

【撓於私門】 사사로운 문벌에게 꺾임. 《呂氏春秋》知度篇 注에 "撓, 曲也"라 함. 따라서 이 문장의 '無'는 전체 부정의 역할을 하고 있음. 그러나 이를 리와 같이 보아 "私門을 꺾다"로 풀이하기도 함.

【人主於人】 여기서의 인은 '법술을 익힌 인사'를 뜻함. 즉 智·賢, 言·行에 훌륭함을 지니고 있는 선비를 가리킴.

【決策】 올린 方策의 가부를 어리석은 자가 결정함.

【程行】 행동의 옳고 그름을 품평함. '程'은 '品', '評'과 같음.

【關龍逢】 관룡방(關龍逢)으로도 표기하며 夏나라 말의 賢臣. 桀에게 極諫을 서슴지 않다가 죽임을 당함.

【桀】夏나라 末王. 이름은 癸. 妹喜에게 빠져 무도한 짓을 저질렀으며 殷의 湯王에게 망함. 殷나라 末王 紂와 함께 '桀紂'라 하여 폭군의 전형으로 거론됨. 《史記》夏本紀를 참조할 것. 《十八史略》(1)에 "孔甲之後, 歷王皐·王發·王履癸. 號爲桀, 貪虐, 力能伸鐵鉤索. 伐有施氏, 有施以末喜女焉, 有寵, 所言皆從, 爲傾宮瑤臺, 殫民財. 肉山脯林, 酒池可以運船, 糟堤可以望十里, 一鼓而牛飮者三千人, 末喜以爲樂. 國人大崩, 湯伐夏, 桀走鳴條而死"라 함.

【比干】殷나라 王子. 紂의 叔父로 紂의 惡政을 諫하다가 心臟이 찢기는 변을 당함. 《史記》殷本紀에는 "比干乃强諫紂. 紂怒曰:「吾聞聖人心有七竅, 剖比干觀其心.」"이라 하였고, 《十八史略》(1)에도 "紂淫虐甚, 庶兄微子數諫, 不從, 去之. 比干諫, 三日不去, 紂怒曰:「吾聞聖人之心有七竅.」剖而觀其心, 箕子佯狂爲奴, 紂囚之, 殷大師, 持其樂器祭器奔周"라 함.

【紂】殷의 末王. 폭군으로 널리 알려짐. 帝辛, 商辛으로도 부르며 帝乙의 아들. 妲己에게 빠져 '炮烙之刑'과 '酒池肉林' 등의 악한 고사를 가지고 있으며 周 文王(姬昌)을 羑里(牖里)에 가두는 등 周나라와 맞서다가 武王(姬發)에게 망함.

【子胥】伍子胥. 伍員. 춘추시대 초나라 출신으로 아버지 伍奢, 형 伍尙이 楚 平王에게 피살되자 吳나라로 망명하여 闔閭와 夫差를 보좌함. 그리하여 楚나라에게 원한을 갚고 越나라를 항복시키는 등 많은 공을 세움. 그러나 越나라 항복을 받아주는 것을 반대하고 齊나라를 쳐서 패업을 이룰 것을 강하게 주장하다가 의심을 받아 夫差가 그에게 屬鏤劍을 주어 자결하도록 함. 《史記》伍子胥列傳 및 《吳越春秋》, 《國語》, 《左傳》 등을 참조할 것.

【夫差】吳王 闔廬의 아들로 뒤를 이어 吳王이 되어 春秋 말기를 장식한 오나라 마지막 임금. B.C.495~B.C.473년까지 23년간 재위함. 伍子胥와 太宰 伯嚭를 등용하여 越王 句踐의 范蠡와 文種을 대항하여 치열한 투쟁을 벌였으나 마침내 越王 句踐에게 나라가 망함.

【屬鏤】屬鏤劍. 夫差가 子胥에게 자결하도록 내린 칼의 이름.

53. 칙령飭令

'칙령'은 명령을 정칙整飭하게 함을 뜻한다. 즉 "법령을 명확히 정비하여 빈틈없이 실행에 옮기다"의 뜻이다.

〈우평본迂評本〉에는 '飾令'으로 표기되어 있으나 王先愼의 《韓非子集解》에 "秦本《商子》作飭, 與此同"이라 하였다.

본편은 대부분 상앙商鞅의 《상군서商君書》 근령편靳令篇과 비슷하며 두 기록은 서로 전재하였을 가능성이 있다.

그 때문에 용조조容肇祖의 《韓非子考證》에는 "本篇或係法家者流之餘論, 其較完全者掇入《商君書》, 其較刪節者掇入《韓非子》, 旣非商君所爲, 又非韓子所著也"라 주장하기도 하였다.

법이 엄정하면

명령이 엄정하게 다듬어 집행하면 법이 바뀌지 않으며, 법이 공평하면 관리들이 간악한 짓을 저지르지 않는다.

법이 이미 확정되면 뛰어난 말솜씨라 해도 법을 해칠 수 없다.

공에 따라 임명하면 백성의 말이 줄어들지만 잘한다고 해서 임명하면 백성들의 말이 많아진다.

법을 집행하여 작은 마을에서 판단하고, 다섯 마을쯤을 그렇게 판단하면 왕이 될 것이요, 아홉 마을쯤을 그렇게 판단하면 강한 자가 되지만 처리를 묵혀두게 되면 깎여지게 된다.

飭令, 則法不遷; 法平, 則吏無姦.

法已定矣, 不以善言害法.

任功, 則民少言; 任善, 則民多言.

行法曲斷, 以五里斷者王, 以九里斷者强, 宿治者削.

【飭令】 명령이 엄정함. '飭'은 《呂氏春秋》 音律篇 "修法飭刑"의 注에 "飭, 正也"라 함. 그러나 梁啓雄은 '誠備'로, 〈校注〉에는 '整頓, 貫徹' 등으로 여겼음.

【善言】교묘한 말솜씨. 仁義를 가리킴.

【害法】원본에는 '售法'으로 되어 있으나 '售'는 《商君書》에는 '害'로 되어 있음.

【曲斷】顧廣圻의 《韓非子識誤》에는 "曲, 當作由"라 하였고, 王先愼도 〈集解〉에서 《商子》亦誤作曲"이라 하여 '由'의 오류라 하였으나 〈校注〉에는 "曲, 鄕吏, 泛指鄕村下層單位"라 하여 '가장 작은 행정구역 단위' 즉 鄕曲, 部曲의 曲을 일컫는 말이라 하였음. 《莊子》秋水篇 〈釋文〉에 司馬彪의 注를 인용하여 "曲士, 鄕曲之士也"라 하였으며, 《商君書》說民의 "治則家斷, 亂則君斷. 治國者貴下斷"이라 하여 하단과 같은 뜻으로 보는 편이 타당할 듯함. '斷'은 '判斷함. 斷案을 내림'을 뜻함.

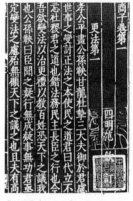

《商子》(商君書) 四部叢刊本

【宿治】'宿'은 '묵힘. 묵혀둠. 곧바로 처리하지 않음'의 뜻. 《漢書》韓安國傳 "兵之不可宿"의 注에 "宿, 久留也"라 함.

참고 및 관련 자료

1. 《商君書》

(1) 靳令篇

靳令則治不留, 法平則吏無姦. 法已定矣, 不以善言害法. 任功則民少言, 任善則民多言. 行法由斷: 以五里斷者王, 以十里斷者彊, 宿治者削.

(2) 去彊篇

國作壹一歲, 十歲彊; 作壹十歲, 百歲彊; 作壹百歲, 千歲僵, 千歲彊者王. 威以一取十, 以聲取實, 故能爲威者王. 能生不能殺, 曰「自攻之國」, 必削; 能生能殺, 曰「攻敵之國」, 必强. 故攻官, 攻力, 攻敵, 國用其二, 舍其一, 必强; 令用三者, 威必王. 十里斷者, 國弱; 五里斷者, 國彊. 以日治者王, 以夜治者彊彊, 以宿治者削. 舉民衆口數, 生者著, 死者削. 民不逃粟, 野無荒草, 則國富, 國富者彊.

752(53-2)
공략하기 쉬운 나라

형벌로 다스리고 상으로써 전투를 시키며 후한 녹을 가지고 술術을 써서 도성 안에서 과오를 저지르는 자에게 시행하면 도시에서는 간악한 상행위가 없어질 것이다.

물건이 많고 말업末業에 종사하는 자가 많아 농민이 태만해 지고 간악한 상인들이 기승을 부리면 국토가 틀림없이 깎이고 말 것이다.

백성에게 남은 식량이 있을 때 그 곡식을 내놓게 하고 작위는 반드시 노력으로써 얻게 한다면 농민들은 게으름을 피우지 않게 될 것이다.

세 치의 대롱도 밑바닥이 없으면 가득 채울 수가 없다.

벼슬과 작위를 주어 이록利祿을 만들어내면서 그것을 공적 근거로 하지 않는 것은 밑바닥이 없는 것과 같다.

국가에서 공적을 근거로 관직과 작위를 주는 것, 이를 일러 지모를 풍성하게 하며, 위엄으로써 용감히 싸우도록 한다는 것이니 그러한 나라는 누구도 맞설 수가 없을 것이다.

국가에서 공적을 근거로 관직과 작위를 주면 다스리는 자는 수고를 덜 수 있고, 비판의 말은 막을 수 있을 것이니 이를 일러 다스림으로 다스림을 제거하며 언론으로써 언론을 제거한다는 것이다.

공을 근거로 작위를 주므로 나라의 힘은 강해지고 천하에 그 누구도 능히 그를 침범할 수 없는 것이다.

군대가 출동하면 반드시 취하고 취하면 반드시 그것을 보유할 수 있으니 그리고 나서 군대를 멈추고 공격을 하지 않아도 나라는 틀림없이 부유해질 것이다.

조정의 일은 작은 것이라도 훼멸하지 아니하며, 공을 다하여 관직과 작위를 얻으며 조정에 비록 편벽된 의견이 있다 해도 서로 간섭하지 못하도록 하는 것, 이를 일러 수㬎로써 다스린다 하는 것이다.

힘으로써 공략하는 자는 하나를 내어 열을 얻으나 말로써 공략하는 자는 열을 내놓았다가 백을 잃는다.

나라가 힘을 좋아하는 것, 이를 일러 공략하기 어렵다 하며, 나라가 말만을 좋아하는 것, 이를 일리 공략하기 쉽다고 하는 것이다.

以刑治, 以賞戰, 厚祿以用術, 行都之過, 則都無姦市.

物多末衆, 農弛姦勝, 則國必削.

民有餘食, 使以粟出, 爵必以其力, 則農不怠.

三寸之管毋當, 不可滿也.

授官爵出利祿不以功, 是無當也.

國以功授官與爵, 此謂以成智謀, 以威勇戰, 其國無敵.

國以功授官與爵, 則治者省, 言有塞, 此謂以治去治, 以言去言.

以功與爵者也, 故國多力, 而天下莫之能侵也.

兵出必取, 取必能有之; 案兵不攻, 必富.

朝廷之事, 小者不毀, 效功官爵, 廷雖有辟言, 不得以相干也, 是謂以數治.

以力攻者, 出一取十; 以言攻者, 出十喪百.

國好力, 此謂以難攻; 國好言, 此謂以易攻.

【厚祿而用術】〈乾道本〉에는 '用'자가 '周'자로 되어 있으나 〈道藏本〉에 의해 수정함. 그러나 《商君書》에는 '自伐'로 되어 있음.

【行都之過】〈乾道本〉에 의해 이 구절을 추가함. 도성을 순찰하여 범죄를 적발함. 行은 巡行의 뜻. 그러나 "도성에서 과오를 저지르는 시장 모리배에게 법을 시행하여 적용하다"의 뜻으로도 봄.

【末衆】末業에 종사하는 자가 많음. 말은 末業, 즉 工商의 업.

【則農不怠】〈乾道本〉에는 '農'자가 '震'자로 되어 있으나 《商君書》에 의해 수정함.

【毋當】'毋'는 '無'와 같음. '當'은 '底'와 같음. 밑바닥. 雙聲互訓.

【利祿】利는 獎賞, 賞으로 주는 이익. 祿은 관직을 주는 것.

【成智謀】《商君書》에는 '成'이 '盛'자로 되어 있음.

【以治法治】효율적인 통치로써 불필요한 통치를 줄임.

【案兵】전쟁을 멈춤. '案'은 '按', '偃'과 같음. 군사작전을 잠시 쉼.

【辟言】'辟'은 '僻'과 같음. 邪僻不正한 언론을 뜻함.

【數治】수는 통치 기술. 術數를 뜻함.

참고 및 관련 자료

1. 《商君書》 斬令篇

以刑治, 以賞戰. 求過不求善. 故法立而不革, 則顯民變奸計, 奸計止, 貴齊殊使, 百官之尊爵, 厚祿以自伐. 國無奸民, 則都無蟲市. 物多末衆, 農弛奸勝, 則國必削. 民有餘糧, 使民以粟出官爵. 官爵必以其力, 則農不怠. 四寸之管無當, 必不滿也. 授官予爵出祿不以功, 是無當也. 國貧而務戰, 毒輸於敵, 無六蝨, 必彊. 國富而不戰, 偸生於內, 有六蝨, 必弱. 國以功授官予爵, 此謂以盛知謀, 以盛勇戰. 以盛勇職, 以盛知謀, 其國必無敵. 國以功授官予爵, 則治省言寡; 此謂以法去法, 以言去言. 國以六蝨授官予爵, 則治煩言生; 此謂以法致法, 以言致言, 則君務於說言, 官亂於治邪. 邪臣有得志, 有功者日退, 此謂失守. 守十者亂, 守壹者治. 法已定矣, 而好用六蝨者亡. 民畢農, 則國富; 六蝨不用, 則兵民畢競勸而樂爲主用, 其境內之民, 爭以爲榮, 莫以爲厚. 其次爲賞勸罰沮; 其下, 民惡之, 憂之, 羞之. 修容而以言, 恥貧以外交, 以避農戰, 外交以備, 國之危也. 有饑寒死亡, 不爲利祿之故戰, 此亡國之俗也.

2. 《意林》(1)

三寸之管無當, 不可滿也.

753(53-3)

겸관兼官

그 능력이 그 업무를 능히 수행해 내어야 하며, 그 임무가 수월하다고 여긴다 해도 남는 힘을 마음에 두지 않으며, 겸관兼官의 부담을 임금에게 책임 지우지 않도록 하여 안으로 원망을 품는 자가 없도록 해야 한다.

현명한 군주는 서로 남의 일에 간여하지 못하도록 하므로 송사가 없으며, 인사들로 하여금 관직을 겸하지 못하도록 하므로 기능이 늘어나며, 사람들로 하여금 똑같은 공을 쌓지 않도록 하므로 다툼이 없는 것이니 이를 일러 쉽게 공략한다고 하는 것이다.

其能, 勝其害, 輕其任, 而道壞餘力於心, 莫負乘宮之責於君, 內無伏怨.

使明者不相干, 故莫訟; 使士不兼官, 故技長; 使人不同功, 故莫爭.

言此謂易攻.

【勝其害】〈用人篇〉에는 '勝其官'이라 하여 맡은 관직 업무를 능히 이겨내다(수행함)의 뜻임. '害'는 '官'의 오기.

【道壞】 '莫懷'의 오기. 품고 있지 않음. 〈用人篇〉을 볼 것.

【乘宮】 '兼官'의 오기. 관직을 겸임함.

【使明者不相干】 〈用人篇〉에는 '明君使事不相干'이라 함.

【言此謂易攻】 이는 앞장 말미의 '國好言, 此謂以易攻'의 일부가 잘못 衍文으로 남아 있는 것이나 그대로 두었음. 顧廣圻의 《韓非子識誤》에 "此五字涉上文而衍"이라 함. 한편 본장 전체에 대해 太田方의 《韓非子翼毳》에는 "「其能」以下 五十三字, 用人篇文, 錯亂出於此"라 함.

참고 및 관련 자료

1. 《韓非子》 用人篇

人臣皆宜其能, 勝其官, 輕其任, 而莫懷餘力於心, 莫負兼官之責於君. 故內無伏怨之亂, 外無馬服之患. 明君使事不相干, 故莫訟; 使士不兼官, 故技長; 使人不同功, 故莫爭.

이익은 한 구멍에서 나와야

형을 무겁게 하고 상을 적게 하면 윗사람이 백성을 사랑하는 것이어서 백성들은 상을 타기 위해 죽음을 무릅쓰지만, 상을 많이 하고 형벌을 가볍게 하면 윗사람이 백성을 사랑하지 않는 것이어서 백성들은 상을 위해 죽음을 택하지는 않는다.

이익이 하나의 구멍에서 나오면 그러한 나라는 대적할 상대가 없게 되지만 이득이 두 구멍에서 나오면 그러한 나라의 병력은 반만 쓰이며, 이득이 열 구멍으로부터 나오면 백성들은 나라를 지키지 않는다.

형을 무겁게 하여 백성을 깨우치고 제도를 크게 하여 백성을 부린다면 윗사람이 이익을 얻게 될 것이다.

형벌을 집행함에 있어 가벼운 죄라도 무겁게 다스리면 가벼운 죄도 나타나지 않을 것이며 무거운 죄도 짓지 않을 것이니 이를 일러 형벌로써 형벌을 제거한다고 하는 것이다.

죄는 무거운데 형벌이 가벼워, 형벌이 가벼우면 일이 생기니 이를 일러 형벌이 형벌을 부른다는 것으로 그러한 나라는 반드시 깎이고 만다.

重刑少賞, 上愛民, 民死賞; 多賞輕刑, 上不愛民, 民不死賞.

利出一空者, 其國無敵; 利出二空者, 其兵半用; 利出
十空者, 民不守.

重刑明民, 大制使人, 則上利.

行刑, 重其輕者, 輕者不至, 重者不來, 此謂以刑去刑.

罪重而刑輕, 刑輕則事生, 此謂以刑致刑, 其國必削.

【愛民】 법이 엄격하면 죄를 짓지 않아 결과적으로 백성을 사랑하는 것이 됨.

【一空】 '空'은 '孔'과 같음. 원천을 뜻함. 《商君書》에는 '孔'으로 되어 있음. 임금
한사람에 의해 상벌이 나와야 함.

【民不守】 《商君書》에는 "其國不守"로 되어 있음.

【明民】 明은 覺자로 통함.

【以刑去刑】 형벌은 형벌이 없도록 함이 궁극의 목표임. 《尙書》 大禹謨에 "刑期
無刑"이라 함. 한편 王先愼의 〈集解〉에 "此下當有「其國必强」四字, 與下「其國
必削」對文"이라 함.

【削】 '削弱'과 같음. 국토가 깎이거나 임금의 권위가 약화됨.

참고 및 관련 자료

1. 《商君書》

(1) 靳令篇

重刑少賞, 上愛民, 民死上; 重賞輕刑, 上不愛民, 民不死賞. 利出一空者, 其國
無敵; 利出二空者, 國半利; 利出十空者, 其國不守. 重刑明大制, 不明者六蝨也.
六蝨成群, 則民不用. 是故興國罰行則民親, 賞行則民利. 行罰重其輕者, 輕其
重者, 輕者不至, 重者不來, 此謂以刑去刑, 刑去事成. 罪重刑輕, 刑至事生, 此謂
以刑致刑, 其國必削.

(2) 去彊篇

重罰輕賞, 則上愛民, 民死上; 重賞輕罰, 則上不愛民, 民不死上. 興國, 行罰,
民利且畏; 行賞, 民利且愛. 行刑重其輕者, 輕者不生, 重者不來. 國無力而行

知巧者, 必亡. 怯民使以刑必勇, 勇民使以賞則死. 怯民勇, 勇民死, 國無敵者彊, 彊必王. 貧者使以刑則富, 富者使以賞則貧. 治國能令貧者富, 富者貧, 則國多力, 多力者王. 王者刑九賞一, 強國刑七賞三, 削國刑五賞五.

(3) 弱民篇

民弱國彊, 民彊國弱, 故有道之國, 務在弱民. 樸則彊, 淫則弱; 弱則軌, 淫則越志; 弱則有用, 越志則彊. 故曰:「以彊去弱者弱, 以弱去彊者彊」民善之則和, 利之則用; 用則有任, 和則匱; 有任乃富於政. 上舍法, 任民之所善, 故姦多. 民貧則力富, 民富則淫, 淫則有蝨. 故民富而不用, 則使民以食出爵, 爵必以其力, 則農不偸. 農不偸, 六蝨無萌. 故國富而民治, 重彊. 兵易弱難彊, 民樂生安佚, 死難難正, 易之則彊. 事有羞, 多姦寡; 賞無失, 多姦疑. 敵失必利, 兵至彊威. 事無羞, 利用兵, 久處利勢, 必王. 故兵行敵之所不敢行, 强; 事興敵之所羞爲, 利. 法有, 民安其次; 主變, 事能得齊; 國守安, 主操權利. 故主貴多變, 國貴少變. 利出一孔, 則國多物; 出十孔, 則國少物. 守一者治, 守十者亂. 治則彊, 亂則弱, 彊則物來, 弱則物去. 故國致物者彊, 去物者弱. 民厚則貴爵, 弱則尊官, 貧則重賞. 以刑治民則樂用, 以賞戰民則輕死. 故戰事兵用曰彊. 民有私榮, 則賤列卑官; 富則輕賞. 治民羞辱以刑, 戰則戰. 民畏死事亂而戰, 故兵農怠而國弱.

54. 심도心度

'心度'란 통치를 받고 있는 백성의 심리 척도를 가리킨다.
太田方의 《韓非子翼毳》에는 "欲生於無度, 禍萌於無禁. 故明主明度
於民心, 立禁於民心. 度明則易足, 禁立則知畏, 此治之本也"라 하였다.

755(54-1)
욕망대로 하지 못하게 해야

성인이 백성을 다스림에는 근본을 헤아려 그 욕망대로 하지 못하게 하고, 백성에게 이익이 되도록 기할 따름이다.

그러므로 형벌을 가하는 것은 백성을 미워해서가 아니라 이는 사랑의 근본이 된다.

형벌을 우선으로 하면 백성들이 조용해지고 포상이 잦으면 간악함이 생겨난다.

그 때문에 백성을 다스림에 있어서 형벌을 우선으로 하는 것은 다스림의 최상이며, 상을 자주 내리는 것은 혼란의 근본이다.

무릇 백성의 심성은 혼란을 좋아하고 법을 친숙히 여기려 하지는 않는다.

그러므로 현명한 군주가 나라를 다스림에 포상을 뚜렷이 하면 백성이 공을 세우고자 힘쓰고, 형벌을 엄격히 하면 백성들은 법을 가까이 여기게 된다.

공을 권면하면 공사公事를 범하지 않게 되며, 법을 가까이 여기면 간악함이 싹이 트지 않는다.

따라서 백성을 다스림에는 간악함은 싹이 트기 전에 금하는 것이요, 병력을 사용함에는 백성의 마음을 전쟁에 나서게 해야 하는 것이다.

금지할 일은 그 근본을 다스린 자가 먼저 성취하는 것이요, 군대는 그 마음에서 전투를 다짐한 자가 이기는 것이다.

성인이 백성을 다스림에 앞서 다스리면 강하게 되고 앞서 싸우면 승리하게 된다.

무릇 나라의 일이란 앞서서 힘을 쏟아 민심을 전일하게 하며, 공공의 일을 들어 사사로군 욕심이 따르지 않게 하며, 고발한 이에게 상을 베풀어 간악함이 생겨나지 못하게 하며, 법을 뚜렷이 하여 다스림에 번거로움이 없이 하여야 하는 것이다.

능히 네 가지를 쓰는 자는 강하게 될 것이요, 이 네 가지를 능히 쓰지 못하는 자는 약하게 된다.

대체로 나라가 강해질 수 있는 수단은 정책이요, 임금이 존귀해질 수 있는 수단은 권력이다.

그러므로 명주明君에게도 권력이 있고 정책이 있으며, 난군亂君에게도 또한 권력이 있고 정책이 있으나 자꾸 누적되어 달라지고 마는 것은 그것을 세우는 기준이 다르기 때문이다.

그 때문에 명군은 권력을 잡고서 위가 중함을 받도록 하며, 정책을 일관되게 하여 나라가 다스려지도록 하는 것이다.

따라서 법이란 왕도의 근본이며, 형벌이란 사랑의 시작이다.

聖人之治民, 度於本, 不從其欲, 期於利民而已.

故其與之刑, 非所以惡民, 愛之本也.

刑勝而民靜, 賞繁而姦生.

故治民者, 刑勝, 治之首也; 賞繁, 亂之本也.

夫民之性, 喜其亂而不親其法.

故明主之治國也, 明賞, 則民勸功; 嚴刑, 則民親法.

勸功, 則公事不犯; 親法, 則姦無所萌.

故治民者, 禁姦於未萌; 而用兵者, 服戰於民心.

禁先其本者治, 兵戰其心者勝.

聖人之治民也, 先治者强, 先戰者勝.

夫國事務先而專一民心, 擧公而私不從, 賞告而姦不生,
明法而治不煩.

能用四者强, 不能用四者弱.

夫國之所以强者, 政也; 主之所以尊者, 權也.

故明君有權有政, 亂君亦有權有政, 積而不同, 其所以
立異也.

故明君操權而上重, 一政而國治.

故法者, 王之本也; 刑者, 愛之自也.

【本】民生의 기본 원칙. 백성에게 어느 것이 이익이 되는 가의 기준을 말함.
【服戰】服은 '납득함. 服膺함'의 뜻.
【賞告】간악한 짓을 하거나 법을 어긴 자를 고발하면 그에게 상을 내림.《史記》
   商君列傳에 "告姦者與斬敵首同賞"이라 함.
【積】'績'과 같음. 자꾸 누적되어 마침내 달라짐.《荀子》禮論 "積厚者流澤廣,
   積薄者流澤狹也"의 注에 "積, 與績同"이라 함.
【立異】陳奇猷《韓非子集釋》에 "明君聚權於一身, 亂君散權於臣下; 明君立政
   以法, 亂君立政以意"라 함.
【愛之自】'自'는 '鼻'와 같음. 始作의 뜻.《方言》에 "鼻, 始也"라 함.

756(54-2)
사람의 본심

무릇 사람의 본심이란 힘든 것은 싫어하고 편안함을 좋아한다.

안일하면 황폐해지고 황폐해지면 다스려지지 않으며, 다스려지지 못하면 난이 일어나고, 그런 상황에서 상벌이 아래로 실행되지 않으면 임금은 막히고 만다.

그러므로 큰 공을 올리려 해도 힘을 바치도록 하기가 어려울 경우 큰 공 올리기는 기대할 수 없으며, 그 법을 다스리고자 해도 그 옛 것을 변혁하기가 어려울 경우 백성들의 혼란은 다스려지기를 기대할 수가 없게 된다.

그 때문에 백성을 다스림에는 정해진 방법이 있는 것이 아니며 오직 다스림이 곧 법이다.

법이 때와 함께 바뀌면 다스려지고 다스림이 세상과 맞으면 공이 있게 되는 것이다.

그러므로 백성이 순박했을 때에는 명분으로만 금해도 다스려졌지만 세상의 지혜가 늘어난 때에는 형벌로 붙잡아 매어야 따라오게 된다.

때가 바뀌었음에도 다스림을 바꾸지 않으면 혼란이 오고, 능력이 무리를 다스리면서 금지하는 법이 바뀌지 않으면 나라는 깎이고 만다.

따라서 성인이 백성을 다스림에 있어서는 법과 때를 함께 옮기고, 금지하는 법도 세태의 추이에 따라 변화시켰던 것이다.

夫民之性, 惡勞而樂佚.

佚則荒, 荒則不治, 不治則亂, 而賞刑不行於天下者必塞.

故欲擧大功而難致而力者, 大功不可幾而擧也; 欲治其法而難變其故者, 民亂不可幾而治也.

故治民無常, 唯治爲法.

法與時轉則治, 治與世宜則有功.

故民樸而禁之以名則治, 世知維之以刑則從.

時移而治不易者亂, 能治衆而禁不變者削.

故聖人之治民也, 法與時移而禁與能變.

【荒】 게으르고 황폐해짐. 荒은 怠자와 같음.

【天下】 天은 衍文. 顧廣圻의 《韓非子識誤》에 "「天」字當衍"이라 함.

【塞】 '塞'은 '蔽'와 같음. 백성의 사정을 임금에게 알려주는 자가 없으므로 임금이 壅蔽됨.

【致而力】 온 힘을 다함.

【幾】 '幾'는 '冀', '期', '望'과 같음. 庶幾의 뜻. 《左傳》 哀公 16년에 "國人望君, 如望歲焉, 日月以幾"라 함.

【唯治爲法】 오직 통치를 위해 법이 존재함. 통치가 곧 법임.

【以名則治】 禮義廉恥 등 명분만으로도 통치가 가능했음. 그러나 '名'을 '命'자로 여겨 "명령만으로도 통치가 되었다"의 뜻으로도 풀이함.

【聖人之治民也】 〈藏本〉에는 "聖人之治民治"로 되어 있으나 뒤의 '治'는 '也'의 오류임.

【禁與能變】 〈乾道本〉에는 '禁與治變'으로 되어 있음. 이에 대해 顧廣圻의 《韓非子識誤》에는 "〈藏本〉同, 〈今本〉「能」作「治」, 誤"라 하였으나 위의 내용으로 보아 "禁與世變"의 '世'가 되어야 함. '세태의 추이'를 뜻함.

757(54-3)
닫고 막아라

능히 농사에 힘을 쓰도록 하는 자는 부유해지며, 능히 힘을 적에게 발휘할 수 있는 자는 강하게 되며, 강하면서도 막히지 않는 자는 왕자 王者가 될 수 있다.

그러므로 왕자의 길은 닫아버리는 데에 있으며 막아버리는 데에 있다. 간악한 자를 막는 자는 틀림없이 왕자가 될 수 있다.

그 때문에 왕자의 술수는 밖의 나라들이 어지럽지 않음에 의지하지 않고 자신을 혼란스럽게 할 수 없기를 의지한다.

밖의 나라들이 어지럽지 않음을 믿고 정책을 세우는 자는 나라가 깎일 것이요, 자신을 어지럽힐 수 없음을 믿고 법을 시행하는 자는 흥하게 될 것이다.

그러므로 현명한 군주의 나라 다스림에는 자신을 어지럽힐 수 없는 술수를 적용해야 한다.

직위를 귀하게 해주면 윗사람이 존중을 받으므로 공이 있는 자에게 상을 주고 일을 맡은 자에게 작위를 주어 사악함이 관여하지 못하게 해야 한다.

힘쓰기를 좋아하는 자에게는 귀한 작위를 주어 작위가 귀해지면 윗사람이 존중을 받으며 윗사람이 존중을 받으면 틀림없이 와자가 될 수 있다.

나라가 일에 힘쓰지 않고 사학私學을 의지할 경우 작위가 천해지며 작위가 천해지면 윗사람이 낮아지고 윗사람이 낮아지면 틀림없이 나라가 깎이고 말 것이다.

그러므로 나라를 세우고 백성을 사용하는 길은 능히 밖을 닫고 사학을
막아 윗사람으로서 자신을 믿어야 가히 왕도를 이르게 할 수 있는 것이다.

能越力於地者富, 能起力於敵者強, 強不塞者王.

故王道在所聞, 在所塞, 塞其姦者必王.

故王術不恃外之不亂也, 恃其不可亂也.

恃外不亂而治立者削, 恃其不可亂而行法者興.

故賢君之治國也, 適於不亂之術.

貴爵, 則上重, 故賞功爵任而邪無所關.

好力者其爵貴; 爵貴, 則上尊; 上尊, 則必王.

國不事力而恃私學者其爵賤; 爵賤, 則上卑; 上卑者
必削.

故立國用民之道也, 能閉外塞私而上自恃者, 王可致也.

【越力】'越'은 '發揚'의 뜻.《淮南子》俶眞訓 "暴行越智於天下"의 注에 "越, 揚也"
라 함.

【王道在所聞】聞은 〈今本〉에는 '開'자로 되어 있으나 도리어 '閉'자여야 함.
顧廣圻는 "藏本同, 今本聞作開. 按當作閉, 下文云「能閉外塞私」"라 함.

【私學】사사로운 주장이나 학문. 여기서는 儒家와 墨家를 가리킴. 陳奇猷《韓非子
集釋》에 "私學之士務爲辯說以干主, 朝爲布衣, 暮登卿相, 高官尊爵, 則爵之進
也易, 故人賤之. 其欲進爵者, 皆務爲言談, 不服耕戰, 則國弱而主卑矣"라 함.

55. 제분制分

'제분制分'이란 상과 형벌의 제정制定에 구분이 뚜렷하여야 한다는 주장을 토론한 것으로《韓非子》마지막 편이다.

특히 고발告發과 연좌법連坐法을 강조하여 상앙商鞅 등 초기 법가의 이론을 적극 지지하고 있다. 일부 한비의 문제와 비슷하지 않아 진위 여부에 대한 논란이 있는 글이기도 하다.

758(55-1)
사력死力과 호오好惡

무릇 나라가 넓고 군주가 존중받는 자로써 법이 중시되어 아래에 영행금지令行禁止의 단계에 이르지 않은 경우란 일찍이 없었다.

이 까닭으로 군주 된 자가 작위를 나누고 녹을 제정할 경우라면 법은 반드시 엄하게 하여 이를 중시해야 한다.

무릇 나라가 다스려지면 백성은 안정되지만 일이 혼란스러우면 나라는 위태롭게 된다.

법이 무거울 경우 사람의 본성과 맞으나 금지하는 법이 가벼우면 사실을 잃게 된다.

게다가 사력死力이란 백성 누구나 가지고 있는 것으로써, 본성은 사력을 다해 자신이 바라는 것을 얻기 위한 것이 아님이 없으며, 호오好惡란 윗사람이 통제하는 것으로써 백성은 이록利祿을 좋아하고 형벌은 싫어하게 마련이다.

윗사람은 이러한 호오를 통제하여 사실의 그 마땅함을 잃지 않도록 해 주어야 하는 것임에도, 금지하는 법이 가벼워 실질을 잃고 있는 것은 형벌과 상을 제대로 하지 않기 때문이다.

백성을 다스림에 법을 잡지도 않은 채 잘 하겠다고 하고 있으니 이와 같다면 이는 법이 없는 것이다.

夫凡國博君尊者, 未嘗非法重而可以至乎令行禁止於天下者也.

是以君人者分爵制祿, 則法必嚴以重之.

夫國治則民安, 事亂則邦危.

法重者得人情, 禁輕者失事實.

且夫死力者, 民之所有者也, 情莫不出其死力以致其所欲; 而好惡者, 上之所制也, 民者好利祿而惡刑罰.

上掌好惡以御民力, 事實不宜失矣; 然而禁輕事失者, 刑賞失也.

其治民不秉法爲善也, 如是, 則是無法也.

【制分】 '分爵制祿', '制祿分爵'을 뜻함.

【令行禁止】 위에서 명령을 내리면 아래에서 백성들이 실행에 옮기고, 금하면 그에 따라 그침. 法治에 따라 一絲不亂하게 통치가 이루어짐을 뜻함.

【天下】 '天'은 衍文임. 顧廣圻의 《韓非子識誤》에 "天字當衍"이라 함.

【失事實】 통치의 실제 효력을 놓침. '實'은 결과론으로 백성에게 이득이 되어야 하는 목표를 가리킴. 《孟子》 告子(下)의 "先名實者"의 注에 "實, 治國惠民之功實也"라 함.

【死力】 모든 역량을 다 발휘함. 죽을힘을 다하여 노력함.

759(55-2)
형벌刑罰과 포상褒賞

그러므로 치란治亂의 원리는 의당 형벌과 포상을 구분하는 일에 힘쓰는 것을 급하게 여겨야 한다.

나라를 다스림에 법이란 없을 수 없건만 존속되는 나라도 있고 망하는 나라도 있으니 망하는 나라는 그 형벌과 포상을 제대로 구분하지 않았기 때문이다.

나라를 다스림에 그 형벌과 포상에 구분이 없을 수 없으니 서로 다름을 가지고 구분으로 여긴다면 이는 구분이라고 말할 수 없다.

명철한 군주의 경지에 이르러서야 단독 구분을 한다.

이 까닭으로 백성이 법을 중히 여기고 금지한 것을 두려워하여 죄에 저촉되지 않기만을 원할 뿐 감히 상을 기다리지는 않는다.

그러므로 "형벌과 포상을 기다리지 않아도 백성들은 자신의 일에 종사한다"라고 말하는 것이다.

故治亂之理, 宜務分刑賞爲急.

治國者莫不有法, 然而有存有亡; 亡者, 其制刑賞不分也.

治國者, 其刑賞莫不有分; 有持異以爲分, 不可謂分.

至於察君之分, 獨分也.
是以其民重法而畏禁, 願毋抵罪而不敢胥賞.
故曰:「不待刑賞而民從事矣.」

【爲善】 법과 대칭이 되는 도의적인 선을 가리킴.
【以異】 형벌과 포상이 서로 다르다는 것만을 가지고 구분을 삼음.
【獨分】 구분의 기준을 군주가 독차지함. 專制함.
【胥賞】 상 받기를 기다림. '胥'는 '須'와 같으며 '須'는 '俟'의 뜻. 王先愼은 "胥與須,
  古今字. 須, 俟也"라 함.

760(55-3)
연좌법連坐法

이 까닭으로 매우 잘 다스려지는 나라는 간악함을 금지시키는 일을 임무로 삼기를 잘 해낸 것이다.

이는 무슨 뜻이겠는가?

법이 사람의 상정常情과 통하고 통치의 원리에 맞아야 하는 것이니, 그렇다면 미세한 간악함이라도 없애야 하는 법은 어떻해야 하는 것인가?

그것은 서로 그 상정을 잘 살펴 감시하도록 힘쓰는 것이니, 그렇다면 서로 살펴 감시하도록 하기를 어떻게 해야 하는가?

"마을 모두를 연좌시킬 따름"이라고 말할 수 있다.

금지하는 것이 자신에게도 연좌된다면 마을사람들이 서로 엿보지 않을 수 없을 것이며 오로지 자신이 그러한 연좌에서 벗어나지 못할까 두려워할 것이다.

간악한 마음을 가진 자가 제 뜻을 펼 수 없도록 하는 것은 엿보는 자가 많기 때문이다.

이와 같다면 자기를 삼가고 남을 엿보며 몰래 저지르는 간악함은 들추어 내게 될 것이다.

잘못을 고발한 자는 그 죄를 면하게 해주고 상도 받도록 하며, 간악한 짓을 하는 자를 놓친 자는 반드시 죄에 연루되어 처벌받도록 한다.

이와 같이 한다면 간악한 짓을 하는 부류들은 적발될 것이다.

간악한 짓은 아무리 미세한 것일지라도 용납이 되지 않음은 사사로운 밀고와 연좌라는 것이 그렇게 하도록 하는 것이다.

是故夫至治之國, 善以止姦爲務.

是何也?

其法通乎人情, 關乎治理也, 然則去微姦之法奈何?

其務令之相規其情者也, 則使相闚奈何?

曰: 蓋里相坐而已.

禁尙有連於己者, 理不得不相闚, 惟恐不得免.

有姦心者不令得忘, 闚者多也.

如此, 則愼己而闚彼, 發姦之密.

告過者免罪受賞, 失姦者必誅連刑.

如此, 則姦類發矣.

姦不容細, 私告任坐使然也.

【微姦】 미세한 간악함. 별것 아닌 범법.

【相規】 서로를 감시함. '規'는 '窺', '闚'와 같음. 엿보고 감시함, 伺察함.

【蓋里】 한마을 전체를 모두 다함. '蓋'는 '皆'와 같은 뜻임.

【相坐】 서로 연좌됨. 五家作統法 등을 통해 한 사람이라도 잘못을 저지르면 나머지 里나 統이 모두 함께 죄에 걸려듦.

【尙】 '尙'은 '倘', '儻'과 같음. 假定助詞.

【理】 '理'는 '里'여야 함. 顧廣圻는 "理, 當作里"라 함.

【失姦】 간악한 짓을 한 자를 숨겨 주거나 고발할 기회를 놓침.

【任坐】 〈集解〉에 "任, 保也. 同里相保之人則坐之, 故曰任坐"라 함. 같은 마을 사람들이 연좌하여 보증함.

761(55-4)
수數와 술術

무릇 다스리는 방법에 매우 밝은 자는 수數에 맡기지 사람에게 맡기지는 않는다.

이 까닭으로 술術을 가진 나라로써 명성만 높은 자를 임용하지 않으면 실수가 없을 것이며, 나라 안이 틀림없이 다스려질 것이니 이는 '수'에 맡기기 때문이다.

망하는 나라는 군대로 하여금 그 땅을 횡행하도록 해도 능히 막아내지 못하는 것은 사람에게 맡겨 놓고 '수'를 쓰지 않기 때문이다.

자신을 치는 것은 인人이며, 남을 치는 것은 '수'이다.

그러므로 술을 가진 나라는 언론은 없애고 모든 것을 법에 맡긴다.

夫治法之至明者, 任數不任人.

是以有術之國, 不用譽則毋過, 境內必治, 任數也.

亡國使兵公行乎其地, 而弗能圉禁者, 任人而無數也.

自攻者人也, 攻人者數也.

故有術之國, 去言而任法.

【治法之至明者】陳奇猷는《韓非子集釋》에서 '治之至明者'가 되어야 한다고 여겨 '法'자를 衍文으로 보았음.

【任數】정해진 제도에 의존함. '數'는 法, 術數 등을 가리키며 오로지 법치로 할 것을 강조한 것.

【毋過】〈乾道本〉에는 '無適'으로 되어 있으며 이를 근거로 顧廣圻는 '適'은 '敵'과 같아 '대적할 상대가 없음'의 뜻으로 보았음. 그런가 하면 〈迂評本〉, 〈趙本〉, 〈凌本〉에는 '得人之情'으로 전혀 다르게 되어 있음. 이에 대해 〈集解〉에는 "先愼曰: 〈乾道本〉「過」作「適」. 盧文弨云: 〈張本〉作「過」. 先愼按: 〈張本〉作「過」是也. 謂「有術之國, 不用人之譽則毋過」. 「過」, 則下「過刑之於言者難見」之「過」. 「過」與「適」, 形相近, 〈乾道本〉因誤爲「適」. 趙用賢改「則毋過」三字「得人之情」, 誤. 顧廣圻謂「適」·「敵」同字, 亦未見作「過」之本, 從而爲之辭也"라 함.

【公行】공공연하게 휘젓고 다님.

【自攻】스스로를 공격하는 것은 '任人'에 있음을 뜻함.

762(55-5)
우愚, 겁怯, 용勇, 혜慧

무릇 잘못된 공적이지만 약속된 조항에 맞을 경우는 식별해 내기 어렵고, 말로 남의 잘못을 들추어낼 때도 사실인지 알아내기 어렵려우므로 형벌과 포상의 두 가지 미혹함에 빠지게 된다.

소위 약속된 조항에 맞으므로 식별하기 어렵다면 이는 간교한 공적이며, 신하가 저지른 잘못임에도 알아내기 어렵다면 실패의 근원이 된다.

원리에 따르면서 헛된 공임을 발견하지 못하거나 정황을 헤아려 간악의 뿌리에 속는다면 두 가지 상벌이 어찌 양쪽으로 실수를 범하지 않을 수 있겠는가?

이로써 허사虛士가 안에서 이름을 세우고 담론을 펴는 자가 밖에서 책략을 세우므로 우愚, 겁怯, 용勇, 혜慧의 무리들이 서로 연계하여 헛된 도로써 속인에게 붙어도 세상에서는 그들을 용납하는 것이다.

그러므로 그 법이 쓰이지 못한 채 죽을죄를 진 자에게도 형벌이 가해지지 못하고 있는 것이다.

이와 같다면 형벌과 포상이 어찌 두 가지인 양 용인되지 않을 수 있겠는가?

사실이 밝혀지더라도 법리가 그 형량을 잃고 있으니, 형량을 잃는 것은 법이 그렇게 하도록 하는 것이 아니라 법은 정해져 있음에도 지혜에 맡기기 때문이다.

법을 버리고 지혜에 맡긴다면 일을 맡은 자가 어찌 그 임무를 해낼 수 있겠는가?

임무가 사실과 서로 맞지 않는다면 법이 어찌 실수를 범하지 않을 수 있겠으며, 형벌이 어찌 번거롭지 않을 수 있겠는가?

이 까닭으로 상벌은 어지러워 문란해지고, 나라의 도는 차이와 오류를 일으키고 말 것이니 이는 형벌과 포상의 흑백이 뚜렷하지 않기 때문이다.

凡畸功之循約者難知, 過刑之於言者難見也, 是以刑賞惑乎貳.

所謂循約難知者, 姦功也; 臣過之難見者, 失根也.

循理不見虛功, 度情詭乎姦根, 則二者安得無兩失也?

是以虛士立名於內, 而談者爲略於外, 故愚·怯·勇·慧相連而以虛道屬俗而容乎世.

故其法不用, 而刑罰不加乎僇人.

如此, 則刑賞安得不容其二?

實故有所至, 而理失其量, 量之失, 非法使然也, 法定而任慧也.

釋法而任慧者, 則受事者安得其務?

務不與事相得, 則法安得無失, 而刑安得無煩?

是以賞罰擾亂, 邦道差誤, 刑賞之不分白也.

【畸功】헛된 공. '畸'는 '不具'의 뜻으로 '온전하고 정당한 공적이 아님'을 말함.
【循約】약속하거나 약정된 법규에 맞음. 원래 말한 대로 일이 이루어짐.

【過刑之於言者】 '刑'은 글자대로 '刑罰, 重罪'로 보는 예와 '刑'을 '形'으로 보아 '드러내어 밝히다. 폭로하다'의 뜻으로 보는 두 가지 견해가 있음. 즉 "임금에게 어떤 자의 과오를 말로 설명할 경우"와 "뛰어난 말솜씨로 자신의 사욕을 감추는 담론자"의 두 가지 상황을 상정해 볼 수 있음. 盧文弨의 《群書拾補》에는 「刑」, 舊校改「形」, 本通用"이라 함.

【貳】 두 가지가 서로 다른 것으로 혼동하기 쉬움. '貳'는 아래의 '二'와 같음.

【愚怯勇慧】 愚는 儒, 怯은 楊朱, 勇은 任俠, 慧는 辯智를 가리킴.

【僇人】 죽을 죄를 진 자. '僇'은 '戮'과 같음.

【實故】 實質의 緣故. 또는 '事實'과 '過誤' 등 두 가지를 함께 거론한 것으로도 봄. 陳奇猷는 '故'를 '巧智'로 보았음. 한편 〈乾道本〉, 〈藏本〉에는 '實故'로, 〈迂評本〉, 〈趙本〉, 〈凌本〉에는 '故實'로 되어 있음.

【分白】 '分白黑', 또는 '分黑白'이어야 함. 王先愼은 "「白」下脫「黑」字. 用人篇「如此則白黑分矣」, 說難篇「爲人主者誠明於臣之所言, 則別賢不肖於黑白矣」, 皆有「黑」字, 是其證"이라 함.

부록

I. 《韓非子》考證 ············王先愼

(1)《漢書》藝文志 法家類

《韓子》五十五篇. (名非, 韓諸公子. 使秦, 李斯害而殺之.)

(2)《隋書》經籍志 子部 法家

《韓子》二十一卷, 目一卷. (韓非撰)

(3)《舊唐書》經籍志 丙部 子錄 法家

《韓子》二十卷. (韓非撰)

(4)《唐書》藝文志 丙部 子錄 法家類

《韓子》二十卷. (韓非) 尹知章注《韓子》. 卷亡.

(5)《宋史》藝文志 子類 法家類

《韓子》二十卷. (韓非撰)

(6)《郡齋讀書志》(晁公武) 子類 法家類

《韓子》二十卷. 右韓非撰. 非, 韓之諸公子也, 喜刑名法術之學, 作孤憤·五蠹·說林·說難十餘萬言. 秦王見其書, 歎曰:「得此人與之遊, 死不憾矣!」急攻韓, 得非. 後用李斯之毀, 下吏, 使自殺. 書凡五十五篇, 其極刻覈, 無誠悃, 謂夫婦父子擧不足相信. 而有解老·喻老篇, 故太史公以爲大要皆原於道德之意. 夫老子之言高矣, 世皆怪其流裔何志於是. 殊不知老子志書有「將欲歙之, 必固張之; 將欲弱之, 必固强之; 將欲廢之, 必固興之; 將欲奪之, 必固與之」及「欲上人者, 必以其言下之; 欲先人者, 必以其身後之」之言, 乃詐也. 此所以一傳而爲非歟!

(7)《直齋書錄解題》(陳振孫)

法家類《韓子》二十卷. 韓諸公子韓非撰.《漢志》五十五篇, 今同. 所謂孤憤·說難之屬皆在焉.

(8)《漢書藝文志攷證》(王應麟)

《韓子》五十五篇.《史記》韓非傳:「喜刑名法術之學, 而其歸本於黃老.」「作孤憤·五蠹·內外儲·說林·說難十餘萬言.」注:《新序》曰: 申子書號曰術, 商鞅書號曰法, 皆曰刑名. 東萊呂氏曰:「太史公謂非喜刑名法術之學, 則兼治之也.」〈索隱〉按:「《韓子》書有解老·喩老二篇, 是亦崇黃老之學也.」今本二十卷, 五十六篇. 沙隨程氏曰:「非書有存韓篇, 故李斯言非終爲韓不爲秦也. 後人誤以范雎書廁于其書之間, 乃有舉韓之論.《通鑑》謂非欲覆宗國, 則非也.」

(9)《困學紀聞》(10)

《韓子》曰:「殷之法刑棄灰於街者. 子貢以爲重, 問之仲尼, 仲尼曰:『知治之道也.』」以商鞅之法爲殷法, 又託於仲尼, 法家侮聖言至此. 又「吏者民之本綱也, 聖人治吏不治民」, 斯言不可以韓非廢.

(10)《四庫全書總目》子部 法家類

《韓子》二十卷. (內府藏本) 周韓非撰.《漢書》藝文志載《韓子》五十五篇, 張守節《史記正義》引阮孝緒《七錄》載《韓子》二十卷, 篇數卷數皆與今本相符. 惟王應麟〈漢書藝文志考證〉作五十六篇, 殆傳寫者誤也. 其注不知何人作. 考元至元三年何犿本稱「舊有李瓚注, 鄙陋無取, 盡爲削去」云云, 則注者當爲李瓚. 然瓚爲何代人, 犿未之言, 王應麟《玉海》已稱「《韓子》注不知誰作」, 諸書亦別無李瓚注《韓子》之文, 不知犿何所據也. 犿本僅五十三篇, 其書稱:「內佚〈姦劫〉一篇,〈說林下〉,〈六微〉內〈似煩(類)〉以下數章」. 明萬曆十年, 趙用賢購得宋槧, 與犿本相校, 始知: 舊本〈六微〉篇之末尙有二十八條, 不止犿所云數章;〈說林下〉篇之首尙有「伯樂教二人相踶馬」等十六章, 諸本佚脫其文. 以〈說林上〉篇「田伯鼎好士章」逕接此篇

「蟲有虱」章；〈和氏〉篇之末自「和雖獻璞而未美，未爲王之害也」以下，脫三百九十六字，〈姦劫〉篇之首自「我以淸廉事上」以上，脫四百六十字，其脫葉適在兩篇之間，故其次篇標題與文俱佚，傳寫者各誤以下篇之半連於上篇，遂求其下篇而不得，其實未嘗全佚也．今世所傳，又有明周孔教所刊大字本，極爲精楷．其序不著年月，未知在用賢本前後．考孔教擧進士，在用賢後十年，疑所見亦宋槧本，故其文均與用賢本同，無所佚闕，今卽據以繕錄，而敎以用賢之本．考《史記》非本傳稱：「非見韓削弱，數以書諫韓王，韓王不能用．」「非廉直不容於邪枉之臣，觀往者得失之變，故作〈孤憤〉·〈五蠹〉·〈內外儲說〉·〈說林〉·〈說難〉十餘萬言．」又云：「人或傳其書至秦，秦王見其〈孤憤〉·〈五蠹〉之書．」則非之著書，當在未入秦前．《史記》自敍所謂韓非囚秦，〈說難〉·〈孤憤〉者，乃史家駁文，不足爲據．今書冠以〈初見秦〉，次以〈存韓〉，皆入秦後事，雖似與《史記》自序相符，硏傳稱：韓王遣非使秦，「秦王說之，未信用，李斯·姚賈害之」，「下吏治非，李斯使人遺之藥，使自殺」，計其間未必有暇著書．且〈存韓〉一篇，終以李斯駁非之議及斯上韓王書，其事與文皆爲未畢．疑非所著書，本各自爲篇，非歿之後，其徒收拾編次，以成一帙．故在韓在秦之作，均爲收錄，併其私記未完之稿亦收入書中，名爲非撰，實非非所手定也．以其本出於非，故仍題非名，以著於錄焉．

(11)《四庫全書存目》子部 法家類

《韓子迂評》二十卷．(內府藏本)．舊木題「明門無子評」，前列「元何犿校上」，原序署「至元三年秋七月庚午」，結銜題「奎章閣侍書學士」．考元世祖·順帝俱以至元紀年，而三年七月以紀志干支排比之，皆無庚午日，疑「子」字之誤．奎章閣學士院，設於文宗天曆二年，止有大學士，尋陞爲學士院，始有侍書學士．則犿進是書在後至元時矣．觀其序中稱「今天下所急者，法度之廢；所少者，韓子之臣」．正順帝時事勢也．門無子自序稱：「坊本至不可句讀，最後得何犿本，字字而讐之，皆不失其舊，乃句爲之讀，字爲之品，間取何氏注而折衷之，以授之梓人」云云．皆趨用賢飜刻宋本·在萬曆十年，此本刻於萬曆六年，故未見完帙，仍用何氏之本．然犿序稱「李贄注鄙陋無取，盡爲削去」，而此本仍間存贄注，已非何本之舊．且門無子序又稱「取何注折衷之」，則倂犿所加旁注，亦有增損，非盡其原文．蓋明人好竄改古書，以就己意，動輒失其本來．萬曆以後，刻版皆然，是書亦其一也．門無子不知爲誰，陳深序稱：「門無子兪姓，吳郡人，篤行君子．」然新舊志乘，皆不載其姓名．所綴評語，大抵皆學究八比之門徑，又出犿注之下．所見如是，宜其敢亂舊文矣．

(12)《四庫全書簡明目錄》

《韓子》二十卷．周韓非撰，凡五十五篇．舊本多所佚脫，明趙用賢始得宋槧校補．又周孔敎家大字刻本與趙本亦同，今用以互校，視他刻本爲完善．其注不知何人作，元何犿稱爲李瓚，未知何據也．

(13)《孫氏祠堂書目》諸子 法家

《韓非子》二十卷．（一，明趙用賢刊本．一，明吳勉學刊本．一，明葛鼎刊本．一，明十行本缺二卷．一，依宋刻校本．）

(14)《群書拾補》(盧文弨)

《韓非子》．是書有明馮舒已蒼據〈宋本〉・〈道藏本〉以校〈張鼎文本〉外，又有明〈凌瀛初本〉，〈黃策大字本〉，今幷以校明神廟十年趙用賢二十卷全本．而以是者大書，其異同，作小字注於下．此書注乃元人何犿刪舊李瓚注而爲之者，亦甚略，且鄙謬者亦未刊去．明孫月峯評點本，幷無注，玆不取在所校本中．

(15)《札迻》(卷七)(孫詒讓)

《韓非子》某氏注．（吳鼐景宋〈乾道刻本〉．顧廣圻《識誤》校．日本蒲坂圓增《讀韓非子校》．盧文弨《群書拾補》校．王念孫《讀書雜志餘編》校．兪樾《諸子平議》校．）

Ⅱ.《韓非子》佚文 ⋯⋯⋯⋯王先愼

※先愼案: 史志載韓子五十五篇, 與今本合, 似無殘脫, 而其佚文不下百餘條. 今推究其義, 凡可補者, 悉注本文之下; 其不能附麗者, 都爲一類, 俾後之讀者有可考焉.

1. 「明主之治國也, 適其時事以致財物, 論其稅賦以均貧富, 厚其爵祿以進賢能, 重其刑罰以禁姦邪, 使民以力得富, 以事致貴, 以過受罪, 以功致賞而不望慈惠之賜, 此帝王之政也.」《群書治要》(40)

2. 「解狐與邢伯柳爲怨, 趙簡主問於解狐曰: 『孰可爲上黨守?』對曰: 『邢伯柳可.』簡主曰: 『非子之讐乎?』對曰: 『臣聞忠臣之擧賢也, 不避仇讐; 其廢不肖也, 不阿親近.』簡主曰: 『善!』遂以爲守. 邢伯柳聞之, 乃見解狐謝. 解狐曰: 『擧子公也; 怨子私也, 往矣! 怨子如異日.』」《群書治要》(40),《藝文類聚》(22)

3. 「師曠鼓琴, 有玄鶴銜明月珠在庭中舞. 失珠, 曠掩口而笑.」《北堂書鈔》(109),《初學記》(16注)

4. 「孫叔敖冬日黑裘, 夏日葛衣.」《北堂書鈔》(129)

5. 「孫叔敖相楚, 糲飯菜羹. 枯魚之膳.」《北堂書鈔》(143),《初學記》(26注)

6. 「昔齊桓公入山問父老: 『此爲何谷?』答曰: 『臣舊畜牛生犢, 以子買駒, 少年謂牛不生駒, 遂持而去. 傍隣謂臣愚, 遂名愚公谷.』」《藝文類聚》(9), 事又見劉向《說苑》

7.「勢者, 君之馬也; 威者, 君之輪也. 勢固則輿安, 威定則策勁, 臣從
　　則馬良, 民和則輪利. 爲國有失於此, 覆輿奔馬, 折策敗輪矣. 輿覆
　　馬奔, 策折輪敗, 載者安得不危?」《藝文類聚》(52)

8.「聖人立法, 賞足以勸善, 威足以勝暴, 備足以必完.」《藝文類聚》(54)

9.「水激則悍, 矢激則遠.」《太平御覽》(350)

10.「楚王有白猿, 王自射之, 則搏矢而熙; 使楊由基射之, 始調弓矯矢,
　　未發而猿擁樹號矣.」《太平御覽》(350)《事類賦》(13)

11.「天下有至貴而非勢威也, 有至富而非金玉也, 有至壽而非千歲也;
　　願恕反性則貴矣, 適情知足則富矣, 明生死之分則壽矣.」《太平御覽》
　　(459)

12.「木鐸以聲自毀, 膏燭以明自爍.」《太平御覽》(459)

13.「魏武侯浮西河而下, 中流謂吳起曰:『美哉! 山河之固, 魏國之寶也.』
　　對曰:『在德不在險. 昔三苗氏左洞庭而右彭蠡, 德義不修, 而禹滅之;
　　夏桀之居, 左河濟而右太華, 伊闕在其南, 羊腸在其北, 修政不仁,
　　湯放之; 商紂之國, 在孟門, 右太行, 常山在其北, 大河經其南, 修行
　　不德, 而武王滅之. 王恃險而不修德, 舟中之人盡適國也.』武侯曰:
　　『善.』」《太平御覽》(459)

14.「輿人成輿, 則願人富貴也; 非輿人仁, 不富不貴則輿不售也.」《太平
　　御覽》(472)

15.「加脂粉則膜母進御, 蒙不潔則西施棄野, 學之爲脂粉亦厚矣.」《太平
　　御覽》(607)

16. 「勢者, 君之輿也; 威者, 君之策也; 臣者, 君之馬也; 民者, 君之輪也. 勢固則輿安, 威定則策勁, 臣順則馬良, 人和則輪利. 而爲國皆失此, 有覆輿‧走馬‧折策‧敗輪矣.」《太平御覽》(620)

17. 「爲人君者, 猶壺也, 民亦水也; 壺方水方, 壺圓水圓.」《太平御覽》(620)

18. 「孫叔敖相楚, 衣羖羊裘.」《太平御覽》(694)

19. 「公儀休相魯, 其妻織布, 休曰: 「汝豈與世人爭利哉?」遂燔其機.」《太平御覽》(820)

20. 「舜耕於歷山, 農者讓畔; 漁於河濱, 漁者讓澤.」《太平御覽》(424)

21. 「物有所宜, 才有所施, 各處其宜, 故上下無爲.」《意林》(1)

22. 「愛人不得獨利, 待譽而後利之; 憎人不得獨害, 待非而後害之.」《意林》(1)

23. 「不蔽人之美, 不言人之惡.」《意林》(1)

Ⅲ. 《韓非子》序·跋·引·提要·凡例·後語

(1) 校《韓子》序⋯⋯⋯⋯⋯⋯⋯⋯⋯⋯⋯⋯ ㈜ 何犿

奎章閣侍書學士臣何犿謹昧死言: 臣犿所校儲中祕書, 有《韓子》五十三篇, 考之班固〈藝文志〉:《韓子》五十五篇, 今已亡其二篇. 又《史記》本傳小司馬〈索隱〉注, 有〈說林〉上下篇, 今止存上篇, 亡其下篇. 又第十卷〈內儲說〉下〈六微〉內亡去〈似類〉一章,〈有反〉一章,〈參疑〉一章, 其〈廢置〉章亦有殘缺不全. 與處士臣謙家藏本無異, 今因之, 不敢妄爲增定. 舊有李瓚注, 鄙陋無取, 臣犿盡爲削去. 謹與臣謙考讐, 略加傍注. 旣成, 倣前漢劉向以殺靑書可繕寫. 按韓子名非, 七國時韓之諸公子也. 以書諫韓王安, 不用, 退而發憤, 觀往者得失之變, 著書十餘萬言. 秦王見其書曰:「嗟乎! 寡人得見此人與之游, 死不恨矣.」韓王乃遣非入秦, 秦王悅之, 爲李斯·姚賈所害. 其書言法術之事, 賤虛名, 貴實用, 破浮淫, 督耕戰, 明賞罰, 營富强. 臣犿竊謂人主智略不足, 而徒以仁厚自守, 終歸于削弱耳. 故孔明手寫《申》·《韓》書以進後主, 孟孝裕亦往往以爲言, 蓋欲其以權略濟仁恕耳. 今天下所急者法度之廢, 所少者韓子之臣, 伏唯萬幾之暇, 取其書少留意焉, 則聰明益而治功起, 天下幸甚. 臣犿不勝惓惓昧死上.

至元三年(1337)秋七月庚午.

奎章閣侍書學士臣犿謹昧死頓首進上.

(2) 校刻《韓非子》序 ······················· (明) 張鼎文

　　《漢書》諸子略凡十類，百八十九家，法家居第四. 唐《六典》子類十四，
〈藝文志〉子類十七，六百九家，法家皆居第三. 太史公曰：「法家嚴而少恩，
然其正君臣上下之分，不可改也.」夫治，太上以道，其次以法.《韓子》，
法家，其所著書，非無鉤箝抉摘之術. 當是時，天下專習法令，以吏爲師，
《詩》《書》六藝之文，棄而不講，故終其書，無仁義忠厚之言，無欽恤明愼
之意，今讀其五十五篇，篇言其槩. 曰〈初見秦〉，數秦之失，而欲一舉以
成霸王之道，從衡之說似之. 曰〈存韓〉，連荊·魏以疑齊·趙，齊·趙定而天
下服，是故不免有非終爲韓之疑，李斯得以殺非者此也. 曰〈難言〉，多懼
思也，其將有言也，而先固其主歟！曰〈愛臣〉，收權也. 曰〈主道〉，虛靜以
待下，黃老之遺術也. 曰〈有度〉，強國也，國可以刑法強，不可以刑法不亡，
而況可以刑法使臣忠廉仁義也歟哉！曰〈二柄〉，罪必刑，功不賞，虎其君，
狗其臣，豈功疑惟予，罪疑惟去之意？曰〈揚權〉，名正物定，執一以靜，
道德虛靜，安用刑法？曰〈八姦〉，蠹君之術盡矣. 曰〈十過〉，人主之通鑑也.
曰〈孤憤〉，憤大臣也，其阻於當塗作歟？曰五不勝之勢，歷肝膽矣. 曰
〈說難〉，以逆爲順，多虞也. 曰〈和氏〉，以和氏之刖，喩吳起之支解，商君之
車裂也. 曰〈姦劫弑臣〉，以管仲之治齊，商君之強秦，爲使天下必爲己視
聽之道也. 曰〈亡徵〉，可亡之道四十八，以刑法之意寓焉. 風摧蠹木，雨壞
隙牆，湯武之於桀紂是也. 曰〈三守〉，其端一也，幾事密則無三劫之患矣.
曰〈備內〉，家道也，防及妻子，誰與信者？曰〈南面〉，嚴於收權，而終以必行，
通變不倦，革道也. 曰〈飾邪〉，龜筴無信，而明法有功也. 曰〈解老〉，深於
老也，有道之君貴靜，不重變法，孰爲非也有此言也！曰〈喩老〉，重賞罰也，
在君則勝臣，在臣則勝君，逆收權之意也. 曰〈說林〉，皆古人詭稽突梯所爲，

而非特表出之, 固智術之所尙也. 曰〈觀行〉, 資於人也. 曰〈安危〉, 自勵也.
曰〈守道〉, 重於全身, 預於立法. 曰〈用人〉, 立可爲之賞, 設可避之罰, 未嘗
無恕心者. 曰〈功名〉, 主得臣, 而名實成也. 曰〈大體〉, 以天地江海日月山
谷爲量, 而有長利大功之積. 曰〈內儲說〉上篇, 詭祕矯詐, 無所不至, 而下篇
參疑廢置之事, 則亦《春秋》之所以示戒者也. 曰〈外儲說〉四: 一曰〈左上〉,
以先王仁義不能正國, 皆諸嬰兒之塵飯塗羹, 可戲而不可食也. 中山好士
而可攻, 必其士怠而兵弱, 農惰而國貧者, 然耶非耶? 二曰〈左下〉, 誅賞
毀譽, 庶幾殺之不怨, 利之不庸之意. 然用有公私, 則王霸之所由別也.
三曰〈右上〉, 三節. 以君治臣, 而一切以忍心從事. 國狗社鼠, 古今有之;
忍痛彈疽, 未易得也. 四曰〈右下〉, 五節. 責成立功, 善馭臣也. 子之·燕
噲事, 與《孟子》不同. 而禹·益相詐, 啓·益相攻, 抑亦滋惑之甚. 禹·益異世,
得謬其傳; 之·噲同時, 亦詭其說. 矯軒之正耶, 非肆其妄耶? 曰〈難一〉,
齊桓公三往處士, 乃其好仁義之美節, 而以爲輕上侮君之俗, 是固以太公
殺狂譎爲當者也. 曰〈難二〉, 趙簡子處危而士奮, 言可感也, 謂不可使百
族之子皆若孝子之愛親, 是何言也? 曰〈難三〉, 以儉而無食, 不免於貧.
齊桓公侈于桀紂, 猶冠五霸, 是何言也? 曰〈難四〉, 天子無道, 諸侯伐之;
諸侯無道, 大夫伐之, 故湯·武王而齊·晉霸, 安得以爲常也? 曰〈難勢〉,
天下賢不如勢, 勢不必賢, 亦以法術勝仁義之說也. 曰〈問辯〉, 法令有定,
文學不得非之, 誹謗之令無已也. 曰〈問田〉, 吳起支解, 商君車裂, 曰亂
主闇君之咎也. 曰〈定法〉, 申不害佐韓, 七十年以不霸, 商君乘强秦之資,
數十年而不帝, 非無法則無術也. 非, 韓人, 而在秦, 處申·商之間, 韓亦
不霸, 秦亦不帝? 曰〈說疑〉, 獨以后稷·皋·伊·周·召·管仲·隰朋·百里奚·
蹇叔·舅犯·趙衰·范蠡·大夫種·逢同·華登爲霸王之佐. 明於任臣, 則趙敬
侯縱欲無度, 而饗國數十年; 不明於任臣, 則燕噲有聖王之節, 而不免於亂,
好專也. 曰〈詭使〉, 私智相高, 故上不勝下. 六曰〈六反〉, 母之愛子也倍父,
父之令行於下也十母, 吏之於民也無愛, 吏之令行於民也萬父, 慈不勝嚴也.
曰〈八說〉, 文之變也, 頗不類非之作. 〈八說〉曰: 法以制事, 事以功名. 法
立而有難, 權其難而事成則立之; 事成而有害, 權其害而功多則爲之; 權,
術也. 商·管異世, 而非並稱, 可疑也. 〈八經〉曰: 明主之行制也天, 其用

人也鬼. 夫以智力窮人, 卑道也. 曰〈五蠹〉, 曰〈顯學〉, 曰〈忠孝〉, 文之至也. 〈五蠹〉之意, 以文學言談盛於耕戰, 帶劍私門末作之弊, 亦其時之遺波也. 〈顯學〉之意, 以學術無益, 以富彊有用, 廣譬長喻, 心駭而神動也. 〈忠孝〉之意, 詆訾孔子·堯·舜·湯·武於君臣父子兄弟之間, 皆非所以敎天下, 狂者之言也. 曰〈人主〉, 與近習當塗論人言行, 智者決策於愚人, 賢士程能於不肖, 通論也. 曰〈飭令〉, 《陰符》之遺也. 曰〈心度〉, 禁先其本, 兵戰其心, 言豫也. 曰〈制分〉, 刑賞分別也. 蓋里相坐, 止姦也; 私告任坐, 發姦也.

五十五篇, 略止此矣. 夫非之學止於刑名, 非之意主於刻核. 考其學術, 與荀卿·李斯·商鞅·尸佼·李悝·中不害之徒共爲師友, 各以智術相勝. 當時不知李斯之害己, 是不智也; 卒墮於斯之術中, 而不能出, 是無術也. 爲法之弊, 反中其身, 非·斯則同, 特後先耳. 非之書未行, 止於獄死; 斯之術已用, 遂至車裂, 天道之報昭昭哉! 序以爲非喜刑名法術, 而其歸本於黃老. 余則以非喜黃老而歸其本於刑名. 但其書出自先秦, 載古人事多奇倔, 後世儒者賴以爲據. 古今學士列於諸子, 與經世並行. 其文則三代以下一家之言, 絶有氣力光焰. 秦王讀之, 已有「寡人得見斯人, 死不恨矣」之歎, 況千載之下, 舉業害文, 大傷氣格. 學士選其近正者讀之, 未必不如更幟易令, 登陴一鼓, 以助三軍之氣也. 《漢志》·《史記》列傳·《隋唐志》皆云二十卷五十五篇, 而王伯厚獨言今本五十六篇, 未知所定.

嘉靖辛酉歲(1561)五月端陽日

浙西 張鼎文書.

(3)《韓子迂評》序‥‥‥‥‥‥‥‥‥‥‥‥‥‥(明) 陳深

世有《申》·《韓》之書, 何自而出也? 自劉向·班固皆以爲法家者流, 本出
於理官之明罰救法, 而刻者爲之, 殘及至親, 傷恩薄厚, 失其本矣. 竊以
爲不然. 凡治之衰也, 起於相勝; 而亂之作也, 成於相激. 激之甚, 則亂從
而生焉. 蓋上古之治天下, 忠與質焉耳矣. 忠之極也, 質勝之; 質之極也,
文勝之. 文不與浮飾期, 而浮飾自至; 浮飾不與詐欺期, 而詐欺自至. 非關
世也, 所漸者然也. 戰國之時, 詐欺極矣. 縱橫之徒徧天下, 而以馳騖有
土之君, 以至君畏其臣, 臣狎其君, 而篡弑攸起, 諸侯是以不救. 此皆上下
浮諂, 而怠慢紓緩, 不振於法之效也. 於是申·韓之徒出, 而以名實之說勝
之矣. 名實者, 按名求實, 嚴刑必誅, 詳於法律, 而篤於耕戰. 凡以破浮淫
之說, 而振其怠慢紓緩之情也. 其用意固亦無惡於世. 但其憤激之甚, 至於
刑棄灰, 廢詩書, 以吏爲師, 則秦禍之必至耳. 使其遇聖主明王與之折衷,
被之以封疆折衝之任, 則其治功豈可量哉! 然余以爲二子之徒, 但可以爲臣,
而不可以爲相; 可以從命, 而不可以爲命. 使其遇堯·舜·禹·湯·武法度修
明之世, 則爲股肱之良; 其在桓·文·孝公之時, 亦足以治兵力農而營富彊;
使其遇始皇·二世, 直喪亡之雄耳. 何也? 物有受也, 人有器也. 今讀其書,
上下數千年, 古今事變, 奸臣世主隱微伏匿, 下至委巷窮閭婦女嬰兒人情
曲折, 不啻隔垣而洞五臟. 非著書當在未入秦之先, 年未壯也, 而已能如
此事如指掌, 何其材之蚤也! 其識事也蚤, 其命物也材, 窮智究慮, 淵竭
谷虛, 故不終其千年, 而中道夭絕. 後之君子, 悲其志, 想見其人, 悼其術
之不終, 而惜其不遇聖主明王以裁之, 不究以死, 非死至今千八百年矣,
而書不磨滅, 唐·宋以來, 病其術之不中, 黜而不講. 故其文字多舛駁而不讎,
市亦無售. 近世之學者, 迺始豔其文詞, 家習而戶尊之, 以爲希世之珍,

沿訛習舛而不以爲怪. 今門無子乃得何氏善本, 爲之訂其訛謬, 而品題其當否, 表其文詞, 梓以出之, 以俾世學之覽觀. 自門無子之書出, 而訛本盡廢, 文從字順, 章采句適, 一如韓氏之舊, 不亦大愉快矣哉! 門無子之用心亦勤矣. 門無子, 吳郡人, 姓兪氏, 巖居嗜古篤行君子也. 年七十; 修身剗文, 不窺市, 不醜窮, 不愍貴人. 書成而示余, 余故得以肆目於是, 而條陳其本末云.

萬曆六年(1578)歲在攝提格冬十二月丁丑朔.

長興陳深子淵甫識.

⑷ 刻《韓子迂評》序 ·························· ㈐ 門無子

　　夫言其於用, 言而無用, 言雖善無當也. 衆人皆以爲然, 而吾亦以爲然者,
六經也. 衆人皆以爲然, 而吾獨不以爲然者, 宋儒也. 衆人皆不以爲然,
而吾獨然者, 韓子之書也. 韓子之書, 言術而不止於術也, 言法而不止於
法也. 纖珠碎錦, 百物具在. 誠汰其砂礫, 而獨存其精英, 則其於治道,
豈淺鮮哉! 顧用之何如耳. 王安石用《周禮》而成靖康之亂, 漢文帝用黃·
老而致刑措之功, 視用之何如耳. 試以今之天下, 與韓子之書, 何非今日之弊?
以漢子之言, 用之於天下, 何非今日之用? 或曰: 刻矣, 不可用也. 是又不然.
子産不云乎? 夫火烈, 人望而畏之, 故鮮死焉. 人之蹈水而不蹈火者, 以火
之不可犯也. 使民視吾法如火之不可犯, 則天下豈有不治, 而民不寡過者乎?
故曰火未嘗殺人, 非火之不殺人, 人自不犯也. 以韓子爲刻而不可用者,
宋儒之言也. 夫宋儒之言, 密如蝟毛, 刻則刻矣; 以試於用, 則如棘刺之
母猴. 故法之刻而不可用者, 秦也; 言之刻而不可用者, 宋儒也. 言而無用,
言雖善無當也. 今世之學者, 皆知嗜《韓子》之文, 而不得其用. 及市諸坊,
則皆魯魚之害, 羨文錯簡, 分離乖隔, 至不可句讀, 幾於失傳也. 余念曰:
得非刑棄灰之報乎? 最後得何氏(犿)本, 字字而讎之, 則皆不失其舊. 則又
喜曰: 先秦之文, 當不使遂湮也. 顧無副本, 度久之遂湮而無難. 竊不自量,
而肆筆於是, 句爲之讀, 字爲之品, 間取何氏注而折衷之, 以授之梓人,
而號之曰《韓子迂評》. 巖居無事, 取得意者數篇, 坐溪谷而高吟之. 蒼翠
煙霞之際, 淸湍修竹之間, 不覺其頤之解也.

　　歲攝提孟陬(1578)之辰.

　　門無子書於潛山之水石居.

(5) 刻《韓子迂評》跋 ························(明) 門無子

余晚年最愛《韓子》, 論事入髓, 爲文刺心. 求之戰國之後, 楚漢之先, 體裁特異. 余甚珍之. 所恨者, 世本訛謬, 每至脫字漏句, 斷文錯簡, 魯魚亥豕, 輒爲廢卷. 迨得何氏本讀之, 暢然無礙, 神骨俱輕. 兹刻與同志共之, 覽者當助余一快.

萬曆 己卯(1579) 三月戊午

門無子記

(6)《韓非子》書序 ···························· (明) 趙用賢

　余讀《韓非子》書, 蓋喟然而嘆曰: 世道之趨於權譎也, 君臣之間, 相御
以智, 而相傾奪以捭闔抵巇之說也, 其至秦而極乎! 先王之道既熄, 諸侯
各競於詐力, 而列國之士, 各騁其機略辯數, 以務尊安其國, 榮顯其身.
當春秋之季, 所號稱良大夫者, 如晏嬰·叔向·公孫僑之徒, 其馳詞執禮,
往往相厲以仁義, 而相訓飭而忠儉信惠, 是猶先王之遺也. 至戰國, 而儀·
秦之徒, 始以其縱橫之說勝. 言從親之固, 則諱其善敗之端; 語衡合之利,
則匿其恐愒之迹. 雖其揣摩馳騖, 務出於奇詭, 而要之陳形勢之便利, 規情
事之變合. 天下猶各以其說, 提衡而立. 故當時之君, 得士者昌. 而士之
設智能, 批患難者, 亦使世主蒙其益, 而顯功名於天下. 蓋稍蠶食而及於
始皇之身, 關東諸國, 既皆削弱, 無可倚以抗秦. 而士之爭趨秦者非得秦權,
則無以震讋諸侯; 而快其志; 非訐激其詞, 亦無以當主意, 而盡關遊士之口.
故干秦之說, 愈相軋而愈不勝, 卒足以亡其身. 余於非子; 有深慨焉. 夫非子
固嘗與李斯師事荀卿, 斯自視以爲不如非矣. 及斯已柄秦, 盡用其所學,
非固以量斯之在吾術中. 而他所獨制忞睢, 上以塞聰揜明, 而下以拂世摩俗,
非之智又足以先斯而逆其所必至. 故斯方以一法制·明主威, 而非則曰當
途之臣擅勢而環其私; 斯方以遏當與, 絕異趣, 而非則曰獨任之過, 將乘
賢而劫其君. 當人臣憂死之不暇, 而虞其有田常·子罕之厄, 且以大臣之一詞
同軌於根習, 將使之行不法而化其主, 是皆斯之所醞釀鬱積以基亡秦之禍,
而非乃以疏遠, 一旦斥而言之, 宜乎犯斯之所甚忌, 而死不旋踵也. 昔者,
范雎羈旅入秦, 一言而合, 繼踵卿相. 夫昭王之明不及秦皇, 李斯之專不及
魏冉, 非又始皇之願得與同遊者, 其才出雎遠甚, 而卒不免僇辱爲天下笑者,
雎當秦之益親, 猶數年而始得盡發太后·穰侯之私, 故其主信之不疑, 而讒

邪不得以投其間; 非徒知振暴其短, 可以傾斯說而奪之柄, 而不知斯以干
寵忌前之心, 挾狠戾無親之主, 乃欲自奪於說, 而投其聽之會, 不亦難哉!
太史公蓋悲非之爲〈說難〉, 而卒不能以自免. 余以爲非之持說者甚工, 而其
所以用術者則甚悖, 是其所以死也. 使非而幸緩須臾, 秦皇方且回慮易聽,
當有深計而不疑, 交爭而不罪者, 何以成沙丘之禍, 而鑿鑿一中非之所料
如此哉! 非子書, 大抵薄仁義, 厲刑禁, 盡尺堯·舜·禹·湯·孔子, 而兼取申·
商慘刻之說. 其言恢詭叛道, 無足多取. 然其意則悲廉直不容於邪枉, 一切
欲反浮淫之蠹而覈之功罪之當, 要亦有足采者. 嗟乎! 三代以後, 申·韓之
說常勝. 世之言治者, 操其術而恆諱其跡. 余以爲彼其盡納聖賢之旨, 而獨
能以其說繫排詆訾, 歷千百年而不廢, 蓋必有所以爲《韓非子》者在矣, 惡可
忽哉! 惡可忽哉! 此書舊亡〈和氏〉·〈姦劫〉·〈說林〉凡三篇, 他所逸者通
五十餘章, 今悉補次無闕.

　明萬曆十年(1582)壬午春三月.

　吳郡趙用賢撰.

　　汝師(趙用賢)之爲諸子, 於道好莊周·列禦寇, 於術好《管子》·《韓非子》,
謂其文辭, 毋論高妙, 而所結撰之大旨, 遠者出人意表, 而邇者能發人之
所欲發於所不能發. 顧獨《管子》·《韓非子》不甚行世, 卽行而其傳者多遺脫
謬誤, 讀之使人不能勝也, 往往不盡卷而庋之高閣. 於是悉其貲力, 後先購
善本凡數十; 窮丹鉛之用, 而後授梓. 梓成, 謂世貞曰:「子其序之」世貞曰:
「唯唯.」夫敬仲欲存糾於齊不得, 改而縛於小白, 卒相之, 爲天下萬世榮.
非子欲存韓於秦不得, 改而走秦, 卒受僇, 爲天下後世笑. 夫見榮之與見
笑於人也. 奚啻隔霄淵? 雖然, 是二君子者, 其始寧不欲出奇捐生, 以殉
所事哉? 然而奇有所不得不屈, 奇屈而生有所不得, 不愛, 愛生而欲有所
自見, 則不得終避讎敵甘心焉而臣事之. 夫二君子者, 其所以愛生一也,
然而有相有僇者何也? 齊不成霸形, 而桓公之霸心發則機合; 機合, 仲不
得不重. 秦幷天下之形成, 亡所事非, 而非以幷天下之說說之, 欲勝其所
任之臣而者炫功, 則機不合; 機不合, 非不得不輕. 夫豈唯輕而已, 秦之
幸非之利秦, 而不若虞非之利韓遠也. 今夫始皇者, 故暴伉嗜殺人也. 然其
明智, 寧出齊桓下. 鮑子一薦仲而立相, 李斯一間非而立僇. 非二子之工
於薦與間若是也, 勢也. 夫勢之所在, 則天也. 天不欲南澤楚北澤戎·狄,
蠶食周, 故委仲於齊以爲周屛翰. 天不欲碩果韓芽五國, 棄而授之秦, 而轉
授漢, 故聽非子之庾緪仰若而不之恤. 夫鮑子者, 助天爲福者也, 非能爲
福者也. 李斯者, 助天爲虐者也, 非能爲虐者也. 然則管子與非子在班乎?
曰惡乎班! 夫管子者, 太公亞也. 太公所毘, 父子皆成辟, 其用國三分之一也,
而以當必渙之受. 管子之毘, 中人也, 其用國九分之一也, 而以當方勁之
楚與戎·狄. 然則太公伸而周王, 管子抑而齊霸. 周不太公不廢王, 齊不管子

不爲霸，固也．不然，而管子之書尙在，其論四維，辨心術，亦寧無敵愾義欲之微旨一二乎！孔子蓋深知之，故慨然而歎曰：「如其仁，如其仁！」世固未有不仁其德而仁其功者．非子之所爲言，雖鑿鑿辨悍，衡名實，推見至隱，而其伎殫於富彊而已．秦不用非，不害幷天下，以秦之守守之，必亡．用非可以幷天下，幷天下而以秦之守守之，無救亡．夫幷天下之與亡俱等，亦安所事非子？是故非子之於霸若不足，而管子之於霸蓋有餘也．然則文殊乎？曰不殊也．管子，齊鉅卿也．諸法語名跡，門人家老能筆之，稷下之學士大夫能飾之．其於人也，辯而覈，肆而典，能爲戰國始者也．韓非子，韓之疏屬公子也，有所著述，以發其畜而鳴其不平．其於文也，峭而深，奇而破的，能以戰國終者也．毋論吾洙·泗家言，以較魯儒之左準右繩差不類，然何之推名法家，苛察矯繞，錯若惠施·公孫龍之氾濫詭詿哉！其言各十餘萬而贏，度不能無傳而少有益者，要之非西京以後傳益也．吾故曰不殊也．蓋管子之言，後見汰於孟氏，而極於宋．韓子之言，太史公若心喜之，而列之〈老子傳〉．唐以尊老子，故析之；宋以絀老子，故復合之．其析其合，要非以爲韓非子也．嗟夫，儒至宋而衰矣．彼其睥睨三代之後，以末世無一可者，而不能不心折於孔明．乃孔明則自比於管子，而勸後主讀韓非子之書．何以故？宋儒之所得淺，而孔明之所得深故也．宋以名舍之，是故小遇遼，小不振，大遇金，大不振．孔明以實取之，是故蕞爾之獨與彊魏角而恆踞其上．嗟夫！汝師之所爲合刻也，其悠然而抱膝也，毋乃有世思哉！汝師曰：「否，否．吾嗜其文辭，若薦三醨者，以味薦而已矣．」

吳郡王世貞撰．

⑻ 重校《韓子迂評》引 ························ ㈜ 失名

門無子謂余曰: 「《漢志》: 《韓非子》五十有五篇, 元何犿至元間所進止
於五十三篇, 已亡其二矣. 〈內儲說〉·〈六微〉篇又亡其二十有八條, 句文殘缺,
章或脫簡, 盡離其眞. 苟因何本而刊定之, 猶未能備. 比閱吳郡趙先生本,
則篇章具在, 不亡也. 欲易之則工鉅, 守殘則不全, 獨奈之何?」 余曰:
「文從趙本, 目則仍何氏, 可乎? 蓋〈說林〉篇雖合, 名不易也. 〈姦劫〉之目
不令, 而文之氣脈獨與〈和氏〉貫, 則補其文而仍其合, 無傷也. 且夫錯簡
何病哉? 譬之舊衣, 札脫縷絶而散置之, 則襟袖裳幅皆失其故度. 然視
其朕猶在, 取而屬之, 如故縫矣. 古人之精, 必表而後見. 子而有當於心者,
必品題而設飾之, 青黃筆端, 千古魂動, 則吾子專契之力也. 夫文從趙本,
則於義理合; 目仍何氏, 則於近本無害; 屬之如故縫, 則章句適; 青黃而
設飾之, 則精神見. 猶匠石之移梁易棟, 不運斤斲, 而故度依然無恙, 斯爲
國工. 雖然, 世徒以其文之最而尸祝之邪, 抑謂其甚於道而能文邪? 要其
歸一城旦書耳, 何足以重儒者之苦心!」 門無子曰: 「善!」

(9) 《韓子迁評》後語 ························· (明) 茅坤

　　客有以門無子近刻《韓子迁評》示余者, 且曰:「又多乎哉! 是書不行久矣,
不他之刻, 而是之刻, 何無當也?」余曰:「不然也. 客之不當也, 不謂其
流乎? 不然也. 昔人固謂其捨短取長, 可以通萬方之略無論已. 顧先秦之文,
韓子其的彀焉. 其書二十卷, 五十三篇, 十餘萬言. 纖者, 鉅者, 譎者, 奇者,
諧者, 俳者, 欷歔者, 憤懣者, 號呼而泣訴者, 皆自其心之所欲爲而筆之
於書, 未嘗有所宗祖其何氏何門也. 一開帙, 而爽然, 耄然, 爀然, 渤然,
英精晃盪, 聲中黃宮, 耳有聞, 目有見. 學者誠以嚴威度數爲表, 慈悲不忍
傷人爲實, 而以觀其權略之言, 則可藉以整世而濟民, 如執左契而無難矣.
聖經賢傳, 覃思困神, 而時或出其百家之勝者以觀閱之, 則亦足以遊目而
蕩胸. 腩肉炰羹, 擘其至者, 而時或設以奇珍小藻, 水陸酸辛, 則雖螫吻
裂鼻, 縮舌澀齒, 而亦足以快腹. 韓子之文, 余不知其不可也, 而子何謂
其無當也! 李斯, 亦先秦人也, 顧其心止於持祿, 而不在用世. 而其所爲
勸行督責一書, 不過勦韓氏之糟魄耳, 非且奴畜之, 而肯爲其伯仲乎? 斯與
非俱事荀卿, 自以爲不如非, 既已忌而譖殺之. 及其秦對, 則言必稱其語,
可以知其心服矣. 陽翟, 亦先秦人也, 所著有〈十二紀〉·〈八覽〉·〈六論〉, 雜取
儒生之言, 傚依古學, 而緣飾於義理, 故其文亦沉鬱孤峻, 如江流出峽遇
石而未伸者, 有哽咽之氣焉. 余固曰:『先秦之文, 韓子則擅場矣, 陽翟亦
驂乘焉, 客何謂其無當也!』既已答客問, 遂書於孤石當示諸生.
　　歸安茅坤.

(10)《韓非子》序……………………………(明) 張榜

夫審乎不龜手之藥, 或不免乎洴澼絖, 而可以博裂地之封者, 而後可與
讀韓非氏. 夫韓非氏之不能以其身免也, 兆已在乎其所著之書矣. 而博士
家神明而用之, 烏在其賈要領於咸陽之市者, 我不借之以發肝膈之幽思
而折寰中之奇致哉! 故掇其才, 可以發吾才; 而鑒其所以用才者, 且可沉
可悆, 以善用吾才. 張儀之才不及蘇季, 以其不及也, 而又以其當季子時也,
是故弢之以存舌, 而舌之舓然者終鼓掉於東西之國, 而莫之亢. 非之才過
李斯, 以其過也, 而謂可以當李斯時而自爲時也. 故舌如電夫, 而无以其
舌存, 而併无以其要領存. 是故士有才而張之也, 毋寧其謹閟之也. 且我
觀韓子, 而知猜之不可長, 而知凶德之不可首也. 韓子以生人之類, 自君臣
之其妻其子而皆我之賊也. 其妻子而賊, 則誰不爲賊者乎? 秦王猜鷙,
韓非敏猱, 則豈顧以非子爲親於其妻與子而不爲賊乎? 而韓子之法, 繫斷
无諱, 秦王不斷之於非, 且誰斷耶? 鄒父之於宋人也, 謂不築圮牆而虞盜,
而宋人竟疑鄒父爲盜. 桃誰氏爲吳王鑄截甲之劍, 曰: 「謹閟之毋泄, 亦毋
輕試也.」吳王曰: 「不試, 且烏知善? 且吾能從子之言而無泄, 而不能必子
之爲我毋泄也.」殺桃誰氏. 此二者, 非子之謂也. 置其人, 論其文, 過刻者,
猶之乎芟之也; 其過俚者, 猶之乎芟之也; 〈內·外儲〉篇, 懼其芟之而不成
一體, 然評語不甚賞許者, 猶之乎意芟之也. 曰如是, 是可善用韓非氏. 至夫
善用韓非氏者, 寧僅僅盡是也.

萬曆龍在辛亥(1611)律應應鐘哉生明.

金陵張榜賓王甫題.

(11) 重訂《韓子》凡例 ·········· (明) 趙世楷

一. 先秦文, 莫如《韓子》古岨. 今鉛槧之士, 豔其文詞, 珍爲帳中祕, 有
　以也. 第諸刻舛駁, 向稱陳氏泊趙宗伯二本最善. 陳祖·何犾而趙宗
　宋本, 玆刻互證於二家云.

一. 《漢志》·《隋唐志》,《韓子》俱五十五篇, 元何犾所進止五十三篇, 謂
　〈姦劫〉亡一篇,〈說林〉亡下篇. 今按古本,〈說林〉下篇之首, 有「伯樂」
　以下凡十六條. 近本俱自上篇「田伯鼎」章逕接下篇「蟲有蚘」章, 所以
　遂謂脫, 其實未嘗亡也, 今悉補入.

一. 按宋本〈和氏〉篇後有〈姦劫弒臣〉一篇, 文亦無闕. 近本乃自「和雖獻
　璞而未美未爲之王之害也」下逕接「我以淸廉事上」句, 旣脫〈和氏〉後半,
　又幷〈姦劫〉篇目而失之, 今悉校定.

一. 〈內儲說〉六微篇亡其二十八條, 今照古本補入. 但篇目仍依何本
　五十三篇, 似爲無害.

一. 批如陳氏迂評, 海內所豔. 邇如楊升菴·孫月峯俱有批本, 幷采他選
　評語雅馴深妙者, 用爲鼓吹. 裁定出家大人同社諸先生, 而手爲讐校,
　則不佞世楷也.

校成於天啓五年(1625)夏溯日.
錢塘趙世楷繩美甫識.

(12) 重刻《韓非子》序·····················⑲ 王道焜

　文章家嘗論喜快之言毗於陽, 哀怨之毗於陰. 陽則飄飛而曼衍, 莊周·
列禦寇是已; 陰則礉切而參差, 屈原·韓非·馬遷是已. 屈原怨而哀, 韓非
怨而憤, 馬遷怨而悲. 自吾夫子曰可以怨, 而大舜以怨慕孝, 屈原·馬遷以
哀怨忠. 韓非之書十餘萬言, 皆成於發憤感怨. 賤虛名, 貴實用, 明賞罰,
破浮淫, 極法術之變詭而不失其正者也. 蓋非爲韓疎屬公子, 畸致乏援,
至一見王, 棄不用, 卒之秦, 雖欲存韓而不可得, 爲李斯所譖, 身戮以死,
其爲怨憤, 寧忍言哉! 今天下名法覈而治功起, 所急者不在權略, 而正在
仁恕, 又與何犴之言異, 安所事非之書用之? 第文章之道, 日峭而深, 宜乎
膾炙其詞, 弇州所謂薦三嚌者以味薦耳. 余友趙濬之諸同社嗜古若渴, 尤嗜
非之書. 始焉讎其訛舛, 已而彙諸家而同箋評之, 復請正諸先輩板行之,
其爲好亦已甚矣. 雖然, 昔馬遷傳韓非, 附於老子, 謂本原道德之意. 孔明
等其書於商·呂, 而自擬管·樂, 其寄託不亦遠乎? 則吾儕嗜非, 不徒豔其
文詞, 而天下用非者, 又寧止工其法術已哉! 漫次爲敍.

　武林王道焜昭平父題幷書.

(13)《韓非子》凡例 ·······························(明) 凌瀛初

一. 考《漢志》·《隋唐志》,《韓子》俱五十五篇. 元何犿至元間所進止
五十三篇, 謂〈姦劫〉亡一篇, 〈說林〉亡下篇. 今按古本〈說林〉下篇之首,
有「伯樂」以下凡十六條, 近本俱自上篇「田伯鼎」章遞接下篇「蟲有蚘」章,
所以遂謂脫此下篇, 其實未嘗亡也. 又據近刻〈內儲說〉六微篇亡其
二十八條, 何氏本未詳, 趙宗伯本則篇章俱在也. 今悉照古本校定補入,
是爲全書.

一. 按宋本, 〈和氏〉·〈劫姦〉原成二篇, 文亦無闕. 近本乃自「和雖獻璞」
章下遞接「我以淸廉事上」句, 旣脫〈和氏〉後半, 又并〈姦劫〉篇目而失之.
展卷不勝憤悶. 至於近本, 倡爲臆說, 以爲〈姦劫〉字語不祥, 削去
篇目, 尤失古人故聲. 今所校定, 一准宋本.

一. 何本殘缺頗多, 又失去二篇, 無益參考, 第其註釋可採, 獨存其序.

一. 是書坊刻粗率, 字畫不端, 更有魯魚之謬, 讀者不能無恨焉. 玆嚴
加考校, 而尤酷意精工, 煥然一新, 非昔比矣, 識者當自拭目.

一. 凡遇篇目, 各成終始, 不與後篇牽聯爲一, 以便嗜古者隨己見以披
覽焉.

(14)《重刻韓非子序》·························(淸) 吳鼎(吳山尊)

　翰林前輩夏邑李書年先生好藏古書精槧, 而宋乾道刻本《韓非子》尤其
善者. 嘉慶辛未, 先生方爲吾省布政使, 察賑鳳潁, 鼎以後進禮謁於塗次,
求借是書, 先生辭以在里中. 又六年丙子六月, 余在揚州, 先生督漕淮上,
專使送是冊來. 迺屬好手影鈔一本, 以原本還先生. 明年丁丑吳越, 攜至
江甯, 孫淵如前輩慫慂付梓. 又明年無人五月刻成, 而淵如已歸道山, 可痛也!
是本爲明趙文毅刻本所自出, 卻有以他本改易處. 元和顧君千里實爲余校刊.
千里十四年前已見此冊, 抉摘標擧, 具道此槧之所以善. 送槧誠至寶, 得千里
而益顯矣. 千里別有《識誤》三卷, 出以贈余, 附刻書後, 仍歸之千里. 昔鼎
爲朱文正師恭跋御製文, 及代擬進御文, 屢邀兩朝襃賞. 文正曾以奏聞今上,
退擬其子錫經, 必以稿還鼎, 聽入私集. 且與鼎書曰「一不可掠人之美, 一不
欲亂我之眞也」. 鼎老且病, 然尙思假年居業, 以期有以自立, 不敢鷃披隼翼,
鹿蒙虎皮也. 是年月陽

　在己巳已朏
　舊史氏吳鼎序.

(15)《韓非子》〈四庫全書總目提要〉⋯⋯(清) 紀昀

〈內府藏本〉

〈欽定四庫全書〉 子部三《韓子》法家類 提要

臣等謹案《韓子》二十卷, 周韓非撰.《漢書》藝文志載《韓子》五十五篇.
張守節《史記》正義引阮孝緒〈七錄〉載《韓子》二十卷. 篇數卷數, 皆與今
本相符. 惟王應麟〈漢藝文志考〉作五十六篇. 殆傳寫字誤也. 其註不知何
人作. 考元至元三年何犿本稱「舊有李瓚註, 鄙陋無取, 盡為削去」云云.
則註者當為李瓚, 然瓚為何代人, 犿未之言. 王應麟《玉海》已稱《韓子》註
不知誰作. 諸書亦別無李瓚註《韓子》之文, 不知犿何所據也. 犿本僅
五十三篇, 其序稱內佚〈姦劫〉一篇,〈說林下〉一篇及〈內儲說下〉,〈六微〉內
「似煩(類)」以下數章. 明萬曆十年, 趙用賢購得宋槧, 與犿本相校, 始知
舊本〈六微〉篇之末, 尚有二十八條. 不止犿所云數章.〈說林下〉篇之首,
尚有「伯樂教二人相踶馬」等十六章. 諸本佚脫其文, 以〈說林上〉篇「田伯鼎
好士章」逕接此篇「蟲有虺章」,〈和氏〉篇之末, 自「和雖獻璞而未美未為王之
害也」以下, 脫三百九十六字〈姦劫〉篇之首, 自「我以清廉事上」以上, 脫四百
六十字. 其脫葉適在兩篇之間, 故其次篇標題與文俱佚. 傳寫者各誤以下篇
之半, 連于上篇, 遂求其下篇而不得, 其實未嘗全佚也. 今世所傳, 又有明
周孔教所刊大字本, 極為清楷, 其序不著年月, 未知在用賢本前後. 考孔教
舉進士, 在用賢後十年, 疑所見亦宋槧本. 故其文均與用賢本同, 無所疑
(佚)闕. 今即據以繕錄, 而校以用賢之本. 考《史記》非本傳稱:「非見韓削弱,
數以書諫韓王, 韓王不能用, 悲廉直不容于邪枉之臣, 觀往者得失之變.
故作〈孤憤〉,〈五蠹〉,〈內外儲〉,〈說林〉,〈說難〉十餘萬言.」又云:「人或傳

其書至秦, 秦王見其〈孤憤〉·〈五蠹〉之書.」則非之著書, 當在未入秦前,
《史記》自叙, 所謂韓非囚秦, 〈説難〉《孤憤》者, 乃史家駁文, 不足爲據.
今書冠以〈初見秦〉, 次以〈存韓〉, 皆入秦後事. 雖似與《史記》自叙相符, 然
傳稱:「韓王遣非使秦, 秦王悦之, 未信用. 李斯·姚賈害之, 下吏治非,
李斯使人遺之藥, 使自殺.」計其間未必有暇著書. 且〈存韓〉一篇, 終以李斯
駁非之議, 及斯上韓王書, 其事與文, 皆爲未畢, 疑非所著書, 本各自爲篇,
非沒之後, 其徒收拾編次, 以成一帙. 故在韓在秦之作, 均爲收録, 併其
私記未完之藁, 亦收入書中, 名爲非撰, 實非非所手定也. 以其本出于非,
故仍題非名, 以著于録焉.

乾隆四十四年(1779)六月.

恭校上總纂官臣紀昀, 臣陸錫熊, 臣孫士毅, 總校官臣陸費墀.

(16)《韓非子識誤序》························顧千里(顧廣圻)

予之爲《韓子識誤》也，歲在乙丑，客於揚州太守陽城張古餘先生許．宋槧本，太守所借也，與予向所得逃古堂影鈔正同．第十四卷失第二葉，以影鈔者補之．前人多稱〈道藏本〉，其實差有長於趙用賢刻本者耳，固遠不如宋槧也．宋槧首題乾道改元中元日黃三八郎印，亦頗有誤．通而論之，宋槧之誤由乎未嘗校改，故誤之迹往往可尋也；而趙刻之誤，則由乎凡遇其不解者必校改之，於是而并宋槧之所不誤者，方且因此以至於誤．其宋槧之所誤，又僅苟且遷就，仍歸於誤，而徒使可尋之迹泯焉，豈不惜哉！予讐勘數過，推求彌年，既窺得失，乃條列而識之，不可解者未敢妄說．庚午在里中，友人王子渭爲之寫錄，間有所論．厥後攜諸行篋，隨加增定．甲戌以來，再客揚州，值全椒吳山尊學士知宋槧之善，重刊以行，復舉《識誤》附於末．竊惟智荼學短，曾何足云，庶後有能讀此書者，將尋其迹，輒以不敏爲之先道也．

嘉慶廿一年(1816)歲在丙子，秋八月．

元和顧廣圻序．

※先慎案：藏本有南北之分，故顧氏與盧氏所校多不合．

(17)《韓非子集解》弁言 ·····················㈜ 王先愼

《韓非子》舊有尹知章注, 見《唐書》藝文志, 不載卷數, 蓋其亡久矣. 元何
犿稱舊有李瓚注, 李瓚無考, 宋〈乾道本〉不題姓名, 未知孰是.《太平御覽》·
《事類賦》·《初學記》注所引注文, 與〈乾道注本〉合, 則其人當在宋前. 顧其
注不全備, 且有舛誤, 近儒多所匡益. 因旁采諸說, 間附己見, 爲《韓非子
集釋》一書. 其文以宋〈乾道本〉爲主, 間有譌脫, 據它本訂正焉.

光緒二十一年(1895)孟冬月

長沙王先愼.

(18)《韓非子集解》序⋯⋯⋯⋯⋯⋯⋯⋯⋯(淸) 王先謙

韓非處弱韓危極之時, 以宗屬疏遠, 不得進用. 目擊游說縱橫之徒, 顚倒人主以取利, 而奸猾賊民, 恣爲暴亂, 莫可救止, 因痛嫉夫操國柄者, 不能伸其自有之權力, 斬割禁斷, 肅朝野而謀治安. 其身與國爲體, 又燭弊深切, 無繇見之行事, 爲書以著明之. 故其情迫, 其言戆, 不與戰國文學諸子等. 迄今覽其遺文, 推迹當日國勢, 苟不先以非之言, 殆亦無可爲治者. 仁惠者, 臨民之要道, 然非以待奸暴也. 孟子導時王以仁義. 而惡言利, 今非之言曰: 「世之學術者說人主, 不曰乘威嚴以困姦衰, 而皆曰仁義惠愛. 世主亦美仁義之名, 而不察其實.」 蓋世主所美, 非孟子所謂仁義; 說士所言, 非仁義卽利耳. 至勸人主用威, 唯非宗屬乃敢言之. 非論說固有偏激, 然其云明法嚴刑, 救群生之亂, 去天下之禍, 使强不陵弱, 衆不暴寡, 耆老得壽, 幼孤得長, 此則重典之用而張弛之宜, 與孟子所稱及閒暇明政刑, 用意豈異也! 旣不能行之於韓, 而秦法闇與之同, 遂以鉏群雄, 有天下. 而董子迺曰, 秦行韓非之說. 攷非奉使時, 秦政立勢成, 非往卽見殺, 何謂行其說哉!

書都二十卷, 舊注罕所揮發. 從弟先愼爲之《集解》, 訂補闕譌, 推究義蘊, 然後是書犖然可誦. 〈主道〉以下, 蓋非平日所爲書; 〈初見秦〉諸篇, 則後來附入者. 非勸秦不舉韓, 爲宗社圖存, 畫至無俚, 君子於此, 尤悲其志焉!

光緒二十二年(1896)冬十二月

葵園老人王先謙序.

(19)《韓非子集釋》自序 ……………………陳奇猷

丙子秋, 余負笈北京輔仁大學, 從孫蜀丞師(人和)治諸子, 孫師勸余撰
《韓非子集釋》. 自是以還, 搜集版本, 採撫諸書引文及前儒校說, 日有所積.
於時, 並從陳援庵師(垣)受史學, 從高閬仙師(步瀛)受經學及〈文選學〉, 從沈
兼士師受小學, 從余季豫師(嘉錫)受目錄之學, 從而得以經考源, 以史明事,
以小學釋文, 以目錄徵書, 以選注綜合名物訓詁典章制度之大要. 三年,
《集釋》初稿成, 即以之就正於師長. 高師復以古稀高齡, 夜以繼日, 手爲
刪定. 大學卒業, 繼入輔大文史研究所, 課餘之暇, 常加檢校, 時有增刪,
又寫定二次稿. 癸未秋, 應上海震旦女子文理學院聘, 南來執教. 於是滬·
寧·蘇·杭等地之公私藏弆得以從容披覽, 所輯資料及闡微發難之處, 視前
又增倍蓰, 再寫定三次稿; 並以之就正於冒鶴亭(廣生)·王佩諍(崟)·王瑗仲
(蘧常)·顧頡剛諸先生, 亦多獲訂正. 另錄出若干條, 名曰《韓非子集釋刪要》,
載之〈輔仁學誌〉第十五卷. 其後讀《老》·《莊》·《管》·《墨》·《呂覽》·《淮南》
諸書, 有涉《韓子》, 輒條錄書眉, 又益百有餘條. 去年春, 理董全稿, 遂成
今本, 都七十餘萬言. 溯自創稿迄今, 時歷念載, 稿經四易, 多得名師碩
儒之漸染, 深知著書之不易也! 是編限於學植, 舛誤難免, 但或有裨於治
韓書, 幸海內外學者匡而正之.
　　曲江 陳奇猷自序於滬.

(20)《韓非子集釋》序 ⋯⋯⋯⋯⋯⋯⋯⋯ 孫人和

　　往者, 余執教於輔仁大學, 家在東城, 距校甚遠, 陳生奇猷撰《韓子集釋》,
賃屋左偏, 朝夕問難, 余隨方曉答, 解釋群疑. 三年書成, 復加檢覈. 奇猷
卒業南旋, 隨時損益, 艾力彌年, 始成今本, 其用力可謂勤矣. 古籍貿亂,
端緒紛拏, 審校或疏, 轉昧其本. 遵大誼以求聲訓, 覓證驗以助校讐, 貫穿
群籍以治一書, 明達體例, 尋其枝節, 若疑不能析, 寧從蓋闕, 此治學之
大要.《水經》濟水注:「韓子曰: 魯以仲夏起長溝, 子路爲蒲宰, 以私粟
饋衆, 孔子使子貢毀其器焉.」余按《家語》言:「仲由爲蒲宰, 脩溝瀆, 與之
簞食瓢飲, 孔子令賜止之.」無'魯'字. 按今本《韓子》外儲說右上作:「子路
爲郈令」, 此後人妄改之證也.《韓子》廣用《左氏》說. 桓十七年傳:「公子
達曰: 高伯其爲戮乎, 復惡已甚矣.」杜注:「復, 重也. 本爲昭公所惡, 而復
弒君. 重爲惡也.」《韓子》難四作「報惡」, 復·報常訓, 較杜注爲精切矣. 僖
二十四年傳:「其後余從狄君以田渭濱」《韓子》難三「渭濱」作「惠竇」,「惠竇」
或是北狄地名,「渭濱」未必是,「惠竇」未必非也. 凡此諸事, 爲例尚多, 詳考
搏稽, 展轉互證. 奇猷正值壯年, 孜孜不倦, 著述日富, 精益求精, 必將有
以證余言也.

　　鹽城　孫人和

(21)《韓非子翼毳》序 ························ 太田方

韓子名非, 韓之諸公子也. 其爲學也, 原於道德, 貴乎無爲, 務在喩人主.
夫人主之道, 以群臣所陳言, 授之名, 以其名責其形: 形當其名, 名當其
形則賞. 形不當其名, 名不當其形則罰. 故曰:「刑名之學, 以刑名爲刑罰
之刑, 訛也.」其爲言也, 非儒術而倍先王, 絕文學而鑿詩書. 其故何哉?
壞亂異勢, 治術不同, 古今殊時, 禮法不一.

昔孔子之時, 周室陵遲, 皇綱解紐, 强大兼幷, 小弱裂缺, 上下僭亂, 華戎
交侵. 於是齊桓匡救於前, 晉文糾逖於後. 故德化雖衰, 神器未遷, 舊章
典禮, 猶有存焉.

孔子觀乎周道之可復興也, 故陳之武之道, 明周召之業, 講之周禮, 考諸
先王, 以干時君. 然終莫用者, 考有從周之言, 而爲東周之歎矣.

若夫當韓子之時, 七雄竦峙, 二周顚覆, 無郁郁之文; 雅樂分崩, 無洋
洋之美. 胡服之議興, 而冕端之制廢, 何法言之可道?

故當世之所務, 適時宜而察事情, 覈實用而去浮華, 禁末作而勸本事,
變汚俗而更舊染. 此所以處方今之世, 而爲當時之治也. 然世儒不知, 妄託
仲尼之迹, 空言先王之法, 口說堯舜之道, 虛論湯武之義, 自以天下可運
諸掌, 今時易然, 由反手也. 人主濫其辯口, 聽其浮說, 與謀國事, 則闊
於事情; 加之卿相, 則無益於國. 當今之時, 而急古之務, 處極亂之世,
而道至治之迹, 譬之猶失火之家, 釋其綆缶, 姑閱父書而索救火也. 父書
雖可尊也, 無逮於救火矣.

夫先王之法, 父書也; 七雄之時, 失火也; 法術之言, 綆缶也. 然則當
時之治, 豈可盡廢法術之言, 而一閱先王之法哉! 其不可亦明矣. 故韓子
〈孤憤〉於斯, 詆訐指駁, 無所避諱, 延及先聖, 時訾前賢, 自爾以來, 亡秦

據韓子之書，祖商鞅之故，剗滅墳典，黜除聖籍，縉紳先生，懲其若此，酸鼻嫉之，極口斥之.

夫縉紳先生，先入于文雅之門；優游乎禮樂之場. 漸積之後，初窺形名. 故顛越乎峻嚴，眩曜乎高巉，前論爲主，後言見擯. 學斯道者，嫌乎少恩；脩斯術者，疑乎慘礉，以爲妨於仁義，而害於詩書，故鮮有敢爲之注解焉者矣.

幸免其覆醬，而僅存于今者，實賴昭烈一言之勑，與武侯手寫之勸耳. 適有舊注，亦時遺闕，使讀者惘若無所據援. 余爲慨然，凝思注解久矣.

嗟夫！生於千載之下，覽於千歲之上，加之篆隸轉移，亥豕謬舛，舊典古志，豈易讀哉！況淺學寡聞，固不足以致悉備，故據依先輩所述舊聞，徵諸經傳，考諸諸史子，比其文義，通其訓詁，乃作之注解焉，名曰《韓非子翼毳》者，如鳥之羽翼，言左右成其義也. 班氏有言曰：「道混成而自然，術同原而分流.」余欲取之左右，逢其原矣. 毳者，鳥腹毛也，去之無損於翰，增之無益於飛. 同異訛謬，涉於嫌疑，俱載與存，街談巷說，裨於斯書，輒采隨筆，勤勤懇懇，不厭其繁，使疎通廣心之人涉獵，揚榷之士斟酌. 於是有可以采耶，資而擇焉，直省檢閱之疲勞耳.

按《史記》韓非傳：「非見韓之削弱，遂以書諫韓王，韓王不能用. 於是云云. 作〈孤憤〉·〈五蠹〉·〈內外儲說〉·〈說林〉·〈說難〉十餘萬言. 人或傳其書至秦，秦王見〈孤憤〉·〈五蠹〉之書，曰：『嗟乎！寡人得見此人與之游，死不恨矣.』李斯曰：『此韓非之所著書也.』秦因急攻韓，韓王始不用非，及急乃遣非使秦. 秦王說之，未信用，李斯·姚賈害之曰云云. 不如以過法誅之，秦王以爲然，下吏治非，李斯使人遺非藥使自殺.」

據秦王是言，則此書已在韓子入於秦之前矣. 何得首有〈初見秦〉·〈存韓〉二篇哉？韓子入於秦之後，亦爲李斯所害，又何得有此二篇哉？

余是以不取此二篇，且〈初見秦〉曰：「臣昧死言所以亡韓」又曰：「一舉而韓不亡，大王斬臣以徇」韓子，韓之庶公子也. 然以亡韓爲事，何宗國之不閔哉！夫人之思，故常情也，韓子獨無情哉？其爲人也雖少恩，然亦必不以亡宗國之言說初見之秦王矣. 若夫果以是說之耶，必見疑之數也，其〈說難〉之義也哉？

假令有是事, 然亦必不以亡宗國之言爲首篇矣. 其可疑一矣.

若夫〈存韓〉篇, 則韓子之說弗成, 則李斯之議未可知也. 其卒也, 韓說果敗, 斯遊遂成, 韓子何彰己之媿, 屬諸此篇哉! 其可疑二也.

首載亡韓之言, 次紀存韓之事, 一人之書, 一書之中, 一亡一存, 乍秦乍韓, 何其無持操哉? 其可疑三矣.

且縱橫之說, 攻伐之事, 秦儀所爲, 而非韓子之所脩也, 其可疑四矣.

《戰國策》以〈初見秦〉爲張儀書, 其可疑五矣.

且此二篇, 史官記事之體, 而非憤士著書之旨也, 以是觀之, 二篇蓋一時好事者, 或以二事冠書首, 以序韓子事, 後人不辨, 列之篇目矣.

今更附于卷端, 以〈難言〉爲首篇, 凡五十三篇, 附二篇. 若〈有度〉・〈揚權〉・〈說難〉・〈飾邪〉・〈說疑〉・〈詭使〉・〈八說〉・〈八經〉・〈心度〉・〈制分〉諸篇, 焉馬背馳, 帝虙成群, 其難解釋者, 亦不敢牽强, 至乎姓氏名號, 地理道方, 極多闕如, 以俟來哲.

老子曰:「古之爲道者, 非以明民, 將以愚之. 夫刑名法術, 可使由之. 不可使知之; 故知者不言, 言者不知; 書不盡言, 言不盡意; 意之深者, 言不能道; 言之微者, 書不能載. 若之何可發蘊奧哉!」雖然余退食之暇, 聊黽勉於此書, 是以忘其固陋. 敢布膚淺, 後之君子, 質之罪焉. 不敢辭鈇鉞.

天明癸卯五月

福山 太田方撰.

(22)《韓非子》序 ····························· 黃三八郎(印)

○先愼曰: 此全鈔《史記》列傳, 不得爲序.

韓非者, 韓之諸公子也. 喜刑名法術之學, 而其歸本於黃老. 其爲人口吃, 不能道說, 而善著書. 與李斯俱事荀卿, 李斯自以爲不如.

非見韓之削弱, 數以書干韓王, 韓王不能用. 於是韓非病治國不務求人任賢, 反擧浮淫之蠹而加之功實之上. 以爲儒者用文亂法, 而俠者以武犯禁. 寬則寵名譽之人, 急則用介冑之士. 所用非所養, 所養非所用. 廉直不容於邪枉之臣, 觀往者得失之變, 故作〈孤憤〉·〈五蠹〉·〈內外儲〉·〈說林〉·〈說難〉五十五篇十餘萬言.

人或傳其書至秦. 秦王見〈孤憤〉·〈五蠹〉之書, 曰:「嗟乎! 寡人得見此人與遊, 死不恨矣!」李斯曰:「此韓非之所著書」秦因急攻韓. 韓始不用, 及急, 乃遣韓非使秦. 秦王悅之, 未任信. 李斯害之.「非, 韓之諸公子也. 今欲幷諸侯, 非終爲韓不爲秦, 此人之情也. 今王不用, 久留而歸之, 此自遺患也, 不如以過法誅之.」秦王以爲然, 下吏治非. 李斯使人遺藥, 令早自殺. 韓非欲自陳, 不見. 秦王後悔, 使人赦之, 非已死矣.

乾道改元中元日

黃三八郎(印)

昔者, 周之盛也, 政敎綜於上, 學術一而風俗同. 其衰也, 王綱解紐,
禮崩樂壞, 不可收拾, 天乃生仲尼, 木鐸萬世. 然職非師儒, 斯文旣降在下,
道固將裂矣.

及至戰國, 國各異政, 人各殊學, 諸子百家, 雜然並作, 玄門一開, 衆妙
畢呈, 無言不具, 無事不該, 殫天下之智, 析天下之理. 儒者乃以其牴牾
先王之道, 斥爲邪說, 閑聖闢異, 惟懼不及, 硜硜乎其鄙哉! 蓋宇宙間自有
此理, 故又有此言, 諸子何可廢也?

韓非以韓諸公子, 不忍見國勢日蹙, 刑名法術, 欲以濟之. 當此之時,
韓內有擅主之臣, 外有伺釁之敵, 其民悍而犯法, 亡在旦夕, 殆哉岌岌,
豈復暇舞干戚·陳籩豆? 況八儒三墨, 觚而不觚, 迂僻乖謬不足用乎! 韓非
卑虛名, 貴實功, 嚴君臣之分, 明賞罰之權, 是所謂彊弗友剛克者, 亦皇
極之一道也. 故識者或取焉.

唯其舍情而理, 舍敎而法, 賊人倫, 滅天性, 君子所不與, 可以救一時
之弊, 不可以爲百世之訓. 暗主讀之則明, 明主讀之則察, 治世用之則亂,
亂世用之則治. 顧取舍何如耳.

夫法律之精, 莫若西洋, 國家取以立制, 稱爲法治, 然韓非之論法治,
在二千年前, 乃知古昔東洋之學無所不有, 苟會萃而演繹, 其必有裨人智,
補治化者, 則如此書, 亦決不可廢也.

曩者, 早稻田大學出版部刻漢籍國字解, 所收皆前脩之著. 今又有續刻
之舉, 而《管》·《墨》·《荀》·《韓》四子, 雖有注本, 悉係漢文, 絶無國字注,
乃囑牧野藻洲, 菊池晩香, 桂湖村曁余, 分作之解, 余得韓非者, 以其嘗
學法律也.

抑韓非初師荀卿, 終歸法術; 余則出法家而爲孔子之徒, 其跡雖反, 所學則通, 庶幾可以解此書乎!

破天荒齋 松平康國譔.(明治 43년. 1910)

〈蘆湯客舍得一絶〉

刑名舊業寸心違, 懷抱如今筆發揮.

一穗靑燈幽壑底, 陰風黑雨注韓非.

IV. 歷代 〈韓非論〉

(1) 〈韓非論〉 ································· 蘇軾《東坡全集》43)

聖人之所爲惡夫, 異端盡力而排之者. 非異端之能亂天下, 而天下之亂, 所由出也. 昔周之衰, 有老聃·莊周·列禦寇之徒, 更爲虛無淡泊之言, 而治其猖狂浮游之說, 紛紜顚倒而卒歸於無有. 由其道者, 蕩然莫得其當. 是以忘乎富貴之樂, 而齊乎死生之分. 此不得志於天下, 高世遠擧之人. 所以放心而無憂, 雖非聖人之道, 而其用意固亦無惡於天下. 自老聃之死百餘年, 有商鞅·韓非, 著書言: 治天下無若刑名之賢. 及秦用之, 終於勝·廣之亂, 敎化不足而法有餘. 秦以不祀, 而天下被其毒. 後世之學者, 知申·韓之罪, 而不知老聃·莊周之使然, 何者? 仁義之道, 起於夫婦父子兄弟相愛之間, 而禮法刑政之原, 出於君臣上下相忌之際. 相愛則有所不忍, 相忌則有所不敢. 夫不敢與不忍之心合, 而後聖人之道, 得存乎其中. 今老聃·莊周論君臣父子之間. 汎汎乎若萍浮於江湖, 而適相値也. 夫是以父不足愛, 而君不足忌. 不忌其君·不愛其父, 則仁不足以懷, 義不足以勸, 禮樂不足以化. 此四者, 皆不足用, 而欲置天下於無有, 夫無有豈誠足以治天下哉! 商鞅·韓非求爲其說, 而不得, 得其所以輕天下而齊萬物之術, 是以敢爲殘忍而無疑. 今夫不忍殺人, 而不足以爲仁, 而仁亦不足以治民, 則是殺人不足以爲不仁, 而不仁亦不足以亂天下. 如此則擧天下唯吾之所爲, 刀鋸斧鉞, 何施而不可? 昔者, 夫子未嘗一日敢易其言, 雖天下之小物, 亦莫不有所畏.

今其視天下眇然, 若不足爲者, 此其所以輕殺人歟? 太史遷曰:「申子畀畀施於名實, 韓子引繩墨, 切事情‧明是非, 其極慘礉少恩, 皆原於道德之意.」嘗讀而思之, 事固有不相謀而相感者. 莊老之後, 其禍爲申韓, 由三代之衰至於今, 凡所以亂聖人之道者, 其弊固已多矣, 而未知其所終, 奈何其不爲之所也!

(2) 〈韓非論〉 ······································· 蘇轍

商鞅以法治秦, 而申不害以術治韓, 憲令著於官府, 刑罰必於民心, 嘗存乎愼法, 罰加乎奸令, 所謂法也；因任而授官, 循名而責實, 操生殺之柄, 課群臣之能, 所謂術也. 法者, 臣之所師；而術者, 君之所執也. 及韓非之學, 竝取商·申, 而兼任法術, 法之所止, 雖有聖智不用也；術之所操, 雖有父子不信也. 使人君據法術之自然, 而無所復爲, 此申·韓所謂老子之道, 而實非也, 彼申·商各行其說耳. 然秦韓之治, 行於一時, 而其害見於久遠, 使非不幸獲用於世, 其害將有不可勝言者矣. 太史公悲韓非知說之難, 而卒以說死, 故載其〈說難〉於篇, 然古之君子, 循理而言, 言之理解, 不存乎心. 故言出而必合, 雖有不合, 要己無媿於中矣. 豈復立法而求其必售邪? 今非先立法而後說人, 旣已不知說矣. 而況非之所以說非, 蓋求禍之道乎? 太史公以李陵之事, 不合於漢武帝, 終身廢辱, 是以深悲之歟!

(3) 〈高氏子略〉 ·································· 高以孫

《韓子》書往往尙法, 以神其用, 薄仁義·厲刑名·背詩書·課名實. 心術辭旨, 蓋商鞅·李斯治秦之法, 而非又欲凌跨之. 此始皇之所投合, 而李斯之所忌者, 非迄坐是爲斯所殺, 而秦卽以亡, 固不待始皇之用其言也.

〈說難〉一篇, 殊爲切於事情者, 惟其切切於求售, 是以先爲之說, 而後說於人, 亦庶幾萬一焉耳. 太史公以其說之難也, 固嘗悲之. 太史公之所以悲之者, 抑亦有所感慨而發者歟! 嗚呼! 士不遇, 視時以趨, 使其盡遇, 固無足道, 而況〈說難〉·〈孤憤〉之作, 有如非之不遇者乎!

揚雄氏曰:「盡之士, 賤而拘.」信哉!

(4) 〈朱子語類〉·····························朱熹

　或問:「《史記》云:『申子界界施於名實, 韓子引繩墨, 切事情‧明是非,
其極慘礉意少恩, 皆原於道德之意.』?」
　曰:「張文潛之說, 得之.」
　楊道夫曰:「東坡謂:『商鞅‧韓非得老子之所以輕天下者, 是以敢爲殘
忍而無疑.』」
　曰:「是也. 這意要之, 只是孟子所謂『楊氏爲我, 是無君也.』」

(5) 〈黃氏日抄〉‥‥‥‥‥‥‥‥‥‥‥‥‥‥‥‥ 黃震

韓非盡斥堯·舜·湯·武·孔子, 而兼取申不害·商鞅法術之說, 加深刻焉.
至謂妻子亦害己者, 而不可信, 蓋自謂獨智足舞一世矣.

然以疏遠一旦說人之國, 乃欲其主首去貴近, 將誰汝容耶? 送死秦獄,
愚莫與比. 然觀其書, 猶有足警後世之惑者. 方是時, 先王道熄, 處士橫議,
往往故爲無稽寓言, 以相戲劇, 彼其爲是言者, 亦未曾自謂眞有是事也.
後世襲取其餘而神之, 流俗因信以爲眞, 而異端之說, 遂至禍天下, 奈何
韓非之辯具在而不察邪!

非之言曰:「白馬非馬, 齊稷下之辯士屈焉, 及乘白馬之賦而籍之, 不見其
非白也.」蓋虛辭空辯, 可以勝一國, 考實按形, 不能漫一人. 今人於異端,
有嘗核其實者 否耶? 非之言曰:「宋人有欲爲燕王削棘刺之端爲猿母者,
必三月齋, 然後能見, 知王之必不能久齋而詭之爾. 王乃養之三乘, 冶工
言王曰:『果然則其所以削者必小, 今臣冶人也. 無以爲削, 此不然物也.』
因囚而問之, 果妄. 乃殺之.」今人於異端, 果嘗有訊其妄者否耶?「鄭人
爭年者, 謂『我與黃帝之兄同年.』」非能笑之, 今異端自謂出於無始之前,
其爲黃帝之兄甚矣, 而人莫不信.「趙主父施鉤梯而緣播吾, 刻人蹟其上,
廣三尺, 長五尺, 而勒之曰:『主父常遊此.』」非能笑之, 今異端往往鑿蹟
崖石之巓, 其爲播吾之蹟愈悖矣. 而人反以爲神, 非之辯誣, 若此者衆,
姑取節焉, 以告惑者.

⑹ 〈升庵集〉 ………………………………… 揚愼

　宋儒論孔明爲後主, 寫《申》·《韓》·《管子》·《六韜》曰:「孔明不以經子
補導少主, 而乃以刑名法術, 何耶?」唐子西云:「人君不問撥亂守文, 要以
制畧爲貴, 後主寬厚, 襟量有餘, 而權略智謀不足. 識者咸以爲憂.《六韜》
述兵權, 多奇計;《管子》貴輕重, 愼權衡;《申子》覈名實;《韓子》攻事情.
施之後主, 正中其病, 藥無高下, 要在對病; 萬金良藥, 與病不對, 亦何
補哉!」此言當矣, 予又觀《古文苑》, 先主臨終敕後主曰:「《申》·《韓》書,
益人意志, 可觀誦之.」《三國志》載: 孟孝裕問卻正, 太子淸尙, 正以虔
恭仁恕答之, 孝裕曰:「如君所道, 皆家門所有耳. 吾今所問, 欲知其權略
知調何如耳.」然則孝裕之見, 蓋與孔明合, 而後主之觀《申》·《韓》書, 亦先
主遺命也. 獨以是病孔明, 不惟不成人之美, 亦不識時務矣.

(7) 〈申韓論〉 ······························ 兪樾

　自太史公有申·韓原於道德之說, 而宋蘇氏論之曰: 「不殺人不足爲仁,
則殺人不足爲不仁, 刀鋸斧鉞, 何施而不可?」 斯言也如獄吏治獄鍛鍊周內
而已. 烏足以服老莊之徒哉! 然則老莊之爲申·韓, 其故何也? 曰: 「聖人
之治天下, 必本於仁義. 仁者, 天下之所以生; 義者, 天下之所以成, 仁義
之道行, 而天下之性, 剛柔皆得其中, 婦人女子皆有難犯之容, 介胄匹夫
皆有可親之色. 何者? 所以感之者得其平也. 老莊之學, 一死生, 齊物我,
擧天下之大而貴之空虛, 充其意, 君臣父子之名可以不立, 禮樂刑政可以
不設, 善可以無賞, 惡可以無罰, 天下之治亂可以不知, 相與以無事爲安
而已矣.」
　嗟夫! 後世之天下, 能逐如大庭庸成之世乎? 不能也, 有國家者, 不幸而
用其說, 法敝而不知修, 事廢而不知擧, 天下靡然不可爲矣. 大風之起也.
行乎空中而已. 一遇崇山峻嶺遏之而使回, 則走巨石, 摧叢柯, 扶搖乎數
十里之外, 未盡其怒也, 水之注而東也, 渾渾浩浩而已. 一遇危磯險陜折之
而使回, 則潰隄防, 毁城郭, 奔騰乎數百里之外, 未盡其怒也. 天下之勢,
無異於此. 老莊之說, 用於天下, 則所以感之者, 豈得其平哉! 智久不用,
人有餘智; 勇久不用, 人有餘勇, 鬱之也深, 蓄之也固, 其發之也愈烈. 而申·
韓之徒出其間矣. 吾觀漢初曹參用蓋公言, 清靜無爲, 文·景因之, 而閭閻
富溢, 無復限制; 武·宣之世, 乃復尙嚴夫. 文·景之後, 不能不爲武·宣,
則知老莊之後不能不爲申·韓也. 史公之論, 其以此發歟! 彼蘇氏者, 固未
得其恉也.

V.《史記》韓非子傳

《史記》(63) 老莊申韓列傳(韓非)

韓非者, 韓之諸公子也. 喜刑名法術之學, 而其歸本於黃老. 非爲人口吃, 不能道說, 而善著書. 與李斯俱事荀卿, 斯自以爲不如非.

非見韓之削弱, 數以書諫韓王, 韓王不能用. 於是韓非疾治國不務脩明其法制, 執勢以御其臣下, 富國彊兵而以求人任賢, 反擧浮淫之蠹而加之於功實之上. 以爲儒者用文亂法, 而俠者以武犯禁. 寬則寵名譽之人, 急則用介冑之士. 今者所養非所用, 所用非所養. 悲廉直不容於邪枉之臣, 觀往者得失之變, 故作《孤憤》·《五蠹》·《內外儲》·《說林》·《說難》十餘萬言.

然韓非知說之難, 爲《說難》書甚具, 終死於秦, 不能自脫.

《說難》曰: 凡說之難, 非吾知之有以說之難也; 又非吾辯之難能明吾意之難也; 又非吾敢橫失能盡之難也. 凡說之難, 在知所說之心, 可以吾說當之.

所說出於爲名高者也, 而說之以厚利, 則見下節而遇卑賤, 必弃遠矣. 所說出於厚利者也, 而說之以名高, 則見無心而遠事情, 必不收矣. 所說實爲厚利而顯爲名高者也, 而說之以名高, 則陽收其身而實疏之; 若說之以厚利, 則陰用其言而顯弃其身. 此之不可不知也.

夫事以密成, 語以泄敗. 未必其身泄之也, 而語及其所匿之事, 如是者身危. 貴人有過端, 而說者明言善議以推其惡者, 則身危. 周澤未渥也而語極知, 說行而有功則德亡, 說不行而有敗則見疑, 如是者身危. 夫貴人得計而欲自以爲功, 說者與知焉, 則身危. 彼顯有所出事, 迺自以爲也故, 說者與知焉, 則身危. 彊之以其所必不爲, 止之以其所不能已者, 身危. 故曰: 與之論大人, 則以爲閒己; 與之論細人, 則以爲粥權. 論其所愛, 則以爲借資; 論其所憎, 則以爲嘗己. 徑省其辭, 則不知而屈之; 汎濫博文,則多而久之. 順事陳意, 則曰怯懦而不盡; 慮事廣肆, 則曰草野而倨侮. 此說之難, 不可不知也.

凡說之務, 在知飾所說之所敬, 而滅其所醜. 彼自知其計, 則毋以其失窮之; 自勇其斷, 則毋以其敵怒之; 自多其力, 則毋以其難概之. 規異事與同計, 譽異人與同行者, 則以飾之無傷也. 有與同失者, 則明飾其無失也. 大忠無所拂悟, 辭言無所擊排, 迺後申其辯知焉. 此所以親近不疑, 知盡之難也. 得曠日彌久, 而周澤既渥, 深計而不疑, 交爭而不罪, 迺明計利害以致其功, 直指是非以飾其身, 以此相持, 此說之成也.

伊尹爲庖, 百里奚爲虜, 皆所由干其上也. 故此二子者, 皆聖人也, 猶不能無役身而涉世如此其汙也, 則非能仕之所說也.

宋有富人, 天雨牆壞. 其子曰「不築且有盜」, 其鄰人之父亦云, 暮而果大亡其財, 其家甚知其子而疑鄰人之父.

昔者, 鄭武公欲伐胡, 迺以其子妻之. 因問羣臣曰:「吾欲用兵, 誰可伐者?」關其思曰:「胡可伐.」迺戮關其思, 曰:「胡, 兄弟之國也, 子言伐之, 何也?」胡君聞之, 以鄭爲親己而不備鄭. 鄭人襲胡, 取之. 此二說者, 其知皆當矣, 然而甚者爲戮, 薄者見疑. 非知之難也, 處知則難矣.

昔者, 彌子瑕見愛於衛君. 衛國之法, 竊駕君車者罪至刖. 既而彌子之母病, 人聞, 往夜告之, 彌子矯駕君車而出. 君聞之而賢之曰:「孝哉, 爲母之故而犯刖罪!」與君游果園, 彌子食桃而甘, 不盡而奉君. 君曰:「愛我哉, 忘其口而念我!」及彌子色衰而愛弛, 得罪於君. 君曰:「是嘗矯駕吾車, 又嘗食我以其餘桃.」故彌子之行未變於初也, 前見賢而後獲罪者, 愛憎之至變也. 故有愛於主, 則知當而加親; 見憎於主, 則罪當而加疏. 故諫說之士不可不察愛憎之主而後說之矣.

夫龍之爲蟲也, 可擾狎而騎也. 然其喉下有逆鱗徑尺, 人有嬰之, 則必殺人. 人主亦有逆鱗, 說之者能無嬰人主之逆鱗, 則幾矣.

人或傳其書至秦. 秦王見《孤憤》·《五蠹》之書, 曰:「嗟乎, 寡人得見此人與之游, 死不恨矣!」李斯曰:「此韓非之所著書也.」秦因急攻韓. 韓王始不用非, 及急, 迺遣非使秦. 秦王悅之, 未信用. 李斯·姚賈害之, 毀之曰:「韓非, 韓之諸公子也. 今王欲幷諸侯, 非終爲韓不爲秦, 此人之情也. 今王不用, 久留而歸之, 此自遺患也, 不如以過法誅之.」秦王以爲然, 下吏治非.
李斯使人遺非藥, 使自殺. 韓非欲自陳, 不得見. 秦王後悔之, 使人赦之,
非已死矣.

申子·韓子皆著書, 傳於後世, 學者多有. 余獨悲韓子爲《說難》而不能自
脫耳.

太史公曰: 老子所貴道, 虛無, 因應變化於無爲, 故著書辭稱微妙難識.
莊子散道德, 放論, 要亦歸之自然. 申子卑卑, 施之於名實. 韓子引繩墨,
切事情, 明是非, 其極慘礉少恩. 皆原於道德之意, 而老子深遠矣.

VI.《論衡》非韓篇 ············王充

(1) 韓子之術, 明法尚功. 賢無益於國不加賞; 不肖無害於治不施罰. 責功重賞, 任刑用誅. 故其論儒也, 謂之不耕而食, 比之於一蠹; 論有益與無益也, 比之於鹿馬. 馬之似鹿者千金, 天下有千金之馬, 無千金之鹿, 鹿無益, 馬有用也. 儒者猶鹿, 有用之吏猶馬也.

(2) 夫韓子知以鹿馬喻, 不知以冠履譬. 使韓子不冠, 徒履而朝, 吾將聽其言也. 加冠於首而立於朝, 受無益之服, 增無益之仕(行), 言與服相違, 行與術相反, 吾是以非其言而不用其法也. 煩勞人體, 無益於人身, 莫過跪拜. 使韓子逢人不拜, 見君父不謁(跪), 未必有賊於身體也. 然須拜謁(跪)以尊親者, 禮義至重, 不可失也. 故禮義在身, 身未必肥; 而禮義去身, 身未必瘠而化衰. 以謂有益, 禮義不如飲食. 使韓子賜食君父之前, 不拜而用, 肯為之乎? 夫拜謁(跪), 禮義之效, 非益身之實也, 然而韓子終不失者, 不廢禮義以苟益也. 夫儒生, 禮義也; 耕戰, 飲食也. 貴耕戰而賤儒生, 是棄禮義求飲食也. 使禮義廢, 綱紀敗, 上下亂而陰陽繆, 水旱失時, 五穀不登, 萬民饑死, 農不得耕, 士不得戰也.

(3) 子貢去告朔之餼羊, 孔子曰:「賜也! 爾愛其羊, 我愛其禮.」子貢惡費羊, 孔子重廢禮也. 故以舊防為無益而去之, 必有水災; 以舊禮為無補而去之, 必有亂患. 儒者之在世, 禮義之舊防也, 有之無益, 無之有損. 庠序之設, 自古有之, 重本尊始, 故立官置吏. 官不可廢, 道不可棄. 儒生, 道官之吏也, 以為無益而廢之, 是棄道也. 夫道無成效於人, 成效者須道而成. 然足蹈路而行, 所蹈之路, 須不蹈者; 身須手足而動, 待不動者. 故事或無益, 而益者須之; 無效, 而效者待之. 儒生, 耕戰所須待也, 棄而不存, 如何(也)?

(4) 韓子非儒, 謂之無益有損, 蓋謂俗儒無行操, 擧措不重禮, 以儒名而俗行, 以實學而僞說, 貪官尊榮, 故不足貴. 夫志潔行顯, 不徇爵祿, 去卿相之位若脫躧者, 居位治職, 功雖不立, 此禮義爲業者也. 國之所以存者, 禮義也. 民無禮義, 傾國危主. 今儒者之操, 重禮愛義, 率無禮之士, 激無義之人, 人民爲善, 愛其主上, 此亦有益也. 聞伯夷風者, 貪夫廉, 懦夫有立志; 聞柳下惠風者, 薄夫敦, 鄙夫寬. 此上化也, 非人所見.

(5) 段干木闔門不出, 魏文敬之, 表式其閭, 秦軍聞之, 卒不攻魏. 使魏無干木, 秦兵入境, 境土危亡. 秦, 彊國也, 兵無不勝. 兵加於魏, 魏國必破, 三軍兵頓, 流血千里. 今魏文式闔門之士, 卻彊秦之兵, 全魏國之境, 濟三軍之衆, 功莫大焉, 賞莫先焉.

(6) 齊有高節之士, 曰狂譎·華士. 二人, 昆弟也, 義不降志, 不仕非其主. 太公封於齊, 以此二子解沮齊衆, 開不爲上用之路, 同時誅之. 韓子善之, 以爲二子無益而有損也.

(7) 夫狂譎·華士, 段干木之類也, 太公誅之, 無所卻到; 魏文侯式之, 卻彊秦而全魏, 功孰大者? 使韓子善干木闔門高節, 魏文式之是也, 狂譎·華士之操, 干木之節也, 善太公誅之, 非也. 使韓子非干木之行, 下魏文之式, 則干木以此行而有益, 魏文用式之道爲有功, 是韓子不賞功尊有益也.

(8) 論者或曰: 「魏文式段干木之閭, 秦兵爲之不至, 非法度之功. 一功特然, 不可常行, 雖全國有益, 非所貴也.」夫法度之功者, 謂何等也?

養三軍之士, 明賞罰之命, 嚴刑峻法, 富國彊兵, 此法度也. 案秦之彊, 肯爲此乎? 六國之亡, 皆滅於秦兵. 六國之兵非不銳, 士衆之力非不勁也, 然而不勝, 至於破亡者, 彊弱不敵, 衆寡不同, 雖明法度, 其何益哉? 使童子變孟賁之意, 孟賁怒之, 童子操刃, 與孟賁戰, 童子必不勝, 力不如也. 孟賁怒, 而童子脩禮盡敬, 孟賁不忍犯也. 秦之與魏, 孟賁之與童子也. 魏有法度, 秦必不畏, 猶童子操刃, 孟賁不避也. 其尊士式賢者之閭, 非徒童子脩禮盡敬也. 夫力少則脩德, 兵彊則奮威. 秦以兵彊, 威無不勝. 卻軍還衆, 不犯魏境者, 賢干木之操, 高魏文之禮也. 夫敬賢, 弱國之法度, 力少之彊助也. 謂之非法度之功, 如何?

(9) 高皇帝議欲廢太子, 呂后患之, 卽召張子房而取策. 子房教以敬迎四皓而厚禮之. 高祖見之, 心消意沮, 太子遂安. 使韓子爲呂后議, 進不過彊諫, 退不過勁力, 以此自安, 取誅之道也, 豈徒易哉? 夫太子敬厚四皓, 以消高帝之議, 猶魏文式段干木之閭, 卻彊秦之兵也.

(10) 治國之道, 所養有二: 一曰養德, 二曰養力. 養德者, 養名高之人, 以示能敬賢; 養力者, 養氣力之士, 以明能用兵. 此所謂文武張設, 德力具足者也. 事或可以德懷, 或可以力摧. 外以德自立, 內以力自備, 慕德者不戰而服, 犯德者畏兵而卻. 徐偃王脩行仁義, 陸地朝者三十二國, 彊楚聞之, 擧兵而滅之. 此有德守, 無力備者也. 夫德不可獨任以治國, 力不可直任以禦敵也. 韓子之術不養德, 偃王之操不任力, 二者偏駁, 各有不足. 偃王有無力之禍, 知韓子必有無德之患.

(11) 凡人稟性也, 淸濁貪廉, 各有操行, 猶草木異質, 不可復變易也. 狂譎·華士不仕於齊, 猶段干木不仕於魏矣. 性行淸廉, 不貪富貴, 非時疾世, 義不苟仕, 雖不誅此人, 此人行不可隨也. 太公誅之, 韓子是之, 是謂人無性行, 草木無質也. 太公誅二子; 使齊有二子之類, 必不爲二子見誅之故, 不淸其身; 使無二子之類, 雖養之, 終無其化. 堯不誅許由,唐民不皆櫟處; 武王不誅伯夷, 周民不皆隱餓; 魏文侯式段干木之閭, 魏國不皆閭門. 由此言之, 太公不誅二子, 齊國亦不皆不仕. 何則? 清廉之行, 人所不能爲也. 夫人所不能爲, 養使爲之, 不能使勸; 人所能爲, 誅以禁之, 不能使止. 然則太公誅二子, 無益於化, 空殺無辜之民. 賞無功, 殺無辜, 韓子所非也. 太公殺無辜, 韓子是之, 以(是)韓子之術殺無辜也.

(12) 夫執不仕者, 未必有正罪也, 太公誅之. 如出仕未有功, 太公肯賞之乎? 賞須功而加, 罰待罪而施. 使太公不賞出仕未有功之人, 則其誅不仕未有罪之民, 非也; 而韓子是之, 失誤之言也. 且不仕之民, 性廉寡欲; 好仕之民, 性貪多利. 利欲不存於心, 則視爵祿猶糞土矣. 廉則約省無極, 貪則奢泰不止. 奢泰不止, 則其所欲, 不避其主. 案古篡畔之臣, 希清白廉潔之人. 貪, 故能立功; 憍, 故能輕生. 積功以取大賞, 奢泰以貪主位. 太公遺此法而去, 故齊有陳氏劫殺之患. 太公之術, 致劫殺之法也. 韓子善之, 是韓子之術亦危亡也.

(13) 周公聞太公誅二子, 非而不是, 然而身執贄以下白屋之士. 白屋之士, 二子之類也. 周公禮之, 太公誅之, 二子之操, 孰爲是者? 宋人有御馬者, 不進, 拔劍剄而棄之於溝中. 又駕一馬, 馬又不進, 又剄而棄之於溝. 若是者三. 以此威馬, 至矣, 然非王良之法也. 王良登車, 馬無罷駑; 堯·舜治世, 民無狂悖. 王良馴馬之心, 堯·舜順民之意. 人同性, 馬殊類也. 王良能調殊類之馬, 太公不能率同性之士. 然則周公之所下白屋, 王良之馴馬也; 太公之誅二子, 宋人之剄馬也. 舉王良之法與宋人之操, 使韓子平之, 韓子必是王良而非宋人矣. 王良全馬, 宋人賊馬也. 馬之賊, 則不若其全; 然則民之死, 不若其生. 使韓子非王良, 自同於宋人, 賊善人矣. 如非宋人, 宋人之術與太公同, 非宋人, 是太公, 韓子好惡無定矣.

(14) 治國猶治身也. 治一身, 省恩德之行, 多傷害之操, 則交黨疏絶, 恥辱至身. 推治身以况治國, 治國之道, 當任德也. 韓子任刑, 獨以治世, 是則治身之人, 任傷害也.

(15) 韓子豈不知任德之爲善哉? 以爲世衰事變, 民心靡薄, 故作法術, 專意於刑也. 夫世不乏於德, 猶歲不絕於春也. 謂世衰難以德治, 可謂歲亂不可以春生乎? 人君治一國, 猶天地生萬物. 天地不爲亂歲去春, 人君不以衰世屏德. 孔子曰:「斯民也, 三代所以直道而行也.」周穆王之世, 可謂衰矣, 任刑治政, 亂而無功. 甫侯諫之, 穆王存德, 享國久長, 功傳於世. 夫穆王之治, 初亂終治, 非知昏於前, 才妙於後也, 前任蚩尤之刑, 後用甫侯之言也. 夫治人不能捨恩, 治國不能廢德, 治物不能去春, 韓子欲獨任刑用誅, 如何?

(16) 魯繆公問於子思曰:「吾聞龐㧑是子不孝. 不孝, 其行奚如?」子思對曰:「君子尊賢以崇德, 舉善以勸民. 若夫過行, 是細人之所識也, 臣不知也.」子思出, 子服厲伯見. 君問龐㧑是子. 子服厲伯對以其過, 皆君子(之)所未曾聞. 自是之後, 君貴子思而賤子服厲伯. 韓子聞之, 以非繆公, 以爲明君求姦而誅之, 子思不以姦聞, 而厲伯以姦對, 厲伯宜貴, 子思宜賤. 今繆公貴子思, 賤厲伯, 失貴賤之宜, 故非之也.

(17) 夫韓子所尚者, 法度也. 人爲善, 法度賞之; 惡, 法度罰之. 雖不聞善惡於外, 善惡有所制矣. 夫聞惡不可以行罰, 猶聞善不可以行賞也. 非人不舉姦者, 非韓子之術也. 使韓子聞善, 必將試之, 試之有功, 乃肯賞之. 夫聞善不輒加賞, 虛言未必可信也. 若此, 聞善與不聞, 無以異也. 夫聞善不輒賞, 則聞惡不輒罰矣. 聞善必試之, 聞惡必考之, 試有功乃加賞, 考有驗乃加罰. 虛聞空見, 實試未立, 賞罰未加. 賞罰未加, 善惡未定. 未定之事, 須術乃立, 則欲耳聞之, 非也.

(18) 鄭子產晨出, 過東匠之宮, 聞婦人之哭也, 撫其僕之手而聽之. 有間, 使吏執而問之, 手殺其夫者也. 翼日, 其僕問曰:「夫子何以知之?」

子産曰:「其聲不慟. 凡人於其所親愛也, 知病而憂, 臨死而懼, 已死而哀. 今哭夫已死, 不哀而懼, 是以知其有姦也.」

(19) 韓子聞而非之曰:「子產不亦多事乎? 姦必待耳目之所及而後知之, 則鄭國之得姦寡矣. 不任典城之吏, 察參伍之正, 不明度量, 待盡聰明‧勞知慮而以知姦, 不亦無術乎?」韓子之非子產, 是也; 其非繆公, 非也. 夫婦人之不哀, 猶龐攔是子不孝. 非子產持(待)耳目以知姦, 獨欲繆公須問以定邪. 子產不任典城之吏, 而以耳(聞)定實; 繆公亦不任吏, 而以口問立誠. 夫耳聞口問, 一實也, 俱不任吏, 皆不參伍. 厲伯之對不可以立實, 猶婦人之哭不可以定誠矣. 不可(以)定誠, 使吏執而問之; 不可以立實, 不使吏考, 獨信厲伯口, 以罪不考之姦, 如何?

(20) 韓子曰:「子思不以過聞, 繆公貴之; 子服厲伯以姦聞, 繆公賤之, 人情皆喜貴而惡賤, 故季氏之亂成而不上聞, 此魯君之所以劫也.」夫魯君所以劫者, 以不明法度邪? 以不早聞姦也? 夫法度明, 雖不聞姦, 姦無由生; 法度不明, 雖曰求姦, 決其源, 郤之以掌也. 御者無銜, 見馬且犇, 無以制也. 使王良持轡, 馬無欲犇之心, 御之有數也. 今不言魯君無術, 而曰不聞姦; 不言審法度, 而曰不通下情, 韓子之非繆公也, 與術意而相違矣.

(21) 龐攔是子不孝, 子思不言, 繆公貴之. 韓子非之, 以爲「明君求善而賞之, 求姦而誅之」. 夫不孝之人, 下愚之才也. 下愚無禮, 順情從欲, 與鳥獸同. 謂之惡, 可也; 謂姦, 非也. 姦人外善內惡, 色厲內荏, 作爲操止, 像類賢行, 以取升進, 容媚於上, 安肯作不孝, 著身爲惡, 以取棄殉之咎乎? 龐攔是子可謂不孝, 不可謂姦. 韓子謂之姦, 失姦之實矣.

(22) 韓子曰:「布帛尋常, 庸人不擇; 爍金百鎰, 盜跖不搏.」以此言之, 法明, 民不敢犯也. 設明法於邦, 有盜賊之心, 不敢犯矣; 不測之者,

不敢發矣. 姦心藏於胸中, 不敢以犯罪法, 罪法恐之也. 明法恐之,
則不須考姦求邪於下矣. 使法峻, 民無姦者; 使法不峻, 民多爲姦.
而不言明王之嚴刑峻法, 而云求姦而誅之. 言求姦, 是法不峻, 民或
犯之也. (世)不專意於明法, 而專心求姦, 韓子之言, 與法相違.

(23) 人之釋溝渠也, 知者必溺身; 不塞溝渠而繕船檝者, 知水之性不可闚,
其勢必溺人也. 臣子之性欲姦君父, 猶水之性溺人也, 不敎所以防姦,
而非其不聞知, 是猶不備水之具, 而徒欲早知水之溺人也. 溺於水,
不責水而咎己者, 己失防備也. 然則人君劫於臣, 己失法也. 備溺不闚
水源, 防劫不求臣姦, 韓子所宜用敎己也. 水之性勝火, 如裹之以釜,
水煎而不得勝, 必矣. 夫君猶火也, 臣猶水也, 法度釜也, 火不求水
之姦, 君亦不宜求臣之罪也.

Ⅶ.《韓非子》校注本 및 研究書 목록

1. 〈乾道本〉 嘉慶 13년(1818) 吳鼐(吳山尊) 重刊의 〈乾道本〉《韓非子》 20권. 全椒吳氏四世學士祠堂藏版本

2. 〈四部叢刊本〉 上海 涵芬樓 影印 黃丕烈校定 述古堂 宋抄本 《韓非子》 20권, 四部叢刊 子部.

3. 〈四庫全書本〉《韓非子》(何犿 註) 文淵閣本, 臺灣商務印書館 印本

4. 〈道藏本〉 1925년 上海 涵芬樓 영인. 明 正統 10년(1445) 판각의 《道藏》 제 846~849의 《韓非子》. 1988년 文物出版社, 上海書店, 天津古籍出版社 영인본

5. 〈張鼎文本〉 明 嘉靖 辛酉(1561) 張鼎文이 校刊한《韓非子》

6. 〈迂評本〉 明 萬曆 己卯(1579) 門無子의 評注本, 陳深이 刊刻한 《韓子迂評》본. 1583년 중간함.

7. 〈趙用賢本〉(今本) 明 萬曆 壬午(1582) 趙用賢이 校刻한《管韓合刻》 본으로 顧廣圻는 이를 〈今本〉이라 칭했음.

8. 〈張榜本〉 明 萬曆 辛亥(1611) 張榜이 편집한《韓非子纂》(지금은 吳賁의 校訂本이 있음.)

9. 〈趙世楷本〉 明 天啓 5년(乙丑, 1625) 趙世楷가 重刊한 趙如源과 王道焜의 校正本《韓非子》

10. 〈浙江書局本〉 淸 光緖 元年(乙亥, 1875) 宋 乾道本《韓非子》를 浙江書局에서 출판한 것.

11. 《韓非子解詁》 日本 文化 14년(1817) 津田鳳卿의《韓非子解詁全書》, 半千塾 藏版本

12. 《韓非子集解》淸代 王先愼의 저술로 「續修四庫全書」에 수록되었으며 현대에 이르러 「新編諸子集成」의 鍾哲(點校)본이 1998년 활자본으로 출간되어 널리 이용되고 있음.

13. 《韓非子纂聞》日本 昭和 3년~9년(1928~1933) 東京 崇文院에서 간행한 松皐圓의 《定本韓非子纂聞》. 崇文叢書 제2집 제1~9책 및 제37책, 45책

14. 〈早稻田本〉日本 明治 44년(1911) 早稻田大學出版部에서 간행한 「漢籍國字解全書」 제24, 25의 《韓非子》(上下). 松平康國(撰)으로 되어 있음.

15. 《韓非子淺解》梁啓雄 작업으로 1960년 中華書局에서 출간되었음.

16. 《韓非子集釋》陳奇猷의 校注本으로 1974년 臺灣 河洛圖書出版社에서 같은 해 上海人民出版社의 판본을 覆印 刊行한 것임.

임동석(茁浦 林東錫)

慶北 榮州 上茁에서 출생. 忠北 丹陽 德尙골에서 성장. 丹陽初中 졸업. 京東高 서울
敎大 國際大 建國大 대학원 졸업. 雨田 辛鎬烈 선생에게 漢學 배움. 臺灣 國立臺灣師範
大學 國文硏究所(大學院) 博士班 졸업. 中華民國 國家文學博士(1983). 建國大學校
敎授. 文科大學長 역임. 成均館大 延世大 高麗大 外國語大 서울대 등 大學院 강의.
韓國中國言語學會 中國語文學硏究會 韓國中語中文學會 會長 역임. 저서에《朝鮮
譯學考》(中文)《中國學術槪論》《中韓對比語文論》. 편역서에《수레를 밀기 위해 내린
사람들》《栗谷先生詩文選》. 역서에《漢語音韻學講義》《廣開土王碑硏究》《東北
民族源流》《龍鳳文化源流》《論語心得》〈漢語雙聲疊韻硏究〉 등 학술 논문 50여 편.

임동석중국사상100

한비자韓非子

韓非 撰 / 林東錫 譯註
1판 1쇄 발행/2013년 7월 1일
2쇄 발행/2021년 1월 10일
발행인 고정일
발행처 동서문화사
창업 1956. 12. 12. 등록 16-3799
서울 중구 마른내로 144(쌍림동) ☎546-0331~6 (FAX)545-0331
www.dongsuhbook.com
잘못 만들어진 책은 바꾸어 드립니다.

*

*

사업자등록번호 211-87-75330
ISBN 978-89-497-0825-6   04080
ISBN 978-89-497-0542-2   (세트)